本書獲
二〇一九年貴州省出版傳媒事業發展專項資金資助
貴州出版集團有限公司出版專項資金資助

播州楊氏土司文獻集成

卷一

周必素　白　彬　主編

貴州出版集團
貴州民族出版社

圖書在版編目(CIP)數據

播州楊氏土司文獻集成. 卷一 / 周必素,白彬主編.
— 貴陽: 貴州民族出版社,2023.1
ISBN 978-7-5412-2638-0

Ⅰ. ①播… Ⅱ. ①周… ②白… Ⅲ. ①土司制度—遵義—唐代—文集 Ⅳ. ①D691.4-53

中國版本圖書館 CIP 數據核字(2021)第 195346 號

播州楊氏土司文獻集成　卷一

周必素　白彬　主編

出版發行: 貴州民族出版社
地　　址: 貴陽市觀山湖區會展東路貴州出版集團大樓
郵　　編: 550081
印　　刷: 浙江海虹彩色印務有限公司
開　　本: 787mm×1092mm　1/16
版　　次: 2023 年 1 月第 1 版
印　　次: 2023 年 1 月第 1 次印刷
印　　張: 24
字　　數: 470 千字
書　　號: ISBN 978-7-5412-2638-0
定　　價: 210 圓

前　言

1925年，王國維先生在清華大學教授《古史新證》時提出著名的“二重證據法”。這一研究方法提出後雖多有争議，但“二重證據法”依然是中國歷史考古學研究最行之有效的路徑之一。

2012年，《海龍屯與播州楊氏土司遺存考古工作規劃》（2013—2015）獲得國家文物局批准，貴州省文物考古研究所聯合遵義市文物局（今遵義市文化旅游局）、遵義市地方文博單位等共同開展播州楊氏土司考古工作，貴州土司考古由此揭開了新的篇章，海龍屯遺址、新蒲楊氏土司墓地先後榮獲中國“六大考古新發現”（2012年）、中國“十大考古新發現”（2014年）、世界十大考古發現（2015年）、國家文物局田野考古獎一等獎（2016年）等殊榮，基本厘清了播州楊氏土司墓葬、衙署、莊田、遺址等遺存的分布概况，爲研究播州楊氏提供了全新的實物資料。“地下之新材料”已獲，故而求之“紙上之材料”，兩者對播州楊氏土司研究之重要價值，猶如鳥之雙翼、車之雙輪，爲其并行不悖，方能行穩致遠。爲推動播州楊氏土司考古遺存研究的深入發展，貴州省文物考古研究所與四川大學歷史文化學院考古學系（今四川大學考古文博學院）合作，組織專門人員翻檢古代文獻，將與播州楊氏土司有關的文獻記載輯録出來，分門别類加以整理，目標是盡可能窮盡“紙上之材料”。

對播州楊氏土司的關注可上溯至清代中晚期。鄭珍、莫友芝首先將歷史文獻與實地調查結合起來對播州楊氏遺存進行綜合考察，二人合編的《遵義府志》在宋濂所作《楊氏家傳》基礎上徵引《宋史》《宋朝事實》《元史》《明史》《四川通志》《貴州通志》《讀史方輿紀要》《明一統志》《明會典》《輿地紀勝》《續宏簡録》《全蜀藝文志》《蠻司合志》《心齋隨筆》《綦江縣志》《明詩綜》《明史紀事本末》《平播全書》等文獻，詳細梳理了自楊氏入播至覆没的歷史，同時大量收録與播州楊氏有關的實物遺存。[①] 民國時期周恭壽等延續鄭、莫二人之法，編修《續遵義府志》，對與播州楊氏土司有關的遺存亦有所涉[②]，因此《續遵義府志》與《楊氏家傳》《遵義府志》一道成爲研究播州楊氏土司的關鍵文獻。

近現代史學及民族學界將目光投射到播州楊氏，始於二十世紀三十年代。1937年，商務印書館率先點校并出版了《平播全書》[③]；浙大西遷過程中，譚其驤先生亦關注到播州楊氏，所撰《播州楊保考》一文以《楊氏家傳》爲核心，援引《唐書》《宋史》《元史》《明史》《宋朝事實》《元和郡縣志》《播地善後事宜疏》《遵義府志》《續遵義府志》《正安草志》《貴州通志》《（康熙）羅氏族譜》《讀史方輿紀要》《水經》《明一統志》《天下郡國利病書》《萬曆三大征考》《黔記》《南詔野史》《桂海虞衡志》《太平寰宇記》《炎徼紀聞》等二十餘種文獻記載論證播州楊氏祖源及族別，對播州楊氏源出山西太原之説提出質疑，認爲楊氏更可能是是來自瀘敘一帶倮倮之一支[④]。該文發表後影響很大，引發了學界對播州楊氏族屬的熱烈討論。

新中國成立後，播州楊氏研究不斷深化，既有綜合研究和專題研究，亦有資料整理。綜合研究涉及播州政治、經濟、文化、軍事、教育、與中央王朝的關係、民族關係、海龍屯遺址及平播之役等；專題研究則多聚焦於楊氏土司之民族、土司制度、土司考古遺存、軍事、經濟、文化及資料搜集等，成果斐然，兹不一一贅述。資料整理方面，亦有不少新的進展。1983年，貴州民族研究所整理出版了《明實録・貴州資料輯録》[⑤]；1998年，《宋濂全集》編纂委員會對《宋濂全集》進行點校，交由浙江古籍出版社出版，《楊氏家傳》即收録其中[⑥]；2006年，貴州省遵義市政協宣教委員會把《明實録》中有關播州的資料加以輯録，整理出版了《明實録・播州資料輯録》一書[⑦]；2006年，李良品等先生主編《二十五史西南地區土司史料輯録》一書，收録有不少與播州楊氏土司有關的内容[⑧]；2008年，遵義市地方

① （清）鄭珍、莫友芝編纂，遵義市地方志編纂委員會辦公室整理點校：《遵義府志》，巴蜀書社，2014年。

② （民國）周恭壽修，趙愷、楊恩元纂：《續遵義府志》，巴蜀書社，2014年。

③ （明）李化龍著：《平播全書》，載王雲五主編：《叢書集成初編》，商務印書館，1936年。

④ 譚其驤撰：《播州楊保考》，載《史地雜志》第1卷第4期（1941年）。後經校勘發表在《貴州民族學院學報》（社會科學版）1982年第1期。

⑤ 貴州民族研究所：《明實録・貴州資料輯録》，貴州人民出版社，1983年。

⑥ （明）宋濂撰，羅月霞主編：《宋濂全集》，第二册，浙江古籍出版社，1999年，第959～968頁。

⑦ 貴州省遵義市政協宣教委員會編：《明實録・播州資料輯録》，内部刊印，2006年。

⑧ 李良品、彭福榮、王希輝主編：《二十五史西南地區土司史料輯録》，中國文史出版社，2006年。

志編纂委員會再次點校并出版《平播全書》一書[①]；2014 年，羅克彬先生將古代文獻中與播州楊氏有關的史籍加以集中，以編年體的方式編出《楊氏史籍編年》一書[②]；2012 年，王羊勺亦點校并出版了《平播全書》[③]；2014 年，黄靈庚點校出版《宋濂全集》[④]，浙江古籍出版社亦重新整理出版《宋濂全集》[⑤]，兩者均對《楊氏家傳》進行重新點校整理。上述成果，爲研究播州楊氏提供了很大的方便。

播州楊氏據有播州 700 餘年，地域廣袤，元明之際素有“思播田楊，兩廣岑黄”之諺，故播州楊氏儘管偏居西南一隅，但其族之事迹在很多不同類型的古代文獻中都有所記載，數量相當不少。據不完全統計，迄今爲止楊氏土司研究論著（含資料彙編）涉及的古代文獻近一百三十種，包括《舊唐書》《新唐書》《宋史》《舊五代史》《元史》《明史》《皇宋十朝綱要》《宋季三朝政要》《續資治通鑑長編》《御批歷代通鑑輯覽》《御定資治通鑑綱目三編》《奉天録》《資治通鑑後編》《明通鑑》《明實録》《明史紀事本末》《文獻通考》《大明會典》《宋朝事實》《明書》《明史稿》《萬曆起居注》《欽定續通志》《東林列傳》《楊氏家傳》《熙朝名臣實録》《皇明人物要考》《國朝列卿紀》《輿地紀勝》《輿地廣記》《廣輿記》《天下郡國利病書》《遵義府志》《續遵義府志》《遵義新志》《湖廣通志》《雲南通志》《大明一統志》《（嘉靖）貴州通志》《（嘉靖）四川通志》《（康熙）雲南通志》《湖廣圖經志書》《至大金陵新志》《本草圖經》《蜀中廣記》《黔記》《黔中平播始末》《西南三征記》《平播録》《平黔三記》《萬曆事實纂要》《萬曆三大征考》《萬曆武功録》《萬曆會計録》《播酋始事》《征播奏捷傳》《西南紀事》《全黔紀略》《蘇文忠公全集》《經進東坡文集事略》《清容居士集》《雪樓集》《鶴山集》《文安集》《俟庵集》《温恭毅集》《淡然軒集》《倪文貞集》《兼濟堂文集》《堯峰文鈔》《古歡堂集》《鹿洲初集》《敬業堂詩集》《賜閑堂集》《萬曆野獲編》《喙鳴文集》《王忠端公文集》《見素集》《方洲文集》《石倉詩稿》《明文海》《元文類》《炎徼紀聞》《蠻司合志》《勘處播州事情疏》《可齋續稿》《御批通鑑綱目》《西園聞見録》《招捕總録》《皇明大政紀》《皇明名臣經濟録》《蓬窗日録》《禪寄筆談》《諸史夷語解義》《皇明經世文編》《籌遼碩畫》《皇明書》《補續全蜀藝文志》《昭代武功編》《全邊略記》《遜志齋集》《名山藏》《文章辨

① （明）李化龍著，遵義市地方志編纂委員會編：《平播全書（點校本）》，大衆文藝出版社，2008 年。

② 羅克彬：《楊氏史籍編年》，貴州人民出版社，2014 年。

③ （明）李化龍撰，王羊勺點校：《平播全書》，貴州省文化館主編：《續黔南叢書》第一輯，上册，貴州人民出版社，2012 年。

④ （明）宋濂撰，黄靈庚點校編輯：《宋濂全集》卷十八，人民文學出版社，2014 年。

⑤ （明）宋濂撰：《宋濂全集》，浙江古籍出版社，2014 年。

體匯選》《胡文穆公文集》《博物典匯》《國史唯疑》《名臣經濟録》《平播全書》《臨皋文集》《兩朝平攘録》《宋史新編》《皇明詔制》《續藏書》《楚紀》《萬姓統譜》《掌記》《山堂肆考》《宏簡録》《續宏簡録》《綸扉簡牘》《兩朝從信録》《居業次編》《皇明疏鈔》《譚襄敏奏議》《文武諸司衙門官制》《皇明經濟文録》等，引用最頻繁者約有二三十種。

與播州楊氏土司有關的歷史文獻記載極爲豐富，前賢已做了大量卓有成效的整理和輯録工作，核心和關鍵文獻皆已涉及，但爲數不少的文獻資料還未觸及，資料輯録和整理仍有比較大的空間。學術研究有如游褒禪山，欲得他人未見之景，唯有不斷向山中探尋，播州楊氏土司研究亦當如此。近年來，播州楊氏土司遺存不斷有新的重要發現，土司考古、土司研究漸成學界關注的熱點。在此背景下，有必要在前賢研究的基礎上，組織人力再對與播州楊氏土司有關的文獻記載進行全面、系統的輯録和整理。

文獻材料的新發現，勢必爲楊氏土司研究帶來新的源頭活水。文獻材料之“新”可新在“文本”，亦可新在以往“舊”材料中的“新内容”。本套書所輯與播州楊氏土司有關的古代文獻，有不少新内容，今試舉四例以明之。

一、本套書所輯録的《續資治通鑑長編》一書，雖早有學者關注，但在論叙播州楊氏土司國家認同及民族關係等問題時，鮮有人關注到該書的有關内容。如該書卷三百十五載：元豐四年（1081 年）八月丙辰，“知南平軍、莊宅副使魏從革言：‘領兵至栗子園，得楊光震、羅氏鬼主等狀，已擊銅鼓會部族首領，指天地爲誓，不得助乞弟，惟助大朝’”；同書卷三百十五載：元豐四年（1081 年）八月乙丑，“彭孫言：‘乞從瀘州合江縣納溪九支池便路討乞弟，候破蕩畢，驅楊光震部族討捕生僚，以報魏從革之冤’”；同書卷三百二十八又載：“乃詭曰：‘乞弟巢穴在瀘南之西南，若由南平趨播州以往，則出其不意，宜有功……（元豐五年秋七月）癸卯，詔：‘乞弟逃竄，其地已賜羅氏鬼主僕射，令知歸來州，及令楊光震兄弟并沙取落務嫂等蠻會合掩襲，所獲夷户，令自爲主。如獲乞弟，即依朝旨推賞。令瀘南安撫司常舉行’”①。類似叙述在《續資治通鑑長編》一書中尚有多處。在這類叙事語境内，北宋中期時播州雖已被納入宋廷版圖，但按宋廷的“以夷制夷”政策，對楊氏仍稱“蕃官”，如《續資治通鑑長編》卷四百八十八載：紹聖四年（1097 年）五月辛巳，“瀘南沿邊安撫司言：‘蕃官播州夷界都巡檢楊光榮乞獻納播州疆土，准朝旨，南平軍不得擅便招誘光榮叔侄獻納地土，若逐人因事出官，即婉順和解，仍

① （宋）李燾撰，上海師範學院古籍整理研究室點校：《續資治通鑑長編》卷三百十五《神宗》，中華書局，1985 年。

從長處置’”[①]。楊光震雖爲播州長官，仍需“擊銅鼓”以會部族首領，直觀記録了楊光震與地方部族聯繫的重器爲銅鼓，可直接用以説明南宋楊粲墓腰坑中置放銅鼓的意義。

二、在論及宋元戰爭及黔北山城防禦體系的構築時，論者多引用《宋史》等正史文獻，但實際上《宋史全文》一書中亦有多條記載可供參考。如《宋史全文》卷三十五載：“（寶祐四年五月）甲辰，上諭輔臣曰：‘此去秋防不遠，宜事事爲之備’，槐奏：‘蒲擇之申羅氏鬼國報，思、播州謂北兵留大理者招養蠻人爲向道，此不得不憂。’上曰：‘宜令擇人多方扶持之。彼不得支，則駸駸及我矣。乙巳，上諭輔臣：‘邊備合加申嚴。’槐奏：‘蒲擇之謂見措置瀘、敘之上鹽井，設險以待之，仍以鬼國爲慮。此事不可吝費，使之大作規模，或趲調以助其力。’元鳳奏：‘若令播州兵以助羅鬼，制司以兵助播州，亦似可行。’上曰：‘更令制司從長區處。’”卷三十五又載：“（寶祐五年九月）戊辰，上曰：‘蒲擇之奏，韃侵羅氏鬼國，不可不爲之備。’元鳳奏：‘擇之報，已多調兵往潼川，如韃侵羅鬼，則邀其後。又劄播州嚴備，令更下康湖諸處，嚴作措置。’”[②]

三、成書於明末清初的《國榷》卷十一載：明憲宗成化二十二年（1486年）九月乙丑，“命刑部左侍郎何喬新往勘四川播州宣慰司楊氏。初，宣慰楊輝嬖其庶子友，欲奪嫡子愛，諸土目不從。輝矯奪大壩、鎮筸諸寨，立懷遠、宣化二長官司，又割播州凱里五十二寨，設安寧宣撫司，立〈友〉爲使，年十三，巡撫張瓚輒爲輝畫請旨。會愛母死，友母益横，專結凶黨，誣愛反及交通唐王。朝廷疑愛，故遣喬新即訊。友母子又輦金寶賂諸權貴，欲喬新囚愛待命，衆藉藉爲友游説，必欲去愛。喬新至，盡得友母子奸惡罪。”[③] 此段文字或受何喬新《勘處播州事情疏》的影響，記録了播州楊氏襲職方式應爲“立嗣以嫡”及楊輝二子相争始末。值得注意的是，該段文字相對客觀地叙述了田淑秀爲扶助楊友襲職而不擇手段的形象，這與田淑秀墓志銘中所記録田氏的賢良淑德、對楊愛疼愛有加的程式化形象大相徑庭[④]。

四、平播之役爲萬曆三大征之一，向爲史家研究所重。既往研究多引用《平播全書》等文獻，分析平播之役爆發的背景、性質、兵力與資費及産生的影響等[⑤]，

① （宋）李燾撰，上海師範學院古籍整理研究室點校：《續資治通鑑長編》卷四百八十八《哲宗》，中華書局，1985年。

② （元）佚名撰，汪聖鐸點校：《宋史全文》卷三十五《宋理宗五》，中華書局，2016年。

③ （明）談遷撰：《國榷》卷三十一《明憲宗成化二十二年》，中華書局，1958年。

④ 貴州省文物考古研究所、遵義縣文物管理所：《貴州遵義市團溪鎮明代播州土司楊輝墓》，載《考古》2015年第11期。

⑤ 宋進：《改革開放以來平播之役研究述評》，載《長江師範學院學報》2022年第3期。

很少從微觀方面考察平播之役對個體的影響。本書翻檢了大量明清方志，輯録出不少與平播之役有關的材料。如（康熙）《豐城縣志》卷十一載："李廷觀……弟廷謨，字明皋，竇應令，累封大中大夫。瓚之子。少卓犖，俱有大志。父子、昆弟，師式一堂，於書無所不讀，以閎博名。……廷謨登萬曆庚辰進士，例應授司理，大司空某欲引爲桑梓，重謨固却，乃得成都，行取户科……移鎮叙州，時播寇方叛，拮据調度，不勝其勞。既嬰疾請告，得調湖北，而苗僚蠢動，調兵轉餉，竟以職事見忌同官，遂求休，致當竇應令，尚健飯，觀以都轉運歸裏。"① 李廷謨不勝平播戰争之勞而調任湖北，直接影響其仕途。（康熙）《新建縣志》卷二十五載："樂繼同，字於野，萬曆丙子舉於鄉。初授湖廣通城縣教諭，以壁經聘校粤東，升四川滎縣知縣。值播賊倡亂，郡邑望風解組，繼同慷慨請纓，卒奏蕩平之效，升岳州郡丞。時，久雨水漲，膏腴淪没。繼同竭誠拜禱，歲以有秋。臺使交薦，擢本府知府。竟以前征播之役督餉勞瘁，致病請告歸裏。尋，卒。督學使候公峒曾檄祀鄉賢，滎縣崇祀名宦。"② 樂繼同因平播之際勇於任事而受擢升。（康熙）《高安縣志》卷四載："巡按江西監察御史，今降二級，臣徐養心謹題。爲虚賦累疲，剥膚新洂，勉遵如額。……神宗朝，如河工告急，征倭、征播急需，亦不後於今之剿、練兩餉也。"③ 説明征播所需糧餉之急，從一個側面説明征播給神宗朝帶來的深遠影響。類似的記載在方志中不勝枚舉，有助於考察和分析平播之役對基層社會和個體的影響。

與播州楊氏土司有關的文獻記載，其成書年代早者爲唐末五代，晚者爲清代，其中以五代兩宋最少，次爲元代，再次爲明代，而以清代最多。本套书所涉文獻656種，有正史（6種）、编年體和紀事本末體文獻（14種），有别史、雜史(5種)，有雜記（10種），有禮記文獻（6種）、地區文獻（13種），有地理總志（8種）、省志（48種）、府州廳志（169種），縣志和鄉志（335種），有人物傳記（2種）、文集（25種）、綜合類（11種），以及其他（4種）等。在不同種類的文獻中，正史最少，方志最多，所涉地域亦最廣。本書共分5卷，第一卷輯録正史、編年體及紀事本木體、别史及雜史、雜記、禮制文獻；第二卷至第五卷輯録地區文獻、地理總志、省志、府州（廳）志、縣鄉志、傳記、綜合、文集等内容。

由於我們的水準和能力有限，若本書有遺漏和錯誤之處，敬祈讀者見諒。

① （清）何士錦修，陸履敬纂：（康熙）《豐城縣志》，清康熙三年刻本。

② （清）楊周憲主修，趙曰逸等纂：（康熙）《新建縣志》卷二十五《傳四·經濟》，清康熙十九年刻本。

③ （清）張文旦修，（清）陳九疇等纂（康熙）《高安縣志》卷四《畝課二》，清康熙十年刻本。

凡　例

（一）本套書采用繁體字横排。原書没有標點，點校本根據通行的標點符號用法，并結合古籍整理標點的通例，對全書進行統一規範標點。所輯録的文字，除專有名称的异體字外，其他异體字均改爲正体字，通假字、古今字則不改。

（二）本套書輯録經、史、子、集四部文獻中所有與播州楊氏土司有關的文字，傳統考古學中的金石材料、考古出土及博物館（文物管理所）收藏的銘刻材料不收，擬另書整理出版。

（三）爲避免重複，前人已校勘整理之《平播全書》《征播奏捷傳》，本套書不再輯録。

（四）本套書的編排，首爲正史，編年體、紀事本末體文獻，次爲别史、雜史、雜記、禮記文獻，再次是地區文獻、總志、省志、府州廳志、縣志、鄉鎮志，人物傳記、綜合類和文集殿后。難以歸入上述各類者，歸入其他。

（五）方志文獻（省志、府州廳志、縣志、鄉鎮志）數量最多，鑒於本書的主題是播州楊氏土司，故將貴州排列在前，餘則南方的排列在前，北方的排列在後。府州廳志、縣志，以現在所屬行政區劃爲單元排列。同一單元内的方志，則按成書的早晚先後排列。

（六）同一地區的方志，不同時代、不同作者多次編修，有時書名完全相同，爲加以區别，在書前標明成書年代，并加括號以示區别。

（七）所輯録文字，原書的夹注，則以有别于正文的其他字體加以區别。文末注明出處（書名、卷次、子目），以便查考。同一事件或文字，若同時見於數書，均忠實完整地加以輯録。

（八）爲了便于讀者阅讀，所輯録的條目内容，根據原書内容上下文，在開頭或條目内容中間用（ ）寫出具體時間。如：“（熙寧六年）五月癸卯朔，播州楊貴遷遣子光震來貢，以光震爲三班奉職。”

（九）原文字迹若有模糊不清者，以□代之；原文字有誤者，在其後用〈 〉標出改正後的字；原文中有漏字者，用［ ］補出所漏之字。

（十）古籍經多次傳抄翻刻，不同程度存在刻版错漏、後人羼入、有意篡改等問題，故本書儘量選擇經過校勘整理的版本；若無校勘整理本，則儘量采用成書年代較早、後人改動較少、最能反映原書面貌的古籍善本作爲依據。

（十一）所輯録的史料文獻爲封建統治階級文人站在統治政權的立場上所纂寫，内容上普遍存在對少數民族群體的蔑稱，對少數民族群體在歷史事件、文化習俗等方面的表述和記録存在不當之處。但作爲史籍，其記録下當時的一些歷史和文化事項，具有一定的史料價值。請讀者在閱讀時，應當以辯證唯物史觀進行正確的認識。

目　　録

正　史

宋史*

（熙寧六年）五月癸卯朔，播州楊貴遷遣子光震來貢，以光震爲三班奉職。

——《宋史》卷十五《本紀第十五·神宗二》，第 2 册，第 283 頁

（紹聖四年三月）丁卯，詔瀘南安撫司、南平軍毋擅誘楊光榮獻納播州疆土。

——《宋史》卷十八《本紀第十八·哲宗二》，第 2 册，第 347 頁

（紹慶四年）播州夷楊光榮等内附。户部主户一千三百六萬八千七百四十一，丁三千三十四萬四千二百七十四；客户六百三十六萬六千八百二十九，丁三百六萬七千三百三十二；大辟三千一百九十二人。

——《宋史》卷十八《本紀第十八·哲宗二》，第 2 册，第 349 頁

（大觀二年）涪夷任應舉、楊文貴、湖南猺楊再光内附。

——《宋史》卷二十《本紀第二十·徽宗二》，第 2 册，第 381 頁

（大觀三年）二月丙子朔，播州楊文貴納土，以其地置遵義軍。

——《宋史》卷二十《本紀第二十·徽宗二》，第 2 册，第 382 頁

* （元）脱脱等：《宋史》，中華書局，1985 年。

（政和三年五月）壬寅，以築溱、播進執政官一等。

——《宋史》卷二十一《本紀第二十一·徽宗三》，第 2 册，第 391 頁

（開禧三年冬十月）乙卯，復珍州遵義軍。丙辰，詔以邊事諭軍民。

——《宋史》卷三十八《本紀第三十八·寧宗二》，第 3 册，第 747 頁

（嘉定五年九月）庚戌，遵義寨夷楊焕來獻馬。辛未，罷沿海諸州海船錢。遣應武使金賀正旦。

——《宋史》卷三十九《本紀第三十九·寧宗三》，第 3 册，第 759 頁

（淳祐四年五月）丁巳，武功大夫、雄威軍都統制楊价世守南邊，連年調戍播州，捍禦勤瘁，詔价轉右武大夫、文州刺史。

——《宋史》卷四十三《本紀第四十三·理宗三》，第 3 册，第 830 頁

（寶祐二年秋七月己酉）詔："思、播兩州連年扞禦，其守臣田應庚、楊文各官一轉，餘推恩。"

——《宋史》卷四十四《本紀第四十四·理宗四》，第 3 册，第 853 頁

（寶祐四年五月）甲辰，羅氏鬼國遣報思、播言："大元兵屯大理國，取道西南，將大入邊。"詔以銀萬兩，使思、播結約羅鬼爲援。

——《宋史》卷四十四《本紀第四十四·理宗四》，第 3 册，第 857 頁

（寶祐六年春正月）甲戌，詔樞密院編修官吕逢年詣蜀閫，趣辦關隘、屯栅、糧餉，相度黄平、思、播諸處險要緩急事宜，具工役以聞。……（夏四月）丁酉，詔田應已思州駐劄御前忠勝軍副都統制，往播州共築關隘防禦。……（秋七月）乙亥，吕文德入播州，詔京湖給銀萬兩。

——《宋史》卷四十四《本紀第四十四·理宗四》，第 3 册，861~863 頁

（開慶元年）以知播州楊文、知思州田應庚守禦勤勞，詔各官一轉。

——《宋史》卷四十四《本紀第四十四·理宗四》，第 3 册，第 866 頁

（德祐元年四月）壬戌，大元兵攻真州，知州苗再成、宗子趙孟錦率兵大戰于老鸛嘴。癸亥，加知思州田謹賢、知播州楊邦憲并復州團練使，趣兵入衛。

——《宋史》卷四十七《本紀第四十七·瀛國公》，第 3 册，第 930 頁

（德祐元年九月）辛未，加田謹賢福州觀察使、楊邦憲利州觀察使，趣入衛。

——《宋史》卷四十七《本紀第四十七·瀛國公》，第3册，第933頁

夔州路。州十：夔、黔、施、忠、萬、開、達、涪、恭、珍，軍三：雲安、梁山、南平，監一：大寧，縣三十二。南渡後，府三：重慶、咸淳、紹慶，州八：夔、達、涪、萬、開、施、播、思，軍三：雲安、梁山、南平，監一：大寧。紹興三十二年，户三十八萬六千九百七十八，口一百一十三萬四千三百九十八。

——《宋史》卷八十九《志第四十二·地理五》，第7册，第2226頁

珍州，唐貞觀中開山洞置，唐末没於夷。大觀二年，大駱解上下族帥獻其地，復建爲珍州。宣和三年，承州廢，以綏陽縣來隸。縣二：樂源、綏陽，本羈夷州，大觀三年，酋長獻其地，建爲承州，領綏陽、都上、義泉、寧夷、洋川五縣。宣和三年，廢州及都上等縣，以綏陽隸珍州。遵義寨，大觀二年，播州楊文貴獻其地，建遵義軍及遵義縣。宣和三年，廢軍及縣，以遵義寨爲名，隸珍州。

……

播州，樂源郡。大觀二年，南平夷人楊文貴等獻其地，建爲州，領播川、琅川、带水三縣。宣和三年，廢爲城，隸南平軍。端平三年，復以白綿堡爲播州，三縣仍廢。嘉熙三年，復設播州，充安撫使。咸淳末，以珍州來屬。縣一，樂源。中有遵義寨，開禧三年升軍，嘉定十一年復爲寨。

——《宋史》卷八十九《志第四十二·地理五》，第7册，2229～2230頁

大觀初，又詔播州夷界巡檢楊榮，許歲市馬五十匹於南平軍，其給賜視戎州之數。

——《宋史》卷一百九十八《志第一百五十一·兵十二》，第14册，第4951頁

雍熙二年，遷西上閤門使。……遷判四方館事，領播州刺史，護屯兵如故。

——《宋史》卷二百五十九《列傳第十八·袁繼忠》，第26册，第9005頁

馬全義，幽州薊人。十餘歲學擊劍，善騎射。……恭帝即位，授鐵騎左第二軍都校，領播州刺史。

——《宋史》卷二百七十八《列傳第三十七·馬全義》，第27册，第9449頁

(孫）恭孫，字德孺，以蔭補通判施州。崇寧中，部蠻向文强叛，詔轉運使王蘧領州事致討，恭孫説降文强而斬之。蘧上其功，進三秩，知涪州，遂以開邊爲己任。誘珍州駱文貴、承州駱世華納土，費不貲。轉運判官朱師古劾恭孫生事，詔黜師古而以恭孫代，於是溱、播、溪、思、費等州相繼降。每開一城，輒褒遷，五年間，至徽猷閣待制。

——《宋史》卷三百一十一《列傳第七十・孫恭孫》，第 29 册，10201~10202 頁

周執羔，字表卿，信州弋陽人。宣和六年舉進士，廷試，徽宗擢爲第二，授湖州司士曹。……又六年，起知眉州，徙閬州，又改夔州，兼夔路安撫使。夔部地接蠻僚，易以生事。或告溱、播夷叛，其豪帥請遣兵致討，執羔謂曰："朝廷用爾爲長，今一方繹騷，責將焉往，能盡力則貰爾，一兵不可得也。"豪懼，斬叛者以獻，夷人自是皆惕息。三十年，知饒州，尋除敷文閣待制。

——《宋史》卷三百八十八《列傳第一百四十七・周執羔》，第 34 册，第 11898 頁

淮東制置使賈似道以海州之捷，子才草獎諭詔，第述軍容之盛，不言其功，且語多戒敕，似道不樂。又言："全蜀盛時，官軍七八萬人，通忠義爲十四萬。今官軍不過五萬而已，宜招新軍三萬，并撫慰田、楊二家，使歲以兵來助。如此則蜀猶可保，不則不出三年，蜀必亡矣。"

——《宋史》卷四百一十一《列傳一百七十・牟子才》，第 35 册，第 12357 頁

珙條上流"備禦宜爲藩籬三層"：乞創制副司及移關外都統一軍於夔，任涪南以下江面之責，爲第一層；備鼎、澧爲第二層；備辰、沅、靖、桂爲第三層。峽州、松滋須各屯萬人，舟師隸焉，歸州屯三千人，鼎、澧、辰、沅、靖各五千人，郴、桂各千人，如是則江西可保。又遣楊鼎、張謙往辰、沅、靖三州，同守倅曉諭熟蠻，講求思、播、施、黔支徑以圖來上。

——《宋史》卷四百一十二《列傳一百七十一・孟珙》，第 35 册，第 12377 頁

（李）重貴仕至知鄭州，領播州防禦使，改左羽林軍大將軍致仕，凝加殿前都虞候，卒贈彰德軍節度使。

——《宋史》卷四百四十六《列傳二百五・康保裔》，第 38 册，13151~13152 頁

西南諸夷，漢牂牁郡地。武帝元鼎六年，定西南夷，置牂牁郡。唐置費、珍、莊、琰、播、郎、牂、夷等州。

——《宋史》卷四百九十六《列傳二百五十五·蠻夷四》，第 40 册，第 14223 頁

南廣蠻在叙州慶符縣以西，爲州十有四。大觀三年，有夷酋羅永順、楊光榮、李世恭等各以地内屬，詔建滋、純、祥三州，後皆廢。

——《宋史》卷四百九十六《列傳二百五十五·蠻夷四》，第 40 册，第 14238 頁

元豐四年，有楊光震者，助官軍破乞弟，殺其黨阿訛。大觀二年，木攀首領趙泰、播州夷族楊光榮各以地内屬，詔建溱、播二州，後皆廢。

——《宋史》卷四百九十六《列傳二百五十五·蠻夷四》，第 40 册，第 14240 頁

瀘州西南徼外，古羌夷之地，漢以來王侯國以百數，獨夜郎、滇、邛都、雋、昆明、徙、莋都、冉駹、白馬、氐爲最大。夜郎在漢屬牂牁郡，今涪州以西，溱、播、珍等州封域是也。

——《宋史》卷四百九十六《列傳二百五十五·蠻夷四》，第 40 册，第 14243 頁

（元豐）四年，詔以環慶副總管林廣代存寶，按寶逗撓，誅之。熟夷楊光震殺阿訛，詔林廣與光震同力討賊。乞弟恐，復送款。帝以其前後反覆，無真降意，督廣進師。廣遂破樂共城，至斗蒲村，斬首二千五百級。次落婆，乞弟乃納降。廣盛陳兵以受之，對語良久，乞弟疑有變，引衆遁。廣帥兵深入，會大雨雪，浹旬始次老人山，山形劍立。度黑崖，至鴉飛不到山。

——《宋史》卷四百九十六《列傳二百五十五·蠻夷四》，第 40 册，第 14247 頁

元史*

（至元十二年十二月）己亥，僉書四川行樞密院事昝順言："紹慶府、施州、南平及諸蠻呂告、馬蒙、阿永等，有嚮化之心。又播州安撫楊邦憲、思州安撫田景賢，未知逆順，乞降，詔使之自新，并許世紹封爵。"從之。

——《元史》卷八《本紀第八·世祖五》，第1册，第171頁

（至元十四年三月庚戌）僉書東西川行樞密院事昝順言："比遣同知隆州事趙孟烯齎詔招諭南平軍都掌蠻、羅計蠻，及鳳凰、中壠、羅韋、高崖等四寨皆降，田、楊二家豕鵝夷民，亦各遣使納款。"

——《元史》卷九《本紀第九·世祖六》，第1册，第189頁

（至元十四年冬十月）甲申，播州安撫使楊邦憲言："本族自唐至宋，世守此土，將五百年。昨奉旨許令仍舊，乞降璽書。"從之。

——《元史》卷九《本紀第九·世祖六》，第1册，192~193頁

（至元十五年十二月）庚辰，思州安撫使田景賢、播州安撫使楊邦憲請歸宋舊借鎮遠、黄平二城，仍徹戍卒，不允。景賢等請降詔禁戍卒毋擾思、播之民，從之。

---

* （明）宋濂等：《元史》，中華書局，1976年。

……丙申，從播州安撫楊邦憲請，以鼎山仍隸播州。

——《元史》卷十《本紀第十・世祖七》，第 1 册，第 207 頁

（至元十六年春正月壬戌）改播州鼎山縣爲播川縣。

——《元史》卷十《本紀第十・世祖七》，第 1 册，第 208 頁

（至元十六年二月甲辰）命嘉定以西新附州郡及田、楊二家諸貴官子，俱充質子入侍。

——《元史》卷十《本紀第十・世祖七》，第 1 册，第 210 頁

（至元十七年三月甲辰）思、播州軍侵鎮遠、黄平界，命李德輝等往視之。

——《元史》卷十一《本紀第十一・世祖八》，第 1 册，第 223 頁

（至元十七年十二月）己卯，羅氏鬼國土寇爲患，思、播道路不通，發兵千人與洞蠻開道。

——《元史》卷十一《本紀第十一・世祖八》，第 1 册，第 228 頁

（至元十八年閏月）丁巳，命播州每歲親貢方物。改思州宣撫司爲宣慰司，兼管内安撫使。

——《元史》卷十一《本紀第十一・世祖八》，第 1 册，第 233 頁

（至元十九年二月）壬子，詔僉亦奚不薛及播、思、叙三州軍征緬國。

——《元史》卷十二《本紀第十二・世祖九》，第 1 册，第 240 頁

（至元二十一年）三月辛亥，敕思、播管軍民官自今勿還。

——《元史》卷十三《本紀第十三・世祖十》，第 2 册，第 265 頁

（至元二十一年夏四月戊申）敕發思、播田楊二家軍二千從征緬。

——《元史》卷十三《本紀第十三・世祖十》，第 2 册，第 265 頁

（至元二十一年閏五月己卯）改思、播二州隸順元路宣撫司。

——《元史》卷十三《本紀第十三・世祖十》，第 2 册，第 267 頁

（至元二十三年六月）辛酉，封楊邦憲妻田氏爲永安郡夫人，領播州安撫司事。

——《元史》卷十四《本紀第十四・世祖十一》，第 2 册，第 290 頁

（至元二十六年十一月丁巳）改播州爲播南路。

——《元史》卷十五《本紀第十五·世祖十二》，第 2 册，第 327 頁

（至元二十七年二月戊寅）播州安撫使楊漢英進雨氊千，駙馬鐵別赤進羅羅斯雨氊六十、刀五十、弓二十。

——《元史》卷十六《本紀第十六·世祖十三》，第 2 册，第 334 頁

（至元二十九年春正月）丙辰，播州洞蠻因籍户懷疑竄匿，降詔招集之。以行播州軍民安撫使楊漢英爲紹慶、珍州、南平等處沿邊宣慰使、行播州軍民宣撫使、播州等處管軍萬户，仍佩虎符。

——《元史》卷十七《本紀第十七·世祖十四》，第 2 册，第 358 頁

（至元二十九年三月己酉）中書省臣言："亦奚不薛及八番、羅甸既各設宣慰司，又復立都元帥府，其地甚狹而官府多，宜合二司帥府爲一。"詔從之，且命亦奚不薛與思、播州同隸湖廣省，羅甸還隸雲南，以八番、羅甸宣慰使斡羅思等并爲八番、順元等處宣慰使都元帥，佩虎符。以安南國王陳益稷遥授湖廣等處行中書省平章政事，佩虎符，居鄂州。庚戌，車駕幸上都。賜速哥、斡羅思、賽因不花蠻夷之長五十六人金紋綾絹各七十九匹及弓矢、鞍轡。

——《元史》卷十七《本紀第十七·世祖十四》，第 2 册，361~362 頁

（至元三十年夏四月甲寅）斡羅思請以八番見户合思、播之民兼管，徙宣慰司治辰、沅、靖州，常賦外，歲輸鈔三千錠，不允。

——《元史》卷十七《本紀第十七·世祖十四》，第 2 册，第 372 頁

（至元三十年五月）癸亥，括思、播等處亡宋涅手軍。

——《元史》卷十七《本紀第十七·世祖十四》，第 2 册，第 372 頁

（至元三十年十二月乙未）遣使督思、播二州及鎮遠、黄平，發宋舊軍八千人，從征安南。

——《元史》卷十七《本紀第十七·世祖十四》，第 2 册，第 375 頁

（大德元年十二月）壬寅，朝洞蠻内附，立長官司二，命楊漢英領之。

——《元史》卷十九《本紀第十九·成宗二》，第 2 册，第 415 頁

（大德元年閏十二月己卯）平伐等蠻未附，播州宣撫使楊漢英請以己力討之，命湖廣省答剌罕從宜收撫。

——《元史》卷十九《本紀第十九·成宗二》，第2册，第416頁

（大德七年十二月丁未）以轉輸軍餉勞，免思、播二州及潭、衡、辰、沅等路稅糧一年，常、禮三分之一，淘金、站户無種佃者，免雜役一年。

——《元史》卷二十一《本紀第二十一·成宗四》，第2册，第456頁

（至大三年春正月辛丑）樞密院臣言："湖廣省乖西帶蠻阿馬等連結萬人入寇，已遣萬户移剌四奴領軍千人，及調思、播土兵并力討捕。臣等議，事勢緩急、地里要害四奴備知，乞聽其便宜調遣。"制可。

——《元史》卷二十三《本紀第二十三·武宗二》，第2册，第521頁

（皇慶二年二月丁亥）以乖西府隸播州宣撫司。

——《元史》卷二十四《本紀第二十四·仁宗一》，第2册，第555頁

（延祐五年冬十月己丑）播州南寧長官洛麽作亂，思州守臣换住哥招諭之，洛麽遣人以方物來覲。

——《元史》卷二十六《本紀第二十六·仁宗三》，第2册，第586頁

（延祐七年十二月）丁未，播州蜑蠻的羊籠等來降。

——《元史》卷二十七《本紀第二十七·英宗一》，第3册，第608頁

（至治三年二月癸酉）罷播州黄平府長官所一，徙其民隸黄平。

——《元史》卷二十八《本紀第二十八·英宗二》，第3册，第629頁

（至治三年十二月丁亥）免大都、興和差稅三年，八番、思、播、兩廣洞寨差稅一年，江淮創科包銀三年，四川、雲南、甘肅秋糧三分，河南、陝西、遼陽絲鈔三分。

——《元史》卷二十九《本紀第二十九·泰定帝一》，第3册，第642頁

（泰定二年秋七月丙辰）播州蠻黎平愛等集群夷爲寇，湖廣行省請兵討之，不許，詔播州宣撫使楊也里不花招諭之。

——《元史》卷二十九《本紀第二十九·泰定帝一》，第3册，第658頁

（泰定二年冬十月癸巳）播州凱黎苗率諸寨苗、僚爲寇。

——《元史》卷二十九《本紀第二十九·泰定帝一》，第 3 册，第 660 頁

（泰定三年春正月丙午朔）播州宣慰使楊燕里不花招諭蠻酋黎平慶等來降。

——《元史》卷三十《本紀第三十·泰定帝二》，第 3 册，第 667 頁

（泰定三年六月）癸未，播州蠻黎平愛復叛，合謝烏窮爲寇，宣撫使楊燕禮不花招平愛出降。烏窮不附，命湖廣行省討之。

——《元史》卷三十《本紀第三十·泰定帝二》，第 3 册，第 670 頁

（泰定三年十一月辛酉）播州蠻宋王保來降。

——《元史》卷三十《本紀第三十·泰定帝二》，第 3 册，第 675 頁

（泰定四年秋七月）甲辰，播州蠻謝烏窮來獻方物。

——《元史》卷三十《本紀第三十·泰定帝二》，第 3 册，第 680 頁

（天歷二年春正月）丁丑，四川囊加台攻破播州猫兒埡隘，宣慰使楊延里不花開關納之。

——《元史》卷三十三《本紀第三十三·文宗二》，第 3 册，第 728 頁

（天歷二年春正月壬午）播州楊萬户引四川賊兵至烏江峰，官軍敗之。八番元帥脱出亦破烏江北岸賊兵，復奪關口。

——《元史》卷三十三《本紀第三十三·文宗二》，第 3 册，第 729 頁

（天歷二年二月）丙午，囊加台分兵逼襄陽，湖廣行省調兵鎮播州及歸州。

——《元史》卷三十三《本紀第三十三·文宗二》，第 3 册，第 730 頁

（天歷二年二月）癸丑，諸王月魯帖木兒等至播州，招諭土官之從囊加台者，楊延里不花及其弟等皆來降。

——《元史》卷三十三《本紀第三十三·文宗二》，第 3 册，第 730 頁

（天歷二年六月）順元、思、播州諸驛，因兵興，馬多羸斃，驛户貧乏，令有司市馬補之。

——《元史》卷三十三《本紀第三十三·文宗二》，第 3 册，第 736 頁

（至正十二年乙丑）紹慶宣慰使楊延禮不花遥授湖廣左丞，楊伯顔卜花爲紹慶宣慰使，换文資。楊城爲沿邊溪洞招討使兼征行萬户，回賜先所拘收牌面。

——《元史》卷四十二《本紀第四十二·順帝五》，第3册，第900頁

（至元）三十年，四川行省官言：“思、播州元隸四川，近改入湖廣，今土人願仍其舊。”有旨遣問，還云：“田氏、楊氏言，昨赴闕廷，取道湖廣甚便，况百姓相隣，驛傳已立，願隸平章答剌罕。”

——《元史》卷六十三《志第十五·地理六》，第5册，第1539頁

沿邊溪洞宣慰使司。至元二十八年，播州楊賽因不花言：“洞民近因籍户，懷疑竄匿，乞降詔招集。”又言：“向所授安撫職任，隸順元宣慰司，其所管地，於四川行省爲近，乞改爲軍民宣撫司，直隸四川行省。”從之。以播州等處管軍萬户楊漢英爲紹慶、珍州、南平等處沿邊宣慰使，行播州軍民安撫使、播州等處管軍萬户，仍虎符。漢英即賽因不花也。仍頒所請詔旨，詔曰：“爰自前宋歸附，十五餘年，閱實户數，乃有司當知之事，諸郡皆然，非獨爾播。自今以往，咸奠厥居，流移失所者，招諭復業，有司常加存恤，毋致煩擾，重困吾民。”

播州軍民安撫司。

黄平府。平溪、上塘、羅駱家等處，水車等處，石粉、羅家、永安等處，六洞、柔遠等處，錫樂平等處，白泥等處，南平、綦江等處，珍州、思寧等處，水烟等處，溱洞、涪洞等處，洞天觀等處，葛浪洞等處，寨壩、埡黎、焦溪等處，小姑單張、倒柞等處，烏江等處，舊州草堂等處，恭溪、杳洞、水囤等處，平伐、月石等處，下壩、寨章、横坡、平地寨、寨勞、寨勇、上塘、寨坦、嗲奔、平莫、林種密秀、沿河、祐溪等處。

——《元史》卷六十三《志第十五·地理六》，第5册，1551~1553頁

凡蠻夷官，議：“播州宣撫司保蠻夷軍民副長官，係遠方蠻夷，不拘常調之職，合准所保。其蠻夷地分，雖不拘常調之處，而所保之人，多有泛濫。今後除襲替土官外，急闕久任者，依例以相應人舉用，不許預保，違者罪及所由官司。”

——《元史》卷八十二《志第三十二·選舉二》，第7册，第2055頁

（至元三十年）五月，命思播黄平、鎮遠拘刷亡宋避役手號軍人，以增鎮守。

——《元史》卷九十九《志第四十七·兵二》，第8册，第2545頁

西南溪洞，及思、播田楊二氏，重慶制置使趙定應，俱越境請降。事聞，帝曰：

"先朝非用兵不可得地，今希憲能令數千百里外越境納土，其治化可見也。"

——《元史》卷一百二十六《列傳第十三·廉希憲》，第10册，3094~3095頁

明年春，朝行在所，還討思、播二州，獲其將一人。

——《元史》卷一百二十九《列傳第十六·紐璘》，第10册，第3145頁

（至元）十九年，亦奚不薛蠻叛，置順元等路軍民宣慰司，以速哥爲宣慰使，經理諸蠻。二十四年，遷河東陝西等路萬户府達魯花赤，播州宣撫賽因不花等赴闕請留之。

——《元史》卷一百三十一《列傳第十八·速哥》，第11册，第3183頁

忙古帶，寶童之子也。世祖時，賜金符，襲父爵，爲隨路新軍總管，統領山西兩路新軍。從行省也速帶兒征蜀及思、播、建都諸蠻夷，有功，升萬户。

——《元史》卷一百四十九《列傳第三十六·耶律禿花》，第12册，第3533頁

（至元）二十一年，奉旨與參政曲里吉思、僉省巴八、左丞汪惟正，分兵進取五溪洞蠻。時思、播以南，施、黔、鼎、澧、辰、沅之界，蠻僚叛服不常，往往劫掠邊民，乃詔四川行省討之。曲里吉思、惟正一軍出黔中，巴八一軍出思、播，都元帥脱察一軍出澧州，忽蘭吉一軍自夔門會合。

——《元史》卷一百六十二《列傳第四十九·李忽蘭吉》，第13册，3794~3795頁

大德五年，羅鬼女子蛇節反，烏撒、東川、芒部諸蠻從之皆叛，陷貴州。詔國杰將諸翼兵，合四川、雲南、思、播兵以討之。

——《元史》卷一百六十二《列傳第四十九·劉國杰》，第13册，第3812頁

（至元）十四年，詔以德輝爲西川行樞密院副使，仍兼王相。諸軍既發，德輝留成都給軍食。是年，復瀘州。十五年，再圍重慶，逾月拔之，紹慶、南平、夔、施、思、播諸山壁水栅皆下。

——《元史》卷一百六十三《列傳第五十·李德輝》，第13册，第3817頁

德輝卒年六十三，蠻夷聞訃，哭之哀如私親，爲位而祭者動輒千百人。合州安撫使王立，衰絰率吏民拜哭，聲震山谷，爲發百人護喪興元。播州安撫使何彦清率其民立廟祀之。

——《元史》卷一百六十三《列傳第五十・李德輝》，第13册，3818~3819頁

（至元十二年）宋將李信、李發結武岡洞蠻，分據扼寨，國寶擊敗之，其衆退保飛山、新城。思、播蠻來援，國寶復與戰，破之，擒張星、沈舉等三百餘人。

——《元史》卷一百六十五《列傳第五十二・朱國寶》，第13册，第3877頁

楊賽因不花，初名漢英，字熙載，賽因不花，賜名也。其先，太原人。唐季，南詔陷播州，有楊端者，以應募起，竟復播州，遂使領之。五代以來，世襲其職。五傳至昭，無子，以族子貴遷嗣。又八傳至粲，粲生价，价又生文，文生邦憲，皆仕宋，爲播州安撫使。至元十三年，宋亡，世祖詔諭之，邦憲奉版籍内附，授龍虎衛上將軍、紹慶珍州南平等處沿邊宣慰使、播州安撫使，卒，年四十三，贈推忠效順功臣、平章政事，追封播國公，謚“惠敏”。

——《元史》卷一百六十五《列傳第五十二・楊賽因不花》，第13册，3884~3885頁

漢英，邦憲子也，生五歲而父卒。二十二年，母田氏携至上京，見世祖於大安殿〈閣〉。帝呼至御榻前，熟視其眸子，撫其頂者久之，乃諭宰臣曰：“楊氏母子孤寡，萬里來庭，朕甚憫之。”遂命襲父職，錫金虎符，因賜名賽因不花。及陛辭，詔中書錫宴，賜金幣綵繒，賚其從者有差。二十五年，再入覲，時年十二，帝見其應對明敏，稱善者三。復因宰臣奏安邊事，帝益嘉之。是年，改安撫司爲宣撫司，授宣撫使，尋升侍衛親軍都指揮使。

成宗即位，賽因不花兩入見，贈謚二代。大德五年，宋隆濟及折節等叛，詔湖廣行省平章劉二拔都、指揮使也先忽都魯，率兵偕賽因不花討之。六年秋九月，師出播境，連與賊遇，破之。前駐蹉泥，賊騎猝至，賽因不花奮擊先進，大軍繼之，賊遂潰，乘勝逐北，殺獲不可勝計。遂降阿苴，下笮籠，望塵送款者相繼。七年正月，進屯暮窩，賊衆復合，又與戰于墨特川，大破之。折節懼，乞降，斬之，又擒斬隆濟等，西南夷悉平。八年，賽因不花復入見，進資德大夫。

至大四年，加勛上護軍，詔許世襲。播南盧崩蠻内侵，詔賽因不花暨思州宣慰使田茂忠，率兵討之，以疾卒於軍，年四十。贈推誠秉義功臣、銀青榮禄大夫、平

章政事、柱國，追封播國公，謚“忠宣”。子嘉貞嗣。

——《元史》卷一百六十五《列傳第五十二·楊邦憲》，第 13 册，第 3885 頁

（至正七年）廣海瑶賊入寇，詔朵兒只［班］將思播楊元帥軍以討之，暘曰：“易軍而將不諳教令，恐不能决勝。若命楊就統其衆，彼悦於恩命，必能自效，所謂以夷狄攻夷狄，中國之利也。”帝不從，後竟無功。

——《元史》卷一百八十六《列傳第七十三·歸暘》，第 14 册，第 4271 頁

（至元）十九年二月，詔思、播、叙諸郡及亦奚不薛諸蠻夷等處發士卒征緬。

——《元史》卷二百一十《列傳第九十七·外夷三》，第 15 册，第 4658 頁

新元史*

（至元十四年三月庚戌）播州蠻酋楊邦憲、思州蠻酋田景賢皆降。

——《新元史》卷八《本紀第九·世祖三》，第 42 頁

（至元十九年二月）壬子，僉亦奚不薛及播、思、敘三州軍征緬國。

——《新元史》卷十一《本紀第十一·世祖五》，第 45 頁

（大德元年十二月）己卯，播州宣撫使楊漢英請討平伐叛蠻。命湖廣行省平章政事哈剌哈孫從宜收撫。

——《新元史》卷十三《本紀第十三·成宗上》，第 54 頁

（大德七年十二月）丁未，以轉運勞免思、播二州、辰、沅等路税糧二年。

——《新元史》卷十四《本紀第十四·成宗下》，第 56 頁

（至治三年十二月丁亥）免大都、興和差税三年，八番、思、播、兩廣洞寨差税一年。

——《新元史》卷十九《本紀第十九·泰定帝》，第 71 頁

* 柯劭忞：《新元史》，中國書店，1988 年。

(天曆二年二月）癸丑，諸王月魯、帖木兒至播州詔諭，楊延里不花等皆降。

——《新元史》卷二十一《本紀第二十一·文宗上》，第77頁

播州軍民安撫司。宋播州安撫司本隸四川省。至元十六年，改播州爲播南路。二十八年，從播州萬户楊漢英之請，以播州等處管軍萬户楊漢英爲紹慶、珍州、南平等處宣慰使，行播州軍民宣撫使、播州等處管軍萬户。二十九年，改隸湖廣行省，領播州軍民都鎮撫司。播州宣慰使楊鏗降明，所領安撫司二，曰草塘，曰黄平，是黄平、草塘二處俱設安撫司，舊志略。所領長官司六，曰真州，即珍州，曰播州，曰餘慶，曰白泥，曰容山，曰重安，惟重安不見舊志。

播川縣。附郭。宋鼎山縣。至元十五年，以鼎山仍隸播州。十六年，改鼎山爲播川縣。

黄平府。至元二十八年置。至治三年罷，播州長官所徙其民，隸黄平府。

平溪、上塘、羅駱家等處，水車等處，石粉、羅家、永安等處，錫樂平等處，白泥等處，元初蠻酋楊正寶以功授泊泥司副長官。南平、綦江等處，宋以南川縣銅佛頂地置南平軍、珍州、思寧等處，唐之播川鎮，後改鎮爲珍州，至正末改爲真州。水烟等處，溱洞、涪洞等處，宋廢溱州爲溱溪寨。洞天觀等處，葛浪洞等處，賽壩埡、黎焦溪等處，小孤單張、倒柞等處，烏江等處，舊州草塘等處，恭溪、沓洞、水囤等處，平伐、月石等處，下壩、寨章、横坡、平地寨、寨勞、寨勇、止塘、寨坦、岑奔、平模、林種密秀、沿河祐溪等處，元初蠻酋張坤義以功授沿河祐溪長官司。餘慶州，唐蠻酋毛巴以功授餘慶州刺史，子孫世有其地。容山等處。《翰墨全書》：洪溪、馬峽等處，清江、中平、三都、望蒲、仁懷、古磁俱隸播州軍民安撫司。

——《新元史》卷五十一《志第十八·地理志六》，263~264頁

（天曆）二年二月，湖廣行省調兵镇播州及歸州。

——《新元史》卷九十九《志第六十六·兵志二》，第465頁

（元憲宗）八年，侵宋播州，士卒遇炎瘴多病，兀良合台亦病，遂失利。

——《新元史》卷一百二十二《列傳第十九·兀良合台》，第546頁

西南溪洞及思、播田楊二氏、重慶制置使趙定應俱越境請降。事聞，帝曰：“先朝非用兵不能得地，今希憲能令數千百里外越境納土，其治效可知矣！”

——《新元史》卷一百五十五《列傳第五十二·廉希憲》，第648頁

大德五年，羅鬼女子蛇節反，諸蠻皆叛。詔國杰將諸翼兵合四川、雲南、思、播之兵以討之，官兵戰失利。

——《新元史》卷一百六十二《列傳第五十九·劉國杰》，第673頁

（天曆二年）囊加台遣兵南攻播州貓兒埡，宣慰使萬户楊燕里不花開關納之，導四川兵進至烏江驛，川兵在烏江北岸者爲八番元帥脱出所敗。是時，囊加台自帥大軍出興元，焚雞武關大橋，并焚棧道，遂據雞武，奪三叉、柴關等驛，以書招鞏昌總帥汪延昌，分兵東至金州，據白土關，進逼襄陽。朝命陝西、湖廣兩行省督軍分討之，仍命宣慰撒忒迷失將本部蒙古軍從鎮西武靖王搠思班進討。時播州楊燕里不花已歸。

——《新元史》卷一百六十四《列傳第六十一·囊加台》，第677頁

（至元）二十四年，遷河東、陝西等路萬户府，達魯花赤、播州宣撫使楊賽因不花等赴闕，請留之。

——《新元史》卷一百六十四《列傳第六十一·速哥》，第679頁

楊漢英，字熙載。其先太原人，唐季南詔陷播州，有楊端者以應募起，竟復播州，遂使領之。五傳至昭，無子，族子貴遷嗣。又十一傳至邦憲，世襲播州安撫使。宋授邦憲左金吾衛上將軍、安遠軍承宣使、牙牌節度使。宋亡，世祖遣使者諭邦憲内附，邦憲捧詔三日哭，以播州、珍州、南平軍之地降。十五年，入朝，拜龍虎衛上將軍、侍衛親軍都指揮使、紹慶珍州南平等處沿邊宣撫使、播州安撫使。十八年，遷宣慰使。卒，贈推忠效順功臣、銀青光禄大夫、平章政事、柱國，追封播國公，謚“惠敏”。漢英五歲而孤，二十二年從其母田氏入朝，世祖摩其頂，諭執政曰：“是兒真國器，宜以父爵授之。”賜名賽因不花，授金虎符，拜龍虎衛上將軍、紹慶珍州南平等處沿邊宣慰使、播州安撫使，賜金繒、弓矢、鞍勒，封田氏爲貞順夫人。二十四年，漢英族衆搆亂，殺貞順夫人。漢英衰絰入奏，詔捕賊縛至成都，斬之。二十七年，詔郡縣上計，漢英即括户口、租税籍以進，世祖大悦，加管軍萬户。二十八年，入朝，奏罷順元宣慰司。是年，升播州安撫司爲宣撫司，授漢英宣撫使。會羅甸宣慰使斡羅思誘播州黄平諸寨酋，詐爲新闢屬地以獻，漢英奏復之。斡羅思恚不勝，誣言：“舊有雄威、忠勝二軍，播州匿，弗奏。”漢英抗言：“納土時，二軍已隸别籍。”御史臺審覆上之，世祖令寢其事，俄拜侍衛親軍都指揮使。成宗即位，漢英三入朝。大德三年，奏改南詔驛道，分定雲以東地隸播州，西隸新部，減郡縣冗員，去屯丁糧三之一，民大便之。四年，部蠻桑拓叛，湖廣行省議用兵，漢英言賊勢盛，宜招諭之。不聽，兵出無功，卒從漢英議，始相繼出降。五年，宋隆

濟及蛇節等叛，漢英率民兵從行省平章劉二拔都等討之。六年秋九月，連與賊戰，敗之，進壁蹉泥，賊騎卒至，漢英先登陷陣，大軍乘之，賊遂潰，斬獲不可勝計，降宋阿宜，拔笮籠，望風送款者相繼。七年正月，大軍屯暮窩，賊衆復合，漢英又敗賊於墨特川。蛇節懼，乞降，斬之，又擒斬隆濟等，西南夷悉平，以功進資德大夫，賜玉帶、金鞍、弓矢。仁宗即位，加上護軍，詔許世襲。延祐四年，黄平蠻劉奔及新部黎魯等相繼叛，詔漢英撫定之，置戍而還。五年，盧崩蠻内侵，漢英與思州宣慰使田茂忠討之，以疾卒於軍，年四十，贈推誠秉義功臣、銀青光禄大夫、平章政事、柱國，追封播國公，謚"忠宣"。漢英究心濂洛之學，爲詩文典雅有則，著《明哲要覽》九十卷、《桃溪内外集》六十卷。子嘉貞嗣，至治二年來朝，賜名延禮不花。宋隆濟之叛，與漢英同時立功者有曾竹長官宋阿重。

——《新元史》卷二百二十一《列傳第一百十八·楊漢英》，862~863 頁

（至正）二十三年，萬勝攻興元不克，遣鄒勝攻巴州，陷之。石柱安撫司馬克用叛，降於玉珍，乃改設永寧宣慰司及邑海溪洞軍民府，又立平茶、永化軍民府。獨播州楊元鼎堅守拒之，玉珍以重兵臨其境，元晶始降。二十四年，更六卿爲中書省樞密院，以戴壽、萬勝爲左、右丞相，向大亨、張文炳知樞密院，鄒興守成都，吴友仁守保寧，莫仁壽守夔州，俱爲平章，竇英守播州，爲参政。

——《新元史》卷二百二十六《列傳第一百二十三·明玉珍》，第 878 頁

（大德五年）十一月，詔宋隆濟妄説驚擾事端，糾合蛇節及羅鬼酋長阿合女仇相扇作亂，特遣湖廣行省平章政事劉二拔都，指揮使也先忽都魯率兵，及思、播宣慰賽因不花等土兵，與四川、雲南省分道并進。

——《新元史》卷二百四十八《列傳第一百四十五·宋隆濟》，第 952 頁

（至元二十年）又僉思、播、叙三州軍及亦奚不薛諸蠻軍征緬，不果。

——《新元史》卷二百五十二《列傳第一百四十九·外國四》，第 966 頁

（張廷玉）明史*

（萬曆二十二年）冬十月己未，南京兵部右侍郎邢玠總督川貴軍務，討播州宣慰使楊應龍。

——《明史》卷二十《本紀第二十・神宗一》，第 2 册，第 276 頁

（萬曆二十五年秋七月）是月，楊應龍叛，掠合江、綦江。

——《明史》卷二十一《本紀第二十・神宗二》，第 2 册，第 279 頁

（萬曆二十七年春二月）是月，貴州巡撫江東之遣兵討楊應龍，敗績。三月己亥，前兵部侍郎李化龍總督川、湖、貴州軍務，討楊應龍。……六月己亥，楊應龍陷綦江，参將房嘉寵、游擊張良賢戰死。……冬十月壬午，振京城飢民。丙戌，以播州用兵，加四川、湖廣田賦。戊子，貴州宣慰使安疆臣有罪，詔討賊自贖。

（萬曆）二十八年春二月戊寅，京師地震。丙戌，李化龍帥師分八路進討播州。夏六月丁丑，克海龍囤，楊應龍自縊死，播州平。……冬十月辛未，貴州皮林苗叛，總兵官陳璘討之。……十二月乙未，御午門，受播州俘。

（萬曆）二十九年春正月壬子，以播州平詔天下，蠲四川、貴州、湖廣、雲南加派田租逋賦，除官民詿誤罪。

——《明史》卷二十一《本紀第二十一・神宗二》，第 2 册，280~282 頁

* （清）張廷玉：《明史》，中華書局，1974 年。

（萬曆三十一年春三月）是月，播州餘賊吴洪等作亂，有司討平之。

——《明史》卷二十一《本紀第二十一·神宗二》，第2册，第283頁

（萬曆三十二年）冬十月甲寅，始叙平播州功。

——《明史》卷二十一《本紀第二十一·神宗二》，第2册，第284頁

遵義軍民府。元播州宣慰司，屬湖廣行省。洪武五年正月，改屬四川。十五年二月，改屬貴州都司。二十七年四月，改屬四川布政司。萬曆二十九年四月，改置遵義軍民府，領州一、縣四。西北距布政司千七百里。

遵義。倚元播州總管。洪武五年正月，改爲播州長官司。萬曆二十九年四月，改縣，與府同徙治白田壩，在故司城之西。北有龍岩山；其東爲定軍山，又有大樓山，上有太平關，亦曰“樓山關”；又東有烏江，源自貴州水西，即涪陵江上源；中有九接灘，其南有烏江關；又東南有仁江，東有湘江、洪江，皆流合於烏江；又西南有落閩水，東有樂安水，亦俱流入焉；又東南有河度關，西南有老君關；又東有三度關，西有落濛關，西北有崖門關、黑水關，北有海龍囤，有白石口隘。

——《明史》卷四十三《地理志四·四川》，第4册，第1034頁

平越軍民府。元平月長官司。洪武十四年，置平越守禦千户所。十五年閏二月，改爲平越衛。十七年二月，升軍民指揮使司，領長官司五，屬四川布政司，尋屬貴州都司。萬曆二十九年四月，置平越軍民府於衛城，以播州地益之，屬貴州布政司。東有峨藜山，又有七盤坡；東南有麻哈江，其上源即黄平州之兩岔江；南有馬場江，又有羊場河，俱東入於麻哈江；南有武勝關；西南有通津關；東南有羊場關。領衛二、州一、縣三、長官司二。西距布政司百八十里。

……

黄平州，本黄平安撫司，洪武七年十一月置，屬播州宣慰司。萬曆二十九年四月，改爲州，來屬。東有七里谷；西南有兩岔江，以兩源合流而名；又東有冷水河。西北有黄平守禦千户所，洪武十一年正月置，十五年正月改爲衛，閏二月仍爲千户所。南距府三十里。

餘慶。州西北，本餘慶長官司，洪武十七年置，屬播州宣慰司。萬曆二十九年六月，改爲縣，來屬。東有白泥長官司，亦洪武十七年置，屬播州宣慰司，萬曆二十九年四月省入餘慶。縣南有小烏江，下流入於烏江；東南有白泥河，下流合於思南河。又有走馬坪寨，嘉靖三十四年置。

甕安。州西北，本甕水安撫司，洪武初置，萬曆二十九年四月改爲縣，來屬。東有草塘安撫司，洪武十七年六月置。又有重安長官司，永樂四年九月置。俱屬播州宣慰司，萬曆二十九年四月俱省入甕安縣。縣東南有萬丈山；西有烏江，縣境諸山溪之水皆流合焉，又有黄

灘關；東北有飛練堡，有天邦囤；西有西坪等寨。

湄潭。州北，萬曆二十九年四月以播州湄潭地置。西有容山長官司，洪武中置，屬播州宣慰司，萬曆二十九年省入湄潭縣。南有湄潭水，又西有三江水，下流俱入於烏江。

凱里長官司。府東北，本凱里安撫司，嘉靖八年二月分播州宣慰司地置，屬清平衛。萬曆二十九年來屬；三十五年六月，改爲長官司。

——《明史》卷四十六《志第二十二・地理七・貴州》，第 4 册，1205～1207 頁

巡撫偏沅地方贊理軍務一員，萬曆二十七年以征播暫設，尋罷。

——《明史》卷七十三《志第四十九・職官二》，第 6 册，第 1779 頁

其後接踵三大征，頗有加派，事畢旋已。至四十六年，驟增遼餉三百萬。時内帑充積，帝靳不肯發。户部尚書李汝華乃援征倭、播例，畝加三釐五毫，天下之賦增二百萬有奇。明年復加三釐五毫。明年，以兵工二部請，復加二釐。通前後九釐，增賦五百二十萬，遂爲歲額。所不加者，畿内八府及貴州而已。

——《明史》卷七十八《志第五十四・食貨二・賦役》，第 7 册，第 1903 頁

洪武末，置成都、重慶、保寧、播州茶倉四所，令商人納米中茶。

——《明史》卷八十《志第五十六・食貨四・茶法》，第 7 册，第 1950 頁

播州之亂，工部侍郎趙可懷請練土著，兵部因言："天下之無兵者，不獨蜀也。各省官軍、民壯皆宜罷老稚，易以健卒。軍操屬印官、操官，民操屬正官、捕官，郡守、監司不得牽制。立營分伍，以憑調發。"先後皆議行。

——《明史》卷九十一《志第六十七・兵三・邊防》，第 8 册，第 2251 頁

（洪武六年）帝將征雲南，命友德巡行川、蜀、雅、播之境，修城郭，繕關梁，因兵威降金筑、普定諸山寨。

——《明史》卷一百二十九《列傳第十七・傅友德》，第 12 册，第 3802 頁

成性忠謹，涉獵書史。始居北平，多效謀畫，然終不肯將兵，賜兵器亦不受。

再鎮貴州，屢平播州、都勻諸叛蠻，威震南中，土人立生祠祀焉。

——《明史》卷一百四十四《列傳第三十二·顧成》，第13册，第4075頁

（正德）十四年正月，鑑抗疏言："賊酋遠遁，不爲邊患，宜專責雲南守臣相機剿滅，無遠勞禁旅。"王振怒，欲困之，改鑑雲南參議，使赴騰衝招賊。已，復摭鑑爲巡按，時嘗請改四川播州宣慰司隸貴州，爲鑑罪，令兵部劾之，論死繫獄。景帝嗣位，乃得赦。

——《明史》卷一百六十二《列傳第五十·陳鑑》，第14册，第4407頁

（景泰）五年，四川草塘苗黄龍、韋保作亂，自稱平天大王，剽播州西坪、黄灘。瑛與巡撫蔣琳會川兵進剿，賊魁皆就縛。因分兵克中潮山及三百灘、乖西、谷種、乖立諸寨，執僞王谷蟻丁等，斬首七千餘。詔封南和伯。

——《明史》卷一百六十六《列傳第五十四·方瑛》，第15册，第4487頁

張瓚，字宗器，孝感人。正統十三年進士，授工部主事，遷郎中，歷知太原、寧波二府，有善政。成化初，市舶中官福住貪恣，瓚禁戢其下，住誣瓚於朝，瓚遂列住罪，住被責，其黨多抵法。大臣會薦，遷廣東參政，轉浙江左布政使。十年冬，以右副都御史巡撫四川，播州致仕宣慰楊輝言，所屬夭壩干、灣溪諸寨及重安長官司爲生苗竊據，請王師進討。詔瓚諭還侵地，不服則征之。瓚率兵討定，請設安寧宣撫司，即授輝子友爲宣撫以鎮。詔可，賜敕獎勞。……瓚功名著西蜀，其後撫蜀者如謝士元輩，雖有名，不及瓚。惟夭壩干之役，或言楊輝溺愛庶長子友，欲官之，詐言生苗爲亂。瓚信而興師，其功不無矯飾云。

——《明史》卷一百七十二《列傳第六十·張瓚》，第15册，4597~4598頁

（成化十三年）貴州巡撫陳儼等以播州苗竊發，請調湖廣、廣西、四川兵五萬，合貴州兵會剿。

——《明史》卷一百七十八《列傳第六十六·余子俊》，第16册，第4738頁

……會安寧宣撫使楊友欲奪嫡弟播州宣慰使愛爵，誣愛有异謀。喬新往勘，與巡撫劉璋共白愛誣。友奪官，安置他府，播人遂安。

——《明史》卷一百八十三《列傳第七十一·何喬新》，第 16 册，第 4853 頁

遂移師擊瀘州賊曹甫，且遣人招諭。甫佯聽令，使弟瑄劫如故。指揮李蔭斬瑄首，賊遂移江津，分七營，將攻重慶。俊發西陽、播州土兵助蔭，以元日掩破其四營。賊遁入民家，焚之盡斃。

——《明史》卷一百九十四《列傳第八十二·林俊》，第 17 册，第 5138 頁

……四川土舍重安馮綸與凱里楊弘有怨，弘卒，綸糾諸苗相仇殺，侵軼貴州境。文盛遣参議蔡潮詣播州，督宣慰楊斌撫定之，請復設安寧宣撫司，以弘子襲，而录潮功。

——《明史》卷一百九十四《列傳第八十二·鄒文盛》，第 17 册，第 5148 頁

……播州宣慰楊烈殺長官王黼，黼黨李保等治兵相攻，且十年。總督馮岳與邦憲討平之。真州苗盧阿項爲亂，邦憲以兵七千編筏渡江，直抵磨子崖，策賊必夜襲，先設備，賊至，擊敗之。賊求援於播州吴鯤，諸將懼，邦憲曰："水西宣慰安萬銓，播州所畏也。吾調水西兵攻烏江，聲楊烈縱鯤助逆罪，烈奚暇救人乎？"……播州容山副長官土舍韓甸與正長官土舍張問相攻，甸屢勝，遂糾生苗剽湖、貴境，垂二十年，問亦糾黨自助。邦憲討之，斬百餘人，問潛出，被獲，官軍乘勝入甸巢。會暮大雨，迷失道，守備葉勛、百户魏國相等陷伏中，死焉。邦憲奪圍出，還軍鎮遠，再征之。賊沿江守，邦憲佯與争而别自上流三十里編竹以渡，水陸并進，大破之，斬甸，容山平，進右都督。

——《明史》卷二百十一《石邦憲傳》，第 18 册，5596~5597 頁

楊應龍叛，成進討，無功，戴罪辦理。尋卒於官。

——《明史》卷二百十二《列傳第一百·郭成》，第 18 册，第 5622 頁

……時將討播州楊應龍，（余）繼登請罷四川礦税，以佐兵食。

——《明史》卷二百十六《列傳第一百四·余繼登》，第 19 册，第 5701 頁

用鄧子龍、劉綎平隴川，薦鄭洛爲經略，趣順義王東歸，寢葉夢熊奏以弭楊應

龍之變。然是時天下承平，上下恬熙，法紀漸不振。

——《明史》卷二百十八《列傳第一百六·申時行》，第 19 册，第 5749 頁

吏部疏請起用建言廢黜諸臣，并考選科道官，久抑不下，中外多以望。閣臣一貫等數諫，不省。而帝久不視朝，閣臣屢請，皆不報。一貫初輔政面恩，一見帝而已。東征及楊應龍平，帝再御午門樓受俘，一貫請陪侍，賜面對，皆不許。上下否隔甚，一貫雖小有救正，大率依違其間，物望漸減。

——《明史》卷二百十八《列傳第一百六·沈一貫》，第 19 册，5756~5757 頁

……（王）士琦歷重慶知府，播州宣慰使楊應龍叛，承總督邢玠檄至松坎撫定之，遂進兵備副使，治其地。尋以山東參政監軍朝鮮有功，超擢河南右布政使。坐應龍復叛，降湖廣右參政。

——《明史》卷二百二十三《列傳第一百十一·王士崧·王士琦》，第 19 册，第 5878 頁

（萬曆）二十五年五月疏陳天下安危，其略曰："竊見元旦以來，天氣昏黄，日光黯淡，占者以爲亂徵。今天下之勢，亂象已形，而亂勢未動。天下之人，亂心已萌，而亂人未倡。今日之政皆播亂機使之動，助亂人使之倡者也。……"

——《明史》卷二百二十六《列傳第一百十四·吕坤》，第 19 册，第 5937 頁

（萬曆）二十七年三月，（李）化龍起故官，總督湖廣、川、貴軍務兼巡撫四川，討播州叛臣楊應龍。應龍之先曰楊鏗，明初内附，授宣慰使。應龍性狠嗜殺，數從征調，恃功驕蹇，知川兵脆弱，陰有據蜀志，間出剽州縣。嬖小妻田雌鳳，讒殺妻張氏，屠其家。用誅罰立威，所屬五司七姓不堪其虐，走貴州告變。巡撫葉夢熊疏請大征，詔不聽。逮繫重慶獄，應龍詭將兵征倭自效，得脱歸，復逮不出。四川巡撫王繼光發兵討，覆於白石，應龍諉罪諸苗，朝廷命邢玠總督。值東西用兵，勢未能窮治，因招撫之。應龍益結生苗，奪五司七姓地并湖廣四十八屯以界之，歲出侵掠。是年二月，敗官軍於飛練堡，都司楊國柱、指揮李廷棟等皆死。已復破，殺綦江參將房嘉寵、游擊張良賢，投尸蔽江下。僞軍師孫時泰請直取重慶，搗成都，劫蜀王爲質。而應龍遷延，聲言争地界，冀曲赦如曩時。化龍至成都，徵兵未集，亦謬爲好語縻之。帝聞綦江破，大怒，追褫前四川、貴州巡撫譚希思、江東之職，

而賜化龍劍，假便宜討賊。賊焚東坡、爛橋，梗湖、貴路，又焚龍泉，走都司楊惟忠。化龍劾諸大帥不用命者，沈尚文逮治，童元鎮、劉綎皆革職，充爲事官。諸軍大集，化龍先檄水西兵三萬守貴州，斷招苗路，乃移重慶，大誓文武。明年二月，分八道進兵，川師四路：總兵官劉綎由綦江；總兵官馬孔英由南川；總兵官吴廣由合江；副將曹希彬受廣節制，由永寧。黔師三路：總兵官童元鎮由烏江；參將朱鶴齡受元鎮節制，統宣慰使安疆臣由沙溪；總兵官李應祥由興隆。楚師一路，分兩翼：總兵官陳璘由偏橋；副總兵陳良玭受璘節制，由龍泉。每路兵三萬，官兵三之，土司七之。貴州巡撫郭子章駐貴陽，湖廣巡撫支可大移沅州，化龍自將中軍策應。帝以楚地遼闊，又擢江鐸爲僉都御史，巡撫偏沅。湖廣設偏沅巡撫，自鐸始也。推官高折枝先以南川兵進據桑木鎮，綎復自綦江入。應龍以勁兵二萬屬其子朝棟，曰："爾破綦江，馳南川，盡焚積聚，彼無能爲也。"比抗諸路兵皆大敗，應龍頓足嘆曰："吾不用時泰計，今死矣。"或言水西佐賊，化龍詰之。疆臣斬賊使，二氏交遂絶。烏江兵敗績，逮下元鎮於理，諸將益奮。綎先入婁山關，直抵海龍囤。璘、疆臣兵亦至，賊勢急，上囤死守，遣使詐降。化龍檄諸將斬使焚書，以綎與應龍有舊，諭無通賊，綎械其人以自明。八路兵皆會囤下，築長圍困之，更番迭攻。六月，綎破土、月二城，應龍窘，與二妾俱縊。明晨，官軍入城，七子皆被執。詔磔應龍尸并子朝棟於市。自出師至滅賊，凡百有十四日。播自唐乾符中入楊氏，二十九世，八百餘年，至應龍而絶，以其地置遵義、平越二府，分屬川、貴。化龍初聞父喪，以金革起復，至是乞歸終制。……叙前平播功，晉兵部尚書加少保，蔭一子世錦衣指揮使。……化龍具文武才，播州之役，以劉綎驕蹇，先摧挫之而薦其才，故綎爲盡力；開河之功，爲漕渠永利，詳見《河渠志》。

——《明史》卷二百二十八《李化龍傳》，第 20 册，5984~5986 頁

江鐸，字士振，仁和人。……萬曆二年，授刑部主事，累官山西按察使，擢撫偏沅，夾攻楊應龍有功，與郭子章皆蔭一子世錦衣指揮。丁母艱去，奪情命留，討皮林諸洞蠻，平之，詳具《陳璘傳》。以勞疾歸，卒贈兵部右侍郎。

贊曰："哱拜一降人耳，雖假以爵秩而憑藉未厚，倉猝發難，據鎮城，聯外寇，邊鄙爲之騷然，武備之弛有由來矣。楊應龍惡稔貫盈，自速殄滅。然盤踞積久，地形險惡，非師武臣力，奏績豈易言哉。李化龍之功可與韓雍、項忠相埒，較寧夏之役，難易懸殊矣。

——《明史》卷二百二十八《列傳第一百十六・江鐸》，第 20 册，第 5986 頁

艾穆，字和父，平江人，以鄉舉署阜城教諭。……有告播州宣慰使楊應龍叛者，

貴州巡撫葉夢熊請征之。蜀人多言應龍强，未易輕舉，穆亦不欲加兵，與夢熊异。朝命兩撫臣會勘，應龍不願赴貴州，乃逮至重慶，對簿論斬，輸贖放之還。穆病歸，未幾卒。後應龍復叛，議者追咎穆，奪其職。

——《明史》卷二百二十九《艾穆傳》，第20册，6003~6004頁

楊恂，字伯純，代人，萬曆十一年進士。……恂復論志皋并及張位，其略曰："……楊應龍負固不服，執政貪其重餌，與之交通。如近日綦江捕獲奸人，得所投本兵及提督巡撫私書，其餘四緘及黄金五百、白金千、虎豹皮數十，不言所投。臣細詢，播人始囁嚅言曰：'求票擬耳。'夫票擬，輔臣事也，而使小醜得以利動哉？……"

——《明史》卷二百三十《列傳第一百十八·楊恂》，第20册，6018~6019頁

二十八年起任工科，極陳四川采木、榷税及播州用兵之患。……已極陳國計匱乏，言："近歲寧夏用兵，費百八十餘萬；朝鮮之役，七百八十餘萬；播州之役，二百餘萬。……"

——《明史》卷二百三十五《列傳第一百二十三·王德完》，第20册，第6132頁

（萬曆）二十四年，以右僉都御史巡撫貴州。擊高寨叛苗，斬首百餘級。京察，被劾免官，復以遣指揮楊國柱討楊應龍敗績事，黜爲民，憤恨抵家，卒。

——《明史》卷二百三十六《列傳第一百二十四·江東之》，第20册，第6146頁

先是，楊應龍伏誅，貴州宣慰使安疆臣邀據故所侵地，總督王象乾不許。士衡遂劾象乾起釁。後象乾弟象恒巡撫蘇、松，以兄故頗銜士衡，廉知其清介狀，稱説不置云。

——《明史》卷二百三十六《列傳第一百二十四·金士衡》，第20册，第6148頁

主事趙世德考察貶官，廷議征楊應龍，兵部舉世德知兵，紹駁止之。

——《明史》卷二百四十二《列傳第一百三十·程紹》，第21册，第6282頁

劉綎，字省吾。都督顯子，勇敢有父風，用蔭爲指揮使。……屬播酋楊應龍作亂，擢綎四川總兵官。……遂移師征楊應龍。會四川總兵官萬鏊罷，即以綎代之。時兵分八道，川居其四，川東又分爲二，以綦江道最要，令綎當之。應龍熟綎才，頗懼，益兵守要害。（萬曆）二十八年正月，諸將克丁山、銅鼓、嚴村，遂直搗楠木、山羊、簡臺三峒。峒絶險，賊將穆照等衆數萬連營，諸將憚之。綎分兵攻其三面，大戰於李漢壩，生擒其魁，餘賊奔入峒。乘勢克三關，直搗峒前，焚之，賊多死，盡克三峒，擒穆照及賊魁吴尚華。是日，綎督戰，左持金，右挺劍，大呼曰："用命者賞，不用命者齒劍。"鬥死者四十人，遂大捷。應龍乃遣子朝棟、惟棟及其黨楊珠統鋭卒數萬由松坎、魚渡、羅古池三道并進。綎伏萬人羅古待松坎賊，以萬人伏營外待魚渡賊，而别以一軍策應。賊果至，伏盡起，綎率部下轉戰，斬首數百，追奔五十里。賊聚守石虎關，綎亦掘塹守。初，綎聞征播命，逗遛多設難以要朝廷，言官交劾，議調南京右府僉書，綎至是聞之即辭任。總督李化龍以平播非綎不可，固留之，力薦於朝，綎乃復受事。逾夜郎舊城，攻克賊滴淚、三坡、瓦窑坪、石虎諸隘，直抵婁山關。婁山萬峰插天，叢箐中一徑纔數尺，賊設木關十三座，排柵置深坑，百險俱備。綎分奇兵爲左右路，間道趨關後，而自督大軍仰攻，奪其關，追至永安莊。兩路軍亦會，綎老將持重，慮賊衝突，聯諸營：一據婁山關爲老營；一據白石口爲腰營；一據永安莊爲前營。都指揮王芬者，勇而寡謀，每戰輒請爲先鋒，連勝有輕敵心，獨營松門埡之衝，距大營數里。賊方有烏江之勝，謀再奪婁山關，適穆照遣使洩芬孤軍狀，賊乃襲殺芬，守備陳大剛、天全招討楊愈亦死，失亡士卒二千人。綎聞，親率騎卒往救，部將周以德、周敦吉分兩翼夾攻，賊始大奔，追至養馬城而還。是日，應龍幾被獲，乃不敢窺婁山。綎懲前失，劄近關堅壁，且請濟師。逾十餘日，克後水囤，營於冠子山。尋會馬孔英、吴廣諸軍逼海龍囤下，與諸將共平賊，綎功爲多。初，李化龍薦綎，言官謂綎嘗納應龍賄，宜奪官從軍。部議謫爲事官，戴罪辦賊。綎德化龍，使使齎玉帶一、黄金百、白金千投化龍家，爲化龍父所叱；投巡按御史崔景榮家，亦如之。化龍、景榮并奏其事，詔革綎任，永不收録，没其物於官。已録平播功，進左都督，世蔭指揮使。

——《明史》卷二百四十七《列傳第一百三十五·劉綎》，第 21 册，6392~6394 頁

綎於諸將中最驍勇。平緬寇，平羅雄，平朝鮮倭，平播酋，平倮，大小數百戰，威名震海内。綎死，舉朝大悚，邊事日難爲矣。

——《明史》卷二百四十七《列傳第一百三十五·喬一琦》，第 21 册，第 6396 頁

李應祥，湖廣九溪衛人。以武生從軍，積功至廣西思恩參將。……元泰決計大征。諸路兵悉集，乃命游擊周于德將播州兵爲前鋒，游擊邊之垣將酉陽兵爲後拒，故總兵郭成將叙、馬兵扼其吭，參將朱文達將平茶兵擊其脅，而應祥居中節制，參議王鳳監之。……邛部屬夷膩乃者，地近馬湖。其酋撒假與外兄安興、木瓜夷白禄、雷坡賊楊九乍等，數侵掠内地。巡撫曾省吾議討之。會有都蠻之役，不果。乃建六堡，益戍兵千二百人，而諸蠻鴟張如故。及建、越興師，又藏納叛人，元泰乃令都指揮李獻忠等分剿。賊詐降，誘執獻忠等三將，殺士卒數千人，勢益猖獗。應祥等師旋，元泰益征播州、酉陽諸土兵，合五萬人，令應祥督文達、之垣及周于德諸將三道入，故總兵郭成亦從征。十一月，于德首敗白禄兵，追至馬蝗山，懸索以登，賊潰。乘勢攻木瓜夷，射殺白禄。追至利濟山，雪深數尺。于德先登，復大敗賊，毁其巢。初，撒假與九乍率萬人據山，播州兵擊走之。……（萬曆）二十八年，大征播州。貴州總兵官童元鎮逗遛，總督李化龍劾之，薦應祥代。時分兵八道，貴州分烏江、興隆二道，詔元鎮充爲事官，由烏江入，應祥由興隆入，諸道克二月望進兵。應祥未受事，副將陳寅等已連克數囤，拒賊四牌高囤下，别遣兵從間道直搗龍水囤。他將蔡兆吉又自乾坪抵箐岡，過四牌。賊首謝朝俸營其地，四面峭壁深箐，前二關。賊從高鼓譟，官軍殊死戰，俘朝俸妻子，乘勢抵河畔。會烏江敗書聞，斂兵不進者旬日。及應祥受任，益趣諸將急渡，寅等乃取他道渡河，而潛爲浮橋以濟師。諸軍渡，賊失險，乞降者相繼，應祥悉受之。賊所恃止黄灘一關，壁立，衆死守。會賊徒石勝俸等率萬餘人降，告曰："去黄灘三十里有三關，入播門户也。先襲破之，則黄灘孤難守。"應祥然其計，令偕陳寅率精卒四千夜抵關下。勝俸以數十騎誘開門，殲其戍卒，黄灘賊懼。寅督諸將渡河，攻關前；勝俸由墳林暗渡襲關後，賊乃大敗。應祥直抵海龍囤，合諸道兵共滅楊應龍。播既平，還鎮銅仁。明年，改鎮四川，播遺賊吴洪、盧文秀等惡有司法嚴，而遵義知縣蕭鳴世失衆心。洪等遂稱應龍有子，聚衆爲亂。應祥偕副使傅光宅捕之，盡獲。應祥尋卒於官，以平播功贈左都督，世蔭千户。應祥爲將，謀勇兼資，所至奏績，平蜀三大寇，功最多。

——《明史》卷二百四十七《列傳第一百三十五·李應祥》，第 21 册，6392~6401 頁

童元鎮，桂林右衛人。……（萬曆）二十八年，李化龍大征楊應龍，令元鎮督永順、鎮雄、泗城諸土軍，由烏江進。元鎮憚應龍，久駐銅仁不進，屢趣乃行。時劉綎、吴廣諸軍已進，群賊議分兵守，其黨孫時泰曰："分兵則力薄，乘官軍未集，先破其弱者，餘自退矣。"應龍善之。聞元鎮發烏江，應龍喜曰："此易與耳。"謀縱之渡江，密以計取。監軍按察使楊寅秋言："烏江去播不遠，宜俟諸道深入，與俱進。"元鎮不從。於是永順兵先奪烏江，賊遣千餘人沿江叫駡以誘之。諸軍既濟，

復奪老君關，前哨參將謝崇爵乘勢督泗城及水西兵再拔河渡關。三月望，賊以步騎數千先衝水西軍。軍中驅象出戰，賊多傷。俄駕象者斃，象反走，擲火器者又誤擊己營，陣亂。泗城兵先走，崇爵亦走，争浮橋。橋斷，殺溺死者數千人。河渡既敗，烏江相去六十里，猶未知。明日，參將楊顯發永順兵三百出哨，道遇賊數萬，咸爲水西裝，永順兵不之疑。賊掩殺三百人，亦襲其裝，直趨烏江。烏江軍信爲水西、永順軍，不設備，遂爲賊所破，争先渡江。賊先斷浮橋，士卒多溺死，顯及二子與焉，元鎮所部三萬人不存什一，將校止崇爵等三人，江水爲不流。貴陽聞警，居民盡避入城，遠近震動。化龍用上方劍斬崇爵，益徵兵，檄鎮雄土官隴澄邀賊歸路。隴澄者，即安堯臣，水西安疆臣弟也，軍不與元鎮合，獨全，當事頗疑其通賊。寅秋以鎮雄去播止二日，令搗巢立效，澄許之。河渡未敗時，澄已遣部將劉岳、王嘉猷攻拔苦竹關及半壩嶺。暨敗，二將移新站。賊伏兵大水田，别以五千人來襲，敗還。嘉猷乃揚聲搗大水田，而潛以一軍拔大夫關，直抵馬坎，斷賊歸路，與疆臣合，賊遂遁。會都指揮徐成將兵至，合泗城土官岑紹勛兵，再克河渡關。賊將張守欽、袁五受據長箐萬丈林，永順兵擊破之，生擒守欽，攻清潭洞，復擒五受。會朝議責元鎮敗狀，令李應祥并將其軍，遂合水西、鎮雄諸部直抵海龍囤，竟滅賊。兵初興，元鎮坐逗遛，謫爲事官，及是逮至京，下吏，罪當死。法司援前岑溪功，謫戍烟瘴。遇赦，廣西巡撫戴燿爲請，部議不許，竟卒於戍所。

——《明史》卷二百四十七《列傳第一百三十五・童元鎮》，第 21 册，6401~6404 頁

陳璘，字朝爵，廣東翁源人。嘉靖末爲指揮僉事，從討英德賊有功，進廣東守備。……會有征播之役，命璘爲湖廣總兵官，由偏橋進；副將陳良玭由龍泉，受璘節制。（萬曆）二十八年二月，軍次白泥，楊應龍子朝棟率衆二萬渡烏江迎戰。璘前禦之，而分兩翼躡其後，賊少挫，追奔至龍溪山，賊合四牌賊共拒。四牌在江外，與江内七牌皆五司遺種、九股惡苗，素助賊。璘廣招撫，乃進軍龍溪，偵知賊有伏，令游擊陳策用火器擊之。賊據險，矢石雨下，璘先登，斬小校，退者以徇，把總吴應龍等陷陣。賊大潰，退四牌保兒囤，璘二裨將逼之，中伏。璘募死士從應龍等奮擊，賊復潰，奔據囤巔，夜由山後遁。黎明，追及於袁家渡，復敗之，四牌之賊遂盡。三月望，諸軍爲浮橋渡江，知賊將張佑、謝朝俸、石勝俸等營七牌野猪山，璘即夜發抵苦練坪。前鋒與戰，後軍至，夾擊之，賊敗逃深箐，官軍遂入苦菜關。會童元鎮烏江師敗，璘懼，請退師。總督李化龍不可，璘乃進營楠木橋，次湄潭。賊悉聚青蛇、長坎、瑪瑙、保子四囤，地皆絶險，而青蛇尤甚。璘議，同日攻則兵力弱，止攻一囤則三囤必相助，乃先攻三囤，次及青蛇。良玭師亦來會，令伏囤後，别以一軍守板角關防賊逸。璘督諸將力攻三日，賊死傷無算，三囤遂下。青蛇四面

陡絶，璘圍其三面，購死士從瑪瑙後附葛至山背舉炮，賊惶駭。諸軍進攻，焚其茅屋，賊退入囤内，木石交下，將士冒死上，毁大栅二重，前後擊之，賊大敗。斬首一千九百有奇，七牌之賊亦盡。乃分兵六道，攻克大小三渡關，乘勝抵海龍囤下。諸將俱攻囤前，獨水西安疆臣攻其後，相持四十餘日，其下受賊重賄，多與通，且潛以火藥遺賊，故賊不備其後，璘知之，與監軍者謀，令疆臣退一舍。璘移其處，置鐵牌百餘，距囤丈許，賊强弩無所施。又爲筂板於栅前，賊每夜出劫爲釘傷，不敢復出。應龍勢窮，相聚哭。化龍初有令，諸將分日攻。六月六日，璘與吴廣當進兵，璘夜四更銜枚上，賊鼾睡，斬其守關者，樹白幟，鳴炮。賊大驚潰散，應龍自焚，廣軍亦至，賊盡平。……征播時，璘投賄李化龍家，會劉綎使爲化龍父所麾，璘使走。化龍疏於朝，綎獲罪，璘獨免。……自平播後，貴州物力大屈，苗益生心剽掠無虚日。

——《明史》卷二百四十七《列傳第一百三十五·陳璘》，第 21 册，6404~6408 頁

吴廣，廣東人，以武生從軍，累著戰功。……萬曆二十五年，以副總兵從劉綎禦倭朝鮮，領水軍與陳璘相持角，俘斬甚衆。甫班師，大征播州，擢廣總兵官，以一軍出合江。副將曹希彬以一軍出永寧，受廣節制。廣屯二郎壩，大行招徠。賊驍將郭通緒迎戰，將士襲走之。陶洪、安村、羅村三寨土官各出降，他部來歸者數萬，廣擇其壯者從軍。通緒扼穿崖囤，廣督土漢軍擊破之。劉綎、馬孔英已入播，廣猶頓二郎壩。總督李化龍趣之，乃議分四哨進攻崖門，别遣永寧女土官奢世續等督夷兵二千扼桑木埡諸要害，以防餉道。諸將連破數囤，進營母猪塘。楊應龍懼，令通緒盡發關外兵拒敵。廣伏炮手五百於磨槍埡外南岡下，而遣裨將趙應科挑戰。埡夾兩山中，甚隘。通緒横槊衝應科，應科佯北，通緒追出埡，遇伏，急旋馬，中炮墜，方躍上他馬，伏兵攢刺之，殪，餘賊大奔。官軍逐北，賊盡降，遂薄崖門。徑小止容一騎，賊衆萬餘出關拒戰。希彬懸賞千金，士攀崖競進，追至第四關。關上男婦盡哭，賊黨自殺其魁羅進恩，率萬餘人出降。其第一關猶不下，廣乘夜疾進，奪其關，關内民争獻牛酒。劉綎、馬孔英已入關，李應祥、陳璘猶在關外。廣合希彬軍連戰紅碗、水土崖、分水關，皆捷，遂進營水牛塘。應龍大懼，知廣軍孤深入，謀欲襲之，乃遣人詐降。廣測其詐，堅壁以待。應龍擁衆三萬直衝大營，諸將殊死戰，會他將來援，賊乃退，遂與諸道軍逼海龍囤。賊詐令婦人乞降，哭囤上，又詐報應龍仰藥死，廣信之。已知其詐，急燒第二關，奪三山，絶賊樵汲，賊益窘。旋與陳璘從囤後登，應龍急自焚死，獲其子朝棟，出應龍尸烈焰中。廣中毒矢，失聲，絶而復蘇，遂以本官鎮四川，逾年卒。初，廣之頓二郎也，有言其受賄養寇者，詔謫充爲事官，後論功贈都督同知，世蔭千户。

——《明史》卷二百四十七《列傳第一百三十五·吴廣》，第 21 册，6408~6409 頁

馬孔英者，宣府塞外降丁也，積戰功爲寧夏參將。……會大征播州楊應龍，詔發陝西四鎮兵，令孔英將以往。兵分八道，孔英道南川，獨險遠，去應龍海龍囤六七百里。未至，重慶推官高折枝監紀軍事，請獨當一面，乃與參將周國柱先以石砫宣撫馬千乘兵破賊金筑，復督酉陽宣撫冉御龍敗賊於官壩。孔英至軍，平茶、邑梅兵亦集，軍容甚壯。先期師一日入真州，用土官鄭葵、路麟爲鄉道，別遣邊兵千扼明月關。諸軍鼓行前，連破四寨，次赤崖，抵清水坪、封寧關，破賊營十數，逼桑木關。關内民降者日以千計，折枝結三大寨處之，禁殺掠，降者日衆，賊益孤。關爲賊要害，山險箐深。賊憑高拒，乃令千乘、御龍出關左右，國柱搗其中。賊用標槍、藥矢，鋭甚。官軍殊死戰，奪其關，逐北至風坎關，賊復大敗，連破九杵、黑水諸關，苦竹、羊崖、銅鼓諸寨。國柱攻金子壩，無一人，疑有伏，焚空寨十九，嚴兵以待。賊果突出，擊敗之。孔英乃留王之翰兵守白玉臺，衛餉道，平茶、邑梅兵守桑木關，而親帥大軍進營金子壩。應龍聞桑木關破，大懼，遣弟世龍及楊珠以鋭卒劫之翰營。之翰走，殺餉卒無算，平茶兵來援，賊始退。孔英還擊，世龍復却，裨將劉勝奮擊，賊乃奔。官軍進朗山口，由朗山進蒙子橋，深箐蓊翳，賊處處設伏，悉剿平之。應龍益懼，遣其黨詐降，謀爲内應。折枝盡斬之，伏以待珠，果夜劫營，伏發，賊驚潰，追奔至高坪。已奪賊養馬城，直抵海龍第二關下，賊守兵益多。孔英軍已深入而諸道未有至者，酉陽、延綏兵皆退，賊躡殺官軍六十人。居數日，劉綎兵至，乃合兵連克海崖、海門諸關，賊走保囤上，竟覆滅。初，總督李化龍克師期，諸將莫利先入。孔英所將邊卒及諸土兵皆獷悍，監紀折枝勇而有謀，故師獨先。八道圍海龍，諸將以囤後易攻，争走其後，孔英獨壁關前。録功，進都督同知，世蔭千户。久之，以總兵官鎮貴州，平金筑、定番叛苗，生擒首惡阿包、阿牙等。已而欲襲黄柏山苗，苗知之先發，敗官兵，匿不報。又誘執苗酋石阿四，稱陣禽冒功。爲巡撫胡桂芳所劾，罷歸卒。

贊曰：播州之役，諸將用命。合八道師，歷時五月，僅乃克之，可謂勞矣。劉綎勇略冠諸將，勞最多，其後死事亦最烈。

——《明史》卷二百四十七《列傳第一百三十五·馬孔英》，第21册，6412~6414頁

夫西南之境，皆荒服也，楊氏反播，奢氏反藺，安氏反水西。滇之定番，小州耳，爲長官司者十有七，數百年來未有反者。非他苗好叛逆，而定番性忠順也，地大者跋扈之資，勢弱者保世之策。

——《明史》卷二百四十九《列傳第一百三十七·朱燮元》，第21册，第6446頁

崔景榮，字自强，長垣人。萬曆十一年進士，授平陽府推官，擢御史，劾東廠太監張鯨罪，巡按甘肅、湖廣、河南，最後按四川，積臺資十八年。播州亂，景榮監大帥劉綎、吴廣輩軍。綎馳金帛至景榮家，爲其父壽，景榮上疏劾之。播州平，或請以播北界安氏，景榮不可。會總督李化龍憂去，景榮爲請蠲蜀一歲租，恤上東五路，罷礦使。化龍疏叙監軍功，弗及景榮。已，晉太僕少卿。

——《明史》卷二百五十六《列傳第一百四十四·崔景榮》，第22册，第6605頁

自楊應龍平後，銷兵太多，苗仲所在爲寇。鶴鳴言："仲賊乃粤西瑶種，流入黔中，自貴陽抵滇，人以三萬計，寨以千四百七十計，分即爲民，合即爲盜。又有紅苗，環銅仁、石阡、思州、思南四郡，數幾十萬。而鎮遠、清平間，大江、小江九股諸種，皆應龍遺孽，衆萬餘。臣部卒止萬三千，何以禦賊?"因列上增兵增餉九議。

——《明史》卷二百五十七《列傳第一百四十五·張鶴鳴》，第22册，第6617頁

秦良玉，忠州人，嫁石砫宣撫使馬千乘。萬曆二十七年，千乘以三千人從征播州，良玉别統精卒五百裹糧自隨，與副將周國柱扼賊鄧坎。明年正月二日，賊乘官軍宴，夜襲，良玉夫婦首擊敗之，追入賊境，連破金筑等七寨。已，偕酉陽諸軍直取桑木關，大敗賊衆，爲南川路戰功第一。賊平，良玉不言功。

——《明史》卷二百七十《列傳第一百五十八·秦良玉》，第23册，第6944頁

蔣信，字卿實，常德人。……至（嘉靖）十一年，舉進士，累官四川水利僉事，却播州土官賄，置妖道士於法，遷貴州提學副使。

——《明史》卷二百八十三《列傳第一百七十一·儒林》，第24册，第7268頁

龔萬禄，貴州人。目不知書，有膽志，膂力過人。從劉綎征楊應龍，先登海龍囤，署守備，戍建武所。

——《明史》卷二百九十《列傳第一百七十八·忠義二》，第24册，第7446頁

又有王寅，錢塘人。膂力絶人，舉武鄉試，以父征播功爲千户。

——《明史》卷二百九十二《列傳第一百八十・忠義四》，第 25 册，第 7495 頁

劉瑾，興平人。本談氏子，依中官劉姓者以進，冒其姓。……乃以大计外吏奏中，落二人職，授播州土司楊斌爲四川按察使。

——《明史》卷三百四《列傳第一百九十二・宦官一》，第 26 册，7788~7789 頁

（萬曆）二十七年，播州用兵又費帑金二三百萬。三大征踵接，國用大匱。

——《明史》卷三百五《列傳第一百九十三・宦官二》，第 26 册，第 7805 頁

景泰初，總兵官宫聚奏："蠻賊西至貴州龍里，東至湖廣沅州，北至武岡，南至播州之境，不下二十萬，圍困焚掠諸郡邑。臣所領官軍不及二萬，前後奔赴不能解平越之圍。"

——《明史》卷三百十《列傳第一百九十八・湖廣土司》，第 26 册，第 7983 頁

四川土司諸境多有去蜀遠、去滇黔近者，如烏蒙、東川近於滇，烏撒、鎮雄、播州近於黔。明太祖略定邊方，首平蜀夏，置四川布政司，使招諭，諸蠻次第歸附。故烏蒙、東川、芒部舊屬雲南者，皆隸於四川，不過歲輸貢賦以示羈縻。然夷性獷悍，嗜利好殺，争相競尚焚燒劫掠，習以爲恒，去省窵遠，莫能控制，附近邊民咸被其毒。皆由規模草創，未嘗設立文武爲之鈐轄，聽其自相雄長，雖受天朝爵號，實自王其地。以故終明之世，常煩撻伐。唯建昌、松茂等處設立衛所，播州改遵義、平越二府，以後稍安戢云。

——《明史》卷三百十一《列傳第一百九十九・四川土司一》，第 26 册，第 8001 頁

遵義府，即播州。秦爲夜郎、且蘭地。漢屬牂牁。唐貞觀中改播州。乾符初，南詔陷播，太原楊端應募復其城，爲播人所懷服，歷五代，子孫世有其地。宋大觀中，楊文貴納土，置遵義軍。元世祖授楊邦憲宣慰使，賜其子漢英名"賽因不花"，封播國公。

洪武四年，平蜀，遣使諭之。五年，播州宣慰使楊鏗、同知羅琛、總管何嬰、蠻夷總管鄭瑚等相率來歸，貢方物，納元所授金牌、銀印、銅章，詔賜鏗衣幣，仍

置播州宣慰使司，鏗、琛皆仍舊職。領安撫司二，曰草塘，曰黄平。長官司六，曰真州，曰播州，曰餘慶，曰白泥，曰容山，曰重安，以嬰爲長官。七年，中書省奏："播州土地既入版圖，當收其貢賦，歲納糧二千五百石爲軍儲。"帝以其率先來歸，田税隨所入，不必以額。已，復置播州、黄平宣撫司。播州江渡蠻黄安作亂，貴州衛指揮張岱討平之。八年，鏗遣其弟錡來貢，賜衣幣，自是每三歲一入貢。十四年，遣使齎敕諭鏗："比聞爾聽浮言，生疑貳。今大軍南征，多用戰騎，宜率兵二萬、馬三千爲先鋒，庶表爾誠。"十五年，城播州沙溪，以官兵一千人、土兵二千人戍之。改播州宣慰司隸貴州，改黄平衛爲千户所。十七年，鏗子震卒於京，命有司歸其喪。二十年，徵鏗入貢，貢馬十匹，帝諭以守土保身之道，賜鈔五百錠。二十一年，播州宣慰使司并所屬宣撫司官各遣子來朝，請入太學，帝敕國子監官善訓導之。

永樂四年，免播州荒田租，設重安長官司，隸播州宣慰司，以張佛保爲長官，以佛保嘗招輯重安蠻民嚮化故也。七年，宣慰使楊昇招諭草塘、黄平、重安所轄當科、葛雍等十二寨蠻人來歸。宣德三年，昇賀萬壽節後期，禮部議予半賞，帝以道遠，勿奪其賜。七年，草塘所屬穀撒等四十一寨蠻作亂，總兵陳懷勦撫之，旋定。正統十四年，宣慰使楊綱老疾，以其子輝代。

景泰三年，輝奏："湖、貴所轄臻剖、五坌等苗賊糾合草塘、江渡諸苗黄龍、韋保等，殺掠人民，屢撫復叛，乞調兵征勦，以靖民患。"帝命總督王來、總兵梁珤等會同四川巡撫勦之。七年，調輝兵征銅鼓、五開叛苗，賜敕頒賞。成化十年，以播州齎果等屢歲爲患，敕責川貴鎮巡官。

正統末，苗蠻聚衆寇邊，土官同知羅宏奏輝有疾，乞以其子愛代。帝命愛襲職，仍敕愛即率兵從總兵官勦賊。先是，輝奏所屬夭壩干地五十三寨及重安所轄灣溪等寨屢被苗蠻占據，乞令湖、貴會兵征之，命如輝言。部議以愛年幼，請仍起輝暫理軍事。又以輝難獨任，宜敕都御史張瓚親至播州督理，勵輝等振揚威武，以備征調，其機宜悉聽瓚裁處。十二年，瓚督諸軍及輝攻敗灣溪、夭壩干地諸苗，凡破山寨十六，斬首四百九十六級，撫男婦九千八百餘口。事下兵部，以苗就撫者多，宜量爲處分。瓚議設安寧宣撫司并懷遠、宣化二長官司，建靖南、龍場二堡，命輝董其役。輝調兵民五千餘，立治所，委所屬黄平諸長官分甓城垣。將竣，輝因奏："各寨苗蠻近頗知懼，但大軍還後，難保無虞。播州向設操守土兵一千五百人，今撥守懷遠、靖南、夭漂、龍場各二百人，宣化百人，安寧六百人，其家屬宜徙之同居爲固守計。其工之未畢者，宜命臣子愛董之，而聽臣致仕如故。"詔從之。時灣溪既立安寧宣撫，爛土諸蠻惡其逼，遂引齎果等攻陷夭漂、靖南城堡，圍安寧。愛新襲，力弗能支，求援於川貴二鎮。兵部奏起輝再統兵勦之，又敕川貴兵爲助。十五年，貴州巡撫陳儼奏："苗賊齎果轉横，乞調川湖等官軍五萬五千克期會貴州，聽儼節制。"兵部言：“賊作於四川，而貴州守臣自欲節制諸軍，恐有邀功之人主之。且興師五萬，以半年計，須軍儲十三萬五千石，山路險峻，輸運之夫須二十七萬衆。況天將暑，瘴癘可虞。”帝然其奏。二十二年，愛兄宣撫楊友訐奏愛，帝命刑部侍郎何喬新往勘。二十三年，喬新奏：“輝在日，溺其庶子友，欲令承襲，長官張淵阿順之。安撫宋韜謂：‘楊氏家法，立嗣以嫡。愛宜立。’輝不得已，立愛。又欲割地以授友，謀於淵。因以夭壩干乃本州懷遠故地，爲生苗所據，請兵取之。容山長官韓瑄以土民安輯日久不宜征，淵與輝計執瑄，杖殺之。前巡撫張瓚受輝賂，以其地設安寧宣撫司，冒以友任宣撫。輝立券，以所有金玉、服用、莊田詔諸子均分之。輝没，淵乃與友潛謀刺愛，淵弟深亦與謀，不果。友遂奏愛居處、器用僭擬朝廷，又通唐府，密書來往，私習兵法、天文，謀不軌事，皆誣。”帝命斬淵、深，以愛信讒薄兄，友因公擅殺且謀嫡盜官錢，皆有罪。愛贖復任，友遷保寧羈管，仍敕喬新從宜處治。弘治元年，增設重安守禦千户所，命播州歲調土兵一千助戍守。七年，以平苗功賜敕勞愛。十四年，調播州兵五千征貴州賊婦米魯等。

正德二年，升播州宣慰使楊斌爲四川按察使，仍理宣慰事。舊制，土官有功，賜衣帶或旌賞部衆，無列銜方面者。斌狡横，不受兩司節制，諷安撫羅忠等上其平普安等戰功，重賂劉瑾，得之。逾年，巡按御史俞緇言不宜授，乃裁之，仍原職。初，友既編置保寧，愛益恣，厚斂以賄中貴，征取友向所居凱里地者獨苛。同知楊才居安寧，乘之，朘剥尤甚。諸苗憤怨，凱里民爲友奏復官，弗得，乃潛入保寧，以友還，糾衆作亂，攻播州，焚愛居第及公私廨宇略盡，遂殺才，多所殘戮。愛屢奏於朝，帝命鎮巡官調兵征之。會友死，遂緩師。已而鎮巡官言：“友子弘能悔過自新且善撫馭，蠻衆願聽其約束。其前爲友所焚殺者，俱已隨土俗折償，且還所侵奪於官。乞授弘冠帶爲土舍，協同播州經歷司撫輯諸蠻。其家衆置保寧者仍歸之，隸播州管轄。并諭斌與弘協和，不得再造釁端。”報可。未幾，播州安撫宋淮奏：“貴州凱口、爛土苗婚於凱里、草塘諸寨，陰相搆結，誘山苗爲亂。乞賜斌敕，令每年巡視邊境，會湖廣鎮巡官撫處。”部議：“土官向無領敕出巡者。諭斌宜撫綏土衆、輯睦親族以副朝廷優待之意。”因授致仕宣慰愛爲昭毅將軍，給誥命，賜麒麟服。時斌又爲其父請進階及服色，禮科駁之，以服色等威所繫，不可假，兵部以愛舊有剿賊功皆許之。斌復爲其子相請入學，并得賜冠帶。十二年，播州安撫羅忠、宋淮等奏：“斌有父喪，欲援文臣例守制。但邊防爲重，乞仍令掌印理事。”初，楊弘既歸凱里，與重安土舍馮綸等有怨。弘卒，綸等誘苗蠻攻之，更相仇殺，侵軼貴州境。巡撫鄒文盛言狀，且請移文四川，會官撫處。逾歲不報，文盛乃遣參議蔡潮入播州，督致仕楊斌撫平之。因言：“宜撫安寧宣撫，俾弘子弟襲之。斌未衰，宜仍起任事以制諸蠻寨。潮有撫蠻勞，宜量擢。”兵部議：“安寧已革，不可復，斌子既代，亦不可起。土官應襲與否，屬四川，非黔所得專。盛所請難行，而功不可誣。”十六年，賜斌蟒衣玉帶。嘉靖元年，賜播州《儒學四書集註》，從宣慰楊相奏也。弘既死，其弟張求襲職不得，時盜邊，劫白泥司印信，復與相搆兵。守臣乞改凱里屬貴州，以張爲土知州解釋之。兵部議：“張習父兄之惡，幸免於辜，敢肆然執印信以要挾，當命川貴守臣按其前後争産殺人諸罪，置於理。若張悔過輸情，還所獲印，尚可量授一官，聽調殺賊以自效。倘若怙終，必誅，以爲玩法戒。”既，遂許張襲宣撫，而改安寧爲凱里，隸貴州。初，楊相之祖父皆以嫡庶相争，悌禍數世，至是相復寵庶子煦。嫡子烈母張悍甚，與烈盗兵逐相。相走，客死水西。烈求父尸，宣慰安萬銓因要挾水烟、天旺故地而後予尸，烈陽許之。及相喪還，烈靳地不予，遂與水西搆難，又殺其長官王黻，時嘉靖二十三年也。烈既代襲，遂與黻黨李保治兵相攻，垂十年，總督馮岳調總兵石邦憲討平之。真州苗盧阿項者，亦久稱亂，邦憲以兵七千擊敗之。有言賊求援於播者，邦憲曰：“吾方調水西兵，聲楊烈助逆罪，烈暇救人乎？”已，擒阿項父子，斬獲四百餘人。初，嘉靖初議分凱里屬貴州，既，又以播地多在貴州境，并改屬思石兵備道。及真州盗平，地方安靖，播人以爲非便。川貴守臣异議不决，命總督會勘。總督奏：“仍以播歸四川，而貴州思石兵備仍兼制播、酉、平、邑諸土司事。”報可。隆慶五年，烈死，子應龍請襲，命予職。

萬曆元年，給應龍宣慰使敕書。八年，賜故宣慰楊烈祭葬，從應龍請也。十四年，應龍獻大木七十，材美，賜飛魚服。又復引其祖斌賜蟒例，部議：“以斌有軍功，且出特恩，未可爲比。”帝命以都指揮使銜授應龍。十八年，貴州巡撫葉夢熊疏請應龍凶惡諸事，巡按陳效歷數應龍二十四大罪。時方防禦松潘，調播州土兵協守，四川巡按李化龍疏請暫免勘問，俾應龍戴罪圖功。由是，川貴撫按疏辨：“在蜀者謂應龍無可勘之罪，在黔者謂蜀有私暱應龍之心。”於是，給事中張希皋等以事屬重大，兩省利害，豈漫不相關者，乞從公會勘，無執成心。十九年，夢熊主議：“播州所在轄五司改土爲流，悉屬重慶。”與化龍意復相左，化龍遂引嫌求斥。蓋應龍本雄猜，阻兵嗜殺，所轄五司七姓悉叛離。嬖妾田，屠妻張氏并及其母。妻叔張時照與所部何恩、宋世臣等上變，告應龍反。夢熊請發兵剿之，蜀中士大夫悉謂：“蜀三面鄰播，屬裔以什伯數，皆其彈壓，且兵驍勇，數征調有功，剪除未爲長策。”以故，蜀撫按并主撫。朝議命勘，應龍願赴蜀，不赴黔。

二十年，應龍詣重慶對簿，坐法當斬，請以二萬金贖，御史張鶴鳴方駁問。會倭大入朝鮮，徵天下兵，應龍因奏辨且願將五千兵征倭自贖。詔釋之。兵已啟行，尋報罷。巡撫王繼光至，嚴提勘結，應龍抗不出。張時照等復詣奏闕下，繼光用兵之議遂决。

二十一年，繼光至重慶，與總兵劉承嗣等分兵三道進婁山關，屯白石口。應龍佯約降，而統苗兵據關衝擊。承嗣兵敗，殺傷大半。會繼光論罷，即撤兵，委弃輜重略盡。黔師協剿，亦無功。時四川新撫譚希忠與貴州鎮撫再議剿，御史薛繼茂主撫，應龍上書自白，遣其黨携金入京行間，執原奏何恩詣綦江縣。二十二年，以兵部侍郎刑玠總督貴州。二十三年，玠至蜀，察永寧、酉陽皆應龍姻媾，而黄平、白泥久爲仇讎，宜剪其枝黨。乃檄應龍，謂當待以不死。會水西宣慰安疆臣請父國亨恤典，兵部尚書石星手札示疆臣，趣應龍就吏得貰。疆臣奉札至播，招應龍。時七姓恐應龍出得除罪，而四方亡命竄匿其間，又幸應龍反，因以爲利，驛傳文移，輒從中阻。玠檄重慶知府王士琦詣綦江，趣應龍安穩聽勘。應龍使弟兆龍至安穩，治郵舍，儲糧，叩頭郊迎，致餼牽如禮，言："應龍縛渠魁，待罪松坎。所不敢至安穩者，恐墮安穩仇民不測禍也。幸請至松坎受事。"士琦曰："松坎亦曩奏勘地。"即單騎往，應龍果面縛道旁，泣請死罪，願執罪人，獻罰金，得自比安國亨。國亨者，曩亦被訐懼罪不出界，故應龍引之。士琦爲請于玠，許之。應龍乃縛獻黄元等十二人，案驗，抵應龍斬，論贖，輸四萬金助采木，仍革職，以子朝棟代，次子可棟羈府追贖，黄元等斬重慶市，總督以聞。

時倭氛未靖，兵部欲緩應龍，事東方，朝廷亦以應龍向有積勞，可其奏。於松坎設同知治焉，以士琦爲川東兵備道副使彈治之。應龍獲寬，益怙終不悛。尋可棟死於重慶，益痛恨，促喪歸不得，復檄完贖。大言曰："吾子活，銀即至矣。"擁兵驅千餘僧招魂去。分遣土目，置關據險，厚撫諸苗，名其健者爲"硬手"。州人稍殷厚者，没入其資以養苗，苗人咸願爲出死力。

二十四年，應龍殘餘慶，掠大阡、都壩，焚劫草塘、餘慶二司，及興隆、都匀各衛，又遣其黨圍黄平，戮重安長官家，勢復大熾。二十五年，流劫江津及南川，臨合江，索其仇袁子升，縋城下磔之。時兵備王士琦調征倭，應龍益統苗兵大掠貴州洪頭、高坪、新村諸屯。已，又侵湖廣四十八屯，阻塞驛站，詗原奏仇民宋世臣、羅承恩等挈家匿偏橋衛，襲破之，大索城中，戮其父母，淫其妻女，備極慘酷。二十七年，貴州巡撫江東之令都司楊國柱部族三千剿應龍，奪三百落，賊佯北，誘師殲焉，國柱等盡死。東之罷，以郭子章代，而起李化龍節制川、湖、貴州諸軍事，調東征諸將劉綎、麻貴、陳璘、董一元南征。時應龍乘大兵未集，勒兵犯綦江。城中新募兵不滿三千，賊兵八萬奄至，游擊張良賢巷戰死，綦江陷。應龍盡殺城中人，投尸蔽江，水爲赤。益結九股生苗及黑脚苗等爲助，屯官壩，聲窺蜀。已，焚東坡、爛橋，楚黔路梗。二十八年，應龍五道并出，破龍泉司。時總督李化龍已移重慶，徵兵大集，遂以二月十二日誓師，分八路進。每路約三萬人，官兵三之，土司七之，旗鼓甲仗森列，苗大驚。總兵劉綎破其前鋒，楊朝棟僅以身免，賊膽落，遂連克桑木、烏江、河渡三關，奪天都、三百落諸囤。賊連敗，乃乘隙突犯烏江，詐稱水西隴澄會哨，誘永順兵，斷橋，淹死將卒無算。尋綎破九盤，入婁山關。關爲賊前門，萬峰插天，中通一線。綎從間道攀藤毁栅入，陷焉。四月朔，師屯白石，應龍率諸苗决死戰。綎親勒騎衝中堅，分兩翼夾擊，敗之。追奔至養馬城，連破龍爪、海雲險囤，壓海龍囤。賊所倚天險，謂飛鳥騰猿不能逾者。時偏沅師已破青蛇囤，安疆臣亦奪落濛關，至大水田，焚桃溪莊。賊見勢急，父子相抱哭，上囤死守，每路投降文緩師。總兵吴廣入崖門關，營水牛塘，與賊力戰三日，却之。賊詭令婦人於囤上拜表痛哭，云："田氏且降。"復詐爲應龍仰藥死，報廣。廣輕信，按兵。已，覘賊詐，益厲兵攻，燒二關，奪賊樵汲路。八路師大集海龍囤，遂築長圍，更番迭攻，賊知必死。會化龍聞父喪，詔以縗墨視師。化龍念賊前囤險不能越，令馬孔英率勍兵并力攻其後。天苦雨，將士馳泥淖中苦戰。

六月四日，天忽霽，綎先士卒，克土城。應龍益迫，散金募死士拒戰，無應者。起，提刀巡壘，見四面火光燭天，大兵已登囤破土城入，應龍倉皇同愛妾二閫室縊，且自焚。吴廣獲其子朝棟，急覓應龍尸出焰中。賊平。計出師至滅賊，百十有四日，八路共斬級二萬餘，生獲朝棟等百餘人。化龍露布以聞，獻俘闕下，剉應龍尸，磔朝棟、兆龍等於市。播州自唐入楊氏，傳二十九世，八百餘年，至應龍而亡。三十一年，播州餘逆吴洪、盧文秀等叛，總兵李應祥等討平之。分播地爲二，屬蜀者曰遵義府，屬黔者爲平越府。

——《明史》卷三百十二《列傳第二百·四川土司二》，第 26 册，8039~8049 頁

永寧宣撫司

隴澄者，水西安堯臣也。隴氏垂絶，堯臣入贅，遂冒隴姓，稱隴澄。叙平播州、叙州功，澄與焉，中朝不知其爲堯臣也。堯臣外怙播功，内仗水西，有據鎮雄制永寧心。蜀撫按以堯臣非隴氏種，無授鎮雄意。堯臣以是懷兩端，陰助世續。意世續得授阿利，則已據鎮雄益堅。又朝廷厭兵，宗傳、阿利等方驛騷，已可卧取隴氏也。

——《明史》卷三百十二《列傳第二百·四川土司二》，第 26 册，第 8053 頁

四川巡撫喬璧星言："堯臣狡謀，欲篡鎮雄，垂涎藺地有年矣。宗傳之背逆恃鎮雄，猶鎮雄之恃水西也。水西疆臣不助兵，臣已得其狀。宜乘逆孽未成，令貴州撫按調兵與臣會剿。倘堯臣稔惡如故，臣即移師擊之，毋使弗摧之虺復爲蛇，弗窒之罅復爲河也。"疏上，廷議無敢决師者。久之，阿利死，印亦出，蜀中欲逐堯臣之論，卒不可解。時播州清疆之議方沸騰，黔蜀各紛紛。至是，永寧議兵又如聚訟矣。時朝廷已一意休兵。

……（萬曆）二十三年，命四川撫按讞其獄，事未决。會楊應龍反播州，覃與應龍爲姻而斗斛亦結應龍，兩家觀望，獄遂解。覃氏有智計，性淫，故與應龍通。

長子千乘失愛，暱次子千駟，謂應龍可恃，因聘其女爲千駟妻，千駟入播，同應龍反。千乘襲馬氏爵，應調與酉陽冉御龍同征應龍。應龍敗，千駟伏誅，而千乘爲宣撫如故。千乘卒，妻秦良玉以功封夫人，自有傳。

——《明史》卷三百十二《列傳第二百・四川土司二》，第 26 册，8054~8060 頁

萬曆七年，實授同知，子應祖從征三鄉，親獲賊首，詔賞銀百兩。播州之役，徵其兵三千討尋甸叛目。皆有功，賜四品服。

——《明史》卷三百十三《列傳第二百・云南土司一》，第 27 册，第 8076 頁

（萬曆）十三年，播州宣慰使楊應龍以獻大木得賜飛魚服。國亨亦請以大木進，乞還給冠帶，誥封如播例。既而木竟不至，乃諉罪於木商。上怒，命奪所賚，國亨請補貢以明不欺，上仍如所請。萬曆二十六年，國亨子疆臣襲職。會播州楊應龍反，疆臣亦以𢦤殺安定事爲有司所案。科臣有言其逆節漸萌者，詔不問，許殺賊圖功。疆臣奏稱："播警方殷，臣心未白。"上復優詔報之。巡撫郭子章許疆臣以應龍平後還播所侵水西烏江地六百里以酬功，於是疆臣兵從沙溪入。有蜚語水西佐賊者，總督李化龍檄詰之。疆臣遂執賊二十餘人，率所部奪落濛關，至大水田，焚桃溪莊，應龍伏誅。初，應龍之祖以内難走水西，客死。宣慰安萬銓挾之索水烟、天旺地，聽還葬。其地遂爲水西所據。及播州平，分其地爲遵義、平越二府，分隸蜀、黔，以渭河中心爲界。總督王象乾代化龍，命疆臣歸所侵播州地，子章奏言："侵地始於萬銓而非疆臣，安氏迫取於楊相喪亂之時，非擅取於應龍蕩平之日。且臣曾許其裂土，今反奪其故地，臣無面目以謝疆臣，願罷去。"象乾疏言："疆臣征播，殲應龍子惟棟不實，首功可知。至佯敗弃陣，送藥往來，欺君助逆，迹已昭然。令還侵地，不咎既往，已屬國家寬大。若因其挾而予之，彼不爲恩，我且示弱。疆臣既無功，不與之地，正所以全撫臣之信。宜留撫臣罷臣，以爲重臣無能與蕞爾苗噂沓者之戒。"於是，清疆之議累年不决。兵部責令兩省巡按御史勘報，而南北言官交章詆象乾貪功起釁，科臣吕邦耀復劾子章納賄縱奸，子章求去益力。象乾執疆臣所遣入京行賄之人與金以聞於朝，然議者多右疆臣。尚書蕭大亨遂主巡按李時華疏謂："征播之役，水西不惟假道且又助兵，矧失之土司，得之土司。播固輸糧，水亦納賦，不宜以土地之故傷字小之仁，地宜歸疆臣。"於是疆臣增官進秩，其母得賜祭，水西尾大之患，亦於是乎不可制矣。

——《明史》卷三百十六《列傳第二百四・贵州土司》，第 27 册，8172~8173 頁

初，大方東倚播，北倚藺，相爲犄角。後播、藺既平，賊惟恃烏撒爲援，而畢節爲四夷交通處。

——《明史》卷三百十六《列傳第二百四·贵州土司》，第 27 册，第 8175 頁

都勻

成化十四年，陳蒙爛土長官司張鏞奏："夭壩干賊首齋果侵掠，請於所侵大陳、大步等寨設一司，隸安寧宣撫。"而豐寧長官司楊泰亦奏："峰峒陸光翁等聚爛土爲亂。"先是，宣慰楊輝平夭壩干後，即灣溪立安寧宣撫司。爛土諸苗惡其逼己，至是果等既攻陷夭漂，遂圍豐寧。時輝已致仕，子愛承襲，力弗支，求援於川、貴二鎮，各奏聞，命仍起輝，會兵討之。

——《明史》卷三百十六《列傳第二百四·贵州土司》，第 27 册，第 8189 頁

平越

正統末，鎮遠蠻苗金臺僞稱順天王，與播州苗相煽亂，遂圍平越、新添等衛。半年城中糧盡，官兵逃者九千餘人，貴州東路閉。時王驥征麓川，班師過其地，不之顧。

——《明史》卷三百十六《列傳第二百四·贵州土司》，第 27 册，第 8193 頁

（萬斯同）明史*

（宣德七年春正月）壬寅，敕陳懷撫諭播州諸蠻。

——《明史》卷九《本紀九・宣宗》，第 1 册，第 130 頁

（成化十二年三月）癸丑，敕巡撫四川右副都御史張瓚捕播州苗賊。

——《明史》卷十三《本紀十三・憲宗》，第 1 册，第 166 頁

（萬曆二十二年十月）己未，改南京兵部右侍郎邢玠爲兵部左侍郎，總督川、貴軍務，討播州宣慰使楊應龍。

——《明史》卷十九《本紀十九・神宗》，第 1 册，第 227 頁

（萬曆二十五年秋七月）是月，楊應龍叛，掠合江、綦江。

——《明史》卷二十《本紀二十・神宗》，第 1 册，第 228 頁

（萬曆二十七年二月）是月，貴州巡撫江東之遣兵討楊應龍，敗績。……（三月）己亥，起兵部右侍郎李化龍總督四川、湖廣、貴州軍務，討楊應龍。……（六月）己亥，楊應龍陷綦江，參將房嘉寵、游擊張良賢死之。……冬十月壬午，賑京城飢民。丙戌，以播州用兵，命四川、湖廣暫加田賦。戊子，詔貴州宣慰使

* （清）萬斯同：《明史》，上海古籍出版社，2008 年。

安疆臣討賊自贖。

——《明史》卷二十《本紀二十·神宗》，第1册，229~230頁

（萬曆二十八年二月）戊午，總兵官童元鎮進兵烏江，敗績，參將楊顯等皆死。夏四月甲午，詔除京師牙税。六月己亥，播州賊楊應龍平。秋七月甲寅，停徵播加派田賦。丙辰，余繼登卒，慈慶宫成。冬十月辛未朔，貴州皮林苗叛，命總兵官陳璘討之。……十二月乙未，御午門，受播州俘。

二十九年春正月壬子，以播州平，詔蠲四川、貴州、湖廣、雲南逋賦，除官民詿誤罪。……夏四月丙申，分播州地，置遵義、平越二府。

——《明史》卷二十《本紀二十·神宗》，第1册，第230頁

巡撫偏沅地方贊理軍務一員，萬曆二十七年以征播暫設，尋罷。天啓二年後，或置或罷。崇禎二年，定設。

——《明史》卷六十九《志四十三·職官上》，第2册，第254頁

遵義府。秦夜郎、苴蘭二縣地。漢屬牂牁郡。唐初置郘州，改播州播川郡。宋播州安撫司。元播州沿邊安撫司。洪武四年，爲播州宣撫司，尋升爲宣慰使司。萬曆二十七年，改置遵義府，領州一、縣四，而直隸府之縣凡二，自府至布政司千七百里。

叙州府。古僰國，西漢犍爲郡治此。梁立戎州。唐戎州南溪郡。宋叙州。元叙州路。洪武中爲叙州府，領縣十，自府至布政司千二百里。有汶川水驛。

宜賓。又西北有朝陽崖，大江經其下，又東流經城播州治，元曰播州軍民都鎮撫司，洪武九年改爲播州長官司，萬曆中改置。

——《明史》卷八十一《志五十五·地理三》，第2册，第402頁

平越軍民府。宋爲黎峨里諸蠻寨。元置平越長官司。洪武十四年，置平越衛軍民指揮使司，屬四川布政司，尋改屬貴州都司。萬曆二十七年，分播州地置府於衛城内，有平越驛，東有峨黎山，有七盤陂；南有馬場江，有羊場河，又有武勝關；西南有通津關；東南有羊場關。領衛二、州一、縣三、安撫司一、長官司一，自府至布政司百八十里。

……黄平州。宋、元俱爲黄平府。洪武八年，爲黄平安撫司，隸播州宣慰司。萬曆二十七年，改爲州，仍改今屬。東有七里谷，西南有兩岔江，以兩源合流而名，又東有冷水河。州距府三十里。

餘慶。元爲餘慶州。洪武十七年，改爲長官司，屬播州宣慰司。萬曆二十七年，改爲縣，屬今府。東有白泥城，元置白泥等處長官司，尋改爲白泥州。洪武十七年，仍爲長官司，

屬播州宣慰司。萬曆二十七年，省入餘慶。南有小烏江，下流入烏江；東南有白泥河，下流合于思南河。又有走馬坪寨，嘉靖三十四年置。甕安。宋甕水寨。洪武初，置甕水安撫司。萬曆二十七年，改置今縣，屬平越府。東有廢草塘司，元舊州草堂等處長官司也，洪武十七年改爲草塘安撫司，屬播州宣慰司。又有廢重安司，洪武八年所置重安長官司也，亦屬播州宣慰。萬曆二十七年俱省入甕安縣。東南有萬丈山，西有黃灘關，東北有飛練堡，有天邦囤，又東有乾溪等寨，西有西坪等寨。湄潭。萬曆二十七年，析播州地置。西有廢容山司，元所置容山長官司也，洪武中因之，屬播州宣慰司，萬曆中省入湄潭縣。南有湄潭水，下流入于烏江；又西有三江水。

——《明史》卷八十四《志五十八・地理六》，第2册，464~465頁

萬曆以來，播、藺二凶搆禍于外，水西狂孽繼亂於中，勞師動衆，創懲已甚，而不逞之志因以暫息。夫綢繆之方在於閒暇，待其亂作而草薙禽獮之末矣。其在天文與荆楚同分野。

——《明史》卷八十四《志五十八・地理六》，第2册，第468頁

神宗時，楊應龍及播州叛，亦有加派。户部又以缺乏，援倭、播例復請加派，惟貴州有苗變不派。

——《明史》卷九十八《志七十二・食貨四》，第2册，第616頁

正統五年，革播州宣慰司茶倉，茶課折收鈔，自後有折銀布絲絹者，頻歲停市。馬貴茶賤，別無支銷，屢以準給邊衛所官軍俸糧，復召商納馬給茶。然商販私茶獲利久之，不復以馬來易，由此官茶愈積。

——《明史》卷一百三《志七十七・食貨九》，第2册，第655頁

（萬曆）三十一年，添設南中軍標營，選大教場見操士千餘人，設中軍參將統練。時帝御極久倦勤，章疏多留中，雖常用兵朝鮮、播州，及定寧夏之亂，而京營戎務益弛。

——《明史》卷一百六《志八十・兵衛一》，第3册，第23頁

貴州，巡撫貴州兼督理湖北、川東等處地方提督軍務都御史一員。兵備四員：都清兵備一員，威清兵備一員，畢節兵備一員，思石兵備一員。鎮守總兵官一員。駐銅仁。分守二員：提督清浪右參將一員，提督川貴迤西左參將一員。駐歇馬壩、永寧衛。守備七員：普安一員，駐安莊衛。銅仁一員，駐平頭長官司。迤東一員，畢節一員，駐烏撒衛。都匀一員，駐平越衛。壩陽一員，領操兵。思石一員，駐石阡府，聽播

州参將節制。巡撫中軍官一員。

——《明史》卷一百十三《志八十七·兵衛八》，第3册，71~72頁

至二十七年，播州亂，工部侍郎趙可懷請練土著，以備緩急。兵部因言："今天下之無兵者，不獨蜀也。衛所額兵，僅充武弁占役之資；州縣民壯，止供有司呼擁之役。卒有不虞，蜀事可爲殷鑒。請令各省將官軍民壯，汰老弱，易以健卒。軍有軍操，印官與操官主之；民有民操，正官與捕官主之。郡守、監司不時稽劾，將清過者立營分伍，達督撫以憑有事調發。"

——《明史》卷一百十六《志九十·兵衛十一》，第3册，第87頁

先是，播州楊應龍數從征，見官兵弱，輒從土司借級，遂驕蹇，輕漢法，卒以致亂。

——《明史》卷一百十七《志九十一·兵衛十二》，第3册，第93頁

李化龍《平播全書》十五卷。
郭子章《黔中平播始末》三卷。
楊寅秋《平播録》五卷。
程正誼《播酋始事》一卷。
鍾奇《播事述》一卷。

——《明史》卷一百三十四《志一百八·藝文二》，第3册，第314頁

又明年，更六卿爲中書省樞密院，以戴壽、萬勝爲左、右丞相，向大亨、張文炳知樞密院事。鄒興鎮成都，吴友仁鎮保寧，莫仁壽鎮夔關，皆平章事。竇英鎮播州，姜珏鎮夷陵，皆參知政事。荆玉鎮永寧，商希孟鎮黔南，皆宣慰使。

——《明史》卷一百五十八《列傳九·明玉珍》，第4册，207~208頁

（洪武九年）帝將征雲南，命友德巡行川蜀雅播之境，修城郭，繕關梁，因兵威降金筑、普定諸山寨。

——《明史》卷一百六十三《列傳十四·傅友德》，第4册，249~250頁

（景泰）五年，四川草塘苗賊黄龍、韋保作亂，自稱"平天大王"，剽掠播州、西坪、黄灘諸處。瑛與巡撫蔣琳會川兵進剿，大破之，賊魁皆就縛，因分兵克中潮

山及三百灘、乖西、谷種、乖立諸寨，執僞王谷蟻汀等，斬首七千九百有奇，詔封南和伯。

——《明史》卷二百十八《列傳六十九·方瑛》，第5册，第21頁

時嘗請四川播州安撫司改隸貴州，以爲鑒罪，令兵部劾之，逮下吏法司，坐鑒變亂舊章，論死繫獄。

——《明史》卷二百十九列《列傳七十·陳鑒》，第5册，第33頁

（成化十三年）貴州巡撫陳儼等言："播州苗賊竊發，請調湖廣、廣西、四川兵五萬，合貴州兵會剿。"子俊曰："賊在四川而貴州請討，是邀功也。"奏寢其事。

——《明史》卷二百二十九《列傳八十·余子俊》，第5册，第147頁

（成化）十二年，播州致仕宣慰楊輝言所屬夭壩干、灣溪諸寨及重安長官司爲生苗竊據，請王師進討。詔瓚宣諭俾還侵地，不服則征之。已而瓚奏："苗不恭命，臣等用致天討，破寨十六，斬首五百，招撫復業者九千八百有奇，請設安寧宣撫司，即授輝子友爲宣撫以鎮之。"詔可，賜敕獎勞。

——《明史》卷二百三十一《列傳八十二·張瓚》，第5册，第163頁

會安寧宣撫使楊友欲奪嫡弟播州宣慰使愛爵，誣愛有异謀，命喬新往勘。喬新言："楊氏有播六百餘年，群蠻所戴，一旦繫纍，恐所部震驚，乞召二人面質弗置獄。"從之。友富而驕，行賂中外，冀實其訟。喬新執法不撓，與巡撫劉璋卒共白愛誣，友奪官，安置他府，播人遂安。

——《明史》卷二百三十九《列傳九十·何喬新》，第5册，第251頁

先是，播州宣慰楊烈殺長官王黼，黼黨李保等治兵相攻，爲患且十年，至是總督馮岳與邦憲討平之。明年，播州苗賊盧阿項爲亂，撫之不服，調兵七千征之。春江水漲，邦憲令軍士編筏徑渡，直抵磨子崖營焉。策賊夜必來襲，先爲設備，賊果至，擊敗之。賊求援于播州吴鯤，諸將畏懼，邦憲曰："水西宣慰安萬銓，播州所畏也。吾調水西兵進攻烏江，聲楊烈縱鯤助逆之罪，烈奚暇救人乎？"已，水西兵至，邦憲進逼其巢，乘風縱火，斬關而登。賊大奔潰，擒賊首父子，斬獲四百七十餘人，進署都督同知。

——《明史》卷二百六十四《列傳一百十五·石邦憲》，第5册，第509頁

先是，播州容山副長官土舍韓甸與正長官土舍張問有隙，舉兵相攻。甸屢勝，遂糾生苗剽掠湖、貴境，垂二十年，問亦糾黨自助。邦憲督兵討之，斬獲百餘人。問潛出探軍，被獲，官軍乘勝入甸巢。會暮大雨，迷失道，守備葉勛、百户魏國相等陷伏中死焉。邦憲奪圍出，還軍鎮遠，再往征之。賊沿江防渡，邦憲佯與争，而别自上流三十里編竹爲橋，潜軍密渡，遂水陸并進，大破之。斬甸，容山平，進右都督。

——《明史》卷二百六十四《列傳一百十五·石邦憲》，第 5 册，第 510 頁

正德四年，起撫四川。時眉州人劉烈倡亂，遠近麻沸，後烈敗遁逃，而諸不逞之徒猶假烈名剽掠。俊至，購烈二千金，繪形捕之，竟莫能得，而保寧賊藍廷瑞、鄢本恕、廖惠等繼起，勢益張，尋爲官軍所敗，俘斬幾四千，退保陝西之西鄉，願聽撫。會聞寧夏之變，俊亦欲羈縻之，而賊轉寇巴州。俊馳救，猝遇賊華壟，單輿直抵其營，譬曉利害，賊羅拜約日請降。既而淫雨溪溢，賊失期，復叛去，攻陷通江。俊督諸軍急擊敗之龍灘河，俘斬八百，再遣知府張敏等追至門鎮子，俘斬亦如之，遂擒廖惠。而廷瑞、本恕東奔，越漢中三十六盤至大巴山，官軍追及，復大破之，弃輜重走，俊遂移師擊曹甫。會甫將攻瀘州，俊遣人招諭，甫佯聽令，而命弟琯流劫如故，指揮李蔭禦之，斬琯首。賊遂移江津，分七營將攻重慶，俊督發酉陽、播州土兵助蔭進剿。

——《明史》卷二百六十七《列傳一百十八·林俊》，第 5 册，第 541 頁

四川土舍重安馮綸與凱里楊弘有怨，弘卒，倫糾諸苗攻之，更相仇殺，侵軼貴州境。文盛遣參議蔡潮馳詣播州，督宣慰楊斌撫定之。請復設安寧宣撫司，以弘子襲，而録潮功。兵部尚書王瓊惡文盛，絀其議，反以專擅爲潮罪，叙賚不及。

——《明史》卷二百六十八《列傳一百十九·鄒文盛》，第 5 册，第 550 頁

至（嘉靖）十一年，舉進士，年已五十矣。初除户部主事，遷兵部員外郎，旋擢四川水利僉事。播州土官以重賄饋于途，叱去之。

——《明史》卷二百七十四《列傳一百二十五·蔣信》，第 5 册，第 626 頁

播州、永寧土官争地相仇，草檄諭之，即定。

——《明史》卷二百八十三《列傳一百三十四·劉繪》，第 6 册，第 77 頁

播州宣慰楊烈仇殺長官王黻，黻黨李保等治兵相攻，爲害且十年。景韶佐總督馮岳討平之，進秩一級，尋轉參議。

——《明史》卷二百九十五《列傳一百四十六·劉景昭》，第6册，第229頁

播州楊應龍所属五司七姓數訐奏應龍，下撫按會勘。有司以爲奇貨，故坐應龍以跋扈不服之罪，索重賄乃已。巡撫葉夢熊貪功喜事，入五司膚愬，疏請大征。時行曰："應龍雖殘暴，但行于所部，于朝廷未有逆節也。祖宗來第羈縻之，焉用漢法爲？"部中遂寢其奏。

——《明史》卷三百十一《列傳一百六十二·申時行》，第6册，第403頁

子士崧、士琦、士昌，皆進士。士崧官刑部主事。士琦歷重慶知府，播州宣慰楊應龍叛，承總督邢玠檄躬往松坎撫定之。遂進兵備副使，彈治其地。尋以山東參政監軍朝鮮，佐玠平倭，詔進二秩，遂擢河南右布政使。坐應龍復叛，降湖廣右參政，歷山東右布政使。

——《明史》卷三百十四《列傳一百六十五·王宗沐》，第6册，第456頁

（萬曆二十七年）明年閏月，雷擊太廟樹，復請帝躬郊祀廟享，册立元子，停礦税，撤中使，帝但優詔報之而已。旋擢本部尚書。時將討播州楊應龍，繼登請罷四川礦税以佐兵食。

——《明史》卷三百十七《列傳一百六十八·余繼登》，第6册，第488頁

（萬曆）二十二年，播酋楊應龍叛。巡撫王繼光集兵數萬，命成偕副將曹希彬、游擊王之翰分三道進討，皆無功。詔責令戴罪辦賊，尋卒於官。

——《明史》卷三百二十《列傳一百七十一·郭成》，第6册，第526頁

播酋楊應龍作亂，擢綎四川總兵官，令星馳受事。

——《明史》卷三百二十一《列傳一百七十二·劉綎》，第6册，第533頁

進綎都督同知，世蔭千户。遂移師征楊應龍，會四川總兵官萬鏊罷，即以綎代

之。時兵分八道，而川居其四，川東又分爲二，以綦江道最要，令綎當之。其年十月，綎至，即部署諸將進兵。應龍常赴徵調，熟綎才，聞之頗懼，乃益兵固守要害。二十八年正月，諸將進攻丁山、銅鼓、嚴村諸寨，克之。二月奉師期，遂直搗楠木山、羊簡臺、三峒。峒絶險峻，而賊將穆炤等統衆數萬，糾連爲營，諸將憚之。綎分兵攻其三面，大戰于李漢壩，賊潰敗，生擒其魁，餘賊奔入峒，將士乘勢追逐，連克三關，直抵峒前，積草焚之。時風逆將雨，綎下馬祈禱，風即旋，火入峒中，賊多死，三峒盡克，穆炤及賊魁吴尚華被擒，納降者千餘。是日，綎躬親督戰，左手持賞金，右手挺劍，大呼曰："用命者賞，不用命者齒此劍。"一時赴鬥死者四十人，遂致克捷。應龍乃遣子朝棟、惟棟、心腹楊珠統鋭卒數萬人，由松坎、魚渡、羅古池三道并進。綎密以萬人伏羅古待松坎賊，以萬人伏營外待魚渡賊，而别以一軍主策應。三月朔，賊果乘夜來衝，伏兵盡起格鬥，勝負未分。質明，綎率部下血戰，綎手舞大刀，連馘數人，賊披靡，斬首數百，追奔五十里而還。賊益奪氣，聚守石虎關，綎亦虞其再至，掘塹自守。初，綎聞征播之命，恃功驕恣，逗遛不即赴，且多設難以要朝廷。言官惡之，交章論列，兵部議調南京右府僉事。至是，綎聞即辭任。督府李化龍以平播非綎不可，固留之，而力荐于朝，綎乃復受事，進兵抵夜郎舊城。賊于滴淚、三坡、瓦窑坪、石虎關據險設守，仰攻甚難。綎督將士攻數日，盡克之，又連克數大寨，追亡逐北，直抵婁山關而軍。婁山萬峰插天，叢箐蔽日，中通一路，纔數尺。賊壘石架樓，設木關十三座，排栅數層，復用大木横截，中爲深坑，置竹簽，百險俱備。綎重賞鄉導，分奇兵爲左右路，取間道疾趨關後，而綎自以大軍攻其前。是月晦，賊出關迎戰，關上矢石如雨，官軍火器齊發，斃其渠魁數人，餘賊大潰，官軍乘勢毁栅，填塹而入，遂奪其關。追至永安莊，兩路軍亦來會。綎老將持重，慮賊衝突，令聯絡列營，一據婁山關爲老營，一據白石口爲腰營，一據永安莊爲前營，互爲聲援。都指揮王芬者，勇而寡謀，每戰輒請爲前鋒以當賊，至是連戰皆捷，有輕敵心，獨結營松門埡之衝，離大營十里。時賊方有烏江之勝，謀發兵再奪婁山。適穆炤遣使洩芬孤軍獨入狀，賊喜，夜半以大軍襲之。芬營壘未定，士馬大擾，力戰死，守備陳大綱、天全招討楊愈亦死焉，失亡士卒二千人。綎聞，急提兵往救，部將周以德、周敦吉分左右夾攻，賊始大奔，追至養馬城而還。是日，應龍親督戰，幾被獲，自是不敢窺婁山。綎懲前失，扎於近關，堅壁不動，且請濟師。制府屢趣，逾十餘日始進兵，克後水囤，營于冠子山。尋會馬孔英、吴廣諸軍直逼海龍囤下，竟與諸將共平賊，綎之功爲多。初，李化龍之荐綎也，言官謂綎嘗納應龍厚賄，宜奪官，從軍自效。兵部如其議，乃謫充爲事官，戴罪辦賊。綎德化龍，使使賚玉帶一、黄金百、白金千投化龍家，爲化龍父所叱；投巡按御史崔景榮家，亦如之。後化龍、景榮并奏其事，詔革綎任，永不收録，没其物于官。有監生吴中彦者，素無賴，賺綎及貴州總官李遇文重資，許入都鑽刺。事覺，中彦論死，綎再命永錮。已録平播功，進左都督，世蔭指揮使。

——《明史》卷三百二十一《列傳一百七十二·劉綎》，第6册，534~535頁

（萬曆十三年）明年正月，遂圍蒲江關，駕炮環擊，雉堞盡毁。守將朱文達出戰，斬數十人，賊稍解，東南路始通。元泰决計大征，所調諸路兵悉集，乃命游擊周于德將播州兵爲前鋒，游擊邊之垣將酉陽兵爲後拒，故總兵郭成將敘馬兵扼其吭，参將朱文達將平茶兵擊其脇，而應祥居中節制，參議王鳳監之。應祥令軍中各樹赤、白幟一，良民陷賊者徒手立赤幟下，熟番不附賊者徒手立白幟下，即免罪。

——《明史》卷三百二十一《列傳一百七十二·李應祥》，第6册，第538頁

（萬曆十五年）至是，應祥等師旋，元泰益徵播州、酉陽諸土兵合五萬人，令應祥督文達、之垣及周于德諸將分三道入，故總兵郭成亦從征。十一月，于德首敗白禄兵，追至馬煌山。山勢險峻，賊木石交下，將士攀籐懸索而登，賊奔潰，乘勢進攻木瓜夷。白禄以千人來戰，射殺之，追至利濟山，雪深數尺。于德身先士卒，直登其巔，賊復大敗，毁其巢。先是，撒假與楊九乍率衆萬人據山接戰，播州兵擊敗之，賊走。

——《明史》卷三百二十一《列傳一百七十二·李應祥》，第6册，第540頁

（萬曆）二十八年，大征播州，貴州總兵官童元鎮逗遛不進，總督李化龍劾之，薦應祥代。時分兵八道，貴州分烏江、興隆二道，詔元鎮充爲事官由烏江入，而應祥由興隆入。先是，諸道克期二月望日進兵，比應祥受事，則已三月下旬。副將陳寅等已連克數囤，拒賊四牌高囤下，别遣兵從間道直搗龍水囤。他將蔡兆吉又自乾坪抵箐岡，逼四牌，賊首謝朝俸營其地，四面峭壁深箐，前爲二關。賊從高鼓譟而下，官軍殊死戰，斬獲甚多，俘朝俸妻子，乘勝直抵河畔。會烏江敗書聞，斂兵不進者旬日，而應祥已受任，趣諸將急渡。寅等乃取他道渡河，而潛爲浮橋以濟師，諸軍畢渡，則賊衆失險，乞降者相繼，應祥悉受之。賊所恃止黄灘一關，層崖壁立，賊聚衆死守。會賊徒石勝俸等率萬餘人來降，應祥責令立功取信，勝俸曰："去黄灘三十里有三渡關，入播門户也。先襲破之，則黄灘孤立難守。"應祥然其計，令偕陳寅率精卒四千夜抵關下，勝俸先以數十騎賺開前門，盡殲其戍卒。黄灘賊懼，益增兵固拒。寅督諸將渡河攻關之前，而令勝俸由墳林暗渡襲關後。賊前後被敵，

大敗。應祥遂直抵海龍囤，合諸道兵共滅楊應龍，還鎮銅仁。明年，改鎮四川。既而播遺賊吴洪、盧文秀等惡有司法嚴，潛謀不軌，而遵義知縣蕭鳴世素失衆心，洪等遂假稱應龍有子，聚衆爲亂。應祥偕副使傅光宅督兵捕之，盡獲。應祥尋卒于官，以平播功，贈左都督，世蔭千户。應祥有胆智，其爲將，謀勇兼資，故所至奏績而平蜀三大寇。元泰調度功，亦爲時所稱。

——《明史》卷三百二十一《列傳一百七十二·李應祥》，第6册，540~541頁

會有征播之役，命璘爲湖廣總兵官，督兵由偏橋進，副將陳良玭别爲一軍由龍泉進，并受璘節制。二十八年二月，軍次白泥，楊應龍子朝棟率衆二萬渡烏江迎戰，璘發前哨禦之，而分左右兩翼潛躡其後。兵甫交，賊少挫即遁，兩翼兵追之，賊弃營，奔龍溪山，合四牌賊拒敵。四牌在江外，與江内七牌皆五司遺種、九股惡苗，素助賊爲虐。璘預遣人招撫，諸苗多來歸，乃進軍龍溪。會諜者報有伏，令游擊陳策統兵銜枚疾趨，伏果四起，策軍用火器擊之。賊奔高據險，矢石雨下，璘身先迎敵，斬小校先退者以徇，一軍股栗。把總吴應龍等陷陣先登，賊大潰，退四牌保兒囤。璘遣二裨將引軍逼之，中伏被圍，璘急懸賞募死士，應龍等直前奮擊，内外合勢。賊復潰，奔據囤巔，入夜由山後遁去。黎明，追及于袁家渡，賊返鬥復敗，悉渡江遁，四牌之賊遂盡。三月，督軍萬餘營七牌野猪山，伺官軍襲擊。璘即勒兵夜發，次早抵苦練坪，前鋒遇賊與戰，後軍亦至，夾擊之。賊敗逃入深箐，官軍遂攻入苦菜關。會童元鎮烏江師敗，璘軍大懼，請退師，制府李化龍不可。璘乃進營楠木橋，四月次湄潭。時賊悉聚青蛇、長坎、瑪瑙、保子四囤，地皆絶險，而青蛇尤甚。璘議，同日并攻則兵分力弱，止攻一囤則三囤相助，乃先攻三囤，次及青蛇。時陳良玭師亦來會，乃令取道至囤後設伏，别以一軍守板角關，防賊越逸。而璘親督諸將力攻三日，賊死傷無筭，三囤遂下。青蛇勢孤，但四面陡絶，無路可上。璘遣兵圍其三面，購死士從瑪瑙後附葛扳崖竊至青蛇山背，舉炮爲號，賊惶駭。諸軍進攻，焚其茅屋，賊倉皇退入囤内，木石交下，將士冒死扳援而上，毁其木栅二重，賊乘夜欲遁，爲官軍擊回。時賊勢已窮，璘意主殺不主撫，故賊致死堅守，將士前後齊擊，賊不能支，遂大敗，斬首一千九百有奇，七牌之賊亦盡。乃分兵六道，攻克大小三渡關，五月乘勝直抵海龍囤下，令諸軍進攻。時諸將俱攻囤前，獨水西安疆臣攻其後，相持四十餘日，其下受賊重賄，多與之通，且潛以火藥遺賊，故賊但備囤前，不備其後。璘知之，與監軍者謀，令疆臣退一舍，而璘移營於其處，置鉄牌百餘，挨近賊囤，相距止丈許，賊强弩無所施。又爲釽板於栅外，賊初每夜出劫營，至是爲釘所傷，不敢復出。應龍勢窮，相聚而哭。先是制府有令，諸將分日進攻。六月六日，璘與吴廣當進兵，璘募死士以夜四更銜枚直上，賊猶鼾睡，斬其守

關者，更樹白幟，鳴號炮。賊大驚潰散，應龍自焚。吴廣軍亦至，賊盡平。

——《明史》卷三百二十一《列傳一百七十二·陳璘》，第 6 册，542～543 頁

先是征播時，璘使使至總督李化龍家，投以重賄。會劉綎先遣使投賄，爲化龍父所揮，璘使聞而走。化龍後疏于朝，綎獲罪，璘以賄未至門獲免。後兵部尚書田樂推璘鎮貴州，給事中洪瞻祖遂劾璘營求。帝以璘東西積有戰功，卒如樂議。貴東、西二路苗，曰仲家苗，盤踞貴龍、平新之間，爲諸苗領袖。在水垠山，介于銅仁、思石者曰山苗，紅苗之羽翼也。自平播後，貴州物力大屈，苗益生心，剽掠無虚日。巡撫郭子章請于朝，令璘督軍萬人攻水垠，游擊劉岳督宣慰安疆臣軍萬人攻西路，并克之。乃令璘移營新添，獨攻東路，璘出奇鼓勇復克之，生獲苗酋十二人，斬首三千餘級，招降者萬三千餘人，部内遂靖。三十四年，改鎮廣東，卒官。先是叙平播功，加璘左都督，世蔭指揮使。既卒，以平苗功贈太子太保，再蔭百户。

——《明史》卷三百二十一《列傳一百七十二·陳璘》，第 6 册，第 544 頁

（萬曆二十八年）明年，大征播州楊應龍，詔發陝西四鎮兵，令孔英將之以往。時兵分八道，孔英所入南川道獨險遠，去應龍海龍囤可六七百里。方孔英未至，時重慶推官高折枝監紀軍事，請獨當一面，乃與參將周國柱先以石砫宣撫馬千乘兵破賊金筑，復督酉陽宣撫冉御龍敗賊于官壩。二月，孔英至軍，平茶、邑梅兵亦集，軍容甚壯，乃先師期一日，督諸軍入真州，即用其土官鄭葵、路麟爲鄉導，别遣邊兵千人扼明月關，清運道，諸軍遂鼓行而前，連破賊四寨。十七日，次赤崖，自崖抵清水坪封寧關，賊連營十数，列兵固守，官軍分道進擊，悉破之，直逼桑木關而營。關内民聞大軍至，扶老携幼而降者日以千計，折枝結三大寨處之，下令殺人者死，掠財物者還主。自是降者日衆，賊勢益孤。是關爲賊要害，山險箐深，賊憑高下拒，官軍怯于仰攻。乃令千乘以一軍出關左，御龍以一軍出關右，國柱以一軍獨搗其中，賊用標鎗、藥矢，鼓譟而來，鋒鋭甚，官軍殊死力戰，賊不能支，遂披靡。官軍乘勝奪關，遂北至風坎關，賊復大敗，再破九杵、黑水諸關，苦竹、羊崖、銅鼓諸寨。國柱遂進攻金子壩，賊無一人，國柱疑有伏，焚其空寨十九，嚴兵以待，亡何，賊果從溝箐突出，擊敗之。孔英乃留王之翰兵守白土臺，衛餉道，平茶、邑梅兵守桑木關，而親提大軍進營金子壩。應龍聞桑木關破，大懼，遣弟世龍及心腹楊珠以鋭卒劫之翰營，之翰走，殺餉卒無筭。平茶兵聞警來援，賊始退，孔英乃還軍擊世龍，戰復不勝，會部卒連發火矢，裨將劉勝復從旁奮擊，賊乃敗奔。官軍進營朗山口，由朗山至蒙子橋，深箐蓊翳，賊處處設伏，悉爲官軍剿平。應龍益懼，

遣心腹數輩詐降，謀爲内應。折枝得其情，盡收斬之，而伏兵以待。夜半，楊珠果率衆劫營，伏發，賊驚潰，追奔至高坪，已奪賊養馬城，直抵海龍第二關下。海龍爲賊渠巢穴，地益險，賊守兵益多，孔英軍已深入，而諸道未有至者。西陽兵慮勢孤，先退，延綏兵亦退，賊躡之，殺官兵六十人。居數日，劉綎兵亦至，乃合兵連克海崖、海門諸關，賊走保囤上，竟致覆滅。初，總督李化龍既克師期，諸將莫利先入，孔英所將盡遣兵，及諸土兵又皆獷悍，而監紀折枝智勇有謀，故進師獨先。既八道并圍海龍，諸將以囤後易攻，争走其後，孔英獨以一軍壁關前，卒致賊黨盡縛，無一脱者。録功，進都督同知，世蔭千户。久之，以總兵官鎮貴州，罷歸，卒。孔英起降夷，南征北討，并著戰功，居官不謹飭解，時論多之。

——《明史》卷三百二十一《列傳一百七十二·馬孔英》，第6册，544~545頁

萬曆二十五年，以副總兵從劉綎禦倭朝鮮，廣領水軍與陳璘相犄角，俘斬甚衆，甫班師，時議大征播州，擢廣總兵官，以一軍出合江，副將曹希彬以一軍出永寧，受廣節度。明年二月，兩軍并進，廣結大營于二郎壩，大行招來。賊帥郭通緒者最驍悍，聞官軍至，統群苗迎敵。將士乘其營壘未定，夜襲之，群苗奔潰。由是，陶洪、安材、羅材三寨土官各率部下出降，他部聞風相繼來歸者數萬人。廣擇其壯者從軍，軍聲益振。三月朔，通緒遣兵扼穿崖囤，阻官軍。廣督土、漢軍四面合擊，破之。是時，劉綎、馬孔英兩軍已入播境，而廣猶屯兵二郎不進。總督李化龍趣之，乃議進攻崖門，分兵四哨齊進，別遣永寧女土官奢世續等督羿兵二千扼桑木埡諸要害，以防餉道。既而諸將進軍，且戰且撫，連破數囤。是月晦，遂進營母猪塘。楊應龍聞之，懼，令通緒盡發關外兵拒敵。廣潛令炮手五百伏磨搶埡外南岡下，而遣裨將趙應科引兵挑戰。埡兩山相夾，中甚隘，通緒屯兵其間。至是飛馬横槊直衝應科，應科佯北，通緒追出埡，遇伏急旋，馬中炮墜，通緒方躍上他馬，伏兵攢刺之，殪，餘賊大奔。官軍乘勝遂北，城既失主，盡降，官軍遂進薄崖門。崖門徑小，止容騎。四月朔，賊擁衆萬餘出關拒戰，希彬懸賞千金，士争奮，攀崖競進，賊敗走，追至第四關。關上男婦盡哭，於是賊黨自殺，其魁羅世恩率萬餘人出降。其第一關，猶拒守不下，廣乘夜銜枚疾進，至則守者猶鼾睡，遂奪其關，關内民争獻牛酒迎降。時劉綎、馬孔英雖已入關，李應祥、陳璘諸軍猶在關外，廣合希彬軍連戰紅碗、水土崖、分水關諸處，皆捷，遂進營水牛塘。應龍大懼，知廣孤軍深入，謀欲襲之，乃遣人詐降。廣測其詐，堅壁以待。俄應龍擁衆三萬直衝大營，諸將殊死力戰，呼聲殷地。會他將以兵來援，賊知不敵引退，廣遂與諸道軍進逼海龍囤。賊益懼，詭令婦人乞降，哭于囤上，又詐報應龍仰藥死。督府不信，獨廣信之，已覘知其詐，急攻之，燒第二關，奪三山，絶賊樵汲，賊益窘。旋與陳璘從囤後登，應龍急自焚死，獲其子朝棟及妻田氏，出應龍

尸烈焰中。廣中毒矢，聲絶而復蘇。遂以本官鎮四川，逾年卒。初廣之頓兵二郎也，有言其受賄養寇者，詔謫充爲事官，立功自效。後論功，贈都督同知，世蔭千户。

——《明史》卷三百二十一《列傳一百七十二·吴廣》，第6册，第546頁

（萬曆）二十八年，李化龍大征楊應龍，令元鎮督永順、鎮雄、泗城諸土軍由烏江進。元鎮在粵西頗有時名，及是心憚應龍，久駐銅仁不進，督府屢趣之，乃啓行。時劉綎、吴廣諸軍已進，群賊議分兵固守，獨參謀孫時泰曰："兵分則力薄。不若乘官軍未集，從其弱者先破之，餘自退矣。"應龍善之。及聞元鎮發烏江，應龍喜曰："此易與耳。"謀縱之渡江，密以計取。監軍按察使楊寅秋言："烏江去播不遠，宜俟諸道深入，協力齊驅。"元鎮不從。於是永順兵先奪烏江，賊遣千餘人沿江叫罵以誘之，諸軍既濟，復奪老君關。前哨參將謝崇爵乘勢督泗城、雲南兵再拔河渡關。三月望，賊果以步騎数千先衝雲南軍，軍中驅象出戰，賊多損傷。俄駕象者斃，象反走，擲火器者又誤擊己營，陣亂。泗城兵先走，崇爵所部亦走，争浮橋，橋斷，殺溺死者数千人。河渡既敗，烏江軍相去六十里，猶未知。明日，參將楊顯發永順兵三百人出哨，道遇賊數萬，咸爲水西軍衣裝，永順兵不疑其僞，反與盟誓，且互更旗幟。賊遂掩殺三百人，亦襲其衣裝，直趨烏江。烏江軍信爲水西、永順軍，不設備僞，遂爲賊所破，争先渡江。賊已先斷浮橋，於是數千人皆溺死，楊顯及二子與焉。元鎮所部共三萬人，存者不及十一，將校止崇爵等三人，江水爲之不流。貴陽聞警，居民盡奔避入城，遠近震動。化龍怒崇爵失律，用尚方劍斬之。再徵調益軍，急檄鎮雄土官隴澄邀賊歸路。隴澄者，即安堯臣，水西安疆臣同产弟也。其軍不與元鎮合，故獨全，而當事頗疑其通賊。寅秋以鎮雄去播止二日程，令其搗巢立效，澄許之。先河渡未敗時，澄已遣部將劉岳、王嘉猷攻拔苦竹關及半壋嶺。暨敗報聞，二將移營新站，賊伏兵大水田，别以五千人來襲，敗還。嘉猷乃揚聲搗大水田，而潛以一軍取間道，拔大夫關，直抵馬坎，斷賊歸路，與疆臣合軍，賊遂退遁。會都指揮徐成將續調軍至，合泗城土官岑紹勛兵，再克河渡關，軍聲復振。賊將張守欽、袁五受據長箐、萬丈林拒守，永順兵擊破之，進攻長箐，生擒守欽，攻清潭洞，復擒五受，賊大奔。會朝議責元鎮敗狀，令李應祥并將其軍，遂合水西、鎮雄諸部，直抵海龍囤，賊竟覆滅。先是兵初興，督府劾元鎮逗遛，詔謫爲事官，立功自效。及是論覆軍，逮至京，下吏，罪當死，法司援其前岑溪功，得謫戍烟瘴。尋遇赦，廣西巡撫戴熠爲之請，部議不許，竟卒於戍所。

——《明史》卷三百二十一《列傳一百七十二·童元鎮》，第6册，547~548頁

既之官有告播州宣慰使楊應龍叛者，貴州巡撫葉夢熊請征之。蜀人多言應龍强，未易輕舉，穆意亦不欲加兵，與夢熊議异。朝命行兩撫臣會勘，應龍不願赴貴州，乃逮至重慶，對簿論斬，輸贖，放之還。穆亦以病歸，未幾卒。後應龍復叛，大舉往討始克之。議者追咎穆處置失宜，奪其職。

——《明史》卷三百二十五《列傳一百七十六·艾穆》，第 6 册，第 592 頁

（萬曆）二十四年，以右僉都御史巡撫貴州，擊高寨苗之剽劫新添衛者，斬首百餘級。播州宣慰楊應龍仇殺五司，五司請致討。東之遣都指揮楊國柱等赴之，敗於飛練，國柱被禽，軍盡覆。時東之已用京察，被劾免官，所司復論其貪功妄戰，黜爲民。憤恨抵家，卒。

——《明史》卷三百二十五《列傳一百七十六·江東之》，第 6 册，第 598 頁

明年，恂復論志皋，并及張位，其略曰："……土酋楊應龍負固不服，爲執政者宜設策剿除，乃貪其重餌，與之交通。如近日綦江捕獲奸人，得其投本兵及提督巡捕私書其餘四緘，及黄金五百、白金千、虎豹皮數十，不言所投。臣細詢播人，始囁嚅言曰：'求票擬耳。'夫票擬，輔臣事也，而使小醜得以利動哉？辱朝廷，羞士類，莫甚于是，可憂者二。"

——《明史》卷三百二十七《列傳一百七十八·楊恂》，第 6 册，第 618 頁

（萬曆）二十一年，進南京兵部右侍郎。播州宣慰使楊應龍爲七姓土司所訐，抗不就吏，誘敗官軍於白石。明年十月，轉玠左侍郎兼右僉都御史，總督川、貴軍務，討之。又明年春，玠馳至重慶，檄諭應龍。尚書石星亦遣水西宣慰使安疆臣趨應龍就吏。應龍悔，諉罪諸苗，玠令重慶知府王士琦往勘。士琦至松坎，應龍面縛，執罪人黄元、阿羔等以獻，按法當斬，詔輸四萬金贖爲民，斬元等重慶市。擢士琦川東副使弹治之，加玠右都御史。

——《明史》卷三百三十二《列傳一百八十三·邢玠》，第 7 册，第 23 頁

李化龍，字于田，長垣人。萬曆二年進士，除知嵩縣，年二十，胥吏易之，化龍陰察其奸，一日盡召諸吏，置之法，縣中大治。累遷山東参政，入爲太僕少卿，轉右通政。二十二年夏，擢右僉都御史，巡撫遼東。初，總兵官李成梁破殺

泰寧酋長速把，获其子把兔兒、弟炒花，舊據遼陽以北，居兩河之中，益結土蠻爲患。而是時寧夏甫定，朝鮮松套繼之，播州楊應龍亦數反覆，財殚力匱，然獨遼鎮尤困敝。

——《明史》卷三百三十三《列傳一百八十四·李化龍》，第7册，第31頁

（萬曆）二十六年，朝鮮倭蕩平，而播州益亂。明年三月，起故官，總督湖廣、川、貴軍務兼巡撫四川，徵兵討之。播州，古夜郎、且蘭地。唐乾符中，太原楊端將兵擊南詔，留據長子孫。明初，楊鏗内附，授宣慰使。地方千里，西北塹山爲關，東南俯江爲池，稱西南奥區。傳至應龍，性雄猜，陰狠嗜殺，數從征調，知川兵脆弱，陰有據蜀之志。嬖小妻田雌鳳，妻張氏以讒死，并屠其家。用誅罰立威，所屬五司七姓不堪其虐，走貴州告變。巡撫葉夢熊疏請大征，而蜀士大夫不聽，詔逮繫重慶獄，應龍願將兵報效，得脱歸，復逮不出。四川巡撫王繼光發兵擊之，應龍覆之於白石，而諉罪諸苗，朝廷命邢玠總督。值東西用兵，勢難窮治，因就招撫。應龍再得脱，益横，所居僭飾龍鳳，令部人稱其子朝棟爲後主，益結生苗爲羽翼，奪五司七姓地并湖貴四十八屯以畀之。州人稍殷厚者因事誅之，没其家以養苗，自是諸苗皆樂爲死，兵益精悍。是年二月，敗官軍於飛練，殲之。六月，破綦江，參將房嘉寵、游擊張良賢戰死，盡掠資財，殺老弱者，投尸蔽江而下。僞軍師孫時泰請宜取重慶，搗成都，而應龍遷延不進，聲言争地界，猶冀曲赦如曩時。化龍初至成都，徵兵未至，亦謬爲好語縻之。帝聞綦江破，則大怒，追褫前撫臣職，賜化龍劍，假便宜討賊。化龍檄水西兵三萬守貴州，斷招苗路。十一月，賊焚東坡爛橋，湖、貴路梗。明年正月，焚龍泉，都司楊惟忠遁去。化龍疏參諸大帥不用命者，沈尚文緹騎逮治，童元鎮、劉綎皆革職，充爲事官。諸軍大集，將士皆奮，化龍乃移重慶，大誓文武。二月丙戌，分八道進兵。推官高折枝先以南川兵進，據桑木鎮。劉綎自綦江入，應龍以勁兵二萬屬其子朝棟，曰："爾破綦江，馳南川，盡焚積聚，彼無能爲也。"比戰大敗，諸路捷音相繼，應龍頓足歎曰："吾破綦江，用時泰計直取成都，劫蜀王爲質，何事不成，坐失此計，今死矣。"或言水西佐賊，化龍詰之，安疆臣斬賊使，由是二氏交絶。綎兵入婁山關，直抵海龍囤，陳璘、安疆臣兵亦至。賊勢急，父子相向哭，上囤死守，遣使詐降。化龍檄諸將斬使焚書，以綎與應龍有舊，諭無通賊，綎械其人以自明。八路兵皆會囤下，築長圍困之，更番迭攻。六月丙子，綎身先士卒，破土、月二城。應龍窘，夜散數千金募死士拒戰，諸苗皆散去無應者，起，提刀巡壘，四面營火燭天，旁皇長歎，謂妻子曰："各自爲計，不復能顧若矣。"與二妾俱縊。明晨，官軍入城，七子皆被執。詔磔應龍尸并子朝棟等於市。播入楊氏，二十九世，八百餘年，至應龍而絶，以其地置遵

義、平越二府，分屬川、貴。化龍初聞父喪，朝廷以金革起復，至是乞歸終制。三十一年四月，起工部右侍郎，總理河道，與淮揚巡撫李三才開泇河，由直河入泇口，抵夏鎮，二百六十里，避黄河吕梁之險。再以憂去，未代。以平播功晋兵部尚書，加少保。

——《明史》卷三百三十三《列傳一百八十四·李化龍》，第7册，32~33頁

化龍具文武才，播州之役，以劉綎驕蹇，先摧挫之而薦其才可用。綎遣使賫金帶遺之，化龍奏弹不避而不没其功，恩威并著，故綎爲盡力。

——《明史》卷三百三十三《列傳一百八十四·李化龍》，第7册，第34頁

郭子章，泰和人，隆慶五年進士。能文章，尤精吏治。由建寧府推官累遷至福建左布政使，皆有政績。萬曆二十七年，擢右副都御史，巡撫貴州兼督理湖北軍務，與總督李化龍共討楊應龍。化龍奏善後事宜，改所屬五司爲流官。子章亦上疏曰："五司之怨毒於楊應龍也久矣，平其丘隴，妻其婦女，奪其官秩，焚其室廬，戕殺其父兄子弟，其形諸奏牘，止以復仇之故，欲改土爲流。然朝廷合三方之力，費數百萬金錢，豈獨爲五司復仇計哉？夫五司與應龍同類也，昔應龍强而五司弱，則五司以窮歸我，應龍以索五司之故，東寇西擾，業已貽害邊民。今應龍滅，而五司復强，復有如應龍者出，弱肉强食，又將爲邊民之害，虎狼不可爲鄰，蛇蝮不可與處，且當日起釁，實在五司。費國家數百萬金錢，虔劉數十萬百姓，貽害將士死傷百餘人，而彼安然襲職，享社如故，凡我被害邊民之子孫，其誰與之？竊按鎮遠、龍安、新貴改爲流官，其土官俱易以文銜，既不失朝廷興滅繼絶之意，又不釀昔日以强凌弱之禍，如此庶流土相安，邊圉允乂矣。"從之。

先是，水西安氏與楊氏世爲婚姻，聲勢相倚，衆疑安氏助逆，欲并剿之。子章撫之爲用，破賊有功，播州既設遵義、平越二府，所属儒溪、沙溪、水烟、天旺四里已爲安氏所占，化龍議歸遵義。會憂去，後總督王象乾復清出百餘里，皆播地爲水西所占者。象乾謂："嘉隆以前占者，姑與水西，近時占者，當歸遵義。"而水西争之不已。子章素厚安氏，與象乾不合，乞休不允，復上疏曰："方播逆初呈，臣上遵朝旨，中受樞畫，下同前督臣議，謂當携安楊之交以間之，用安氏之力以傾之。臣與疆臣盟，頒示賞格，許以爵土。已而大水田之捷，桃溪衛之焚，頗得其力，其後遂大合群策，破囤滅賊。疆臣即不敢希冀寸土，而今復令割地，是爲楊氏復仇也。"按察使楊寅秋亦附子章。争論五年，不決，二人皆寓書於化龍。時化龍已起服，總理河道，上疏曰："賞格所謂分土者，謂不藉朝廷之力，土

司能建義自取之也。今兵食之費，騷動海内，土司一旅之師，不啻腹背之毳毛，猶且多支軍餉，優議敘録。此亦何負於彼，乃復婪我土地。此一舉也，止爲土司營家事乎？”朝廷不聽，竟如子章之言。三十二年，追敘播功，進右都御史兼兵部右侍郎，巡撫如故。時用兵之後，瘡痍未起，庫藏虛竭，自興隆至普安上下三千餘里，都清、新鎮二道，貴陽、思州、銅仁三府缺官未補。於是仲苗阿倫、阿牙等盤踞貴龍、平新間，及水硍山苗爲紅苗羽翼，數出爲盜。明年，子章請於朝，命總兵官陳璘、布政使趙健分將土漢兵二萬，斬獲阿倫等十二人，降其衆萬三千。三十六年，朝議征紅苗，子章以爲不可，疏言：“紅苗蟠據楚蜀黔三省之界，即古三苗遺種也。……本朝嘉靖間大征，始庚子，終癸丑，歷十四年而後定，總督張岳竟卒於沅，此皆往事灼然可鑒者也。假令苗實破城殺吏，負不赦之罪，亦難以此爲解。今雖出没不時，然未嘗據城以叛也。重則堵剿，輕則追捕，嚴加防禦，不致蔓延，法如是止矣。必欲動大兵，臣未見其可也。黔小國也，今年征播，明年征皮林，瘡痍未歸，帑藏空虛，朝不謀夕，以朝不謀夕之時而欲鋤唐虞以來未殲之寇，不可謂智。朝廷西征東討，計費金錢千萬，而復施之銅苗，捐有限之財，興得已之役，不可謂忠。播州戕殺生命不下三萬，皮林不下萬餘，今紅苗賊衆十萬，少殺之當如皮林，多殺之當如播州，大兵之後必有凶年，傷天地之和氣以釀凶年，不可謂仁。今臣議罷征止銅仁，人謂臣不武耳。夫權禍莫若輕，權福莫若重，臣以一身蒙不武之名而猶得免不智不忠不仁之議，臣竊甘之。”疏上，乃止。子章撫黔十餘年，致政歸。

——《明史》卷三百三十三《列傳一百八十四·郭子章》，第7册，34~35頁

論曰：“……楊氏竊據播州，負嵎已久。化龍初緩行，以集其勢，繼疾進以挫其鋒，處女脱兔，其是之謂乎。然當時内變雖弭，外患方殷，西鄙騷然，東事日棘，而綢繆桑土之計且置若罔聞。天之方蹶，無然泄泄，可爲長太息者矣。”

——《明史》卷三百三十三《列傳一百八十四·郭子章》，第7册，第36頁

時方討楊應龍，贊總兵官陳璘軍，戰數有功。已，應龍死，其妻子出降於璘。大帥劉綎怒，欲奪之，桂芳爲解於監軍魏養蒙，兩軍遂安。復從巡撫江鐸大破皮林諸苗，遷廣東按察使，專視海道。論平播功，加左布政使。

——《明史》卷三百三十四《列傳一百八十五·胡桂芳》，第7册，第43頁

播酋楊應龍謀亂，奉詔討之，師失利，事方行勘。會繼光遣使以幣物遺先後巡茶御史王象蒙、徐彦登、道内黄，爲知縣徐成楚所發。成楚適行取入都，具以聞。三人并調外，繼光尋以拾遺落職。家居好行，其德爲族黨所懷。久之，卒。

——《明史》卷三百三十四《列傳一百八十五·王繼光》，第 7 册，第 46 頁

（萬曆）二十八年，起任工科，極陳四川采木、榷税及播州用兵之患。……已極陳國計匱乏，言："近歲寧夏用兵，爲費百八十餘萬。朝鮮之役，則七百八十餘萬。播州之役，則二百餘萬。"

——《明史》卷三百三十七《列傳一百八十八·王德完》，第 7 册，第 85 頁

播州宣慰楊應龍遣使入都偵事，捕置于法。故鴻臚主簿張以述携重資，營求復職，爲爾健所執。以述窘，亟以千金及白鹿進獻。帝即納之，爾健抗章，暴其罪，詔釋弗問。

——《明史》卷三百三十九《列傳一百九十·何爾健》，第 7 册，第 101 頁

……尋移按四川。初播州既平，分疆議起。

——《明史》卷三百三十九《列傳一百九十·李時華》，第 7 册，102～103 頁

先是楊應龍伏誅，貴州宣慰安疆臣邀據故所侵地。總督王象乾不許，士衡遂劾象乾起釁。後象乾弟象恒巡撫蘇松，以兄故頗銜士衡，及廉知其清介狀，稱説不置，人兩賢之。

——《明史》卷三百四十一《列傳一百九十二·金士衡》，第 7 册，第 116 頁

代李化龍總督四川、湖廣、貴州軍務兼巡撫四川。播州楊應龍初平，分其地爲遵義、平越二府，設流官。其遺黨吴洪詭稱楊氏，聚衆沙溪作亂，結水西宣慰使安疆臣爲援，象乾至，討平之。水西與播接境，自烏江北膏腴地六百餘里爲楊氏所侵，楊氏有難，復入水西。至是議清疆界，李化龍謂先屬播地宜歸之朝廷，象乾亦主之。貴州巡撫郭子章以先討應龍，時檄疆臣協討，許裂土酬功，今不當奪其故地，與象乾异議。象乾遣使責疆臣退地，子章不得已，亦遣使趣之。貴州巡按畢三才劾兩人

褻國體，南北言官遂交章詆象乾貪功啓釁，兵部尚書蕭大亨主言官議。象乾以中外多庇疆臣，乃盡發其罪，言："征播之役，疆臣僞報殲應龍子惟棟，他首功可知。至佯敗弃陣，送藥往來，欺君助逆，迹已昭然。令還我侵地，不究已往，已属至仁，若因其挾而與之，彼不以爲恩，而我益示弱，德威兩失矣！"因乞休致，并發疆臣遣使入京行賄狀。而兵部執如故，四川巡按李時華亦主子章，大亨即如其議，請敕兩地按臣勘奏。奏上，竟以地界疆臣，增官進秩，其母亦賜祭。自是安氏益强，竟爲後患。象乾亦丁父艱歸，尋總叙宣府安邊功，命進右都御史兼兵部右侍郎，服闋起用。

——《明史》卷三百四十八《列傳一百九十九·王象乾》，第 7 册，201~202 頁

崔景榮，字自强，長垣人。萬曆十一年進士，授平陽府推官。擢御史，劾東廠太監張鯨罪。巡按甘肅、湖廣、河南，最後按四川，積臺資。十八年，播州亂，景榮監大帥劉綎、吴廣輩軍。綎馳金帛至景榮家，爲其父壽，景榮上疏劾之。播州平，或請以播北界安氏，景榮不可。

——《明史》卷三百四十八《列傳一百九十九·崔景榮》，第 7 册，第 205 頁

方兵部主事趙世德坐考察被調，會廷議征楊應龍，兵部遂舉世德知兵，将録用，紹力駁而止。

——《明史》卷三百四十九《列傳二百·程紹》，第 7 册，第 209 頁

吴景，南陵人，弘治九年進士。正德中，歷官四川僉事，守江津。初，重慶人曹弼爲盗，亡命播州，復糾衆千人寇川南，謀與大盗藍廷瑞合。

——《明史》卷三百七十六《忠義傳·忠義一》，第 7 册，第 629 頁

……（王）寅，錢塘人，諳兵法，膂力絶人，舉武鄉試，以父征播功爲千户。

——《明史》卷三百七十八《忠義傳·忠義三》，第 7 册，第 661 頁

當是時，田州岑氏、龍州趙氏、播州楊氏、貴州安氏，其雜處兩廣、川、雲，諸大姓畏威懷德，以次服。屬有明三百年，撫有西南，闢國萬里，實自此始。

——《明史》卷四百九《土司傳·土司一》，第 8 册，第 473 頁

（朱燮元）乃復奏曰："西南皆荒服也。然楊氏反播、奢氏反藺、安氏反水西，

而雲南之定番止彈丸小州耳，爲長官司一十有七，乃二三百年未聞有反者，非他司好逆而定番忠順也，盖地大者，跋扈之資，而勢弱者，保世之策也。”時識者皆誦其言。

——《明史》卷四百九《土司傳·土司一》，第 8 册，第 491 頁

洪武五年，播州宣慰使楊鏗來朝，始置宣慰使，令仍舊職。而其既龍州土官薛文勝、天全、六番土官高英以次歸順，仍使文勝爲龍州知州，英爲天全、六番招討司正招討。是時，邛州六番招討使芍德本元世官，明玉珍據川，德從明氏，至是亦來朝，貢馬，乃稍降其職，爲黎州長官。其餘乍降乍叛。茂州土官楊者七已授知州，而以叛伏法。于是稍稍經理，定播州宣慰司賦税。改永寧長官、酉陽宣慰爲宣撫司。置平茶、邑梅、麻陽、石耶洞四長官司，而以土酋爲長官。置威州千户所、松潘等處安撫，以龍州知州薛文勝爲安撫使。又置阿昔洞等十三族長官及副長官。會筠連州、滕大寨蠻酋編張等叛，命將袁洪討平之。而巴縣蠻王立保自稱應天大將軍，燒佛圖關，犯通遠、南絶二門，播州江度蠻王安、茂州土酋董貼里、龍州土官趙宗壽先後爲亂，皆移兵剿除之。而立重慶衛，并復威州千户所及茂州衛指揮使司，互相鎮守。

——《明史》卷四百十《土司傳·土司二》，第 8 册，第 492 頁

于是，改播州安撫司爲播州宣慰司，領安撫司二，曰黄平、曰草塘。領長官司六，曰播州、曰餘慶、曰白泥、曰容山、曰真州。改設東川、烏撒、烏蒙、芒部四軍民府，而以黎州長官司爲安撫司。永寧長官司爲宣撫司，領長官司一，曰九姓，與平茶洞直隸長官司同隸布政使司。而别以酉陽、石砫二宣撫司，并邑梅洞長官司隸之重慶衛。

——《明史》卷四百十《土司傳·土司二》，第 8 册，第 492 頁

是時，諸土官皆遣貢，獨永寧宣撫使阿聶妻奢蘒親入貢，乃增設赤水宣撫司，隸永寧衛。又設重安長官司，令属之播州宣慰，而以張佛保爲長官。又設馬剌、邛部二長官司，隸行都司。設八郎安撫司，隸松潘衛，又改酉陽宣撫司之邑梅洞長官司隸重慶府。

——《明史》卷四百十《土司傳·土司二》，第 8 册，第 493 頁

時播州草塘安撫所爲穀撒等四十一寨蠻長作亂，攻牛場、乾溪等堡。敕撫之不從，遂剿平之。

——《明史》卷四百十《土司傳·土司二》，第 8 册，第 493 頁

播州，漢牂柯郡也。唐改郎州，既又改播州，楊氏世有其地。元世祖授楊邦憲爲宣慰使，賜其子漢英名賽因不花，封播國公。國初，楊鏗内附，使仍爲宣慰，改隸四川，領黄平、草塘二安撫，真、播、白泥、餘慶、重安、容山六長官司。統七姓，爲田、張、袁、盧、譚、羅、吴，而田、張最大，世爲目把。永樂初，楊昇奏所轄當科、篤雍等十一寨蠻人梗化不服，帝命昇討之。宣德中楊欽，正統中楊炯、楊綱，皆世修職事，獨綱子輝杰黠多豪舉。天順初，私閹土民黄保等爲火者，嘗嬖妾田氏，以其所生子居長，屢欲奪嫡。安撫宋韜、長官毛釧執不可，曰："楊氏家法，立嗣以嫡不以長，獨奈何紊之。"輝不得已，乃立嫡。因名庶曰友，名嫡曰愛，言相友愛也，然而嬖庶之心終不忘。倖客張淵説輝曰："主公欲貴孟主而唧唧與仲主爲仇，毋論勢有所未便。即使奪仲以與孟，不過剽吾所自有耳，且重貽口實以滋後議。何不别爲孟主地雙，貴而朋立，是使孟創業而仲傳世也。"輝曰："爲之奈何?"淵曰："夭霸諸苗，主公部境也。山箐險遠，憨而易虐。誣之曰賊而請兵討之，然後歸功孟主，而請立安撫以治其地，誰曰不然。"輝大喜，乃立召容山長官韓瑄、重安長官張通，告以生苗反叛之狀，而瑄争之，謂苗實不反。輝怒，杖殺瑄，通惶恐叩頭曰："誠反也。"請從輝署名上變。帝命都御史張瓚同輝進剿，殺諸苗千人。輝乃賂瓚，疏友功，且曰："友謀勇冠軍，手刃七馘。"時友甫十三歲。乃請設安撫于安寧，授友安撫使，而以張淵爲長官。然友實未嘗之官也。既而爛土諸苗賫果等忿夭霸以無辜受戮，時時攻安寧。瓚又疏請于凱里寨築城衛之，費粮数十萬。成化十九年，輝死，愛、修怨于淵，淵屢謀殺愛不克。二十二年，丹章諸苗寇安寧，四川参政謝士元、副使翟廷蕙、都指揮楊綱以兵往。過播州，詣愛家，置酒高會。翼日視學，適州民賽社，士元等坐學宫臨觀，爰復酒携至。訓導楊禮艴然曰："視學而觀社，提兵而樂酒，略等威而款下屬，竊爲明公耻之。"士元等大慚而起。時淵伺愛隙，謂愛實通苗，越境爲亂，故款官軍逗遛。修私怨爲文，報貴州守臣，而致書舉人路義，使之通賂。值安撫宋韜獲其書以示愛，愛乃易其書，遣使投義。義信之，遂詣貴撫，陳楊愛及状。貴撫不聽，且曰："播非我轄也。"義爲書復友，而爰執之。愛遂據義書報川撫，將聲罪發難，友大懼。淵嗾友上變言："愛結苗夷反叛，造火器、旗纛、金爪、鉞斧，調總旗等號親軍。閹割土民，立金龍門于宅前，而開尚甕等鐵冶，令僞閹官煉熟鐵爲軍刀。置織造院，收民人趙其一百餘户充織匠，造龍鳳蟒袍。立商税局于白田壩。起調軍馬三千餘衆，假水西送喪，演習武藝；設教坊司，以僞閹官掌其事，擄良家麗兆期女勝真、福真等一百餘名充女樂，教習襍劇。每遇節旦，爰衣龍衣，自稱國主、天主，而稱其妻地主。且置後宫，奪趙高僧幼女玉真爲宫妃。用巫師魘魅庶母貫氏，禁父妾馬真、蔣真等宫中，奸使有身。嘗强淫宫婢宋真，不從，裸之，縛于杌，牽群狗導之淫，凌辱狼籍，而後殺之。科派各里人民，分上、中、下三户，得金銀若干萬兩，養老莊田子粒若干萬石，珊瑚樹若干株，珍珠簾若干幅，玉圭若干笏，馬若干匹，牛若干頭。嘗夢騎龍登天門上，帝謂之曰：‘此南方帝子也。’既醒，龍成五色，因作詩，有‘霹靂一聲震天下，南方須起赤鱗龍’之句。”廷議大駭，立命刑部侍郎何喬新、錦衣衛指揮劉綱會川撫及巡按鞫之，俱不實。淵坐妖言律，路義削籍，友論死，贖免，發保寧城中羈管。未幾，友黨纂友歸，與愛仇殺不已，且糾衆攻播州，焚愛居第及公私廨宇略盡。廷臣方請討，會大征鄢、藍，兵不暇及。未幾，友卒。廷議謂逋友雖死，子弘尚存，當仍調兵食，以彰國法。而川撫勘奏，謂弘父友搆亂，法固難宥，但友搆亂時弘尚幼稺，似當開自新之路，與以更始，况友所焚殺已經照土例折償及還所侵奪于官，宜授弘冠帶土舍。而其既愛死，子斌豪甚。舊制土官有功，祗賜予衣帶及旌賞部下人員，無升職加銜者。斌以平普安蠻功于正德初加四川按察使銜，賜蟒衣、玉帶。弘忌之，仍起仇殺。及弘卒，重安土舍馮綸等又以怨弘誘諸苗攻安寧，貴撫鄒文盛反命斌討平之，而請復安寧安撫，令弘子弟得襲舊職，廷議不許。嘉靖六年，弘弟張復以爲請。時張盗邊，劫得白泥司印信，復與斌子相重相仇殺，較前更烈。守臣乞改凱里屬貴州，以張爲土知州以解釋之，事久不决。初，廷議楊、張習父兄之惡，幸免于辜，輒敢肆然執印以要君，且其所争田莊及椎埋殺人等罪尚未得决，正宜收置于理。今其悔過還印，償所奪寨苗諸地，而驟議復職，未便其後用。兵部尚書胡世寧議謂張黨已成，若不因而撫之，恐流禍無已。乃復張凱里安撫，屬治貴州，而相則襲播宣慰如故，然其仇殺仍自若也。諺云：“骨肉釁醢，参商播凱。”

——《明史》卷四百十《土司傳·土司二》，第8册，497~499頁

先是，楊斌子相襲播宣慰職，以祖父嫡庶仇殺沿禍数世，至今不已。相不之鑒，仍寵庶子煦，欲奪嫡烈。而其妻張氏甚悍，與子烈盗兵逐相，相走水西死。烈乃乞水西還父尸。播故有水烟、天旺，地與水西近，水西宣慰安萬銓屢挾奏不可得，至是要之，必歸地而後予尸。烈陽許之，及得尸，悔約，仇殺相攻剽垂十年，總督侍郎馮岳討平之。岳乃奏：“三省接壤民苗之衝，若四川餘慶之走馬坪，播州之三渡關，貴州石阡之龍泉司，各立哨堡于重慶、偏橋等衛，委指揮三人督兵防守，仍移銅仁參將于石阡，移思石守備于龍泉，控扼播州，令犬牙相制，而後設重慶府通判一人，使之駐龍泉以收糧税，則控馭較便。”報可。

——《明史》卷四百十《土司傳·土司二》，第8册，第499頁

于是上書請輸餉并調土官楊應龍、冉維屏、楊光祖統播州、酉陽、平茶、天全諸兵及叙馬、玀猓兵合二萬餘。

——《明史》卷四百十《土司傳·土司二》，第8册，第506頁

萬曆三年，俺答親渡河迎佛，入寇牟泥寨。包子寺與松城相去止二十里，而元壩、潘咂、商巴、石嘴四寨并闌出物與俺答交易，且以二百騎寇爾爾壩，聲言欲遍寇保定、撒喇、洮岷、松茂諸邊。是時，副使來經濟、兵備李丁并請于都御史李尚思，徵天全、六番、播州土兵，得六千人，以萬鏊、郭成、邊之垣軍漳臘、松林、西寧諸處以禦之。部使李化龍上書曰："松潘者，全川之門庭也。臣案輿地，由松潘而北，則爲漳臘。漳臘之頂，北可望洮岷，西可望莽捏。以松潘而視西部，僅有此山爲之間耳，其中嶮巇高峻盡屬土番。土番外結則爲患不小，是不可不早爲之備。"

——《明史》卷四百十《土司傳·土司二》，第 8 册，第 507 頁

會楊應龍反，覃與應龍爲姻家，而斗斛亦復結應龍，陰相繫援，兩家各觀望無暇鬥，辨獄遂解。先是，覃行宣撫時頗有智計，然性故淫，先曾見應龍有儀幹，悦之，與之通。覃故有兩子，長千乘失愛，愛次千駟，每欲使千駟襲職，謂應龍可恃，因聘應龍次女爲千駟妻，因緣爲奸。至是千駟入播同應龍反，長千乘襲馬氏職，乃應調與酉陽宣撫冉御龍同征應龍。應龍敗，千駟伏誅，而千乘襲職如故。

——《明史》卷四百十《土司傳·土司二》，第 8 册，第 509 頁

播州楊氏自楊鏗内附以來，世襲宣慰使。嘉靖中，楊烈逐父相水西客死，而自爲宣慰。生子應龍，少雄猜，尤阻兵嗜殺。隆慶六年襲職，以從征喇麻及九絲、膩乃、楊柳溝有功，歷賜金幣。

萬曆十三年，進大木六十本助工，賜鎮國將軍，結飛魚。第應龍甚黠，窺我川兵弱，每征討秖調土司，而川將且從借給，漸驕蹇，輕漢法。所居僭飾龍鳳，用繡女、閹人。嬖小妻田雌鳳，疑嫡妻張奸淫，出之，已而飲田氏兄所，乘醉封刀取張并其母首，屠其家。居平酷殺樹威，以睚眦殺人。初惑七姓，虐所屬黄平五司，久而覺七姓欺己，遂結關外生苗戕七姓。于是妻叔張時照與所部何恩、宋世臣等飛書告應龍反。貴撫葉夢熊請發兵討，而議者難之。總督李化龍即給言："應龍實無反，令就吏。"于是逮應龍詣重慶對簿，繫論法當斬，而以二萬金請贖。御史張鶴鳴方駁問，會關白發難久，大將軍以羽檄徵天下兵，應龍願待罪得東征，許之。既而關白已就戮，尋報罷。川撫王繼光初任，復遣逮應龍勘結，則抗不復出。時廷議剿撫多异同，而繼光一意主剿，與總兵劉承嗣議分三軍：以一軍軍川南，由黄平、涓潭入；一軍軍川北，由永寧、緝麻入；一軍軍川東，由安穩、松坎入。三道并進。應龍佯令其黨穆照等約降，而統苗兵據婁山關，衝都司王之翰軍，軍盡覆，餘殺傷相當。會繼光論罷，即撤兵。時川兵既挫，而貴兵協剿者亦無功。御史薛繼茂乃旋主撫，應龍因上書自訴，其訴詞頗哀。帝仍命郭成等戴罪

立效，而以兵部侍郎邢玠爲總督。會應龍遣行間者懷金入京，爲原奏何恩所執，解綦江縣。而其姻黨馬千解通播，則黄平、白泥諸司路扼之。玠乃馳檄諭應龍，稱引哱劉事，待以不死。時水西宣慰安疆臣請父國亨恤典，兵部尚書石星手札示疆臣，趨應龍就吏得貰罪，而疆臣母鳳氏亦以勸應龍。應龍乃上書軍門，請就吏，玠乃遣重慶知府王士琦趨應龍安穩聽勘。應龍復不至，使弟兆龍赴安穩，治郵傳儲粮，郊迎叩頭，致餔資餼牽如禮，曰："應龍久縳渠魁，待罪松坎，所不敢至安穩者，以安穩故多奏民也。應龍誠甘心死法，第恐無故爲奏民遮殺，則不甘耳。使君幸枉車騎臨睨松坎，使應龍得吐肝膽，然後随車騎至安穩以伏斧鑕。"士琦許之，遂單騎往松坎。應龍果面縳道左哭泣，請死罪。士琦乃與之還安穩，應龍預擇大木十圍以上者爲安穩治公館，仍面縳叩頭跪起。縳獻黄元、阿羔、阿苗等十二人，案驗抵應龍斬，依夷法論贖輸銀四萬兩助采木工，仍革職，以子朝棟受土舍事，而羈次子可棟于重慶追贖，梟斬黄元等。

總督以聞，且議設撫夷同知治松坎，而以士琦爲兵備鎮壓之。故事，黄平設通判，治獄訟、賦税，而黄平五司襲替、貢馬諸表箋必用宣慰印，故宣慰得以制五司。今議改黄平、草塘、白泥、餘慶、重安五司屬黄平通判，詔可。乃應龍既釋，益鞅鞅，既而次子死重慶，則益痛且憤，嘗促取尸棺，以勘報未結不肯發，趨其完贖。大言曰："吾子活，銀即至矣。"擁兵驅千餘僧招魂而去。

先是，石砫土婦覃氏行宣慰事，與應龍通，而以次子馬千駟聘應龍次女，其長女則洪邊宣慰宋承恩所聘也。承恩以應龍反告官，請絶婚，而馬千駟方入播，請踐舊約。于是，應龍總兵擊承恩，多所殺略，遂分遣夷目據關守險，遍戕五司七姓。置江内七牌、江外四牌爲巡司，搜戮奏民，取諸苗健者謂之硬手，劫殷户以養之。乃劈餘慶土吏毛乘雲棺，磔其尸。掠石阡、大壩，焚略餘慶、草塘及興隆、都匀諸衛，抄重安長官張熹家。既而劫江津縣，臨合江，索其仇袁子升，縋城下臠割之。既而侵貴州、湖廣諸屯，詗原奏仇民，宋世臣父鑾及羅承恩等挈家匿偏橋衛城，襲執指揮陳天寵等，大索城中，得鑾、承恩及子女，盡車裂以徇。已又令苗兵與婦人交，或對父奸女，或面夫淫妻，或裸體坐木叢，射笑樂，或燒蛇從陰入腹，人蛇俱斃，或掘墳墓焚尸，飛灰蔽天。川撫譚希恩請于合江、綦江二縣各置游擊一員以扼之，而貴撫江東之令都司楊國柱等以三千兵進剿。賊佯敗，誘入殲之，國柱不屈，死。于是罷東之，以郭子章代，而起前都御史李化龍兼兵部侍郎節制川、湖、貴三省兵事，議大征。

方檄調間，應龍遽引苗兵六萬人繞綦江，以火炮攻城。城破，殺游擊張良賢等。時賊謀士孫時泰勸應龍入重慶，應龍曰："不清近穴而處遠地，誰謂汝知兵者?"乃于東壩立播界，號宣慰官莊。取資財子女實之，而殺老弱者，投尸蔽江。既復聲言江津、合江皆播故土，將分兵清理。總督乃得日夜設兵備，搜奸細殺之，分戍南川、合江、瀘州，議撫局以緩其勢。未幾，劉將軍綎至，總督乃移軍重慶。賊結九股惡苗及紅黑脚苗，大治扼塞，官軍相持不敢前。貴將童元鎮坐逗遛革職，綎亦赴師逾期，戴罪殺賊。有疑綎與應龍昵者，總督延綎入卧内，輸心腹，且以危言激綎，引其父顯九絲功爲比。綎大慟，願誓死報效，乃委綎專制，救黄平諸司。

時石砫宣撫馬千乘軍鄧坎，連破金竹、青岡七寨，酉陽宣撫冉御龍攻官壩，斬關而入。賊方攻婺州，聞敗返顧。綎與總督分部諸道兵，八路并進，而已統勁旅從綦江入，連戰，破三峒，逾楠木山、羊簡臺諸峻嶮，奪其隘。應龍子朝棟以苗兵數萬迎敵，我師夾擊，綎身親陷陣，苗大驚曰："劉大刀至矣。"朝棟潰圍走。初，綦江諸苗自分屠城慘戮，罪不赦，又應龍憚綎威名，冀首挫其鋒，故属朝棟悉勁兵，間道相角，曰："爾破綦江，馳南川，盡焚積聚，餘無能爲也。"及朝棟僅以身免，賊膽落。諸軍分道并捷，遂奪天都、三百落囤。賊乘隙出兵突犯烏江，詐稱水西瀧澄會哨，誘永順兵，斷橋，淹死我師無算，參將楊顯、守備陳雲龍等俱死之。時有語水西通賊者，瀧澄大恨，會賊託田氏修好賄澄，澄斬其使，且與安疆臣約發奮殺賊。綎乃戰九盤，入婁山關。時賊以婁山關爲前門，諸軍争從前門入，總督急下令，揮使向後，防賊衝突。已而，賊果抄後山奪關，都司王芬中矢死，綎勒騎陷堅，大戰水牛塘，擊破之。

先是，督臣與諸軍約：關外宜撫，謂多不可勝誅也；關内宜戰，謂師不可久老也。是時，安、羅、淘洪三寨生口以鉅萬數，皆面縛請降，幸許可。而長坎、瑪瑙、長蛇諸囤已前後擊破，殺虜數千人。于是酋父子計無復之，乃相率登海龍囤。海龍囤者，賊所倚天險，當時所稱飛鳥不能逾者也。時沅撫江鐸、裨將陳璘、周敦吉、周以德等皆急攻囤，賊詭令婦人于囤上拜表痛哭，云："田氏且降"。復詐爲應龍仰藥死，報裨將吴廣。廣輕信，約緩攻，已覺其詐，乃會八路兵共集囤下。總督聞父喪，徒跣墨縗，益治軍。應龍散金募死士，無一應者，乃四顧倉皇，偕諸妾闔室自縊。已而火起，吴廣獲其子朝棟及妾田雌鳳，而曳應龍尸出焰中。計出師至滅賊，百十有四日，斬級二萬餘，詔斬朝棟等，剉應龍尸。而以綎爲軍功冠，自總督李化龍以下各進級，賞賚有差。

其後議分播爲二府，属川者曰遵義，属貴者曰平越。遵義領州一，曰真州。縣四，曰遵義，曰綏陽，而改夜郎曰桐梓，改懷陽曰仁懷。平越領州一，曰黄平。領縣三，曰湄潭，曰餘慶，而合甕水、重安曰瓮安。又改龍泉縣属石阡，專設播州兵備道駐遵義，置威遠衛，建學增驛。

——《明史》卷四百十《土司傳·土司二》，第 8 册，509~511 頁

時播州楊應龍未反，有雄名。世續亦遣使胡卿就應龍乞兵，戰于麻線堡及張旗、

落澗、落郎諸屯，各相當。……二十三年，楊應龍反，崇周復應徵。已提兵行，沙卜乃乘隙伏甲道左，將以殺崇周。崇周覺，力戰，斬首鹵二十八級，追沙卜至河，殺沙卜。

——《明史》卷四百十《土司傳·土司二》，第8册，512~513頁

明督撫年表*

（萬曆）二十七年，支可大。

《湖南志》："昆山進士。"《明史·李化龍傳》："二十七年三月，討播州楊應龍。明年二月，湖廣巡撫支可大移鎮沅州，又擢江鐸巡撫偏沅。"

——《明督撫年表》，載《宋遼金元明六史補編》，第6册，第1008頁

（萬曆）二十一年，王繼光。

《實録》："二十年十二月丙申，太常卿王繼光右僉都御史巡撫四川。"《四川志》："黄州進士，代穆。"《明史·四川土司傳》："巡撫王繼光至巖提勘結，楊應龍抗不出。二十一年，王繼光論罷，巡撫譚希思與貴州鎮撫再議剿。廿二年，邢玠總督貴州。"

（萬曆）二十七年……李化龍。

《四川志》："長垣進士，代希思。"《明史·本傳》："二十七年三月，化龍起故官，總督湖、廣、川軍務兼巡撫四川，討播州楊應龍。明年六月，應龍縊，化龍乞歸終制。"《實録》："在是月己亥。"

（萬曆）二十八年，李化龍。

《明文海·趙南星〈少傳李公碑〉》："播酋楊應龍跋扈，上就拜公總督川、廣、

---

* （清）吴廷燮：《明督撫年表》，載《二十五史補編》編委會編：《宋遼金元六史補編》，北京圖書館出版社，2005年。

湖、貴，賜尚方寶劍，破三硐，降其部落。湖西公之訃至，詔墨縗從事。酋投繯死，播地悉平。條上復郡縣等十二事，皆報可。公求奔喪，八上而後得歸，以平播功及秩滿加柱國、少傅兼太子太傅，卒後贈少師。”

……

（萬曆）四十二年，吴用先。

《四川志》：“休寧進士，代璧星。”《安徽志》：“用先，字體中，萬曆壬辰進士，歷浙江左布政使，晉撫。時播酋亂，大將劉綎以議餉未進，用先躬帥師，先之數月蕩平。尋謝病家居八年，起爲少司空，改貳樞，建防禦。璫禍起，致政歸。”

——《明督撫年表》，載《宋遼金元明六史補編》，第 6 册，1026～1027 頁

編年體、紀事本末體文獻

資治通鑑*

（憲宗元和六年十二月）閏月辛卯朔，黔州奏："辰、溆賊帥張伯靖寇播州、費州。"

——《資治通鑑》卷第二百三十八《唐紀五十四》，第16册，第7809頁

（憲宗元和十年）永州司馬柳宗元爲柳州刺史，朗州司馬劉禹錫爲播州刺史。宗元曰："播非人所居，而夢得親在堂，萬無母子俱往理。"欲請於朝，願以柳易播。

——《資治通鑑》卷第二百三十九《唐紀五十五》，第16册，第7831頁

（宣宗大中十三年）十二月甲申，以翰林學士承旨、兵部侍郎杜審權同平章事。審權，元穎之弟子也。……初，韋皋在西川，開青溪道以通群蠻，使由蜀入貢，又選群蠻子弟聚之成都，教以書數，欲以慰悦羈縻之，業成則去，復以他子弟繼之，如是五十年，群蠻子弟學於成都者，殆以千數，軍府頗厭於稟給。又，蠻使入貢，利於賜與，所從傔人浸多。杜悰爲西川節度使，奏請節減其數，詔從之。南詔豐祐怒，其賀冬使者留表付嶲州而還，又索習學子弟，移牒不遜，自是入貢不時，頗擾邊境。會宣宗崩，遣中使告哀，時南詔豐祐適卒，子酋龍立，怒曰："我國亦有喪，朝廷不吊祭。"又詔書乃賜故王，遂置使者於外館，禮遇甚薄。使者還，具以狀聞，

---

* （宋）司馬光：《資治通鑑》，中華書局，2012年。

上以酋龍不遣使來告喪，又名近玄宗諱，遂不行册禮。酋龍乃自稱皇帝，國號大禮，改元建極，遣兵陷播州。

——《資治通鑑》卷第二百四十九《唐紀六十五》，第17册，第8200頁

（懿宗咸通元年十月）安南都護李鄠復取播州。

——《資治通鑑》卷第二百五十《唐紀六十六》，第17册，第8214頁

續資治通鑑長編*

熙寧六年五月癸卯朔，御文德殿。夔州轉運判官曾阜言，播州楊貴遷在夷人中最强盛，以老，遣子光震、光榮獻鞍馬、牛黄、麝香，詔補光震三班奉職，光榮借職。

——《續資治通鑑長編》卷二百四十五《神宗》，第18册，第5949頁

（元豐四年三月戊申）夔州路走馬承受王正臣言："南平軍管下播州夷界巡檢、奉職楊光震於遮勒谷小茆田路口遇乞弟部酋領宋阿訛，鬥敵，斬獲阿訛等三人首級，本軍已送瀘州經制蠻事司。"上批："蠻賊阿訛累曾出漢，并邊之人必能辨識。今光震既殲其親黨，又傳首來獻，忠勇之誠，理宜不妄。方今師屯在邊，購捕元惡，患未有應募而往者，光震能秉心向順，率先效力如此，非大過所望以賞之，必不能鼓動其衆，圖成奇功。宜專遣使厚賜金帛、爵命。"遂詔林廣審問南平軍元辨識斬獲首級，實狀以聞。其後南平軍言光震斬獲阿訛等首級非僞，乃命賞之。

——《續資治通鑑長編》卷三百十一《神宗》，第22册，第7554頁

（元豐四年三月甲寅）夔州路轉運司言："阿訛最爲乞弟心腹之人，若果爲楊光震所殺，深慮乞弟必領兵仇殺光震，乞特詔林廣、彭孫選募勁兵勇將赴南平軍，同

---

* （宋）李燾撰，上海師範學院古籍整理研究室點校：《續資治通鑑長編》，中華書局，1985年。

光震協力討捕乞弟。”上批：“所言實爲機便，時不可失，宜速下林廣，專牒彭孫，悉師以往。”仍詔彭孫俟至南平軍，開諭光震以遣官軍共力翦除乞弟之意，勿令驚疑。後又降敕，諭光震率本部强兵隨彭孫討乞弟，如能于未舉兵前自設方略，梟斬乞弟，破蕩巢穴，亦當重賞。《席汝明墓志》，吕大防作，乃云“彭孫不悦林廣，故有此命”。當考。

——《續資治通鑑長編》卷三百十一《神宗》，第 22 册，第 7555 頁

（元豐四年五月戊戌）提舉捉殺瀘州蠻賊，彭孫言：“楊光震斬獲宋阿訛等首級恐是詐妄。”詔：“朝廷欲多方賞募翦除乞弟，其楊光震斬獲宋阿訛等首級假令不實，朝廷猶當推誠不疑，重賞激厲。況已經南平軍追集人辨認保明，朝廷已推恩賜命，彭孫毋得更形意外之疑，致光震等反側，不能協力集事。”

——《續資治通鑑長編》卷三百十二《神宗》，第 22 册，第 7575 頁

（元豐四年六月丙辰朔）夔州路轉運司言：“南平軍播州夷界巡檢楊光震乞補羅篼等充把截將，及給玉帛撫諭羅氏鬼主，不令應接乞弟，及招納里歌順、蠻州等族。”上批：“宜并依所乞。可下都大經制瀘州蠻賊公事、梓夔路鈐轄司指揮，及令彭孫應接。”

——《續資治通鑑長編》卷三百十三《神宗》，第 22 册，第 7582 頁

（元豐四年八月丙辰）知南平軍、莊宅副使魏從革言：“領兵至栗子園，得楊光震、羅氏鬼主等狀，已擊銅鼓會部族首領，指天地爲誓，不得助乞弟，惟助大朝。”詔彭孫相度應撫。翌日丁巳，夔州路轉運司言，從革開路還至生界，爲僚賊射殺。詔差梓夔路鈐轄高遵治副貳彭孫，同提舉捉殺瀘州蠻賊，詰問射殺魏從革是何蠻賊及死傷人數以聞。始，彭孫迫從革以六月四日大暑深入開路，爲僚賊伏弩所中，彭孫自恐失律，乃言轉運司糧運不繼，從革回軍督運，故没於賊云。此月二十七日，又十二月十二日，又明年七月十六日可考。

——《續資治通鑑長編》卷三百十五《神宗》，第 22 册，第 7616 頁

（元豐四年八月乙丑）彭孫言：“乞從瀘州合江縣納溪九支池便路討乞弟，候破蕩畢，驅率楊光震部族討捕生僚，以報魏從革之冤。”從之。後一日，罷之。事在乙亥二十一日。

——《續資治通鑑長編》卷三百十五《神宗》，第 22 册，第 7625 頁

（元豐五年秋七月乙未）先是，瀘南用兵，林廣爲統帥，朝廷遣彭孫繼之，而

禀命於廣。孫惡其隸廣也，乃詭曰："乞弟巢穴在瀘南之西南，若由南平趨播州以往，則出其不意，宜有功。"朝廷從之。知南平軍魏從革受孫命率兵治道，木琴等駭其至，起兵殺漢軍，射從革以死，一路驚擾。議者皆謂夷殺漢將，當發兵討捕。汝明獨請於朝曰："木琴非與乞弟同惡者，不意漢兵猝至而致此釁。若官軍出討，則是又生一乞弟矣。臣以爲宜募他族使圖之，則無大費而罪人得。"朝廷以爲然，顓委汝明，召其渠菊囊等入卧内，解帶推食，以示恩信。不數月，菊囊斬木琴首以獻，上嘉之，進官一等。此據《吕大防墓志》，當考，或附汝明進官時。

——《續資治通鑑長編》卷三百二十八《神宗》，第22册，第7899頁

(元豐五年秋七月) 癸卯，詔："乞弟逃竄，其地已賜羅氏鬼主僕射，令知歸來州，及令楊光震兄弟并沙取落務嫂等蠻會合掩襲，所獲夷户，令自爲主。如獲乞弟，即依朝旨推賞。令瀘南安撫司常舉行。"

——《續資治通鑑長編》卷三百二十八《神宗》，第22册，第7906頁

(元豐六年閏六月戊寅) 詔右班殿直、南平軍夷界巡檢菊囊二遷内殿崇班、夷界都巡檢使，賜金百兩、雜綵五百；義軍指揮使菊囊大爲右班殿直、夷界同巡檢；王用祥爲三班借職、歸正寨監押；借職馮正符爲右班殿直。夔州路轉運判官席汝明上討除射殺魏從革僚賊功也。上批："汝明督趣經營，斬獲僚賊首級有功，可亦遷一官。"元豐四年八月二日、二十七日，十二月二十二日，五年七月十六日，《御集》有席汝明二事，今皆附見，當考。夔州路轉運判官席汝明奏："南平軍夷界巡檢菊囊二，義軍指揮使菊囊大狀：蠻賊乞弟作過，木琴大、木琴三并木鷄放箭射殺魏莊宅，情願捕捉送官，能自用命，擒戮僚賊木八、木四、木鷄、木琴三并男及手下僚子都共八人赴官，及蕩除木琴三一族净盡，功不在楊光震兄弟殺宋阿訛之下。"御批："可勘會昨斬獲宋阿訛朝廷賞賜楊光震名目物件，并光震見請俸給，畫一進呈。"元豐六年六月九日進呈訖。

——《續資治通鑑長編》卷三百三十六《神宗》，第23册，8092~8093頁

(元祐三年閏十二月戊申) 荊湖北路鈐轄司言："夔州路蕃夷都巡檢菊囊遷申播州禮賓副使楊光震點集。今囊遷與光震有隙，羅杜肆等是别部獠賊，慮邊吏不與判决，别乘用兵之際，使之自疑，邊患未測。"詔："瀘南緣邊安撫司、夔州路提刑司體究獠賊作過何人部族，如係光震部下，即移問緣由，以理曉諭，有所屈抑，許爲受理，且勿侵省地。若是别族，與光震隣接，亦諭使防遏，及索擄去人口，俾通知朝廷恩意。仍覺察光震、囊遷，毋令挾私生事。"新無。

……

（己酉）又詔瀘南沿邊安撫司審度獠賊首領，如誡諭楊光震等，密引收捕赴官。

——《續資治通鑑長編》卷四百十九《哲宗》，第 29 册，10147～10148 頁

（元祐六年十二月）庚午，詔禮賓副使楊光震爲崇儀副使，右班殿直楊光榮爲左班殿直，三班借職韋光澤爲三班奉職；以次首領楊貴昇等，并從瀘南安撫司奏請補授借職至巡遏將。瀘南沿邊安撫使張克朋爲嘉州團練使，以生擒獠賊功也。

——《續資治通鑑長編》卷四百六十八《哲宗》，第 31 册，11183～11184 頁

（紹聖四年五月辛巳）瀘南缘邊安撫司言：“蕃官播州夷界都巡檢楊光榮乞獻納播州疆土，準朝旨，南平軍不得擅便招誘光榮叔侄獻納地土，若逐人因事出官，即婉順和解，仍從長處置。尋下南平軍施行，經今二年，不見二酋出官，又報文廣身死，其弟文翰與光榮不相和解。文廣是光榮何親？當明著之。舊本如此，必有脱字。光榮勢微弱，欲倚漢界爲苟安之計，所以南平軍令誘獻納疆土。本軍不候朝廷指揮，便行接納，雖已敦遣光榮等歸本族，萬一爲文翰攻侵，無所借助。或却憑付羅氏鬼主窺圖文翰，深恐夷界别致生事。其楊光榮已令權播州都巡檢，掩其過惡，但言不切鈐束部族，致害文廣，特與放罪，正行補授。所有文翰遭罹變故，雖然難以盡行承襲，亦乞特與殿直，并充巡檢。今來楊光震元係播州夷界都巡檢，光榮係同巡檢，光震被害後，本司前官已令光榮權都巡檢，難以却行貶損。况文翰合承襲，亦難處光榮之下。所以據逐酋元管村族著望，乞以播州東南地分作兩面，并權充都巡檢。其楊光榮、楊文翰，仍望以巡檢、祭酒名目降告施行。夷界巡檢，自從宣命指揮。”從之。仍各與帶銀青光禄大夫、檢校國子祭酒兼監察御史、武騎尉。

——《續資治通鑑長編》卷四百八十八《哲宗》，第 32 册，11592～11593 頁

續編兩朝綱目備要*

（嘉定五年九月）庚戌，遵義寨夷楊焕來獻馬。

——《續編兩朝綱目備要》卷十三《寧宗皇帝》，第 239 頁

* （宋）佚名：《續編兩朝綱目備要》，中華書局，1995 年。

續宋中興編年資治通鑑*

（嘉定五年九月）庚戌，遵義寨夷楊焕来獻马。

——《續宋中興編年資治通鑑》卷十四《宋寧宗三》，第338頁

* （宋）劉時舉撰，王瑞來點校：《續宋中興編年資治通鑑》，中華書局，2014年。

宋季三朝政要*

（寶祐三年）雲南有北兵，思、播當嚴爲備。

——《宋季三朝政要》卷二《理宗》，載《四部叢刊四編·史部》，第 33 册，第 50 頁

（寶祐五年）吴淵乞萬兵備瀘、溆、思、播。

——《宋季三朝政要》卷二《理宗》，載《四部叢刊四編·史部》，第 33 册，第 53 頁

（寶祐六年）韃靼兵犯安南，田應寅乞屯瀘、溆，援思、播，乃修築思、播關隘，調兵防播州支徑，差官相度，置黄平屯，趣徐敏子防邕宜。

——《宋季三朝政要》卷二《理宗》，載《四部叢刊四編·史部》，第 33 册，第 54 頁

* （元）佚名：《宋季三朝政要》，載李致忠主編：《四部叢刊四編》，中國書店，2016 年。

宋史全文*

（嘉定五年九月）庚戌，遵義寨夷楊煥來獻馬。

——《宋史全文》卷三十《宋寧宗三》，第 2560 頁

（寶祐二年七月）己酉，詔以思、播兩州連年捍禦，其守臣田應寅、楊文各進一秩。

——《宋史全文》卷三十五《宋理宗五》，第 2836 頁

（寶祐四年五月）甲辰，上諭輔臣曰："此去秋防不遠，宜事事爲之備。"槐奏："蒲擇之申羅氏鬼國報，思、播州謂北兵留大理者招養蠻人爲嚮道，此不得不憂。"上曰："宜令擇人多方扶持之。彼不得支，則駸駸及我矣。"乙巳，上諭輔臣："邊備合加申嚴。"槐奏："蒲擇之謂見措置瀘、敘之上鹽井，設險以待之，仍以鬼國为慮。此事不可吝費，使之大作規模，或趲調以助其力。"元鳳奏："若令播州兵以助羅鬼，制司以兵助播州，亦似可行。"上曰："更令制司从长區處。"

——《宋史全文》卷三十五《宋理宗五》，2849~2850 頁

（寶祐四年七月）戊申，上諭輔臣："吴淵乞萬兵以備瀘、敘、思、播，何以應之？"元鳳奏："欲令淵且選兵五千至夔门，瀘、敘有急則援瀘、敘，思、播有急則

* （元）佚名撰；汪聖鐸點校：《宋史全文》，中華書局，2016 年。

援思、播，東可以捍金、洋，南可以庇歸、峽，却從沿江調兵五千，以補京湖之數。”上曰：“如此區處極是。”

——《宋史全文》卷三十五《宋理宗五》，第 2851 頁

（寶祐四年八月）丙子，上諭輔臣：“三邊備禦稍密，惟斡腹一事，尚當加意。”元鳳奏：“近田應寅申乞重瀘、溆以爲思、播之援，已行下制司區處处。”

——《宋史全文》卷三十五《宋理宗五》，第 2852 頁

（十一月）乙未，上諭輔臣：“蜀報敵犯岩州，恐逼黎、雅。”元鳳奏：“蒲擇之謂取道入大理，已遣嚴逢將兵緊守關隘矣。”

——《宋史全文》卷三十五《宋理宗五》，第 2853 頁

（寶祐五年九月）戊辰，上曰：“蒲擇之奏，韃侵羅氏鬼國，不可不爲之備。”元鳳奏：“擇之報，已多調兵往潼川，如韃侵羅鬼，则邀其後。又札播州嚴備，令更下康湖诸處，嚴作措置。”上曰：“可。”甲戌，上曰：“播州乞兵，想事勢頗急。”元鳳奏：“此亦機會，不可不亟與調遣。”上曰：“當令夾擊。”元鳳奏：“昨已令朱禩孫襲其後，吕文德遏其前，此即聖訓所謂夾擊也。”上然之。

——《宋史全文》卷三十五《宋理宗五》，第 2862 頁

（十月）甲辰，上曰：“趙葵奏，沅州有糧可以運發。”元鳳奏：“蒲擇之亦謂播州有糧。吕文德正慮糧乏，今既有此，可以進師。”戊申，上曰：“付出札子言斡腹事，及守臣有當易者。”元鳳奏：“已行下宣撫司。吕文德既入播州，而沅、靖支徑尚多，責令措置，其守臣容擬進。”

——《宋史全文》卷三十五《宋理宗五》，第 2863 頁

御批續資治通鑑綱目*

大觀三年春二月，南平夷内附，以其地爲遵義軍及播州。言州、軍一時置，與李攸説合，蓋得之。

——《御批續資治通鑑綱目》卷九《宋徽宗》，載《四庫提要著録叢書》，第 166 册，第 47 頁

* （明）商輅等：《御批續資治通鑑綱目》，載《四庫提要著録叢書》編纂委員會編：《四庫提要著録叢書》，北京出版社，2012 年。

續資治通鑑*

（紹聖四年三月）丁卯，詔瀘南安撫司、南平軍毋擅誘楊光榮獻納播州疆土。

——《續資治通鑑》卷八十五《宋紀八十五》，第5冊，第2160頁

（紹聖四年）是歲，兩浙旱饑，詔行荒政，移粟賑貸。播州夷楊光榮等内附。

——《續資治通鑑》卷八十五《宋紀八十五》，第5冊，第2171頁

（大觀三年）二月，丙子朔，播州楊文貴納土，以其地置遵義軍。

——《續資治通鑒》卷九十《宋紀九十》，第5冊，第2320頁

（政和三年五月）壬寅，以築溱、播二州，進執政官一等。

——《續資治通鑑》卷九十一《宋紀九十一》，第5冊，第2350頁

（實祐二年秋七月）己酉，詔以思、播兩州連年捍禦，其守臣田應寅、楊文各進一秩。

——《續資治通鑑》卷一百七十四《宋紀一百七十四》，第10冊，第4744頁

* （清）畢沅撰：《續資治通鑑》，中華書局，1957年。

（寶祐四年五月）甲辰，帝諭輔臣曰：“秋防不遠，宜事事爲之備。”董槐曰：“羅鬼國報，思、播州謂北兵留大理，招養蠻人爲嚮道，此甚可憂。”帝曰：“彼不能支，駸駸及我矣。”

……

乙巳，董槐言：“瀘、溆之上鹽井，設險以待敵兵，此事不可吝費。”程元鳳曰：“宜令播州以兵助羅鬼，制司以兵助播州。”詔以銀萬兩使思、播約羅鬼爲援。

……

（七月）戊申，帝問輔臣曰：“吴淵乞萬兵以備瀘、溆、思、播，何以應之？”程元鳳曰：“欲令淵且選兵五千至夔門，瀘、溆有急則援瀘、溆，思、播有急則援思、播，東可以捍金、洋，南可以庇歸、峽，却從沿江調兵五千，以補京湖之數。”

——《續資治通鑑》卷一百七十四《宋紀一百七十四》，第 10 册，4760~4762 頁

（寶祐五年九月）蒙古烏蘭哈達遣使招安南降，安南人囚其使，遂議征之。播州邊境告警。

甲戌，帝曰：“播州乞兵，想事勢頗急，當令夾擊。”程元鳳曰：“已令朱禩孫襲其後，吕文德遏其前，即聖訓所謂夾擊也。”時朝議徒託空言，幸蒙古兵未入境耳。

——《續資治通鑑》卷一百七十五《宋紀一百七十五》，第 10 册，第 4770 頁

（寶祐五年十一月）癸酉，帝謂輔臣曰：“將帥提兵征伐，當直入播境，須令追襲進剿，仍撫循諸蠻，不可縱軍士騷擾以失其心。”

——《續資治通鑑》卷一百七十五《宋紀一百七十五》，第 10 册，第 4772 頁

（寶祐六年春正月）甲戌，詔：“樞密院編修官吕逢年，詣蜀閫趣辦關隘屯栅糧餉，相度黄平、思、播諸處險要緩急事宜，具工役以聞。”

——《續資治通鑑》卷一百七十五《宋紀一百七十五》，第 10 册，第 4773 頁

（寶祐六年四月）詔：“田應已特差思州駐劄御前忠勝軍副都統制，往播州共築關隘備禦。”

——《續資治通鑑》卷一百七十五《宋紀一百七十五》，第 10 册，第 4775 頁

（德祐元年四月）癸亥，加知思州田謹賢、知播州楊邦憲并團練使，趣兵入衛。

——《續資治通鑑》卷一百八十一《宋紀一百八十一》，第 10 册，第 4954 頁

元廉希憲既安輯荆南之民，歎曰："教不可緩也。" 遂大興學校，選教官，置經籍，希憲仍親詣講舍以厲諸生。由是思播田、楊二氏及西南溪峒，皆越境請降。元主聞之曰："先朝非用兵不可得地，今希憲能令數千百里外越境納土，其治化可見也。"

——《續資治通鑑》卷一百八十二《宋紀一百八十二》，第 10 册，第 4963 頁

播州安撫使楊邦憲言："本族自唐至宋，世守此土將五百年，昨奉旨許令仍舊，乞降璽書。" 從之。

——《續資治通鑑》卷一百八十三《元紀一》，第 11 册，第 5007 頁

（至元十五年正月戊申）先是瀘州食盡，爲萬户圖們達勒舊作"禿滿達而"，今改所破，安撫王世昌自經死。東川副都元帥張德潤破涪州，守將王明及總轄韓文廣、張遇春皆不屈被殺。紹慶、南平、夔、施、恩、播諸州相繼降。

——《續資治通鑑》卷一百八十三《元紀一》，第 11 册，第 5010 頁

（至元十七年）冬十月壬午，詔立陝西、四川等處行中書省，以布哈舊作不花爲右丞，李德輝、汪惟正并左丞。

初，羅施鬼國既降復叛，詔雲南、湖廣、四川合兵三萬人討之。兵且壓境，適李德輝在播州，乃遣安珪馳驛止三道兵勿進，復遣張孝思諭鬼國趣降。其酋阿察熟德輝名，曰："是活合州李公耶！其言明信可恃。" 即身至播納款。德輝以其事上聞，乃改鬼國爲順元路，以阿察爲宣撫使。

時有以受鬼國馬千數譖德輝於朝者，帝曰："是人朕所素知，雖一羊不妄受，寧有是耶？" 及左丞之命下，而德輝已卒，蠻夷哭之哀如私親，爲位而祭者動輒千百人。合州安撫使王立，衰絰率吏民拜哭，聲震山谷，爲發百人護喪。興元、播州安撫使何彦清率其民立廟祀之。

——《續資治通鑑》卷一百八十五《元紀三》，第 11 册，5047～5048 頁

（至元二十一年四月）呼圖特穆爾征緬之師，爲緬人衝潰，敕發思、播田楊二

家軍二千從征緬。

——《續資治通鑑》卷一百八十六《元紀四》，第 11 册，第 5086 頁

（至元二十三年六月）辛酉，封楊邦憲妻田氏爲永安郡夫人，領播州安撫司事。

——《續資治通鑑》卷一百八十七《元紀五》，第 11 册，第 5115 頁

（至元二十六年十一月）丁巳，改播州爲播南路。

——《續資治通鑑》卷一百八十九《元紀七》，第 11 册，第 5159 頁

（大德七年十二月）丁未，以轉輸軍餉勞，免思、播二州及衡、永等路税糧有差。

——《續資治通鑑》卷一百九十四《元紀十二》，第 11 册，第 5298 頁

（延祐五年九月）先是播州南寧長官洛麽作亂，思州守臣招諭之。冬十月己丑，洛麽遣人以方物入貢。

——《續資治通鑑》卷一百九十九《元紀十七》，第 11 册，第 5433 頁

（延祐七年十二月）丁未，播州蜑蠻的羊籠等内附。

——《續資治通鑑》卷二百《元紀十八》，第 11 册，第 5455 頁

（泰定二年七月）播州蠻黎平愛等集群夷爲寇，湖廣行省請兵討之，不許，詔播州宣撫使楊額勒布哈招諭之。

——《續資治通鑑》卷二百二《元紀二十》，第 12 册，第 5516 頁

泰定三年。

春正月丙午，播州宣慰使楊薩［雅］爾布哈舊作楊燕里不花招諭蠻酋黎平愛等來降。

——《續資治通鑑》卷二百三《元紀二十一》，第 12 册，5523～5524 頁

（泰定三年六月）癸未，播州蠻黎平愛復叛，合謝烏窮爲寇，宣撫使楊雅爾布哈招平愛出降。烏窮不附，命湖廣行省討之。

——《續資治通鑑》卷二百三《元紀二十一》，第 12 册，第 5528 頁

（泰定三年十一月）播州蠻宋王保來降。

——《續資治通鑑》卷二百三《元紀二十一》，第 12 册，第 5532 頁

（天曆二年春正月）丁丑，囊嘉特攻破播州猫兒埡隘，宣慰使楊雅爾布哈舊作楊燕里不花開關納之。

……

播州楊萬户引四川賊兵至烏江峰，官軍擊敗之，八番元帥圖楚克舊作脱出破烏江北岸賊兵，復奪關口。諸王伊嚕特穆爾，統軍五萬五千至烏江，與脱出［圖楚克］會，囊嘉特焚雞武關大橋，又燒絶棧道。

……

（二月）丙午，囊嘉特分兵逼襄陽，湖廣行省調兵鎮播州及歸州。

……

（二月）癸丑，諸王伊嚕特穆爾等至播州，招諭土官之從囊嘉特者，楊延里布哈前改作楊雅爾布哈及其弟等皆來降。

——《續資治通鑑》卷二百五《元紀二十三》，第 12 册，5572～5574 頁

（至正二十五年春正月乙酉）蜀明玉珍更定官制，并六卿爲中書省、樞密院。以戴壽、萬勝爲左、右丞相，向大亨、張文炳知樞密院事，鄒興鎮成都，吴友仁鎮保寧，莫仁壽鎮夔關，皆平章事；竇英鎮播州，姜珏鎮彝陵，皆參知政事。荆玉鎮永寧，商希孟鎮黔南，皆宣慰使。未幾，遣勝攻興元，下之。

——《續資治通鑑》卷二百十八《元紀三十六》，第 12 册，第 5941 頁

元史紀事本末*

（至元二十一年）夏四月，忽都鐵木兒征緬之師爲賊衝潰，詔發思、播田楊二家軍助之。

——《元史紀事本末》卷六《西南夷用兵》，第 36 頁

（大德七年）夏四月，劉國杰敗宋隆濟、蛇節於墨特川，平之。初，國杰師出播州境，與賊遇，戰失利。乃令軍士人持一盾，（而）〔布〕據《元史》一六二《劉國杰傳》《續綱目》改。釘其上，俟陣合，即弃盾佯走。賊果逐之，馬遇盾皆仆，國杰鼓譟趨之，賊大敗。既而餘寇復合，要戰，國杰不應。數日，命楊賽因不花分兵先進，大軍繼之，賊兵潰。乘勝逐北千里，殺獲無算，遂破之於墨特川。蛇節降，誅之。隆濟遁去，尋爲兄子宋阿重執之來獻，伏誅。餘黨相繼平。

——《元史紀事本末》卷六《西南夷用兵》，第 39 頁

* （明）陳邦瞻撰，王樹民點校：《元史紀事本末》，中華書局，1979 年。

國榷*

（正月）乙丑……播州宣慰使楊鑑、同知羅琛、播州總督〈管〉鄭瑚等來朝，仍置播州宣慰司，鑑、琛秩如故，改總管爲長官司。

——《國榷》卷五《太祖洪武五年》，第 1 冊，第 461 頁

（三月）甲戌，中書省奏徵播州、貴州之賦自四年始。上曰："播州首附，隨其入，不爲賦。"

——《國榷》卷五《太祖洪武七年》，第 1 冊，第 500 頁

（十一月）丁亥，置播州黄平宣撫司、容美洞宣撫司。

——《國榷》卷五《太祖洪武七年》，第 1 冊，第 513 頁

（十二月）壬子，貴州衛指揮僉事張岱討播州汪〈江〉度叛蠻，平之。

——《國榷》卷五《太祖洪武七年》，第 1 冊，第 514 頁

九月壬午朔，命穎川侯傅友德爲征南將軍，永昌侯藍玉、西平侯沐英爲左右副將軍，步騎三十萬征雲南梁王。上餞龍江，曰："朕不能親至其地，然嘗覽輿圖，詢彼地毫杰，而得其阨塞。進取當自永寧，先遣驍將別將一軍向烏撒，大軍繼自辰

* （明）談遷：《國榷》，中華書局，1958 年。

沅入普定，分據要害，乃進兵曲靖，彼所必守。既下曲靖，三將軍以一軍趨烏撒，應永寧之師，大軍直擣雲南，彼此牽制，破之必矣。下雲南，大理必次下，餘郡邑、部落，可撫而有也。”

敕播州宣慰使楊鑑南征。

——《國榷》卷七《太祖洪武十四年》，第 1 册，第 605 頁

（正月）乙酉，城播州。

——《國榷》卷七《太祖洪武十五年》，第 1 册，第 611 頁

（二月乙亥）是月，播州宣慰使司隸貴州。

——《國榷》卷七《太祖洪武十五年》，第 1 册，第 615 頁

（五月）己酉，播州、貴州宣慰司各遣子來朝，求入太學，許之。

——《國榷》卷九《太祖洪武二十三年》，第 1 册，第 708 頁

（正月乙未）以播州宣慰使楊鏴、重慶衛千户鍾洪治貴播驛道。

——《國榷》卷九《太祖洪武二十四年》，第 1 册，第 717 頁

（五月）郭子章曰：“銅鼓所西有十萬坪，相傳楚王駐兵處。嗟乎！楚、湘二王，帝子也，不難深入林箐破苗賊。播州之役，諸大將觀望首鼠，天下有事，安得令若輩如二王耶！”

——《國榷》卷十《太祖洪武三十年》，第 1 册，第 774 頁

（九月）丙寅，設重安長官司，隸播州。

——《國榷》卷十四《成祖永樂四年》，第 1 册，第 977 頁

（十月）庚戌，敕貴州總兵官、鎮遠侯顧成再調貴州軍一萬、播州土軍六千剿蠻寇。

——《國榷》卷十五《成祖永樂十一年》，第 1 册，第 1094 頁

（四月）壬子，四川播州宣慰使楊綱致仕，子輝嗣。

命靖遠伯王驥旋師，途相機剿殺湖貴苗賊，暫屯武昌。徐入京，時貴州苗叛，攻靖州，陷平越衛、黄平所、思南府，貴陽東道梗。驥等還師，所至人泣陳苗害，皆曰：“吾征麓川，非征苗也。”違之。苗前後截我軍，死數萬，張軏等僅身免。

郭子章曰："靖遠三征麓川，滇人不能無怨。至謂貴苗因之以叛，如天順日録所云，則恐未然也。貴中苗禍，何代無之，自靖遠以後，如銅仁、米魯、爐山、凱口、播州、皮林六大役，不在麓川下，豈靖遠之尤耶。嗟乎！大臣不爲國任事，則天子怒；爲國任事，則邊人怨。白起不行而杜郵之劍賜，姜維屢出而仇國之議起。故爲邊臣者亦難矣。"

——《國榷》卷二十七《英宗正統十四年》，第 2 册，第 1761 頁

（八月甲戌）成都前衛指揮同知陳貴爲署都指揮僉事，仍剿播州苗。

——《國榷》卷二十七《英宗正統十四年》，第 2 册，第 1785 頁

（八月丁丑）貴州龍里衛、湖廣沅州衛、武岡州、四川播州等苗俱叛，攻圍郡縣。征南總兵官都督宫聚告急，乞京兵五千、達軍一千、原征麓川官軍十萬協剿，乃命四川湖廣增運糧儲，下廷議。

——《國榷》卷二十七《英宗正統十四年》，第 2 册，1786~1787 頁

（八月乙酉）郭子章曰："甚矣，兵之不易言也。古人發兵，頭鬚爲白，豈徒白頭，抑且嘔心。侯尚書卒于普定，張惠安岳卒于沅州，豈非所謂'鞠躬盡瘁，死而後已'者乎？近者播州之役，張監軍棟、楊監軍寅秋、吴總兵廣俱以賊平病没。嗟乎！是苦也，惟同嘗膽者知之耳！敵破臣亡，誰暇計人苦乎哉！"

——《國榷》卷二十九《代宗景泰元年》，第 2 册，第 1873 頁

（二月辛未）巡撫四川右僉都御史李匡以奉詔榜諭播州苗，乞給印，從之。

——《國榷》卷三十《代宗景泰二年》，第 2 册，第 1892 頁

（二月丙戌）募湖廣、四川、雲南郡縣吏及軍民能致米百石，若湖廣運鎮遠，四川運播州，雲南運普安，各給冠帶。

——《國榷》卷三十《代宗景泰二年》，第 2 册，第 1893 頁

（四月）辛卯，四川草塘叛苗黄龍、韋保平。黄龍、韋保僞稱"平天大王"，據地泡山寨，掠播州；其叔黄定千僞都總兵，據水坪大寨。貴州提督軍務右僉都御史蔣琳、總兵官都督方瑛會四川兵擊敗之，擒韋保等，斬七千九百六十餘級，獲二百三十餘人，械入京。

——《國榷》卷三十一《代宗景泰五年》，第 2 册，第 1974 頁

（六月）癸丑，徵保靖、播州、酉陽、貴州、安寧、金筑諸土兵征苗。

——《國榷》卷三十一《代宗景泰七年》，第 2 册，第 2009 頁

（七月）己亥，贵州東苗獗甚，徵永順、保靖、貴州、播州、酉陽、金筑諸土司兵，從方瑛征之。

——《國榷》卷三十二《英宗天顺二年》，第 2 册，第 2072 頁

（六月壬午）楊愛襲播州宣慰使楊輝子。

——《國榷》卷三十七《憲宗成化十一年》，第 3 册，第 2355 頁

（三月）癸丑，敕巡撫四川右副都御史張瓚撫捕播州苗賊，起致仕宣慰使楊輝任之。

——《國榷》卷三十七《憲宗成化十二年》，第 3 册，第 2363 頁

（十一月乙丑）是月，巡撫四川右副都御史張瓚率兵同致仕播州宣慰使楊輝剿灣溪大壩苗，敗之，斬四百九十六級，招撫男婦九千八百三十七人。

——《國榷》卷三十七《憲宗成化十二年》，第 3 册，第 2373 頁

（八月）辛丑，貴州總兵官都指揮同知吴經爲右軍署都督僉事。初，播州宣慰使楊輝奏升經秩，兵科駁之。至是巡按御史吴祚復言之。蓋經，吴綬兄也。

——《國榷》卷三十七《憲宗成化十三年》，第 3 册，第 2387 頁

（九月）辛酉，贵州黑苗齊梁等叛，起致仕播州宣慰使楊輝會兵討之。

——《國榷》卷三十八《憲宗成化十五年》，第 3 册，第 2420 頁

（九月乙丑）命刑部左侍郎何喬新往勘四川播州宣慰司楊氏。初，宣慰楊輝嬖其庶子友，欲奪嫡子愛，諸酋不從。輝矯奪大壩、鎮筸諸寨，立懷遠、宣化二長官司，又割播州凱里五十二寨，設安寧宣撫司，立友爲使，年十三，巡撫張瓚輒爲輝畫請旨。會愛母死，友母益横，專結凶黨，誣愛反，交通唐王。朝廷疑愛，故遣喬新即訊。友母子又輦金寶賂諸權貴，欲喬新囚愛待命，衆藉藉爲友游説，必欲去愛。喬新至，盡得友母子奸惡罪。

田汝成曰：“播凱之亂，其初不過楊輝奪嫡之私耳。妄一夷酋上書誣人以逆，兵部不核實而遽許興師，非徇情何以有此。張瓚欺君曲法，造禍百年，蔓延邊徼，

其後展轉調停，不過分疆別省耳。貸禍首而不究，何以服諸夷哉！”

——《國榷》卷四十《憲宗成化二十二年》，第 3 册，第 2529 頁

（八月）丁酉，播州宣慰使楊斌以平普安蠻功，賂瑾，加四川按察司。故事，土官有功，惟賜衣帶或賞部卒。

——《國榷》卷四十六《武宗正德二年》，第 3 册，第 2897 頁

（正月）甲戌，成都後衛指揮使陸震先進署都指揮僉事，播州宣慰使楊斌授按察使，皆賂瑾，至是革。

——《國榷》卷四十八《武宗正德六年》，第 3 册，第 2992 頁

（二月丁未）蜀盜曹甫屯黄蟒驛，趨瀘州。右副都御史林俊撫諭之，佯聽命，令弟琯流劫小市厢，指揮李蔭擊斬之。諸盜列江津七營，蔭等合酉陽、播州土兵大敗之，斬甫等五百餘人，俘七百餘人。指揮汪洋陣没，加襲署都指揮僉事。

——《國榷》卷四十八《武宗正德六年》，第 3 册，第 2995 頁

（四月）戊申，巡撫四川都御史林俊自劾討賊無功，乞總制洪鐘便宜用兵。有旨：切責俊，令鐘即赴保寧，高崇熙專備播州。

——《國榷》卷四十八《武宗正德六年》，第 3 册，第 3000 頁

（九月）乙丑，川盜走貴州思南、石阡，仍入蜀，播州宣慰使楊愛等擊敗之，仍走貴州。

——《國榷》卷四十八《武宗正德六年》，第 3 册，第 3010 頁

（七月）乙酉，播州宣慰使楊相母喪，乞如文臣守制，以無例不允。

——《國榷》卷五十二《世宗嘉靖二年》，第 4 册，第 3284 頁

（七月）己酉，播州亂寇平。

——《國榷》卷六十一《世宗嘉靖三十四年》，第 4 册，第 3856 頁

（九月丙午）播州土司仍屬四川，而貴州思石兵備道兼制播州、平邑等土司，蓋嘉靖初改屬貴州也。

——《國榷》卷六十三《世宗嘉靖四十一年》，第 4 册，第 3981 頁

（十二月癸卯）郭子章曰："諸苗桀驁，難靖易亂，兵不可向邇也久矣。石都督東征西伐五十餘陣，料苗如神，所向皆克，爲嘉隆間名將。予反復公狀，播州楊烈助磨子苗，公曰：'吾以安制楊。'及陳炌、杜拯二公圖安，問期問兵，公委婉詳答，其議遂寢。嗚呼！今安得石都督與籌黔事乎！"

——《國榷》卷六十五《穆宗隆慶二年》，第 4 册，第 4100 頁

（十二月丁丑）播州宣慰司舍人楊應龍嗣宣慰使，仍不世襲。

——《國榷》卷六十八《穆宗隆慶六年》，第 5 册，第 4214 頁

（二月甲子）許播州宣慰使楊應龍統撫夷民。

——《國榷》卷六十八《神宗萬曆元年》，第 5 册，第 4220 頁

（十二月）壬午，播州宣慰使楊應龍貢馬。

——《國榷》卷六十九《神宗萬曆四年》，第 5 册，第 4303 頁

（六月丙午）賜播州故宣慰使楊烈祭葬，從其子應龍請也。

——《國榷》卷七十一《神宗萬曆八年》，第 5 册，第 4367 頁

（二月）壬寅，割四川播州八司、湖廣平清偏鎮四衛，盡隸貴州。及鎮雄、烏撒、東川、烏蒙官吏屬貴州巡按考察。蓋兵部謂"貴筑一區，蜀之八司襟帶于前，楚之平、清、偏、鎮四衛聯絡於後，而貴陽、思南、銅仁、鎮遠反環抱於外；黎平又在辰、沅間，與五開、銅鼓衛有鞭長不及腹之慮"，而巡按馬呈圖請之也。

——《國榷》卷七十一《神宗萬曆十年》，第 5 册，第 4404 頁

（十月甲申）先是巡撫四川雒遵言："松潘等處大小栗谷諸寨番殺掠，當討。"始用兵，遵去，寂然。兵科給事中王致祥奏："番人亂者止一寨，既用大師，未免張皇。總兵李應祥以新將御悍卒，所徵播州、天全諸土司兵未易集，集亦調度需人。"兵部覆以爲失算。于是申時行等言："松潘、叠茂即古維州、吐蕃地，本朝列戍，略示羈縻。然山谷險遠，糧運艱難，醜夷聚如蜂蟻，散如鳥獸。在剿爲聲，撫爲權，如一種作惡，出其不意，殲厥巨魁，或毁其碉房，或燒其青稞，名曰"鵰剿"，其餘各種并不搜求，故番人懷德畏威。雖小有草竊，旋即底定，此制馭諸番之要術也。今該省官輕率寡謀，一聞有警，輒徵大兵，番人聞知，得以爲備。且四川采木，民間騷動，軍餉空虛，若兵連禍結，爲患非小。"明日，上諭兵部下撫鎮

相機制置，毋貪功，毋釀亂。

——《國榷》卷七十三《神宗萬曆十三年》，第5册，第4519頁

（十二月）庚午，播州宣慰使楊應龍貢馬三十四、大木六十。

——《國榷》卷七十三《神宗萬曆十三年》，第5册，第4521頁

（正月）乙丑，雲南巡撫劉世曾請令兵備官升遷候代，上謂："邊方兵備各候代，何黔中不遵守也？"命該科查參。是月松番夷萬人犯蒲江關，參將朱文達力拒之。時巡撫徐元泰議征叠溪叛羌，徵播州、酉陽、平茶、馬湖諸路兵，賊乘間先發。

——《國榷》卷七十三《神宗萬曆十四年》，第5册，第4525頁

（四月辛卯）四川總兵李應祥討西羌，爲浮橋六，夜濟師，諸將畢渡，河西諸寨以次克，諸殘羌走保絶壁，兵不得上，師環攻之。播州土司楊應龍先登，焚其巢穴，羌乃潰，兩河皆平。諸残羌願得保塞，獻驍逆一人，坑而斃之，以誓曰"埋奴道旁"，盟曰"後有反者，有如此塚"。凡下二十八塞，斬一千七十五級。于是巡撫徐元泰立平番堡，設守備，戍三千五百人。

——《國榷》卷七十三《神宗萬曆十四年》，第5册，第4533頁

（四月）庚午，進播州宣慰司楊應龍都指揮使，時進大木七十，求如祖楊斌賜蟒服，工部持不可，乃止。

——《國榷》卷七十四《神宗萬曆十五年》，第5册，第4555頁

（九月）甲辰，貴州分守思仁道移駐思南，兼管撫苗。播州分巡思仁道移駐銅仁，兼撫苗，兼制鎮遠、畢節、平茶、酉陽等處，其平清二衛改屬思仁道兼制，偏鎮二衛仍屬新鎮道。

乙巳，奪貴州土司安國亨飛魚服，以進大木不至，命戴罪自贖。

談遷曰："土司有功，往例賜金幣，進木又其細者，又木未入而賚先之，旋予旋奪，爲遠人所侮極矣。吴縣淺識，於安國亨則賜服，於楊應龍則進銜，俱非先朝之舊，何可令江陵見也，噫！"

——《國榷》卷七十四《神宗萬曆十五年》，第5册，第4564頁

（十二月壬午）先是，巡撫貴州右僉都御史葉夢熊論播州宣慰使楊應龍凶惡不道，東川道兵備副使朱運昌縱其惡，巡按御史陳效亦劾應龍十二罪；而四川巡撫、都察院右副都御史李尚思以防禦松潘請徵播州兵，巡按御史李化龍亦請免勘。此徵

彼宥，黔蜀异議，於是兵科都給事中張希皋、給事中陳尚象乞遣科臣公勘，或剿或貫，毋執成心，章下兵部。

——《國榷》卷七十五《神宗萬曆十八年》，第5册，第4640頁

（二月）戊子，命川貴撫按會勘播州楊應龍。

——《國榷》卷七十五《神宗萬曆十九年》，第5册，第4645頁

（四月）戊戌，議勘播州楊應龍事。時巡撫貴州葉夢熊欲五司改土爲流，悉屬重慶。巡撫四川李尚思不以爲然，因求去，不允。

——《國榷》卷七十五《神宗萬曆十九年》，第5册，第4648頁

（八月甲午）……布衣程鵬舉請發暹羅兵，自海道搗其穴，時稱奇策，遣往朝鮮。又朝議調播州楊應龍兵東救。

于慎行曰："播夷不奉漢法，阻兵拒命，朝廷遣使即訊，數年不出，此何等情形也。乃欲調其甲士，出入中土，縱使有功，何以善後？至於暹羅小國，僻在海南，日本視之，何啻培塿，而欲使搗其國都，是以蠛蠓入鼎也。匪獨如此，縱使播夷恭順、暹羅勝强，亦必不能，何也？由蜀至遼，一經兩海，水土不習，强弱亦异。而暹羅小國乃在占城之南、琉球之西，且三十餘年不通朝貢，使者佩虎符而往，將安問津，况能發其兵乎？謀國如此，不敗何爲？國家福德，天實默祐，非人力也。"

——《國榷》卷七十六《神宗萬曆二十年》，第5册，第4681頁

（十二月辛丑）東征兵漸集。兵部罷播州兵，不發。

——《國榷》卷七十六《神宗萬曆二十年》，第5册，第4690頁

（十一月丙寅）巡撫四川右僉都御史王繼光奏播州楊應龍不聽勘、更虐土民、繕兵器。巡撫貴州右副都御史林喬相亦奏其惡，請正法。上命便宜擒治，不許貪殺。

——《國榷》卷七十六《神宗萬曆二十一年》，第5册，第4714頁

（十二月）庚午，南京□□道御史蕭如松言："臣爲貴陽府推官，嘗往勘播州楊應龍，稔知其人，無他端。"上是之，遂免遣官。

——《國榷》卷七十六《神宗萬曆二十一年》，第5册，第4718頁

（三月）戊子，播州楊應龍拒殺官兵，命川貴協剿。

——《國榷》卷七十六《神宗萬曆二十二年》，第5册，第4724頁

（八月）丁巳，播州楊應龍訴七姓之誣搆，乞戴罪立功。不許。

——《國榷》卷七十六《神宗萬曆二十二年》，第5册，第4734頁

九月丙子朔，邢玠爲兵部左侍郎兼右副都御史，總督四川、貴州，勘剿楊應龍。

——《國榷》卷七十六《神宗萬曆二十二年》，第5册，第4735頁

（十月）癸丑，初，川貴合攻楊應龍，久不克。巡撫貴州右副都御史林喬相奏："自西路失律，酋勢益獗，而貴州山瘠，如川兵不協何。"巡按御史薛繼茂言："播州原隸蜀，令蜀自收局，而貴州量助防守。"巡撫四川右僉都御史譚希思奏："必貴州合力。"禮科給事中楊東明請遣才望大臣往勘，事可原即赦，否則徵川湖雲貴之兵。報可。

——《國榷》卷七十六《神宗萬曆二十二年》，第5册，第4738頁

（十一月壬午）四川撫按譚希思、吴孔嘉言："楊應龍負固，再使詰諭。應龍再請官臨勘，潛遣人奏辨，宜革其宣慰銜。再諭，如縛赴綦江，俾五司無改舊業，七姓悉還故區，該司表貢，止書播州土司，降其子朝棟爲土舍，督催糧馬，俟五年後，奉法許襲秩。如抗諭，則合貴州兵討之。"詔可。

——《國榷》卷七十六《神宗萬曆二十二年》，第5册，第4741頁

（二月）乙丑，巡按四川御史王慎德言："征播之事有三：國體當重，贊畫當罷，黨與當剪。"上然之。

——《國榷》卷七十七《神宗萬曆二十三年》，第5册，第4747頁

（九月）乙未，總督川貴邢玠同川貴撫按譚希思等奏楊應龍聽勘并善後事宜，命革應龍宣慰使銜，子朝棟冠帶土舍，可棟羈重慶，追四萬金贖罪。先是玠檄應龍："若來，當待以不死，否者購老头萬金。宜早計，吾不爾欺也。"又兵部尚書石星手示水西宣慰使安疆臣趣應龍就吏，得貰罪。于是應龍上書言："奏民俟我出，欲殺我。"乞遣使臨播州，甘伏法。玠許之，以成都知府臨海王士琦往勘於松坎。面縛泣請罪，獻逆黨黄元、阿羔、阿苗等十二人於安穩，輸餉四萬金贖罪。

談遷曰："楊氏嘗覆我師于白石，罪不當貰。不欲重煩我健兒，曲示漢德，奈何徇其飾説，反就松坎而盟之乎？如戒飭奏民毋私仇楊氏，必楊氏面縛於制置使前。如王新建釋田州盧蘇、王受事，猶薄乎云爾？今大義責人而輕身先于所往，彼視我何等也。要盟不信，受侮小醜，何俟日後而悔之乎？"

——《國榷》卷七十七《神宗萬曆二十三年》，第5册，第4760頁

（九月己亥）兵部覆邢玠勘播州事，以楊應龍就勘，其黄平、草塘、白泥、餘慶、重安五司舊隸播州，乞改隸黄平通判。又恤七姓奏民，又增設安邊府，以重慶捕盗通判改撫夷同知，移駐松山北、松坎南。播州同知羅時豐避應龍於貴竹土司，今宜歸里。移安溪巡檢司爲松坎巡檢司。”上從之。

——《國榷》卷七十七《神宗萬曆二十三年》，第 5 册，第 4761 頁

（閏八月癸未）播州楊應龍進大木二十。

——《國榷》卷七十七《神宗萬曆二十四年》，第 5 册，第 4780 頁

（八月己巳）播州楊應龍日殘虐，議擇將統兵駐札五司。

——《國榷》卷七十八《神宗萬曆二十六年》，第 5 册，第 4819 頁

（十二月癸丑）詔責播州楊應龍擒首禍自脱。應龍妾田雌鳳淫妒，誣妻張氏死之，并屠張氏外家，恣殺無忌，所屬五司七姓之民訴撫按，再逮不至。

——《國榷》卷七十八《神宗萬曆二十六年》，第 5 册，第 4824 頁

（十二月）丁卯，巡按貴州御史應朝卿奏楊應龍慘虐。

——《國榷》卷七十八《神宗萬曆二十六年》，第 5 册，第 4825 頁

（二月）甲戌，楊應龍大殺掠。

……

命征倭總兵劉綎還師，仍鎮四川。時播州楊應龍恣擾故也。

——《國榷》卷七十八《神宗萬曆二十七年》，第 5 册，第 4830 頁

（三月乙酉）設綦江、合江游擊二，備楊應龍也。

……

丁亥，郭子章爲右副都御史，巡撫貴州兼督理湖北。

——《國榷》卷七十八《神宗萬曆二十七年》，第 5 册，第 4831 頁

（三月）壬寅，播州楊應龍反，寇平越飛煉堡，殺都指揮楊國柱、指揮李廷棟。

——《國榷》卷七十八《神宗萬曆二十七年》，第 5 册，第 4832 頁

（四月）庚午，兵部核貴州失事之故。先是，貴州巡撫江東之欲復五司，遣都指揮楊國棟等攻楊應龍，見襲，殲焉。

——《國榷》卷七十八《神宗萬曆二十七年》，第 5 册，第 4833 頁

（五月）癸酉，楊應龍寇綦江。

——《國榷》卷七十八《神宗萬曆二十七年》，第 5 册，第 4838 頁

（六月）己亥，楊應龍反。應龍知不宥，乘我師未集，以兵八萬分犯南川、江津，陷綦江，守兵不滿千，參將房如寵、游擊張良賢死之。賊遂檄重慶守臣縛送奏民，守臣恐，歸其子可棟之喪，厚賄之，而委罪指揮某以自解。

丙午，諭兵部嚴門禁。沈一貫言："東征川兵内土官多楊應龍之族，恐其兵雜大工軍匠混入也。"

——《國榷》卷七十八《神宗萬曆二十七年》，第 5 册，第 4839 頁

（七月）癸酉，前巡撫四川貴州右僉都御史譚希思、江東之追論播州事，削籍。……

户科給事中李應策、姚文蔚以播警乞停中官礦税，不報。

——《國榷》卷七十八《神宗萬曆二十七年》，第 5 册，第 4840 頁

（八月丁丑）賜總督李化龍尚方劍。

己卯，詔暴楊應龍罪狀，頒賞格。

辛巳，趣劉綎、陳璘赴蜀。

——《國榷》卷七十八《神宗萬曆二十七年》，第 5 册，第 4840 頁

乙酉，兵部尚書田樂以楊應龍私賂於家，執其人以聞。……楊寅秋爲貴州按察使，張存意爲布政司參議，俱監軍。

——《國榷》卷七十八《神宗萬曆二十七年》，第 5 册，第 4841 頁

（十月甲申）命總督李化龍駐重慶，調度川貴湖廣官兵。

戊子，令貴州撫按諭水西土司安疆臣貰罪，進兵討楊應龍。

——《國榷》卷七十八《神宗萬曆二十七年》，第 5 册，第 4844 頁

（正月丁未）石砫宣慰司馬千乘敗賊于鄧坎，時楊應龍分兵攻龍泉司。

——《國榷》卷七十八《神宗萬曆二十八年》，第 5 册，第 4847 頁

（正月）庚戌，楊應龍寇龍泉司，守備楊惟中託臺謁走思南，土官安民志死之。龍泉爲賊衝，戍兵不二千人，副總兵陳良玭守偏橋，不之援。

——《國榷》卷七十八《神宗萬曆二十八年》，第 5 册，第 4847 頁

（正月）辛亥，巡按貴州御史宋興祖請停采大木，專力討播。

……

戊午，設偏沅巡撫，監總兵陳璘之師。

己未，酉陽宣撫使冉御龍敗賊于官壩，賊弃龍泉遁。

——《國榷》卷七十八《神宗萬曆二十八年》，第 5 册，第 4847 頁

（二月辛巳）楊應龍劫洪邊宣慰司宋承恩。承恩初聘應龍女，絶婚，提三千人助守烏江。

——《國榷》卷七十八《神宗萬曆二十八年》，第 5 册，第 4848 頁

（二月）丙戌，總督李化龍分八道進師。總兵劉綎出綦江，參政張文耀監之；總兵馬孔英出南川，僉事徐仲佳監之；總兵吴廣出合江，參議劉一相監之；副總兵曹希彬出永寧，參議史旌賢監之。貴州分三道：總兵童元鎮出烏江；參將朱鶴齡、宣慰安疆臣等出沙溪；總兵李應祥、宣慰彭元瑞等出興隆衛，按察使楊寅秋、參議張存意監之。湖廣偏橋一路屬總兵陳璘，分兩翼：璘從白泥，副總兵陳良玭從龍泉，按察使胡桂芳、參議魏養蒙監之。每道各兵三萬，刻期并發。巡撫郭子章駐貴陽，支可大移沅州，化龍自駐重慶。初，朝命水西宣慰司安疆臣助兵，子章令按察副使洪澄源監疆臣軍。疆臣與楊應龍實唇齒，内懷觀望，數張皇賊勢。

——《國榷》卷七十八《神宗萬曆二十八年》，第 5 册，第 4849 頁

（二月）己丑，我兵連克三峒。

李化龍奏："劉綎名將，部伍整肅，器械精利，欲以川東屬之，與吴廣分道并進而科臣言其驕蹇倖功，且聞其在荆州受賊重饋，宜如童元鎮例革職受事。"上從之，命充爲事官，剿賊自效。命湖廣巡撫支可大移偏橋衛。

——《國榷》卷七十八《神宗萬曆二十八年》，第 5 册，第 4849 頁

三月甲辰朔，楊應龍子朝棟等分三道拒我，劉綎擊走之。

——《國榷》卷七十八《神宗萬曆二十八年》，第 5 册，第 4850 頁

（三月）戊午，播賊突犯烏江河渡，參將楊顯，守備陳雲龍、阮士奇、白明逵，指揮楊續芝等死之。偏橋兵克板角橋。

己未，總督兵部右侍郎李化龍考滿，加右都御史。……水西兵至楊亡水，克大紅落濛關，平越兵渡構皮河。

——《國榷》卷七十八《神宗萬曆二十八年》，第 5 册，第 4851 頁

（三月）丁卯，户科都給事中李應策追論播事，前四川巡撫𠕇穆、貴州撫院林喬相俱革秩。

——《國榷》卷七十八《神宗萬曆二十八年》，第5册，第4851頁

（四月丙戌）水西鎮雄兵克桃溪，焚楊氏衛舍家廟。

——《國榷》卷七十八《神宗萬曆二十八年》，第5册，第4853頁

（四月辛卯）水西鎮雄兵入播州，官軍圍海龍囤，賊窘，死守，詭令婦人哭，拜表詐降。

——《國榷》卷七十八《神宗萬曆二十八年》，第5册，第4853頁

（五月）壬子，巡撫貴州郭子章報鎮雄土知府隴澄斬楊維棟、僞提調等五十餘人，爲諸路倡，下兵部議旌。

……

己未，李化龍聞喪，命奪情視師。

——《國榷》卷七十八《神宗萬曆二十八年》，第5册，第4854頁

（五月）庚午，水西宣慰司安疆臣、鎮雄土知府隴澄還師，或言水西通賊，總督令退舍。疆臣曰："吾不爲亡播續也。"與澄先引去。

——《國榷》卷七十八《神宗萬曆二十八年》，第5册，第4855頁

六月壬申朔丁丑，官軍克海龍囤，楊應龍自經，妾田氏、子朝棟等被獲，先後擊斬二萬二千六百級，播州平。

申時行曰："播州之役，三省財力耗費以巨億計。楚蜀之間，驛騷甚矣。向非委官不索賄，應龍不繫獄，調則必赴，召則必來，何至稱兵叛逆，悍然不顧乎？挑釁啟禍，必有任其責者，故好事喜功，窮兵殫財，非國家之利已，已事可永鑒也。"

郭子章曰："楊璨以十訓刊石示子孫，曰：始能順從，則世享福壽。邦憲、漢英守之，父子事元，俱封國賜謚，稱忠順福壽矣。當時宋隆濟，今洪邊。蛇節，今水西族也，元人藉楊氏力計平之，不謂今楊氏叛亡無噍類，而洪邊水西尚存。應龍真不肖子哉！楊氏宗祀八百年，比隆召公，使守十訓家法，又惡知不過其曆，而奈何以凶終也。"又曰："環貴州而居者，國初有四宣慰，安、宋、田、楊，皆豪族也。永樂間，田誅于閱，裂而爲思、石、鎮、銅八郡。萬曆間，楊磔于逆，裂而爲遵義、平越二郡。即宋連于楊，幾波及而瓦全。安氏上疏討賊，執劉自效，歷千年而獨存。嗟乎！其亡也，必有所以亡；其存也，必有所以存。不樂其亡而

存其存，安宋之子孫，其務日兢兢，與國相終始，殷鑒不遠，覆車在前，戒之哉！戒之哉！”

瞿九思曰：“自古西南夷中，我師未嘗大得志。即傅友德統二十四將軍，止聞防守。正統麓川之役，提兵五十萬，而後稍稍一縛之，地勢然也，不獨昭代。播非唐之南詔、宋之大理哉！當時韋節度皋、曹將軍彬、潘將軍美、王將軍全斌曾不能往正其罪，况郡縣乎？楊酋流毒土司，血濺千里，視南詔慘焉。督臣運籌决勝，直犁其庭，掃其閭，郡縣而置之，此唐宋以來一大偉績也。不聞以王新建遇之，何哉？獨悲楊延昭、楊文廣之崇儒，漢英之著作，皆一世之雄也，至應龍斬焉以絶，惜哉！”

朱國楨曰：“播州一案，當時用兵，可不可乎？曰：‘可。’蜀三面鄰夷，且借爲用，而播爲最勁，此不可制，四起效尤，無蜀并無黔、滇。且分八路克險關，彼猶倔强如故，勢安得已。曰：‘既克矣，因而郡縣之，可不可乎？’曰：‘可。’悉天下全力平二千里，爲國家闢土開疆，此盛事也。”

茅瑞徵曰：“應龍井蛙耳，何能爲！獨不勝匹夫之忿，與其屬爲難。狃于中朝，宣諭故轍，時繫時釋，時剿時撫。初逞于白石，再逞于飛練，後逞于綦江，以爲漢終不奪我播，乃敢螳臂當車。蓋至天兵四集，而酋頓首頓足，知悔晚矣。檻虎阱猿，死不擇音。然猶竭天下之全力環而攻之，以山壓卵，何愁不克，而我亦已疲甚。事莫不罅于微而成於激。方酋雛伏，以一太守單騎幸臨，皇遽請罪。及其鴟張，以八路五將軍之師相持數月，殺人如麻，僅乃克之，誰生厲階，得不償失。蓋考楊酋，察其終始，信怨毒于人爲甚也。酋初囚繫重慶逾年，弭耳乞憐，豈有意叛者哉！及川兵四路入關，賊始悔失策，斂兵一處，殊死衝突，已無救于滅亡。掌大蠻崖，狠天作仇，覆不旋踵，豈非天哉！”

談遷曰：“楊氏傳世，自唐僖宗始。五司七姓之衆，雄視諸蠻。然應龍非有逆志，不過積忍嗜殺，而當事或重視之如虎，或蔑視之如鼠，均失其等，釀成大禍。始孫時泰説應龍‘趨重慶，直抵成都’，果從其計，蔓難圖也。竟株守窮窟，剪之差易。漢黥布之亡釁由嬖姬，楊氏亦萌于田妾，‘家人利女貞’，獨爲漢治語乎哉！”

——《國榷》卷七十八《神宗萬曆二十八年》，第 5 册，4856~4857 頁

（六月己卯）故都指揮王芬贈都督僉事，蔭副千户；守備陳大綱贈署都督僉事，蔭百户；天全六番招討副使楊愈贈宣慰副使。時征播俱没于松門埡。

——《國榷》卷七十八《神宗萬曆二十八年》，第 5 册，第 4857 頁

（六月）己亥，平播報至。

——《國榷》卷七十八《神宗萬曆二十八年》，第 5 册，第 4858 頁

七月壬寅朔，四川總兵官吴廣通播賄，劾免，充爲事官，殺賊自贖。

——《國榷》卷七十八《神宗萬曆二十八年》，第5册，第4858頁

（七月）甲寅，停四川、湖廣征播之税。

——《國榷》卷七十八《神宗萬曆二十八年》，第5册，第4859頁

（八月）辛卯，工科都給事中王德完言："國家歲入僅四百萬，而歲出輙至四百五十萬有奇。居恒已出浮于入，邇來因事加增，如寧夏用兵數月，約費餉一百八十七萬八千餘金；朝鮮用兵七年，約費餉五百八十三萬二千餘金，又地畝米豆、援兵等餉費三百餘萬金；平播之師期年，費一百二十一萬六千餘金，連川中湊辦共二百餘萬。……"

——《國榷》卷七十八《神宗萬曆二十八年》，第5册，第4861頁

（十月辛未朔）命平播總兵陳璘剿皮林苗，仍令偏沅巡撫江鐸墨衰視事。

——《國榷》卷七十八《神宗萬曆二十八年》，第5册，第4863頁

（十二月）乙未，上御午門。播州獻俘六十九人，寒甚，大呼稱枉。誅楊朝棟、兆龍等；釋宋承恩，餘遠戍；白氏、楊勝保給功臣家。

陸從平曰："蜀之有楊虜，猶黔之有安虜，皆梟獍也。安尤强，可以制楊之死命者惟安，楊亦獨忌安，無敢逞，乃安能守。高皇帝令通九驛，往來滇、黔者悉賴以給。惟是驕伉，不習漢法，所部有犯，不即奉行。然播州雖蜀地，而黔軍門有兼制川東之敕，故亦屬黔，且去蜀遠而去黔近。彼見黔中事體，多裁抑安氏，因專事蜀，且其人黠甚，交給〈結〉重慶士大夫多爲左、右于監司之側者，而蜀之監司亦多受其饋，待以優禮。故生殺予奪，惟其欲爲，無所禁忌，所由來久矣。萬曆十七年，貴州巡撫葉夢熊必欲正法，四川巡撫李尚思、巡按李化龍竟庇虜而與葉异，甚而相仇。如李尚思移咨葉夢熊，有云：'必如貴院之不容楊應龍，將盡割川東之地以與貴州而後可乎？'葉回咨亦云：'必如貴院之曲護楊應龍，將使本院繳兼制之敕而後可乎？'至李化龍直劾葉狡猾啟釁，盛稱應龍赤心報國，遂使楊虜憑其城社，將葉所委播州任參將縛于馬前，辱其妻孥，斫軍門所予令旗，此尚知有朝廷哉？葉疏其必反，當聲罪致討，而奉旨不過會勘，又移葉甘肅，以蜀方伯彭富代之，爲楊虜計甚備，而釀成今日之禍者，誰爲厲階也？"

——《國榷》卷七十八《神宗萬曆二十八年》，第5册，第4866頁

（正月）壬子，上御午門，詔曰："朕嗣承歷服，式奉先猷，欲人并生，庶幾不擾。八年以來，俄煩兵甲，賴天地廟社之靈，將相臣民之力，内攘外却，無損國威。然彼皆文告不來，自投釁鏌，朕甚閔之，非爲快也。惟此播州，故有楊氏，爲夷長率，受我冠裳，子孫之仍藉有年，朝廷之覆露良厚。夫何其末胄應龍者，安忍無親，大逆不道，當其嬖寵戕嫡，淫刑禍民，毒痡萬方，凶殘七姓，國人皆曰可殺。朕心不忍加誅，因其漢官，韁以戎索，曲從贖死，爲德甚宏。而乃下愚不移，肆行無忌，敢爲嫚辱，妄意蔫窺。既逋重慶之囚，遂決跳梁之志。收藏亡命，搆煽苗民，震駭兩川，恫疑四海。朕猶時覃在宥，未即移師，而賊顧因撫成驕，因驕蔑叛。内則僭越王章，無復人臣之禮；外則矜詡物力，有輕中國之心。掩不備于綦江，梗道塗于湖貴。爲臣若此，孰其堪之？夫帝王之道，推亡固存，邇來東西之故，胡不聞焉？是用一勞師徒，四徵饋餉，天休人力，霧涌雲屯，發蜀楚黔滇土著之兵，下秦晉吴楚如林之甲。婁山崖門之隘，平地九逵；湄潭河渡之深，崇朝一葦。狡徒鼠竄，僞社飈焚，擣穴塗窮，登高塞望，猶自謂重關百仞，可敵萬人；困獸千群，堪資一戰。豈知天心既吐，地險何憑，死鬥不能，詐降不可。百道圍而飛鳥絶，九攻合而蹇兔啼；突士盡而鼓聲哀，騅歌悲而豔妻決。夫應龍以極惡就縊，一死安贖？是命剉尸傳首，恭嚴天誅，其妻孥、黨與七十餘人檻致闕下。千年守土，一旦丘墟，伊誰實然，豈朕之意？於戲！漢封遠矣，代有弃置，蠻夷君長，人安與安。惟虔劉無度，予一人實不忍于赤子，亦明天地日月無私，穢無遠而不疏，惡無微而可蘊。苟有昏暴淫虐，蔑常亂紀，朕雖欲赦，如天勿容。其明告中外，有土有身，視爲前車，各戒爾後。氛慝初銷，創夷未起；師之所處，荊棘生焉；邑里蕭條，哀此煢獨。凡蜀楚滇黔有因用兵加派錢糧，及一切可緩積逋，若詿誤輕條，并令所司酌量蠲宥。救乏振滯，蕩滌繁苛；咸與維新，安生樂業；布告天下，俾共聞知。"

——《國榷》卷七十九《神宗萬曆二十九年》，第 5 册，4868~4869 頁

（二月癸巳）郭子章曰："予讀《漢史·西羌傳》：武丁征西戎、鬼方，三年乃克。唐稱鬼主，元稱羅施鬼國，今猶稱大鬼主、羅鬼云。三年克之，孔子傷其憊。至于今而有播之役，二月出師，六月克敵。顧三省帑藏如洗，死亡相枕，不待三年，亦憊矣。嗚呼！唐憊于南詔；元憊于蛇節；明一憊于米魯，再憊于銅仁，三憊于爐山，四憊于夜郎。議兵于西南夷者，不可不重也。"

——《國榷》卷七十九《神宗萬曆二十九年》，第 5 册，第 4872 頁

（四月）乙酉，松潘副將總兵仍改總兵，鎮守四川，駐要道，西控松潘諸番。設播州總兵，立貴州威遠衛。

——《國榷》卷七十九《神宗萬曆二十九年》，第 5 册，第 4875 頁

（四月）設四川遵義軍民府。丙申，分播州地爲二郡，以關爲界。遵義府關内屬四川，平越府關外屬貴州。遵義領州一：真安；縣四：遵義、綏陽、桐梓、仁懷。平越領州一：黄平；縣四：湄潭、餘慶、甕安、安仕。

——《國榷》卷七十九《神宗萬曆二十九年》，第 5 册，第 4876 頁

（五月戊申）郭子章曰："邊圉瘴鄉稱惡地者，唐以播，宋以新恩。是時，黔非不惡也，介在蠻壘，尚阻聲教，未列流官，無逐臣迹。至我明，設貴州而郡縣之，播與新恩之惡歸之鬼方。故凡得罪者，悉置黔以禦罔兩。自平播後，上益知黔惡。二三年來，科臣謫黔典史者：楊永從天民、王鎮遠士昌、陳銅仁維春、郭印江如星；謫黔幕者：許經歷子偉、包都事見捷、張經歷正學。部臣謫黔者：夏通判爋、黄經歷龍光、曹照磨文煒。知縣謫典史者：楊新貴明盛；謫幕者：袁經歷應春。于是八番七星間，蔚然麟鳳藪矣。

——《國榷》卷七十九《神宗萬曆二十九年》，第 5 册，第 4877 頁

（五月）甲子，復四川總兵官、都督僉事吴廣官，加贈□□□。前克海龍囤，先登，獲楊朝棟及應龍妾田氏，于火中出應龍尸，中毒失聲，幾絶而蘇，尋卒。

——《國榷》卷七十九《神宗萬曆二十九年》，第 5 册，第 4878 頁

（十一月己酉）改黎平府永從縣及十二長官司屬湖廣，改平溪、清浪、偏橋、鎮遠四衛屬貴州都司，各就其地近也。……隆慶元年，貴州撫按杜拯、王時舉言："沅、靖二州與平溪、清浪、偏橋、鎮遠、銅鼓、五開六衛之去湖廣，播州、永寧之去四川，俱二千餘里，遥屬二省而兼制于貴州，甚非便也，如專隸貴州便，議未果行。"至是，從總督王象乾之請。

——《國榷》卷七十九《神宗萬曆二十九年》，第 5 册，第 4886 頁

（七月）癸亥，巡按四川御史畢三才同總督王象乾以貴州地界，責宣慰使安疆臣獻之。初討播州，許平賊即以地償安氏。及賊平，地未及償，而安氏有叛目輸安情于總督，謂其"侵播州沙溪、渭河之地"。總督議正疆界，疆臣以《會典》《通志》爲據，謂"沙溪、渭河本故地"，且許地未償，并削故部以益播州，忿不受命。總督令洪澄源往諭，令其地屬黔者歸安氏，屬播者歸蜀。疆臣遂俯首受命。

——《國榷》卷七十九《神宗萬曆三十年》，第 5 册，第 4898~4899 頁

九月庚申朔，命勘播州地界。

——《國榷》卷七十九《神宗萬曆三十年》，第 5 册，第 4900 頁

（十二月辛亥）故播州叛黨吴洪等作亂，貴州巡撫責安疆臣縛斬之，盡俘其衆。

——《國榷》卷七十九《神宗萬曆三十年》，第 5 册，第 4904 頁

（正月丁丑）禮部請宣播州之捷告郊廟，從之。

——《國榷》卷七十九《神宗萬曆三十二年》，第 5 册，第 4923 頁

（二月丁亥）設貴州夜郎巡檢司于播州。

——《國榷》卷七十九《神宗萬曆三十二年》，第 5 册，第 4923 頁

五月辛亥朔壬子，巡按四川御史李時華奏勘播州地界，曰："沙溪、渭河在播州、水西皆有之，見于《通志》，當楊相出奔時争界，兩省勘還，謂非播地，其誰信之？此總督所以繪圖也。然水西侵疆，非安疆臣始，疆臣守祖父遺地爲故物。方貴州危時，一兵一餉俱藉疆臣，故撫臣許其拓土。今即不然，而反割之，如撫臣何？今日或予或奪，惟在上裁，章下所司。"

——《國榷》卷七十九《神宗萬曆三十二年》，第 5 册，第 4926 頁

（六月庚辰）兵部覆總督王象乾、巡撫李時華水、播分界事：在象乾謂水、播以渭河分界。在時華謂水西助兵，失之土司，得之土司，非分我内地。臣等竊議，據法凡播州故地當復，平心而論，亡論渭河在所當予，即上堰烏椎尾諸處，嘉隆以前當曲處以示朝廷之寬。章下撫按議之。

——《國榷》卷七十九《神宗萬曆三十二年》，第 5 册，第 4928 頁

（七月）壬子，沈一貫請叙播州功，不報。

——《國榷》卷七十九《神宗萬曆三十二年》，第 5 册，第 4929 頁

（七月）癸酉，沈一貫上揭，曰恤西山被灾窑户，曰叙播州功，曰截漕十萬石墾荒江北，曰定館師，曰補部院大臣庶僚，曰蠲牧地。命免徵窑户三月，截漕六萬石，撤王昇。

——《國榷》卷七十九《神宗萬曆三十二年》，第 5 册，第 4929 頁

（闰九月）乙巳，諭平播功升賞不及世爵，云何。

——《國榷》卷七十九《神宗萬曆三十二年》，第5册，第4933頁

（闰九月）丙午，沈一貫言："宣德九年平松潘功，總兵方政止右都督；成化二年平都掌蠻功，提督程信止兼大理寺卿；萬曆二年平九絲蠻功，巡撫曾省吾止侍郎、總兵劉顯止都督同知。今播功雖大，而總督一、巡撫三、總兵五，其功同，概爵則濫，歸一則偏，不若優其升賞也。謹擬李化龍少保，世錦衣衛指揮使；總兵劉綎復原官；陳璘進左都督，世指揮使；馬孔英出降胡；吴廣、李應祥出武生，世正千户；巡撫郭子章、江鐸俱量加官。"從之。

——《國榷》卷七十九《神宗萬曆三十二年》，第5册，第4933頁

（十月）甲寅，始叙平播功。李化龍，兵部尚書，進少保，世錦衣衛指揮使。貴州巡撫郭子章，右都御史兼兵部右侍郎，仍巡撫，蔭錦衣衛指揮僉事。湖廣巡撫支可大，復原官，蔭子入監。偏沅巡撫江鐸，贈兵部右侍郎，蔭錦衣衛指揮僉事。劉綎、陳璘俱左都督，世本衛指揮使。吴廣、李應祥世本衛正千户，贈應祥左都督。張棟、楊世教、楊寅秋各贈太僕寺卿，蔭子入監。蕭大亨改兵部尚書，加原蔭一級，世襲。

——《國榷》卷七十九《神宗萬曆三十二年》，第5册，第4933頁

（十二月）丙午，召陳尚象復爲□科給事中，預平播功。

——《國榷》卷八十《神宗萬曆三十三年》，第5册，第4949頁

（四月）乙巳，巡撫貴州兵部右侍郎郭子章平叛苗吴老喬、阿倫、阿皆等，俘斬三千餘人。蓋貴州東、西二路曰"仲家苗"，在貴龍、平新間；其在水硍山，介銅仁、思石間曰"山苗"。自平播後輕我，經年剽劫。子章以總兵陳璘、參政濟源率土漢兵各五千攻水硍山，監軍布政趙健率宣慰安疆臣兵萬人，以游擊劉岳等領之，俱克。陳璘乃移新添，攻東路苗，平之。

釋羅學茂還遵義，學茂始祖羅錦，唐乾符間因楊端開播受官，世播人，居黄王坎、沙溪間，後地入水西，學茂依焉，及播平，還于播。又水西安順臣忤兄疆臣，來奔，疆臣訴貴州撫按，謂學茂盗官木銀五千金，巡按金忠士信之，奏械學茂還貴州。得旨，總督王象乾明其枉，聽居遵義。

——《國榷》卷八十《神宗萬曆三十四年》，第5册，第4956頁

（十月）丙午，初，總督王象乾論水西安疆臣仇害五司，兵科右給事中吕邦燿

因劾貴州巡撫郭子章受其賄長惡。至是，子章言："安楊八百年之交，欲驟移之，甚難。惟威怵利餌，可得其要領。檄諭再三，又遺古劍，歃血爲盟，乃自疏討應龍，明旨獎勵。尋安隴澄有大水田之捷，疆臣有播州衛之焚。又擒尚意、黄繼枝等；又開路後囤讓進官兵，叙功，疆臣兄弟、母子各賞金幣，仍候勘地，另加優异。勘地四年不决。奉旨，貴州納糧七百餘石，疆臣納千二百石，地界仍舊。今路苗紛起，疆臣斬獲六百餘級。臣叙苗功并結。播局，不過仰遵明旨，示信夷人耳。夫播州未破，欲臣用安氏，惟恐不達；播州既破，欲臣裁安氏，惟恐其疎。臣既與盟，不能復仇。疆臣一孺子，無他賜。土司仇殺，自其常態。若爲蜀夷而仇黔，爲黔夷而仇蜀，是以夷狄而罷中國也。"求去甚力，上慰留之。初，播州宣慰使楊相子烈逃水西死，相以水烟、天旺之地賂水西，贖柩。其券浸鹽紙書之，數年争地，券且朽，争端始此。今楊氏滅，水西漢把羅學茂負大木逃蜀，訴疆臣侵地六百里，蜀撫信之，責水西吐地。郭子章謂："歸水烟天旺于遵義，餘安氏故土也。"蜀不聽，疏於朝，屢罪疆臣。子章奏："地無可還，而播州原輸貴州餉五百八十石，俾疆臣輸四川千二百五十石息争。"上從之。

——《國榷》卷八十《神宗萬曆三十四年》，第 5 册，第 4965 頁

（四月丁酉）蘭州夷目閭宗傳等攻掠永寧。自奢世統、世續二婦相仇，世續匿印以私阿利，朝命屬崇明。都指揮張神武遂執世續，則印在鎮雄府土官知府隴澄所也。水西安堯臣，先贅隴氏，冒其姓往，叙平播功，皆云隴澄，不知即堯臣也。堯臣出印，益據鎮雄，我未能問。閭宗傳、阿利等焚掠，動稱鎮雄官怖各部，攻永寧、普市、摩尼等。于是，總兵官侯國弼、巡撫喬璧星、巡按孔貞一先後暴堯臣之罪。

——《國榷》卷八十《神宗萬曆三十五年》，第 5 册，第 4971 頁

八月戊辰朔，故播州土同知羅大冠改授指揮僉事，土目袁見龍、起龍改鎮撫，加副千户，餘各有差，俱立功獻土也。

——《國榷》卷八十一《神宗萬曆三十九年》，第 5 册，第 5036 頁

（十二月）庚辰，少傅兼太子太保、兵部尚書李化龍卒。化龍，字于田，長垣人。萬曆甲戌進士，知嵩縣，歷南京工吏部郎中，累遷都御史巡撫遼東，破虜，進兵部右侍郎，疾去。後起總督川貴，平播州楊應龍，守制訖，起右都御史兼工部右侍郎，總督河道，開泇河利漕，稱"才臣之最"。年五十八，予祭葬，贈少師，謚"襄毅"，再贈太師。前破虜，蔭錦衣衛正千户；平播，蔭指揮使，又蔭中書舍人。

——《國榷》卷八十一《神宗萬曆三十九年》，第 5 册，第 5040 頁

（三月）壬寅，前太子太保、南京兵部尚書邢玠卒。玠字搢伯，益都人。隆慶戊辰進士，知密雲，拜御史，出按甘肅，升河南按察僉事，歷右僉都御史，巡撫大同，力裁撫賞，擒史、車二酋，進兵部右侍郎。勘播州楊應龍，會倭急，以兵部尚書總督薊遼往，經略朝鮮，有斬獲，加太子太保，蔭錦衣衛指揮僉事。終養去，起南兵部尚書，不赴。性易直，屢肩艱鉅，以功名終。予祭葬，贈太保。

——《國榷》卷八十一《神宗萬曆四十年》，第5册，第5043頁

（十一月）丁丑，吏科都給事中程註言："天下最急，莫如遼左，而薊門其咽喉也；次莫如滇黔，而偏沅其門户也。"頃督臣王象乾以憂聞，銓臣議推補，忽焉中止，以樞輔躊躕鄭重，將議撤焉。意謂剿撫原自一局，未有專操，必無异議，識者韙之。但督撫得其人，未必不資樞輔之力，若之何？自撤藩蔽也，偏沅總督已予告，而議尚未定，或欲去督而專撫，或欲去撫而專按。然偏沅有撫舊矣，曩征播州，以支可大移鎮，後用江鐸事急則設，事平則止。不獨固楚之圉，而正以壯黔之援。今黔中告急，風鶴皆驚，數百里獷悍之苗，非一中丞鎮撫其間，何以恬然受我戎索哉。章下兵部。

——《國榷》卷八十五《熹宗天啓三年》，第6册，第5244頁

明實録*

明太祖實録

是歲秋七月，玉珍復遣鄒興攻拔巴州尚倉，置軍守之。乙巳春，更六卿爲中書省樞密院，以戴壽爲左丞相，萬勝爲右丞相，向大亨、張文炳爲知樞密院，鄒興爲平章守成都，吴友仁爲平章守保寧，莫仁壽爲平章仍守夔關，鄧元亨爲平章守通州，竇英爲參政守播州，荊玉爲宣慰守永寧，商希孟爲宣慰守黔南。

——《明太祖實録》卷十九《丙午年正月至三月》，載《明實録》，第1册，第269頁

大都督府奏議，“守蜀將士凡五萬二百餘人，月支俸糧。其成都五衛以成都府所收米穀麥一萬一百八十石，及瀘州等處鹽糧給之；永寧等九所，則以本處接運糧九千六百四十石給之；貴州則以本州及八番、播南所徵糧一萬五千石給之，其不足者，以一歲爲準，移四川省會計補之；瞿塘則以大溪口所貯九千六百六十石給之；重慶則以本府所貯糧三萬九千四百二十石給之；漢中則以湖廣所運糧給之；保寧則以本處所貯米、穀、麥二萬九百五十石給之；雅州則以本處所貯及見運米三千四百三十六石給之；叙南則以本處所貯米穀五千三百二十七石給之；青川則以四川行省所計及保寧、漢州所運米二千石給之。”上可其奏。

---

* 《明實録》，上海書店出版社，2015年。

——《明太祖實録》卷六十九《洪武四年十一月》，載《明實録》，第 2 册，1293~1294 頁

置永寧、貴州二衛及瞿塘關、漢中、階州三守禦千户所。時曹國公李文忠理軍務于四川，奏："貴州今隸湖廣，而其地在成都西南，計成都水路至重慶三十六驛，重慶陸路至播南九驛，播南陸路至貴州五驛，凡五十驛；貴州路由播南、思州界至元州，以達辰溪二十一驛；辰溪至湖廣一十六驛，凡三十七驛，比之成都至貴州，水路少二十驛，陸路少七驛。如遇發兵，自成都至重慶雖三十六驛，然順流而下，舟行捷疾，以及貴州，陸路止一十四驛。若湖廣至辰溪十六驛，辰溪至貴州二十一驛，皆泝上流，驛雖少而路遠於成都矣！今議以貴州衛屬成都都衛便於節制，而凡軍務之急者，貴州一移文成都都衛，一移文武昌都衛，若民職有司，則屬湖廣行省爲便。"詔可知。

——《明太祖實録》卷七十《洪武四年十二月》，載《明實録》，第 2 册，1308~1309 頁

(庚申) 播南故元參政余仲方來朝貢馬。

——《明太祖實録》卷七十一《洪武五年正月》，載《明實録》，第 2 册，第 1316 頁

(乙丑) 播州宣慰使楊鏗、同知羅琛、播州總管何嬰、蠻夷總管鄭瑚等來朝貢方物，納元所授金牌、銀印、銅印、宣敕。詔賜鏗等綺帛衣服，仍置播州宣慰使司，鏗、琛皆仍舊職，改總管爲長官司，以嬰等爲長官司長官。

——《明太祖實録》卷七十一《洪武五年正月》，載《明實録》，第 2 册，1318~1319 頁

壬辰，貴州衛言："歲計軍糧七萬餘石，本州及普寧、播州等處歲徵糧一萬二千石，軍食不敷，宜募商人於本州納米中鹽以給軍食。"從之。

——《明太祖實録》卷七十九《洪武五年正月》，載《明實録》，第 3 册，第 1442 頁

(三月) 甲戌，中書省奏："播州宣慰司土地既入版圖，即同王民，當收其貢賦，請令自洪武四年爲始，每歲納糧二千五百石，以爲軍需。貴州、金筑、程番等十四長官司，每歲納糧二百七十三石，著爲令，兼其所有自實田賦，并請徵之。"上曰："播州，西南夷之地也。自昔皆入版圖，供貢賦，但當以静治之，苟或擾之，

非其性矣。朕君臨天下，彼率先來歸，所有田税隨其所入，不必復爲定額以徵其賦。”

——《明太祖實録》卷八十八《洪武七年三月至四月》，載《明實録》，第 3 册，第 1558 頁

（九月）乙酉，改王相府參軍爲長史。播州宣慰使楊鏗來朝，賜綺帛各五匹。

——《明太祖實録》卷九十三《洪武七年九月至十月》，載《明實録》，第 3 册，第 1624 頁

丁亥，置播州黄平宣撫司。

——《明太祖實録》卷九十四《洪武七年十一月》，載《明實録》，第 3 册，第 1640 頁

壬子，播州江渡蠻黄安等作亂，貴州衛指揮僉事張岱討平之。

——《明太祖實録》卷九十五《洪武七年十二月》，載《明實録》，第 3 册，第 1645 頁

（五月）丙寅，播州宣慰使楊鏗遣其弟錡來朝貢馬，賜鏗及錡衣物有差。

——《明太祖實録》卷一百《洪武八年五月至八月》，載《明實録》，第 3 册，第 1693 頁

（八月乙未）播州宣慰使楊鏗率其屬張坤、趙簡來朝貢馬，賜賚甚厚。上諭之曰：“尔先世世篤忠貞，故使子孫代有爵土。然繼世非難，保業爲難，知保業爲難，則志不可驕，欲不可縱。志驕則失衆，欲縱則滅身，尔能益勵忠勤，永堅臣節，則可保世禄于永久矣。”

——《明太祖實録》卷一百八《洪武九年八月至九月》，載《明實録》，第 3 册，第 1798 頁

（九月）戊午，播州宣慰使楊鏗辭歸，復賜綺、帛各四十匹。

——《明太祖實録》卷一百八《洪武九年八月至九月》，載《明實録》，第 3 册，第 1803 頁

乙丑，播州宣慰使楊鑑〈鏗〉獻馬，賜文綺襲衣。

——《明太祖實録》卷一百二十《洪武十一年十月》，載《明實録》，第 3 册，第 1956 頁

（七月）癸亥，播州宣慰使楊鏗遣鎮撫謝德名奉表貢馬。

——《明太祖實録》卷一百二十五《洪武十二年閏五月至七月》，載《明實録》，第 3 册，第 2007 頁

丁巳，命播州宣慰使司同知羅琛世襲其職。

——《明太祖實録》卷一百二十七《洪武十二年十一月》，載《明實録》，第 3 册，第 2027 頁

（九月壬午朔）遣使齎敕符，諭播州宣慰使楊鏗曰："曩者元綱不振，亂兵四起，四海之民不遑安處，朕既混一寰宇，四征弗庭，蠻夷酋長，罔不稱臣入貢，其或志在偵伺，未篤事大之誠，徒取禍敗。爾鏗世守播州，作朕藩屏，然輕聽浮言，易生疑二，故積愆日深。今大軍南征，多用戰騎，爾當以馬三千，率酋兵二萬爲先鋒，以表爾誠，符至奉行，毋違朕命。"又以敕符勞金竺長官密定曰："西南諸夷雖曰歸附，然不過暫入貢而已。爾密定首獻馬五百匹，以助征討，其誠可嘉，故特遣使往諭，候班師之日，重勞爾功。"

——《明太祖實録》卷一百三十九《洪武十四年九月至十月》，載《明實録》，第 4 册，第 2186 頁

乙酉，城播州沙溪，以官兵一千人，土兵二千人戍之。

——《明太祖實録》卷一百四十一《洪武十五年正月》，載《明實録》，第 4 册，第 2223 頁

（癸丑）遣使敕諭播州宣慰使楊鏗曰："朕以致仕武官分守雲南，每官一人至，備甲兵五十五人衛送之。"諭水西、烏撒、烏蒙、東川、芒部、霑益諸酋長曰："今遣人置郵驛通雲南，宜率土人，隨其疆界遠邇，開築道路，其廣十丈，準古法以六十里爲一驛，符至奉行。"

——《明太祖實録》卷一百四十二《洪武十五年二月》，載《明實録》，第 4 册，第 2232 頁

（辛未）增置湖廣、四川馬驛一十四。湖廣九驛：盧溪縣曰船溪；辰溪縣曰山塘；沅州曰懷化、羅臼；冷水曰晃州；思州宣慰使司曰平溪；思南宣慰使司曰梅溪、曰相見。四川五驛：播州宣慰使司曰柳塘、地松、上塘，貴州衛曰平壩、新溪。

——《明太祖實録》卷一百四十二《洪武十五年二月》，載《明實録》，第 4 册，第 2238 頁

以四川播州宣慰使司隸貴州都指揮使司。

——《明太祖實録》卷一百四十二《洪武十五年二月》，載《明實録》，第4册，第2242頁

友德……論功授開國輔運推誠宣力武臣、榮禄大夫、柱國，封潁川侯，食禄一千五百石，賜鐵券，文曰：“惟古創業之君，平定天下，必賴武臣宣力，開拓疆宇，佐成混一之功，崇報之禮所宜及也。諮爾友德以英毅之資，逢鼎沸之秋，目群雄無所定，故擇我以來歸，事朕有年，扈衛京畿，移鎮安吉，戰鄱湖，收鄂渚，征取江右，致討淮東，功烈爲多。及撫安彭城，前鋒大利，威聲遠振，參佐外省，遂從征齊、魯、燕、冀、關、陝，爾績尤著。今天下已定，論功行賞，朕無以報爾，是用加爾爵禄，使爾子孫世世承襲，兹與爾誓：除謀逆不宥，餘若犯死罪，爾免二死，子免一死，以報爾功。……”上將平雲南，命友德巡行川蜀、永寧、雅、播等處修治城郭關梁，於是金築、普定、中坪、乾溪等寨酋長皆相率來降，還京獻馬五百，上以内廄良馬十五賜之。

——《明太祖實録》卷一百六十一《洪武十七年四月》，載《明實録》，第4册，2493~2495頁

丙申，播州宣慰使楊鏗來朝貢馬。上諭之曰：“爾與田弘正皆世守思播，而爾之忠勛視弘正爲多。”命賜以織金文綺，并其屬賞賚有差。

——《明太祖實録》卷一百六十一《洪武十七年四月》，載《明實録》，第4册，第2508頁

（六月）甲戌，播州宣慰使楊鏗子震以疾卒於京，命有司歸其柩於播州。

——《明太祖實録》卷一百六十二《洪武十七年五月至六月》，載《明實録》，第4册，第2517頁

（六月）丁丑，以播州土酋宋思義爲草塘安撫使。

——《明太祖實録》卷一百六十二《洪武十七年五月至六月》，載《明實録》，第4册，第2518頁

（六月）癸未，以播州土酋謝德軒等二十三人爲蠻夷長官。

——《明太祖實録》卷一百六十二《洪武十七年五月至六月》，載《明實録》，第4册，第2519頁

（庚寅）播州宣慰使楊鏗遣其侄彝貢馬，賜以綺帛鈔錠。

——《明太祖實録》卷一百六十八《洪武十七年十一月》，載《明實録》，第 4 册，第 2571 頁

（壬子）播州宣慰使楊鏗以被徵，入朝貢馬十匹。上諭以守土保身之意，賜鈔五百錠。

——《明太祖實録》卷一百八十六《洪武二十年十月》，載《明實録》，第 4 册，第 2787 頁

（五月戊子）播州宣慰使楊鏗遣弟孟仁等貢馬，賜孟仁以下鈔有差。

——《明太祖實録》卷一百九十《洪武二十一年四月至五月》，載《明實録》，第 4 册，第 2872 頁

（二月）甲辰，詔思州宣慰使田琛、播州宣慰使楊鏗，自今凡有朝命至，即行之，每季則遣人奏知。

——《明太祖實録》卷一百九十五《洪武二十二年正月至三月》，載《明實録》，第 4 册，第 2930 頁

（五月）己酉，播州、貴州宣慰使司，并所屬宣撫司官，各遣其子來朝，請入太學。上敕國子監官曰："移風善俗，禮爲之本。敷訓導民，教爲之先。故禮教明於朝廷，而後風化達于四海。今西南夷土官各遣子弟來朝，求入太學，因其慕義，特允其請。爾等善爲訓教，俾有成就，庶不負遠人慕學之心。"

——《明太祖實録》卷二百二《洪武二十三年五月至六月》，載《明實録》，第 5 册，第 3025 頁

（五月辛酉）播州宣慰使楊鏗遣其弟楊張等貢馬。

——《明太祖實録》卷二百二《洪武二十三年五月至六月》，載《明實録》，第 5 册，第 3027 頁

（十一月）辛丑，播州宣慰使楊鏗遣同知羅欽貢馬及方物，賜以鈔錠。

——《明太祖實録》卷二百十四《洪武二十四年十一月至十二月》，載《明實録》，第 5 册，第 3159 頁

（癸未）播州宣慰使司土官羅欽、麓川平緬軍民宣慰使司宣慰使思倫發等，貢犀象及馬。

——《明太祖實録》卷二百十五《洪武二十五年正月》，載《明實録》，第 5 册，第 3169 頁

乙丑，播州宣慰使楊鏗來朝貢馬。詔賜白金三百兩、錦綺各十匹、鈔五十錠。長官舍人而下五十六人，鈔有差。

——《明太祖實録》卷二百十八《洪武二十五年六月》，載《明實録》，第 5 册，第 3205 頁

（丁未）朝鮮國權知國事李成桂遣同知密直司事盧，安南國遣大夫阮宗亮，廣西思明府土官知府黄廣平、霑益州知州阿索姚安、軍民府同知高保，四川播州宣慰使楊鏗、烏撒軍民府知府穆卜、東川軍民府女土官奢賽、水西女土官奢香、平茶洞長官楊再勝、楚雄府同知高政、芒部軍民府女土官、金築安撫司平伐長官司，各遣使貢馬及方物。暹羅斛國王參烈寶毗牙遣其臣李三齊德，奉金葉表，貢方物。詔賜宴于會同舘，仍各賜文綺、鈔有差。

——《明太祖實録》卷二百二十四《洪武二十六年正月》，載《明實録》，第 5 册，第 3273 頁

（九月庚申）播州宣慰使司宣慰使楊鏗遣其從兄杰，建昌土官賈哈剌遣其弟剌撒，各進馬。

——《明太祖實録》卷二百二十九《洪武二十六年七月至九月》，載《明實録》，第 5 册，3355~3356 頁

（十二月庚子）播州宣慰使司宣慰使楊鏗、雲南鶴慶府土官董信、龍州土官同知李昭、松潘軍民指揮使司指揮使牟力結、陝西河州衛番僧綱輦占班，各貢馬，俱賜以綺帛及鈔。

——《明太祖實録》卷二百三十《洪武二十六年十月至十二月》，載《明實録》，第 5 册，第 3369 頁

（四月庚辰）更定蕃國朝貢儀。是時，四夷朝貢，東有朝鮮、日本，南有暹羅、琉球、占城、真臘、安南、爪哇、西洋、瑣里、三佛濟、渤泥、百花、覽邦、彭亨、淡巴、須文達那，凡十七國。其西南夷隸四川者，軍民府凡六，烏蒙、烏撒、芒部、邛部、普安、東川；安撫司一，曰金筑；宣撫司一，曰西陽；宣慰司三，曰貴州、

播州、石柱；招討司三，曰天全、六番、長河西；長官司凡三十，盧山、慕役、西堡、大華、寧谷寨、頂營、十二營、平茶、程番、康佐、木瓜、方番、阿昔亦簇、占藏先結簇、蠟匝簇、北定簇、祁命簇、阿昔洞簇、勒都簇、班班簇、者多簇、麥匝簇、泥溪、雷坡、沐川、平夷、蠻夷、岳希、蓬隴、木頭；静州府四，德昌、馬湖、建昌、會川；州十九，安順、龍、永寧、鎮寧、建安、禮、栢、興、黎里、闊、武安、永昌、隆、姜、黎溪、會理、威、龍昌、普濟；衛一，曰建昌縣；三中、碧舍、麻龍。……凡蕃國王來朝，先遣禮部官勞于會同館。明日，各服其國服，如嘗賜朝服者，則服朝服，於奉天殿朝見，行八拜禮，畢，即詣文華殿，朝皇太子，行四拜禮，見親王亦如之，親王立受後，答二拜，其從官隨蕃王班後行禮。凡遇宴會，蕃王班次居侯伯之下，其蕃國使臣及土官朝貢，皆如常朝儀。

——《明太祖實録》卷二百三十二《洪武二十七年三月至四月》，載《明實録》，第 5 册，3394~3396 頁

（四月）是月，播州宣慰使楊鏗遣其弟瑾等貢馬，賜瑾綺、鈔。

——《明太祖實録》卷二百三十八《洪武二十八年四月至五月》，載《明實録》，第 5 册，第 3472 頁

甲辰，監察御史裴承祖言："四川貴、播二州，湖廣思南州宣慰使司及所屬安撫司州縣，貴州都指揮使司平越、龍里、新泰、都勻等衛，平浪等長官司，諸種苗蠻，不知王化，宜設儒學，使知詩書之教。立山川、社稷諸壇場，歲時祭祀，使知報本之道。"從之。

——《明太祖實録》卷二百四十一《洪武二十八年九月》，載《明實録》，第 5 册，第 3502 頁

（閏九月）壬申，遣行人林英，賞播州宣慰使司及興隆等衛所，征進有功將士并土兵，凡二萬三千三百六十一人，鈔一十二萬三千四百四十一錠。

——《明太祖實録》卷二百四十二《洪武二十八年閏九月至十月》，載《明實録》，第 5 册，第 3515 頁

（五月）丁丑，播州宣慰使楊鏗遣其弟昶祥等來朝貢馬，賜以文綺鈔錠。

——《明太祖實録》卷二百四十六《洪武二十九年五月至八月》，載《明實録》，第 5 册，3568~3569 頁

（乙卯）播州黄平安撫楊光祖卒，以其子昌貴襲職。貴州龍里長官司長官何友

善卒，以其子九住襲職。

——《明太祖實録》卷二百五十一《洪武三十年三月》，載《明實録》，第 5 册，第 3629 頁

（七月）辛酉，命户部于四川成都、重慶、保寧三府及播州宣慰使司，置茶倉四所，貯茶以待客商納米中買及與西番商人易馬，各設官以掌之。

——《明太祖實録》卷二百五十四《洪武三十年七月至八月》，載《明實録》，第 5 册，第 3662 頁

（五月）庚申，置成都、重慶、保寧三府及播州宣慰司茶倉四所，命四川布政使司移文天全六番招討司，將歲輸茶課仍輸碉門茶課司，餘地方就近悉送新倉收貯，聽商人交易，及與西番市馬。

——《明太祖實録》卷二百五十七《洪武三十一年四月至閏五月》，載《明實録》，第 5 册，第 3716 頁

明太宗實録

（癸卯）播州宣慰使楊昇、思南宣慰使田大雅、貴州宣慰使宋斌來朝，貢水銀、硃砂等物，賜昇等白金、錦綺、綵帛，賜其傔從有差。

——《明太宗實録》卷十二下《洪武三十五年九月》，載《明實録》，第 6 册，第 222 頁

（乙巳）四川播州宣尉使司請設僧剛〈綱〉、道紀二司。從之。

——《明太宗實録》卷十二下《洪武三十五年九月》，載《明實録》，第 6 册，第 224 頁

辛丑，復大理寺左右二寺評事，左寺四員，右寺八員，其審録内外刑名，俱舊制。播州宣慰使、源四川芒部等軍民府長官、程番等十二長官司，各遣人來朝，貢方物，賀立皇太子，賜之鈔、幣。

——《明太宗實録》卷三十四《永樂二年九月》，載《明實録》，第 6 册，第 597 頁

甲寅，賜播州宣慰使楊昇、遼東忽剌温頭目、女直指揮那海、瓜哇國使者阿烈

于都萬等宴。

——《明太宗實録》卷三十四《永樂二年九月》，載《明實録》，第6册，第601頁

（壬申）播州宣慰使楊昇遣弟楊孟瑄貢馬，賜之鈔錠、彩幣。

——《明太宗實録》卷四十一《永樂三年四月》，載《明實録》，第7册，第669頁

（乙未）播州宣慰使司宣慰使楊昇、貴州宣慰使司宣慰使安卜葩遣人貢馬各四十匹，俱賜白金綿綺。

——《明太宗實録》卷五十《永樂四年正月》，載《明實録》，第7册，第757頁

庚申，賜爪哇國使臣及播州宣慰司、雲南麗江軍民府等處朝貢使臣及女直野人頭目宴。

——《明太宗實録》卷五十《永樂四年正月》，載《明實録》，第7册，第758頁

（癸酉）四川成都等府及貴、播二宣慰司，酉陽、永寧二宣撫司奏：官民田荒蕪二千六百七十餘頃，乞蠲其租賦。上諭户部臣曰："田土荒蕪，皆緣人民彫耗所致，若復徵其租賦，則彫耗愈甚，荒蕪愈多矣。可并其歲額除之，但人民蕃息，則土地自闢，賦税自充矣。"

——《明太宗實録》卷五十一《永樂四年二月》，載《明實録》，第7册，第763頁

己亥，安順等州十二營長官司土官阿宇，施州盤順宣撫司，及羅節安撫司土官之子向墨杓聳，播州宣慰使楊昇等各遣人貢馬及方物，俱賜鈔、幣遣還。

——《明太宗實録》卷六十二《永樂四年十二月》，載《明實録》，第7册，894~895頁

庚申，設四川播州宣慰司僧綱司。

——《明太宗實録》卷六十五《永樂五年三月》，載《明實録》，第7册，第916頁

辛酉，……播州宣慰使楊昇遣弟珪貢方物，賜鈔、幣有差。

——《明太宗實録》卷七十三《永樂五年十一月》，載《明實録》，第7冊，第1015頁

壬寅，命鎮守貴州鎮遠侯顧成，率貴州都司官軍及泗城州土兵，征剿播州等處叛蠻。

——《明太宗實録》卷八十《永樂六年六月》，載《明實録》，第7冊，第1075頁

庚子，四川播州宣慰使楊昇言："招諭草塘、黄平二安撫司，重長安〈安長〉官司所轄當科、篤雍等十一寨蠻人向化。"先是，昇言："其梗化不服，聚衆劫掠，請發兵剿之。"上敕昇曰："蠻夷反例，其來久矣。如遽調軍，即一方之人，并受荼毒，宜再遣人撫諭，若果不從，當令鎮遠侯顧成經略之。"昇如上旨遣賫，敕宣朝廷恩德，遂皆歸化。

——《明太宗實録》卷九十《永樂七年四月》，載《明實録》，第7冊，第1191頁

（丁卯）播州宣慰使司宣慰使楊昇遣長官王珪，廣西思恩州土官知州岑永昌，遣子瓛及湖廣辰州府土官知府黄禧來朝，貢馬。皇太子賜賚有差。

——《明太宗實録》卷一百四《永樂八年五月》，載《明實録》，第7冊，第1345頁

（甲辰）播州宣慰司宣慰使楊昇遣兄亮貢馬，賜昇白金百兩、金織綺衣一襲、錦綺十匹，别賜亮白金、文綺、襲衣。保靖宣慰司宣慰使彭勇烈遣人貢馬，賜之鈔、幣。思州宣慰司宣慰使田琛母楊氏來朝，貢馬，賜之鈔幣。

——《明太宗實録》卷一百二十四《永樂十年正月》，載《明實録》，第8冊，1558~1559頁

癸丑，播州宣慰使楊昇遣人貢馬，賜之鈔、幣。

——《明太宗實録》卷一百四十二《永樂十一年八月》，載《明實録》，第8冊，第1697頁

庚戌，敕貴州總兵官鎮遠侯顧成等，曰："前命爾等征討蠻寇，兵力不足，於

貴州添調一萬。今武當發回辰沅、五開等九衛官軍萬二千餘人，亦可選用。又令播州宣慰使楊昇選調土軍六千，如選不及數，必得四千聽爾調用，爾等宜同心畫策，必以今冬平除必冦，毋執偏見，以誤事機。”

——《明太宗實録》卷一百四十四《永樂十一年十月》，載《明實録》，第 8 册，第 1709 頁

（庚辰）播州宣慰使楊昇、烏蒙軍民府知府撒可，芒部軍民府土官香佩、廣西思陵州知州韋成各遣人貢馬，賜鈔幣有差。

——《明太宗實録》卷一百五十九《永樂十二年十二月》，載《明實録》，第 8 册，第 1809 頁

（丁未）播州宣慰使司宣慰使楊昇遣兄楊孟莊等貢馬，賀平胡，賜鈔幣遣還。

——《明太宗實録》卷一百六十二《永樂十三年三月》，載《明實録》，第 8 册，1838~1839 頁

庚午，四川播州宣慰使楊昇來朝，貢馬三十匹，賜白金、襲衣、鈔幣。

——《明太宗實録》卷一百九十四《永樂十五年十一月》，載《明實録》，第 8 册，第 2040 頁

甲寅，貴州宣慰使宋斌、播州宣慰使楊昇等來朝貢馬，賜襲衣、鈔、幣。

——《明太宗實録》卷二百三十六《永樂十九年四月》，載《明實録》，第 9 册，第 2271 頁

戊辰，播州宣慰使楊昇遣安撫羅宗昭等貢方物。

丁丑，朝鮮國陪臣李湛、播州宣慰司安撫羅宗昭等辭還，賜幣有差。

——《明太宗實録》卷二百五十八《永樂二十一年四月》，載《明實録》，第 9 册，第 2377 頁

時播州宣慰使楊昇子護自北京回，卒於途，其妻田氏聞之，哭泣不食，曁柩至，自經死。

——《明太宗實録》卷二百六十六《永樂二十一年十二月》，載《明實録》，第 9 册，2418~2419 頁

戊戌，播州宣慰使楊昇、貴州宣慰使安中各遣人進馬，賜昇、中各鈔二百五十

錠、錦二段、綵幣八表裏，仍給其馬直，賜所遣人鈔、幣、表裏有差。

——《明太宗實録》卷二百六十七《永樂二十二年正月》，載《明實録》，第9冊，第2426頁

明仁宗實録

（戊戌）四川播州宣尉司楊昇遣草塘安撫司同知宋珪等，及雲南麗江軍民府千夫長阿束通貢馬，賜鈔、幣、表裏有差。

——《明仁宗實録》卷二下《永樂二十二年九月》，載《明實録》，第9冊，80~81頁

（己未）四［川］播州宣慰司使楊昇等來朝貢馬及方物，各賜鈔、幣、表裏。

——《明仁宗實録》卷七下《洪熙元年二月》，載《明實録》，第9冊，第238頁

甲子，四川播州宣慰使楊昇等率所屬土官，及石硅宣撫司土官馬應仁等來朝貢馬，賜鈔、文綺有差。

——《明仁宗實録》卷九下《洪熙元年四月》，載《明實録》，第9冊，297~298頁

明宣宗實録

（辛卯）土魯番城都督僉事尹吉兒察、四川播州宣慰使楊昇、貴州貴竹等長官司宋長官宋昌等來朝貢馬。

——《明宣宗實録》卷四《洪熙元年七月下》，載《明實録》，第10冊，第111頁

（己酉）賜土魯番城都督僉事尹吉兒察、四川播州宣慰使楊昇、貴州貴竹等長官司長官宋昌等鈔、幣有差。

——《明宣宗實録》卷五《洪熙元年閏七月上》，載《明實録》，第10冊，第142頁

甲寅，四川播州宣慰使楊昇來朝貢馬及方物。

——《明宣宗實録》卷十五《宣德元年三月》，載《明實録》，第 10 册，第 412 頁

（辛巳）賜四川播州宣慰使楊昇、鹽井衛副千户毛鍾、黎州安撫司把事馬且、松潘等處番僧圓旦兒，監參雲南雲南縣把事李勝等鈔、綵幣、表裏、襲衣有差。

——《明宣宗實録》卷十六《宣德元年四月》，載《明實録》，第 10 册，第 437 頁

乙卯，四川播州宣慰使楊昇遣長官楊福通、沐川長官司故長官悦聚孫福得、貴州普安州通事張善、安順州等衙門把事阿日等來朝貢馬。

——《明宣宗實録》卷十七《宣德元年五月》，載《明實録》，第 10 册，第 467 頁

庚午，賜四川播州宣慰司長官楊福通等、沐川長官司故長官舍人悦福得及貴州普安州通事張善、安順州把事阿日等鈔、幣有差。

——《明宣宗實録》卷十八《宣德元年六月》，載《明實録》，第 10 册，第 476 頁

丁未，四川播州宣慰使楊昇遣黄平安撫司土官同知楊勝顯、貴州乖西蠻夷長官司土官長官楊暹遣把事徐名、雲南洱海衛故土官百户李久子福、遼東自在州百户文殊奴等來朝貢馬。

——《明宣宗實録》卷二十六《宣德二年三月》，載《明實録》，第 10 册，第 684 頁

（丙辰）賜四川烏蒙軍民府土官叔徐祖、永寧宣司把事王瑄、播州宣慰司所遣土官同知楊勝顯、貴州乖西蠻民長官司把事徐名、雲南定遠縣故土官舍人阿賽、洱海衛故土官舍人李福、遼東自在州百户文殊奴等鈔、綵幣、襲衣有差。

——《明宣宗實録》卷二十六《宣德二年三月》，載《明實録》，第 10 册，697~698 頁

庚辰，四川播川宣慰使楊昇遣正長官鄭剑等貢馬。

——《明宣宗實録》卷三十七《宣德三年二月中》，載《明實録》，第 11 册，第 922 頁

（庚子）賜四川播州宣慰使楊昇所遣長官鄭釗等鈔、綵幣、表裏。釗等來賀萬壽聖節，後期，行在禮部援例奏減半賜之。上曰："邊方道遠，不足與較，不可減。"

——《明宣宗實録》卷四十《宣德三年三月下》，載《明實録》，第11册，第982頁

丙戌，四川播州宣慰使楊昇遣弟欽、疊溪等長官司土官長官郁書華、欝即長官司土官長官翁布來朝貢馬。

——《明宣宗實録》卷四十四《宣德三年六月》，載《明實録》，第11册，第1078頁

丁酉，賜四川疊溪長官司土官長官郁書華等，欝即長官司土官長官翁布，長河西、魚通、寧遠等處軍民宣慰司剌麻冷真星吉等，邛部長官司把事李侍喬等，前中里縣把事張阿直等，播州宣慰使楊昇弟欽等，湖廣施南宣撫司故土官舍人譚銘等，元馬攔安撫司故土官舍人向英等，尖嶺長官司故土官舍人黄巴備等鈔、綵幣、表裏有差。

——《明宣宗實録》卷四十四《宣德三年六月》，載《明實録》，第11册，第1082頁

（壬午）貴州興隆衛經歷陸昇言："本衛官軍俸糧計二萬餘石，除收四川播州等處税糧支給外，餘於重慶等府支。相去二十八驛，皆高山峻嶺，不通舟楫，每歲差官總支變易物貨回衛給與官軍，所得十不及一。本衛去湖廣偏橋、鎮遠二衛，陸行止一百二十里，即通舟楫，下至沅州、辰州才十一驛。俸糧乞於彼支給爲便。"命行在户部議行之。

——《明宣宗實録》卷四十六《宣德三年八月》，載《明實録》，第11册，1116~1117頁

（癸卯）四川播州宣慰使楊昇遣長官馮添祺，陝西秦安縣番僧也失領占等貢馬。

——《明宣宗實録》卷五十三《宣德四年四月》，載《明實録》，第11册，第1286頁

（己未）賜四川播州宣慰司土官長官馮添祺、陝西秦安縣番僧也失領占等鈔、

綵幣、表裏有差。

——《明宣宗實録》卷五十四《宣德四年五月》，載《明實録》，第11册，第1295頁

癸巳，四川播州宣慰使楊昇遣侄九成貢馬。

——《明宣宗實録》卷五十五《宣德四年六月》，載《明實録》，第11册，第1316頁

辛丑，賜四川播州宣慰使楊昇侄九成等鈔、文錦、綵幣、表裏有差。

——《明宣宗實録》卷五十五《宣德四年六月》，載《明實録》，第11册，第1324頁

乙丑，貴州宣慰使安中遣舍人安此，四川播州宣慰使楊欽遣長官李欽，廣西鎮安府土官知府岑永壽遣頭目岑昔等，來朝貢馬及金銀器皿方物。

——《明宣宗實録》卷六十四《宣德五年三月》，載《明實録》，第11册，第1517頁

壬午，賜貴州宣慰司舍人安此等，四川播州宣慰司長官李欽等，廣西鎮安府頭目岑昔等鈔、彩幣、表裏及絹有差。

——《明宣宗實録》卷六十五《宣德五年四月》，載《明實録》，第11册，第1537頁

己亥，朝鮮國王李祹遣陪臣朴信生、貴州宣慰使安中遣把事袁英、四川播州宣慰使楊昇遣副長官陳恕、陝西鞏昌府剌麻高僧工葛堅贊等進馬及方物，賀萬壽聖節。

——《明宣宗實録》卷七十六《宣德六年二月》，載《明實録》，第12册，1755~1756頁

丁未，賜朝鮮國使臣朴信生等，貴州宣慰司把事袁英等，四川播州宣慰司副長官陳恕等，陝西鞏昌府剌麻工葛堅贊等，毛憐衛土官都督僉事撒滿答失里等九十九人鈔、彩幣、表裏、金織襲衣有差。

——《明宣宗實録》卷七十六《宣德六年二月》，載《明實録》，第12册，1765~1766頁

（壬寅）四川播州草塘安撫司所屬穀撒等四十一寨蠻長箇常徒等作亂，聚衆二千餘人，將攻牛場、乾溪等堡。事聞，敕總兵官都督陳懷遣人撫諭，如其不從，發兵剿之。

——《明宣宗實録》卷八十七《宣德七年二月》，載《明實録》，第12册，第2002頁

丙寅，四川播州宣慰使楊昇遣侄忠、雲南江川縣土民李實等來朝貢馬。

——《明宣宗實録》卷八十八《宣德七年三月》，載《明實録》，第12册，第2026頁

乙亥，賜四川鹽井衛土官舍人阿白、播州宣慰司舍人楊忠、雲南江川縣土民李實等鈔、錦綺、綵幣表裏有差。

——《明宣宗實録》卷八十八《宣德七年三月》，載《明實録》，第12册，第2031頁

（己亥）四川總兵官都督陳懷奏，播州草塘安撫司所屬穀撒等四十一寨蠻長箇常徒等，皆招撫復業。上謂行在兵部尚書許廓等曰："蠻人亦好生惡死，彼其梗化，必有所激，宜令所在官司寬撫之。"

——《明宣宗實録》卷八十九《宣德七年四月》，載《明實録》，第12册，第2040頁

（戊戌）履平又奏："貴州僻在西南，地連雲南、廣西，密邇辰、靖、中播，中率諸種夷貊，外悉嚚悍生苗，但宜示之兵威，未可繩以刑憲。"

——《明宣宗實録》卷九十七《宣德七年十二月》，載《明實録》，第12册，2189~2190頁

（壬辰）四川播州宣慰使楊昇遣副使楊昆、東川軍民府土官攝管遣叔阿圭、廣西思明府土官知府黄堈遣族人黄趙良、泰寧等衛韃官都督僉事脱火赤遣指揮僉事可赤哈等來朝貢馬。

——《明宣宗實録》卷九十九《宣德八年二月》，載《明實録》，第12册，第2222頁

（乙巳）賜泰寧等衛達官指揮僉事可赤哈等五十七人，四川東川軍民府土官叔阿圭等，播州宣慰司土官副使楊昌建等，廣西思明府土官族人黄趙良等，鈔、彩幣、

絹布及金織襲衣。

——《明宣宗實録》卷九十九《宣德八年二月》，載《明實録》，第12册，第2228頁

（壬申）四川總兵官都督陳懷奏：番蠻叛服不常，請調陝西官軍進討，於四川起軍民運糧餉。上重惜人力，敕懷遠京師，别敕參將都指揮蔣貴，曰："興師動衆，古人所慎，今專以命爾，爾宜熟計，果番蠻帖服，則擇所領壯兵守備，而以其老弱運糧，庶幾省費；果復猖獗，必須用兵，則於四川行都司、貴州都司、播州宣慰司量調進剿，事平即遣還，毋令久勞役也。"

——《明宣宗實録》卷一百二《宣德八年五月》，載《明實録》，第12册，第2286頁

（二月）戊辰，四川播州宣慰使楊昇遣長官楊威、湖廣散毛宣撫司僉事于斌遣把事秦阿送、嘉河衛野人乃剌禿遣頭目卜顔禿等來朝貢馬。

——《明宣宗實録》卷一百八《宣德九年正月至二月》，載《明實録》，第12册，第2426頁

（己丑）賜四川播州宣慰司長官楊威、湖廣散毛宣撫司把事秦阿送、雲南馬龍他郎甸長官司故土官舍人普寧等鈔、幣有差。

——《明宣宗實録》卷一百九《宣德九年三月》，載《明實録》，第12册，2446~2447頁

（五月己卯）行在刑部奏貴州納米贖罪事例。時貴州按察使應履平言："貴州所轄地方，悉是蠻夷，刀耕火種，納糧不多；軍衛屯田，儲積亦少，官倉所貯，不支半年。雖四川播州等處、重慶等府轉輸饋給，不能依期而至。且累年逋負甚多，請敕刑部凡貴州三司并所屬官吏、軍民，除真犯死罪、强盜不在贖例，其餘笞杖、徒流、雜犯死罪，依在京事例減輕，納米於本處官倉贖罪，不分軍民職官，就令發落，仍具奏擬罪名贖納米數，備送上司，候積米三年之上，仍依常例論斷。"

——《明宣宗實録》卷一百十《宣德九年四月至五月》，載《明實録》，第12册，2476~2477頁

（九月丁丑）貴州都司奏：貴州宣慰司所管谷王舟等六寨，乖西蠻夷長官司所管十四坪、崖底等十三寨及四川播州草塘安撫司留坪等處苗賊數聚出劫，殺虜人口，搶掠馬牛，燒毁房屋。上敕總兵官都督蕭授及貴州三司，各遣官體覆撫諭，若終不

服，調兵剿之。

——《明宣宗實録》卷一百十二《宣德九年八月至九月》，載《明實録》，第 12 冊，第 2529 頁

明英宗實録

(甲寅) 凉州等衛、回回指揮男罕馬力丁、女直舍人剳剌禿等，四川播州宣慰司、貴州新化蠻夷長官司俱遣人來朝貢馬，賜綵幣等物有差。

——《明英宗實録》卷二《宣德十年二月》，載《明實録》，第 13 冊，第 52 頁

丁酉，四川播州宣慰使楊昇遣人，并天全六番故招討使男高鳳來朝貢馬，賜綵幣等物。

——《明英宗實録》卷七《宣德十年七月》，載《明實録》，第 13 冊，第 145 頁

癸亥，雲南騰衝衛守禦千户所土官汪智、四川平茶洞長官司土官楊通衡、湖廣九溪衛桑植安撫司土官黄潮端、四川播州宣慰司安撫猶恭、雲南瀾滄北勝州土官高瑛、貴州普定衛慕役長官司土官杜宣俱來朝貢馬，賜綵、幣等物有差。

——《明英宗實録》卷十二《宣德十年十二月》，載《明實録》，第 13 冊，第 226 頁

戊寅，四川播州宣慰使楊昇遣長官楊勝宗等，并哈剌孩等衛女直指揮吉列兒等，嘔罕河衛女直指揮脱因托、兀者前等衛女直指揮阿剌禿等各來朝貢鷹、馬及方物，賜宴并賜綵、幣等物有差。

——《明英宗實録》卷二十五《正統元年十二月》，載《明實録》，第 13 冊，第 500 頁

壬寅，四川播州宣慰使司土官宣慰使楊昇遣子綱，石城衛女直舍人苦女等，陝西秦州衛黎芽簇番僧多爾只韋占等俱來朝貢馬，賜綵幣等物有差。

——《明英宗實録》卷三十八《正統三年正月》，載《明實録》，第 14 冊，第 738 頁

(丁未) 命四川播州宣慰使司宣慰使楊昇孫炯代職。

——《明英宗實録》卷三十八《正統三年正月》，載《明實録》，第14册，第742頁

己丑，四川播州宣慰使司土官宣慰使楊炯遣安撫宋忠誠，并東寧衛寄住達官指揮舍人牙令哈、撒只剌河衛女直指揮脱因不花等俱來朝貢馬，賜宴并賜綵、幣等物有差。

——《明英宗實録》卷四十八《正統三年十一月》，載《明實録》，第14册，第928頁

辛丑，四川播州宣慰使司土官宣慰使楊炯、朵顔衛千户倚速歹兒各遣人來朝貢馬，賜宴并賜襲衣、綵、幣等物有差。

——《明英宗實録》卷五十四《正統四年四月》，載《明實録》，第14册，第1045頁

己亥，四川播州宣慰使司遣長官夏大成，并鹽井衛畢直蘆把事克的、陝西臨洮府番僧剌麻著吉藏卜、四川番僧寨首林占王匹、陝西涼州番僧曷薩室哩、臨洮府剌麻班麻堅參等，俱來朝貢馬及銅佛像、舍利子，賜綵、幣等物有差。

——《明英宗實録》卷六十二《正統四年十二月》，載《明實録》，第14册，第1190頁

（丙辰）革四川播州宣慰使司長官司茶倉，以本司茶課折收鈔故也。

——《明英宗實録》卷六十五《正統五年三月》，載《明實録》，第14册，第1247頁

戊申，朵顔衛都指揮倒斤遣指揮把孫，泰寧衛都指揮脱火赤，福餘衛都指揮影赤不花男秃兒兀史，遼東安樂州達官指揮僉事阿里、千户忽法提，自在州達官指揮僉事你都，四川播州宣慰使楊炯遣長官韓仁壽等俱來朝貢馬及方物，賜宴并賜綵幣等物有差。

——《明英宗實録》卷七十三《正統五年十一月》，載《明實録》，第14册，第1412頁

丁卯，四川播州宣慰使司土官舍人楊綱等來朝貢馬，賜絨錦、綵幣、鈔錠有差。

戊辰，命四川播州宣尉使司故宣慰使楊炯叔綱襲職。

——《明英宗實録》卷八十《正統六年六月》，載《明實録》，第 15 册，第 1582 頁

(辛巳) 行在户部員外郎高佑奏："四川重慶府巴縣及播州宣慰使司，每歲定撥税糧一萬餘石，運赴貴州供給軍士，路遠艱難，乞將應撥糧米折收銀布運去，給軍爲便。又貴州思南府土民接連湖廣鎮遠等衛，屯軍相參居住，屯田舊無丈量文册，致土民得以昏占。乞敕風憲官一員，躬親畎畝，逐一丈量，明白其數於官庶，使田無欺隱，邊衛有儲。又貴州、雲南二都司并各衛所軍職官員，不思保障軍民，科歛土官土民財物，以致逼迫非爲，乞加禁約。"事下行在户部議，悉從之。

——《明英宗實録》卷八十四《正統六年十月》，載《明實録》，第 15 册，第 1676 頁

己未，四川播州宣慰使司遣長官張瑾，貴州安順州等衙門遣把事阿遨，鹽井衛土官舍人八八剌麻等貢馬及方物，賜絹鈔如例。

——《明英宗實録》卷八十五《正統六年十一月》，載《明實録》，第 15 册，第 1712 頁

戊辰，賜貴安順州等衙門把事阿遨，四川鹽井衛已故土官千户八的抄孫男八剌麻，播州宣慰使司長官張瑾等鈔錠、綵、幣表裹有差，瑾過期到京，如例減半。

——《明英宗實録》卷八十六《正統六年閏十一月》，載《明實録》，第 15 册，第 1716 頁

戊戌，四川播州宣慰使楊剛〈綱〉等貢馬，賜鈔、錦、綺綵表裹有差。

——《明英宗實録》卷九十三《正統七年六月》，載《明實録》，第 15 册，第 1878 頁

(丙辰) 賜四川播州宣慰使楊綱誥命。

——《明英宗實録》卷九十三《正統七年六月》，載《明實録》，第 15 册，第 1885 頁

甲子，四川播州宣慰司，并廣西龍英州遣長官楊鎮等貢馬。

——《明英宗實録》卷九十八《正統七年十一月》，載《明實録》，第 15 册，第 1969 頁

（己卯）貴州都指揮同知張鋭等奏："本處接連夷境，征調缺馬，請將四川、貴州土官襲替進貢馬匹給與旗軍領養、騎操，以備徵調。其東川、芒部、烏蒙、烏撒、永寧宣撫司等處馬匹，給與附近赤水、永寧、烏撒、畢節、普安、安南、普市七衛所。播州、貴州二宣慰司，思南等府，金筑安撫貴竹等處長官司馬匹，給與興隆等一十三衛所，實爲軍民兩便。"從之。

——《明英宗實録》卷一百十二《正統九年正月》，載《明實録》，第15册，第2264頁

甲辰，四川播州宣慰司宣慰使楊綱、雲南緬甸宣慰司宣慰男卜剌浪馬哈省以速剌、貴州宣慰司宣慰使安隴富各遣人貢馬及方物，賜綵、幣等物有差。

——《明英宗實録》卷一百十七《正統九年六月》，載《明實録》，第16册，第2372頁

癸丑，四川播州宣慰使楊綱遣侄銘等貢馬，賜鈔、綵段、絹布有差。

——《明英宗實録》卷一百十八《正統九年七月》，載《明實録》，第16册，第2377頁

（丙戌）亦兒古里衛女直指揮阿納忽，并四川播州宣慰使楊綱遣副長官陳昂等，來朝貢馬、駝，賜宴并綵、幣表裹等物。

——《明英宗實録》卷一百三十五《正統十年十一月》，載《明實録》，第16册，2684~2685頁

庚寅，四川播州宣慰司宣慰使楊綱遣人貢馬，賀萬壽聖節，賜以鈔幣。

——《明英宗實録》卷一百七十二《正統十三年十一月》，載《明實録》，第17册，第3306頁

（壬子）四川播州宣慰使楊綱老疾，以其子輝代之。

——《明英宗實録》卷一百七十七《正統十四年四月》，載《明實録》，第17册，第3409頁

（癸未）貴州參將都指揮同知郭瑛奏："鎮遠等府，洪江等處苗頭苗金台等，糾集苗類，僞稱'順天王'等號，敵殺官軍，攻圍城堡。四川播州所屬翁谷龍等寨苗僚亦相扇作惡，延蔓侵掠。緣貴州都司衛所官軍數少，捍禦不敷，乞敕四川、湖廣二都司各調官軍并土軍，前來會同剿殺。"上命兵部馳文與郭瑛、張善及四川三司，

各率所部官軍亟往會勦，若再稽延推調，必置諸重典，官軍有功者升賞，退縮者以軍法處治，毋事姑息。

——《明英宗實録》卷一百七十八《正統十四年五月》，載《明實録》，第17册，3430~3431頁

癸卯，雲南右参議陳鑑初爲監察御史，巡按貴州，奏以四川播州安撫司并隸貴州。兵部劾逮法司，論變亂舊章，當斬。從之。

——《明英宗實録》卷一百七十八《正統十四年五月》，載《明實録》，第17册，3445~3446頁

（甲戌）令升四川成都前衛指揮同知陳貴署都指揮僉事，仍於播州地方勦捕苗賊。

——《明英宗實録》卷一百八十一《正統十四年八月》，載《明實録》，第17册，3529~3530頁

（丁丑）征南總兵官都督宫聚言："苗賊滋蔓，西至貴州龍里衛，東至湖廣沅州衛，北至湖廣武崗州，南至四川播州地界。夷衆不下二十餘萬，俱已叛逆，圍困貴州、湖廣所屬地方。臣所領官軍不及二萬，累遇賊阻，即行對敵，以故不能急解平越之圍，罪當萬死，乞調京兵五千、達軍一千，并南京、雲南原征麓川官軍十萬，前來征勦，仍命四川、湖廣添運糧儲。"王令兵部會多官計議以聞。

——《明英宗實録》卷一百八十一《正統十四年八月》，載《明實録》，第17册，3535~3536頁

（甲寅）命遼東都指揮僉事劉深充參將，往播州調官軍土兵勦賊。

——《明英宗實録》卷一百八十六《正統十四年十二月》，載《明實録》，第17册，第3720頁

（癸未）巡按四川監察御史成始終奏："四川都司官軍已調撥二萬二千六百人往貴州、播州聽調殺賊，其所屬一十四衛各城池關堡，見在官軍止有一千六百餘人，宜留守城，不必再調。"從之。

——《明英宗實録》卷一百八十九《景泰元年二月》，載《明實録》，第17册，第3874頁

（癸酉）巡撫四川右僉都御史李匡奏："比奉敕俾録詔書，備榜撫諭播州苗民。

緣無印信，苗民致疑，乞給巡撫印。”從之。

——《明英宗實録》卷二百一《景泰二年三月》，載《明實録》，第18册，第4274頁

（丙戌）巡按貴州監察御史汪琰奏：“貴州所屬，累被苗賊劫掠，軍民不得耕種，米價騰湧，乞出榜曉諭湖廣、四川、雲南各處州縣吏典并殷實軍民之家，有能自備糧米一百石，湖廣運至鎮遠府，四川運至播州，雲南運至普安州，完日，吏典冠帶辦事，依資格出身，軍民就彼冠帶，以榮終身。”從之。

——《明英宗實録》卷二百一《景泰二年三月》，載《明實録》，第18册，第4298頁

（辛亥）刑部左侍郎羅綺奏：“臣奉命於四川督運糧儲二十萬，往貴州餉軍，切見四川之民勞瘁已極。請先令挽運十萬，其他宜别區畫，欲令各司典吏，有能運米七十石赴播州，或運三十石赴貴州者，送吏部授以冠帶，照資格選用。軍民能如例運米者，授以冠帶，俾榮終身。文臣無贓犯者，運米二十石赴貴州，給與誥敕。僧道赴彼，納米五石者，給與度牒。外境客商，年久潛住四川者，各令運米一石赴播州。四川各司收參、知印、承差、典吏，及起送陰陽、醫生、僧道赴部者，俱令納米、運米有差。文臣犯罪者，除有贓解京，其他悉令運米贖罪。自成都府支米運赴播州者，雜犯死罪二十五石，三流二十石，徒三年十八石，餘四等遞減二石，杖五等俱八石，笞五等俱六石。自重慶府運至貴州者，雜犯死罪十八石，三流十六石，徒五等遞減二石，杖四石，笞二石。”從之。

——《明英宗實録》卷二百六《景泰二年七月》，載《明實録》，第18册，第4422頁

（戊子）四川播州宣慰使司揚〈楊〉等，湖廣、貴州所管轄臻剖、五岔等處苗賊，糾合本司所屬草塘、江渡、苗羢、黄龍、韋保等，殺害官民，流劫人財，雖令招撫，仍復叛逆。乞調兵剿殺，以除民患。奉上命，貴州總督、總兵官等，右都御史王來保、定伯、梁瑶等，會同四川巡撫左僉都御史李匡等隨宜招撫剿滅。

——《明英宗實録》卷二百十三《景泰三年二月》，載《明實録》，第18册，第4595頁

（戊辰）鎮守四川奉御陳涓奏：“巡撫僉都御史李匡，立心奸險，處事多私，擅作威福，肆行欺罔。憑播州宣慰司舍人楊欽，取出苗賊所虜軍民、子女五十餘口，

各分入已，勒要土官、土軍金銀一千五百餘兩。”事下兵部，覆奏：“先已奉旨取匡，回京別用，宜遣人通行提問。詔姑免提問，俟匡到京劾奏。”

——《明英宗實録》卷二百十九《景泰三年八月》，載《明實録》，第18册，第4729頁

（壬戌）提督松潘軍務、刑部左侍郎羅綺等奏：“董卜、韓胡於松潘迤西後門，欲立碉房，差人守把，實有覬覦之心。臣與鎮守松潘都指揮同知周貴議，調龍州宣撫司土兵一千五百名，赴松潘操練以待，又將四川征進貴、潘〈播〉官軍，調二千員名來備冬，然恐糧儲不足。今與右參議張如宗查得，四川鹽課提舉司景泰四年鹽一十九萬九千餘引，未曾開中。乞敕該部備榜，召商中納糧米，宜定則例。上流、華池二鹽課司上井鹽一萬六千餘引，兼黄市、澮井二鹽課司下井鹽七千六百餘引，每引米四斗五升。通海、新羅、永通三鹽課司上井鹽二萬五千餘引，兼雲安、羅泉二鹽課司下井鹽一萬八千餘引，每引米四斗。富興、富義、廣福三鹽課司上井鹽二萬五千餘引，兼仙泉、郁山、大寧三鹽課司下井鹽一萬五千餘引，每引米三斗五升。”事下户部，覆奏，從之。

——《明英宗實録》卷二百二十一《景泰三年閏九月》，載《明實録》，第19册，4778~4779頁

（壬戌）户部奏：“四川都司、布政司，及所屬府縣掌印管糧官，不以邊儲爲重，應起運貴、播等州秋糧，負欠三十三萬有奇，請住俸完糧。”從之。

——《明英宗實録》卷二百二十三《景泰三年十一月》，載《明實録》，第19册，第4820頁

（癸未）逮巡撫四川左僉都御史李匡下獄。初四川鎮守内官陳涓，銜匡行事不與謀，遂同三司交疏匡爲播州反賊詒以講和，遂致其愈肆劫掠；索都指揮徐海賂不得，削海部伍；收被虜子女逾五十人，勒取土官金銀累千百兩；草塘戰敗，妄以功報。於是徵匡至京，少保兼兵部尚書于謙，六科十三道交章劾匡素行不矜，弄權舞智，旁若無人，三法司鞫之。匡具伏，但不伏貪污罪，命錮之刑部，而移文兵部右侍郎李賢覆焉。時賢考官於四川也。

——《明英宗實録》卷二百二十三《景泰三年十一月》，載《明實録》，第19册，第4841頁

己丑，户部郎中徐敬奏：“播州被賊竊擾，官軍剿捕必用糧餉。緣今四川之民，財殫力乏。乞以前所停納米參吏等例，仍復擬數，出榜召人上納爲便。事下户部，

言宜准其請。移文四川布政司，令吏典、軍民人等，能備粮米七十石到播州，三十石到貴州者，冠帶；文官退非贓罪，欲請給誥敕者，二十石；僧道欲給度牒者，五石；收參知印鹽課提舉司司吏一百石；都、行、布、按四司承差八十石；都、布二司吏典五十石；役滿升參通吏三十石；令史二十石；理問所、斷事司、廣濟庫、各鹽課司、税課局，及叙、重、夔三府，嘉、瀘、忠三州，并萬縣七遞運所，武寧、臨江二巡檢司典吏四十石；升參司吏二十石；府州縣司典五十石；陰陽、醫士、僧道起送部冠帶授職者，一百石；收役陰陽、醫生一十石；俱自備米赴播州缺糧倉分交納。然路有遠近，粮有貴賤，或增或減，俱聽本司會同郎中徐敬及都、按二司官酌量民情以行。”從之。

——《明英宗實録》卷二百三十《景泰四年六月》，載《明實録》，第 19 册，5020~5021 頁

（甲申）四川播州宣慰司土官宣慰使楊輝遣辦事長官趙暹、烏思藏剌麻番僧綽劄等，來朝貢馬，賜綵幣、鈔錠有差。

——《明英宗實録》卷二百三十一《景泰四年七月》，載《明實録》，第 19 册，第 5066 頁

（辛卯）四川草塘苗賊黄龍、韋保僞稱平天大王，聚衆攻劫播州、西坪、黄灘等處屯寨、營堡。貴州提督軍務右僉都御史蔣琳、總兵官都督方瑛率官軍，會四川官軍、土兵進剿，黄龍、韋保據地泡山寨，其叔黄定千僞稱都總兵，據水坪大寨，擊敗之，擒韋保及定千等，盡焚其巢穴。分兵破中潮山及三百羅等寨，其黨族潛伏者，遂搜捕之，賊皆據沿江崖箐抗敵。先克乖西，次克谷種，次克乖立，擒賊首僞王谷蟻汀等，餘寨望風逃遁。凡斬首七千九百六十二級，生擒二百三十八人，追復所虜男婦一千七百三十四人。回軍貴州。械韋保等送京師。

——《明英宗實録》卷二百四十《景泰五年四月》，載《明實録》，第 19 册，5229~5230 頁

甲子，四川藩〈播〉州宣慰使司遣土官令狐昂等貢馬及方物，賜綵幣等物有差。

——《明英宗實録》卷二百四十五《景泰五年九月》，載《明實録》，第 19 册，第 5325 頁

（甲午）巡按四川監察御史徐瑄劾按察司副使歐陽洙，受畏守松潘指揮沈逵囑，調之播州，及逼逵同衛指揮發達私者易其訟牒，爲脱贓罪。洙被旨自陳。都察院奏：

洙所犯不可宥。時洙已聞喪，歸江西和泰縣，會江西巡按御史逮治之。

——《明英宗實録》卷二百四十六《景泰五年十月》，載《明實録》，第19册，第5340頁

壬子，命給四川、重慶等府僧胡德心等二百四十人度牒，以各僧遵例輸米播州邊倉以足軍餉也。

癸丑，四川龍州宣武〈撫〉司土官知事康進忠、播州宣慰使司土官同知羅昱遣長官都忠，并廣東肇慶府陽江縣猺首陳樹信等，來朝貢馬及方物，賜綵段表裹、絹紗有差。

——《明英宗實録》卷二百七十一《景泰七年十月》，載《明實録》，第20册，第5743頁

（乙巳）命四川播州黄平安撫司安撫羅儁子贇代職。

——《明英宗實録》卷二百七十七《天順元年四月》，載《明實録》，第20册，第5909頁

（辛巳）四川播州宣慰司宣慰使楊輝遣長官夏琛等、弗提等衛野人女直都督長安奴等、建州左等衛野人女直都督李滿住等、泰寧等都督僉事革干帖木兒等遣指揮苦出兀兒等、朵顔等衛千户俺克帖木兒等，來朝貢馬，賜宴并綵幣表裹、襲衣等物有差。

——《明英宗實録》卷二百八十六《天順元年四月》，載《明實録》，第20册，第6129頁

癸酉，敕湖廣、貴州總兵官南和侯方瑛等："得奏東苗十三番賊首干把猪等僭〈僭〉稱僞號，攻劫都匀等處，已敕雲南、四川都司及蜀府，各調原征官軍來爾處聽調，復命右副都御史白圭贊理軍務，爾等即將所在官軍及量調湖廣、貴州并播州等處原調官軍、土兵，嚴督操練，候各處軍馬至日一同進剿，或分或合，相機取勝，克期殄滅，以除邊患。"

——《明英宗實録》卷二百九十《天順二年四月》，載《明實録》，第20册，6198~6199頁

己亥，敕諭湖廣永順宣慰司宣慰使彭世雄，保靖宣慰司宣慰使彭舍怕俾，貴州宣慰司宣慰使安隴富，四川播州宣慰司宣慰使楊輝，四川酉陽宣撫司宣撫冉庭甫、僉事冉庭章，貴州金筑安撫司舍人金洳，曰：近因貴州東苗醜類負固據險，

僭稱僞號，聚衆截路，攻劫城堡，已命鎮守湖廣、貴州總兵官南和侯方瑛等調集大軍，克期進剿，以除邊患。敕至，爾等即便選集精壯土兵，各帶器械，躬親統率，或委的當頭目管領，前赴方瑛等處聽調殺賊，不許延緩誤事。有功之日，重加升賞，賊平之後，即放寧家。朕復念爾累效忠勤，特賜銀兩、綵叚表裏，至，可領也。

——《明英宗實録》卷二百九十三《天順二年七月》，載《明實録》，第 20 册，6259~6260 頁

（辛卯）直隸、寧國、蘇州、松江、太倉、四川、重慶、順慶、瀘等府州衛，播州宣慰使司各奏：五月、六月不雨。直隸廣平府奏：今夏淫雨，河決。陝西行都司奏：今夏多雨，初秋早霜，禾稼傷損，租税無徵。命户部覆視以聞。

——《明英宗實録》卷三百九《天順三年十一月》，載《明實録》，第 21 册，第 6496 頁

（壬寅）吏部言："四川播州宣慰司、餘慶長官司等衙門土人頭目劉寬等朝覲失期後至，當論罪。"上以夷人，置不問。

——《明英宗實録》卷三百十一《天順四年正月》，載《明實録》，第 21 册，第 6535 頁

丙午朔，四川播州宣慰使司宣慰使楊輝遣長官張欽貢馬，賜綵幣等物。

——《明英宗實録》卷三百十六《天順四年六月》，載《明實録》，第 21 册，第 6597 頁

（戊申）朝鮮國王李瑈遣陪臣李皎然等，哈密等地面遣使臣陝西丁等，朵顏等衛都督僉事阿兒乞蠻等遣指揮忽倫失等，建州右衛野人女直都指揮李吾哈等，八答黑商地面馬哈麻王遣使臣迷兒土蠻哈只答剌罕等，四川天全六番招討使司把事何伯春等，播州宣慰司宣慰使楊輝遣長官楊勝宗等各來朝，貢馬及方物，賜宴并綵幣表裏等物有差。

——《明英宗實録》卷三百二十四《天順四年六月》，載《明實録》，第 21 册，第 6704 頁

（戊午）兵部奏："松潘地方與陝西、貴、播、雲南、四川邊境相接，番苗雜處，又密邇董卜、韓胡，最爲要害。況今賊情警急，而參將、都指揮使周貴一人獨任，乞簡命智勇老練、威望素著武臣充副總兵，同貴鎮守，庶幾邊務有濟。"於是

大臣共薦南京左軍都督同知許貴材堪委任，命徵貴來京。

——《明英宗實録》卷三百三十四《天順五年十一月》，載《明實録》，第 21 册，6840~6841 頁

明憲宗實録

（壬午）四川播州宣慰使司宣慰使楊輝遣長官程善等，貴州上馬橋長官司長官方勇等遣頭目谷朝等，各來朝貢馬，賜綵叚等物有差。

——《明憲宗實録》卷三十《成化二年五月》，載《明實録》，第 22 册，第 597 頁

（己巳）國子監學録黄明善陳征剿夷寇事宜："一宋時多剛縣夷爲寇，用白艻子兵破之。白艻子者，即今之民壯。多剛縣者，即今之都掌多剛寨也。前代用鄉兵平夷，既有明效，今宜選熟知道路、識達民隱官一員，馳驛赴彼，招募民壯，協助官軍。有功者，依例升賞；無功者，仍復爲民。則壯士争奮矣。一都掌所種水稻至十月大熟，若夷人收穀上寨，則難於圍困。今宜差官督兵，速赴江安等縣，取其田禾，則不過三月間，可使蠻賊爲餒鬼矣。一大軍宜分三路：南路從金鵝池進攻大壩；中路從戎縣進攻箐前；北路從高縣進攻都掌。凡小寨易攻者，先取之，則大寨亦從而破矣。一大壩南百餘里爲芒部軍民府界，西南二百余里爲烏蒙軍民府界。宜急頒敕二府土官，嚴守地方，毋黨惡助奸，且量撥官軍，截其險要。一夷人素無差徭，止納税糧。今募民壯，及差通事入寨，絶不宜用戎縣一人在内，恐其漏泄軍機，沮壞兵務。一夷人所據高崖峭壁，雖有火器，難於施用。今宜用毒毬行烟藥矢，以攻其寨。毒毬所熏，口眼出血。行烟所向，咫尺莫辨。順風而燒，自下而上，則寨門不守，大軍可上矣。烏頭藥箭，以射虎豹，中之即死，夔州、保寧等府皆善造之，今宜募工造用。一播州、天全、永寧、芒部、烏蒙、烏撒、東川諸土官，皆常調用，邇來總戎者處置失宜，多致推調減少。今宜齎敕獎諭，俾其加倍進兵，躬聽調約。一戎縣附近高、珙、筠連、慶符、長寧五縣，俱有夷人，未嘗出没。今五縣民快，既爲鄉導，而夷人有能效力助軍者，一體紀功，且寬賦役，以致其力。"奏上，命行總兵等官參用之。

——《明憲宗實録》卷四十四《成化三年七月》，載《明實録》，第 23 册，902~904 頁

癸未，四川播州宣慰使司宣慰使楊輝遣頭目趙景等，天全六番招討使司招討使高文林遣舍人高玉明等，龍州宣撫司土官舍人王鉞及明月關土官巡检王永政，雲南

湾甸州土官舍人景拙法遣陶孟刀、胡猛等，孟養地方思洪發遣陶刀、白蠻等，各來朝，貢象馬并金銀器皿，賜宴并衣服、綵段等物有差。

——《明憲宗實録》卷六十二《成化五年正月》，載《明實録》，第23册，1275~1276頁

（癸卯）南京右军都督僉事张锐卒。锐，临淮县人，袭世职保定前衛指挥使。宣德三年，随征迤北，升都指挥僉事，寻陞都指挥同知。正统十三年，充右参将，征雲南。景泰中，征播州、草塘等處有功，累升都督僉事。至是卒，遣官祭葬如例。子溥袭原衛指挥使。

——《明憲宗實録》卷七十三《成化五年十一月》，載《明實録》，第23册，第1418頁

（己丑）敕責貴州鎮守總兵等官并四川鎮守巡撫等官，令撫捕苗賊，以播州賊齎果等累歲爲患也。

——《明憲宗實録》卷一百三十二《成化十年八月》，載《明實録》，第25册，第2489頁

（戊寅）四川播州宣慰使楊輝奏准赴京朝貢。巡撫都御史夏塤等會議："播州地連諸夷，輝專守土，難以遠離。"輝復具請，事下禮部覆奏。上曰："既巡撫官議留，不必朝貢。"

四川播州宣慰使司遣長官張淵等，石砫宣撫司遣舍人陳剛等，貴州宣慰使司金石番等，長官司遣頭目吴永總等，廣東龍川縣撫瑶人黄潮忠等，各來朝貢馬及方物，賜綵段表裹等物有差。

——《明憲宗實録》卷一百三十三《成化十年九月》，載《明實録》，第25册，第2510頁

（戊申）四川播州宣慰使楊輝，貴州宣慰使安貴榮，廣西思恩軍民府并田州等府，龍州宣撫司土官知府岑璲等各遣人來朝貢馬及銀器，賜綵等物有差。

——《明憲宗實録》卷一百三十八《成化十一年二月》，載《明實録》，第25册，第2593頁

（壬午）命四川播州宣慰使楊輝子愛襲父職。舊制，土官襲職，必先三司按實，奏請而後許。正統末，苗蠻聚衆寇邊，時輝父綱不任職，朝廷因土官安撫猶恭等請，特命輝越制襲職。至是，土官同知羅宏奏輝有疾，欲援例令愛就彼襲職。兵部以其

夷人，宜俯順所請。上乃命愛襲職，仍敕愛與宏率土兵從總兵官剿賊。

——《明憲宗實録》卷一百四十二《成化十一年六月》，載《明實録》，第25册，第2636頁

壬申，四川播州致仕宣慰使楊輝遣長官蔣信等，雲南孟璉長官司土官舍人招哀遣頭目罕賓等，各來朝貢馬并銀器，賜綵段、寶鈔有差。

——《明憲宗實録》卷一百四十九《成化十二年正月》，載《明實録》，第25册，2730~2731頁

癸丑，敕巡撫四川右副都御史張瓚撫捕播州苗賊，起播州致仕宣慰使楊輝暫管事。先是輝等奏：所屬天壩、干地五十三寨，及重安長官司灣溪等寨，屢被苗蠻占據，乞令湖廣、貴州移軍征之。事下兵部，請敕鎮守巡撫等官勘報。至是報至，如輝等言，但輝已致仕，其子宣慰愛年幼，不堪重寄，請起輝，俾選調本司土兵，俟湖廣、貴州征剿諸苗之際，相機夾擊。兵部覆奏："以爲輝土官，難獨任，宜敕右副都御史張瓚親至播州理其事，并敕輝暫起土兵，振揚威武，遣人諭賊，俾還占據之地，若不從命，進兵討之。調度方略，悉聽瓚裁處。"從之。

——《明憲宗實録》卷一百五十一《成化十二年三月》，載《明實録》，第25册，2758~2759頁

（丙申）四川播州宣慰使楊愛遣長官鄭旭等，芒部軍民府土官舍人隴慰遣把事阿體等，貴州宣慰使安貴榮遣把事陳昂等各來朝貢馬，賜綵段、絹鈔有差。

——《明憲宗實録》卷一百六十《成化十二年十二月》，載《明實録》，第25册，第2941頁

（戊戌）設四川安寧宣撫司并懷遠、宣化二長官司，以二司隸安寧，屬播州宣慰使司管轄，從巡撫都御史張瓚等議也。

——《明憲宗實録》卷一百六十二《成化十三年二月》，載《明實録》，第25册，第2963頁

（辛丑）升貴州總兵官都指揮同知吴經爲右軍署都督僉事。先是，四川播州宣慰司楊輝等奏："經在貴州得邊夷心，乞升京秩。"兵科給事中參駁，以爲經品秩已崇，而爲土官所保，必有營謀之弊事，遂寢。至是，巡按貴州御史吴祚復奏保之，事下兵部議，以爲兵科之駁爲名器惜，而祚等之奏爲地方計。乞自聖裁，故有是命。經，吴綬之兄也。

——《明憲宗實録》卷一百六十九《成化十三年八月》，載《明實録》，第 25 册，第 3057 頁

（壬申）初議建播州安寧宣撫司，懷遠、宣化二長官司，靖南、龍場二堡，命致仕宣慰使楊輝董其役，輝調度軍兵，益以家丁、土兵人等五千餘衆，起立治所，定委所，屬黄平等司，分甓城垣。至是將畢，輝以聞，因謂各寨苗夷自區畫以來，頗知畏懼，但訖工之日，軍兵必還，蠻性不常，難保無虞。本司額設操守土軍一千五百人，今擬撥守懷遠、靖南、夭漂、龍場各二百人，宣化一百人，安寧八百人，其家屬亦宜徙之同居，以爲固守之計。其工之未畢者，則宜命臣子愛董之，而聽臣致仕如故。詔從之。

——《明憲宗實録》卷一百八十《成化十四年七月》，載《明實録》，第 25 册，3235~3236 頁

辛酉，貴州黑苗齎果等叛，命起致仕播州宣慰使楊輝，會兵討之。先是，輝因夭壩干既平之後，即其近地灣溪，奏立安寧宣撫司。爛土諸夷惡其逼已，至是齎果等既攻陷夭漂、靖南城堡，遂圍安寧宣撫司。時輝子愛襲宣慰未久，力弗能支，求援於川、貴，二鎮各奏至，於是兵部請起輝統播州土兵剿殺，而以川、貴二鎮附近兵爲助。從之。

——《明憲宗實録》卷一百九十四《成化十五年九月》，載《明實録》，第 26 册，第 3420 頁

（庚子）四川播州宣慰使司，湖廣施州衛高羅安撫司，各遣把事人等來朝貢馬，賜綵叚及鈔有差。

巡撫貴州右副都御史陳儼等奏：播州苗賊齎果等轉横，乞調湖廣、四川、廣西附近官軍共五萬五千，克期同會貴州，聽臣等節制，直抵賊巢，以除後患。兵部尚書余子俊等言："賊作於四川，而貴州守臣自欲節制諸軍，恐有邀功之人主之。且四川、湖廣連遭凶荒，豈可重手足而輕腹心。興師五萬，以三月計之，則用軍儲六萬七千五百石；以半年計之，則用一十三萬五千石。況兩藩山路、舟楫不通，肩擔背負，必得二十七萬之衆。俟其運至，則天時漸熱，瘴癘方盛，此心腹之憂也。"上是其議，令行貴州守臣不得輕率。

——《明憲宗實録》卷一百九十七《成化十五年十一月》，載《明實録》，第 26 册，3467~3468 頁

（辛卯）湖廣保靖軍民宣慰使司，四川播州宣慰使司，貴州卧龍番等長官司，

各遣頭目來朝貢馬及方物，賜綵段等物有差。

——《明憲宗實録》卷兩百九《成化十六年十一月》，載《明實録》，第26册，第3642頁

（癸亥）四川播州土官宣慰使楊愛，貴州土官宣慰使安貴榮，各遣人來朝貢馬，賜綵段、鈔錠有差，仍令齎文錦、綵段，回賜土官。

——《明憲宗實録》卷兩百十二《成化十七年二月》，載《明實録》，第26册，第3692頁

（乙卯）都察院左副都御史張瓚卒。瓚，字宗器，湖廣孝感縣人。正統戊辰進士，授工部主事，歷郎中，升太原知府。丁父憂，改寧波，進廣東布政司參政，浙江布政使。擢右副都御史，巡撫四川，母病，乞歸省，聞卜，守制，起贊畫松潘軍務，既班師乃歸終喪。進户部侍郎，辭弗就。服闋，升左副都御史，總督漕運，兼巡撫鳳陽諸府。至是卒，訃聞，賜葬祭。瓚在部屬有時名，守寧波，嘗條奏中官之監市舶者不法事，聲稱籍然。在廣、浙二藩，名日益損。在四川，處置多乖方，民多怨之。播州宣慰楊輝以所嬖庶長子友不得襲，欲爲之所，乃謀稱夭壩干生苗亂，乞舉兵克平，增置官司控之。瓚爲之請立安寧宣撫司，以友爲宣撫。其實夭壩干初未有亂，亦非克平也。松潘之役，貪功起釁，張大鮮實。總督漕運，率多依違遷就，汲汲惟恐失之。瓚通敏有才幹，遇事優爲，但有市心，不爲君子所與。

——《明憲宗實録》卷兩百十八《成化十七年八月》，載《明實録》，第26册，3774~3775頁

壬寅，四川播州宣慰司，湖廣施州衛，忠孝、大旺、高羅三安撫司，貴州程番府小龍番長官司，各遣人來朝貢馬及方物，賜綵段、絹、鈔有差。

——《明憲宗實録》卷兩百三十四《成化十八年十一月》，載《明實録》，第26册，第3978頁

（壬寅）四川播州宣慰使楊愛，石砫宣撫司宣撫馬徽，貴州金筑安撫金楙，各遣頭目人等來朝。

——《明憲宗實録》卷兩百四十四《成化十九年九月》，載《明實録》，第26册，第4134頁

（壬辰）四川播州土官宣慰使楊愛，廣西鎮安府土官知府岑鉅等，各遣人來朝貢馬及金銀器，賜綵段、鈔錠有差。

——《明憲宗實録》卷兩百五十《成化二十年三月》，載《明實録》，第 27 册，第 4230 頁

（壬子）旌表孝子董謙等二人，節婦閻氏等十人。謙，浙江海寧縣人；孫良，山東聊城縣生員；俱以母没廬墓，并旌表其門，曰孝行。閻氏，直隸東勝右衛軍李本妻；鄭氏，浙江諸暨縣民駱宗迪妻；鍾氏，仁和縣人，兵部司務許敏妻；胡氏，永康縣民應永和妻；朱氏，鄞縣民吕昂妻；田氏，四川播州宣慰使楊炯妻；潘氏，福建閩清縣民謝瓛妻；楊氏，莆田縣民顧文嘉妻；吴氏，山西岢嵐州民張鵬妻；高氏，民許五妻。夫亡，俱守節無玷，并旌表其門，曰貞節。

——《明憲宗實録》卷兩百五十八《成化二十年十一月》，載《明實録》，第 27 册，4364~4365 頁

己丑，四川播州宣慰使司宣慰使楊愛遣白泥正長官楊玉等，貴州宣慰使司宣慰使安貴榮遣舍人安沐等，各來朝貢馬及方物，賜綵叚、寶鈔有差。

——《明憲宗實録》卷兩百七十三《成化二十一年十二月》，載《明實録》，第 27 册，第 4601 頁

戊戌，巡撫貴州右副都御史謝昶等奏："今年二月，苗賊擁衆萬餘，殺掠人畜，焚毁廬舍，占據土田，勢甚猖獗。盖自天順四年以來，據鵝浦等寨五十餘處，迫逐梅花等峒熟苗一百二十餘寨，不辦糧差，殺虜都匀、清平、丹溪等屯堡人畜，不知其數。累嘗請討，蒙令調軍撫捕，因兵少敵衆，未能輕舉。恐日久蔓延，用力愈倍。乞量調四川、湖廣、播州等處近衛官軍、土兵四萬餘人，俟秋成之時，因糧於彼，協力進剿。"仍敕廣西、湖廣鄰境，防其奔突，以除後患。事下兵部，言：蠢爾小夷，殄滅爲易，但恐三軍所至，戮及無辜，宜敕昶等且撫且捕，如必不得已，欲動調大軍，更爲議奏。

——《明憲宗實録》卷兩百七十七《成化二十二年四月》，載《明實録》，第 27 册，4673~4674 頁

（戊戌）遣監察御史鄧庠，兵部員外郎費瑄勘處貴州邊事。時貴州總兵官吴經，巡撫右副都御史謝昶及巡按三司等官各奏："爛土等處苗賊洛道等，負險稔惡，不聽撫諭，比糾衆稱王，置造梯櫃，攻圍舟溪、楊安等堡，敵殺官軍十有餘人。又聲言欲犯都匀、清平諸衛，其勢甚熾，非調兵剿之，則其間熟服夷寨，聞風扇動，貴州一境，難保無虞。乞調辰、沅等衛，并參將彭倫所屬輪戍官軍八千，永順、保靖并兩江口、鎮溪、茅岡等土兵九千，播州土兵五千，期今年九月内，會合剿之。"事

下兵部，謂：“苗賊爲惡，果如經等所奏，固宜討之。但詳審各官近日奏詞，自三月以來，苗所攻者，不過一二寨，所殺者不過一二人，奪掠牛羊及燒毀廬舍，俱不見數目實迹，而傳報苗語，率皆無稽之言。原其釁端，特以天霸干築立城堡之後，互争田土，奪掠人畜之故。未嘗遠入侵犯，而數年以來所司建請征剿章凡數上，今宜遣官至彼，按視審處撫剿之方。”於是命庠、瑄往，賜之敕曰：比貴州守臣奏謂苗賊爲惡，欲增兵致討，事難遥制。特命爾等詣彼，訪察爲惡者何苗？結構種類幾何？被害者何賽〈寨〉，及在我有啟釁之端與否？若止鼠竊犯偷，他無重惡，尚可招撫。即會守臣，宣布恩威利害，聽其改過自新，各安本業，共用太平之福。萬一逆徒執迷不聽撫諭，非痛剿不可，且剿之，保無意外之患。仍檄湖廣、四川鎮守等官，如數調兵，刻期于清平，合力共剿。夫兵，凶器也，用之不可不慎。爾等俱以老成受兹委任，必秉公持廉，上體朝廷好生之心，下念生民煩費之苦，廣詢博采，審度事機，勿據偏詞，輕調大兵，以邀功啟釁。倘致僨事，罪不輕貸，爾等其慎之，重慎之。

既而庠、瑄至貴州，親詣都匀、清平按視，苗實無稱王諸狀，第稍侵我邊田土。而守臣希覬升賞，皆主用兵之議，輒出危語以劫持之。庠、瑄不從，遂招撫苗衆，衆亦知朝廷無剿除之意，各出聽撫諭，歸所侵田土，於是兵不果用。後庠、瑄還奏，因舉參將彭倫知謀老成，乞假以閫外之權，移守偏橋。劾都督吴經、太監張成、守備都指揮王通，不能撫馭之罪。詔從其議，停通俸三月，仍敕責成、經，俾勿怠事。

——《明憲宗實録》卷兩百八十一《成化二十二年八月》，載《明實録》，第 27 册，4748~4750 頁

（乙丑）刑部左侍郎何喬新等，以播州宣慰使楊愛爲其兄宣撫友所奏，奉命往勘。因奏：“播州本古夜郎、牂牁之地。自唐乾符間，太原楊端據之，歷五代宋元，以至聖朝，子孫相承，世襲其職，其敦龐淳固，雖慕華風，而頑獷暴戾，終爲夷俗。今友因家財不均，奏其弟愛奢僭淫暴、妖言等事，命臣等往勘。其情重者，使監候處治。竊惟楊氏，據有播州五百餘年，蠻夷服從久矣，奢僭淫暴之罪，盖或有之，歷代撫以恩信，寬以文法，盖治之以不治也。今欲以友、愛之事勘問具奏，情重者，於本州監候，則獄卒皆其部下，難於防守，使移於重慶府，則道途遼遠，夷人驚疑，日久互相扇誘，恐生他變。宜撫提二人，面對虚實，即省發聽候，免其監禁爲便。”從之。

——《明憲宗實録》卷兩百八十二《成化二十二年九月》，載《明實録》，第 27 册，4780~4781 頁

癸丑，刑部左侍郎何喬新，錦衣衛指揮劉綱勘奏："播州宣慰使楊愛父輝，溺愛其庶兄友，欲授以職，長官張淵阿順之。安撫宋韜等謂：楊氏家法立嗣以嫡。輝所親信吏顏珪亦以言議，乃定。輝既致仕，愛代其職。輝欲割地，授友以官，謀於淵，言夭壩干，本州懷遠故地，今被生苗占據，請兵討之。容山長官韓瑄，以土民安輯日久，不可。淵與輝計，執瑄杖殺之。前巡撫都御史張瓚受輝囑，以其地奏設安寧宣撫司，冒以友任宣撫。輝立券，以所積金玉器用、錦綺服飾并莊田，召諸子均分之。輝既歿，淵乃與友潛謀刺愛，淵弟深亦與謀，不果。友奏愛房屋、服飾、器用僭擬朝廷，而又交通唐府，密書往來，私習兵法、天文，潛謀不軌事，皆誣奏。"上詔：以淵捏造妖言，謀害人命；深奸占婦女，誣奏親王，俱斬。友烝淫謀嫡，侵盜官錢；愛信讒薄兄，因公擅殺，俱當重治。但世係土官，犯在革前，姑從輕典。愛贖罪復任，友遷發保寧府羈管閑住。原分産業，照舊供給。愛毋得昏占，都指揮楊綱、參政謝士元、副使翟庭蕙勘事不謹，各贖杖，還職。仍敕喬新等從宜處治。

——《明憲宗實録》卷兩百八十八《成化二十三年三月》，載《明實録》，第 27 册，4868~4869 頁

明孝宗實録

甲午，四川播州宣慰使楊愛遣安撫猶溏等慶賀并謝恩，湖廣容美宣撫司遣把事劉源進香，俱賜綵段、鈔錠有差。

——《明孝宗實録》卷八《成化二十三年十二月》，載《明實録》，第 28 册，第 182 頁

甲寅，增設貴州重安守禦千户所，命四川播州宣慰司歲調土兵一千，以助戍守。

——《明孝宗實録》卷十一《弘治元年二月》，載《明實録》，第 28 册，第 253 頁

（丙寅）四川播州宣慰司宣慰使楊愛及越嶲衛邛部長官司，湖廣容美宣撫司及忠峒、高羅二安撫司，鎮南石樑、下峒二長官司各遣通事峒長人等，朝賀貢馬，賜宴并綵段、鈔錠有差。

——《明孝宗實録》卷二十八《弘治二年七月》，載《明實録》，第 28 册，第 613 頁

（辛卯）四川播州宣慰司，湖廣容美、忠峒二安撫司，水盡源、通椒山、瑪瑙

蠻夷三長官司各遣頭目把事人等貢馬，賜綵段、鈔錠有差。

——《明孝宗實録》卷四十一《弘治三年八月》，載《明實録》，第29册，第855頁

（戊午）四川播州宣慰使司土官宣慰使楊愛，貴州金筑安撫司及上馬橋長官司土官舍人金福慶，雲南孟璉長官司護印舍人刁派霑等，各遣頭目朝賀，貢馬并銀器等物，賜綵段、衣服、鈔錠有差。

——《明孝宗實録》卷五十四《弘治四年八月》，載《明實録》，第29册，第1059頁

（戊子）四川播州宣慰司土官宣慰使楊愛遣長官蔣輔等，賀萬壽聖節，賜綵段、鈔錠有差。

——《明孝宗實録》卷六十五《弘治五年七月》，載《明實録》，第29册，第1247頁

（癸巳）四川播州宣慰使司，酉陽宣撫司，馬湖府平夷長官司，湖廣保靖軍民宣慰使司各遣頭目把事等謝恩慶賀，進貢馬匹，賜綵段、鈔錠有差。

——《明孝宗實録》卷七十一《弘治六年正月》，載《明實録》，第29册，第1341頁

（戊戌）初，貴州將有征苗之役，户部請命湖廣、四川各發銀萬兩，易米於偏橋、播州，以備軍餉。貴州撫臣慮遠不能及，請先發貴州清平諸倉米三萬餘石，以布政司折糧銀，雇人運之都匀倉。而以貴州附近辰、沅、重慶、常德各府州倉糧挖運於清平諸倉，以補其數，仍開中四川、雲南鹽課萬引，備運納之費。從之。

——《明孝宗實録》卷七十四《弘治六年四月》，載《明實録》，第29册，第1379頁

壬戌，四川播州宣慰使司宣慰使楊愛，貴州宣慰使司宣慰使安貴榮，及程番府小程番長官司長官程英各遣使來貢，賜綵段等物如例。

——《明孝宗實録》卷一百一《弘治八年六月》，載《明實録》，第30册，第1850頁

戊辰，致仕都察院右副都御史馬馴卒。馴，字德良，福建長汀縣人。中正統十年進士，授户部主事，遷郎中，陞四川布政司左參政，進布政使，擢右副都御史，

巡撫湖廣，致仕，卒於家。訃聞，賜祭葬如例。當馴爲参政時，分守地方，適有寇亂，嘗督理餉饋不缺，事平，受文綺之賜。繼爲布政，又值時有事于播州，而能給贍軍需，復被璽書褒奬。至巡撫湖廣，則關中饑民流食荆襄者甚衆，馴以便宜，即賑之地方，遂賴以無虞。後歸老於家，凡十有二年而卒。

——《明孝宗實録》卷一百一十三《弘治九年五月》，載《明實録》，第30册，2056~2057頁

（戊寅）四川播州宣慰使司遣長官張楷等來賀萬壽聖節，賜綵段、鈔錠有差。

——《明孝宗實録》卷一百五十二《弘治十二年七月》，載《明實録》，第31册，第2692頁

壬申，四川播州宣慰司使宣慰使楊斌遣安撫猶濂等貢馬謝恩，賜綵段、絹、鈔等物有差。

——《明孝宗實録》卷一百六十四《弘治十三年七月》，載《明實録》，第31册，第2986頁

（丁未）四川播州宣慰使司宣慰使楊斌遣頭目鄭鋆等來賀萬壽聖節，賜宴并綵段、衣服等物如例。

——《明孝宗實録》卷一百七十六《弘治十四年七月》，載《明實録》，第31册，第3210頁

（癸亥）貴州鎮巡等官調軍往剿賊婦米魯及福佑等，營于阿馬坡，爲賊所敗，官軍死者三十四人，虜都指揮吴遠，放兵剽劫，普安州幾陷。鎮守太監楊友，總兵官豐潤伯曹愷，巡撫都御史錢鉞，請發湖廣、永順、保靖，四川酉陽、播州，廣西泗城州及貴州宣慰司土兵，會官軍克期進討。既而楊友復奏，謂初調兵擒剿，出巡撫總兵官意，使官軍輕率失利，都指揮吴遠被虜。臣意在躬親招撫，掣我官軍，賺出吴遠，然後請兵征剿，巡撫總兵等官不用臣言，使掣肘難行，亦嘗會奏請兵，乞分豁臣罪。事下兵部覆議："謂守臣當賊勢未盛之時，不能蚤圖撲滅，米魯、福佑逃遁，不行追剿。既知其復歸普安，糾衆弄兵，戕害其夫及其子女，絶其宗裔，殺戮人民，勢已猖獗。遣兵臨敵，不知設備，致賊劫營，官軍被殺，將官爲虜，喪師損威，罪實難逭。楊友、錢鉞、曹愷俱宜取回治罪，但今方有事，姑令戴罪自效，楊友鎮守一方，調度軍馬，必與總兵巡撫議行。每奏皆友爲首，今事敗之後，乃妄言巧飾，冀免罪戾。今湖廣苗寇未寧，其保靖、永順及泗城土兵方在調用，不可再調，請止調播州土兵五千，酉陽及湖廣兩江口長官司土兵各三千，與貴州宣慰使司

土兵二萬討之。雲南漢土官軍五千，則營于界上要地，截其歸路。仍請大臣一員，提督軍務，巡按監察御史紀功，禁革奸弊，仍令核實貴州官軍僨事之由，及雲南守臣失擒米魯之故，俟事平按罪。”上從之。於是命南京户部尚書王軾兼都察院左副都御史，往貴州提督軍務，賜敕遣之。

——《明孝宗實録》卷一百七十六《弘治十四年七月》，載《明實録》，第31册，3222~3224頁

（己丑）貴州賊婦米魯及福佑等，自官軍失利於阿馬坡之後，日肆猖獗，劫屯堡，攻城池，雲貴道梗。至是，擁衆萬餘，劫官軍營，虜統兵鎮守太監楊友以去，右布政司閭鋋、按察使劉福并都指揮李宗武、郭仁、史韜、李雄、吴達等俱被害。提督軍務尚書王軾既至，以聞，因言貴州漢土官軍數少，且疲敝不足用，其宣慰安貴榮止助馱糧馬匹，宣慰宋然亦無兵可調，雲南官軍又止依原擬屯千二界之間，不敢過界殺賊。今總兵官豐潤伯曹凱稱病不出，臣謹從便宜，調廣西泗城州土舍岑接，自領土兵二萬來，營於寨布河；并調守備湖廣清浪參將趙晟，領兵營于盤江東岸；又行雲南鎮巡官移鎮平夷衛，而選委謀勇官，領原調漢土官兵四萬，刻期過界，與播州、酉陽、西江口、三吐〈土〉官之兵萬五千，四面夾攻，庶克有濟。事下兵部，集廷臣議，謂：軾所擬調遣土兵俱得宜，但岑接等未奉朝廷明文，恐不樂于趨赴，請敕岑接并播州宣尉楊斌、酉陽宣撫冉庭甫、永順宣尉彭七麒、保靖宣尉彭世瓏，并雲南鎮巡官，皆如軾奏，各督官兵，刻期往赴，聽軾節制。岑接、楊斌，令自備糧餉兩月，即准其本土該納税糧之數。雲南自備所遣官軍行糧，以省貴州挽運之苦。其餘糧餉賞犒之需，令貴州所司自處。致仕都督王通習知貴州夷情，請敕赴軍中助軾贊畫。仍別差監軍紀功御史一人，按其首禍僨事者，總兵曹愷臨事畏避，請革其歲禄之半；兵備副使周鳳等八人，設備不嚴，俱停俸，戴罪殺賊。命并如議行，仍敕軾用心調度剿殺。

——《明孝宗實録》卷一百八十二《弘治十四年十二月》，載《明實録》，第31册，3359~3360頁

丙子，四川播州宣慰使司楊斌遣長官趙本等進馬，慶賀萬壽聖節，賜綵叚、鈔錠等物如例。

——《明孝宗實録》卷二百一《弘治十六年七月》，載《明實録》，第32册，第3730頁

明武宗實録

（丙午）四川播州宣慰使楊斌遣長官劉彬等貢馬，賀萬壽聖節，賜宴，賞綵段、鈔錠各有差。

——《明武宗實録》卷十八《正德元年十月》，載《明實録》，第 33 册，第 531 頁

（丁酉）升播州宣慰使楊斌爲四川按察使，仍莅宣慰事。舊制，土官有功，惟賜衣帶或旌賞部下，人無列銜方面者。斌狡横，不受兩司節制，諷安撫羅忠等上屢平普安蠻賊功，陰重賂瑾，故有是命，後數年卒，致支愛凱離之亂。

——《明武宗實録》卷二十九《正德二年七月》，載《明實録》，第 34 册，第 749 頁

（甲子）四川播州宣慰使司遣長官都勛等貢馬，這多等族番人班的等貢馬及盔甲，各賜宴并綵段、鈔錠有差。

——《明武宗實録》卷三十四《正德三年正月》，載《明實録》，第 34 册，第 835 頁

（丁卯）四川播州宣慰使司差長官何烜等貢馬，賜綵段、鈔錠有差。

——《明武宗實録》卷四十三《正德三年十月》，載《明實録》，第 34 册，987~988 頁

（丙申）先是，革罷安寧宣撫楊友，與其弟播州宣慰愛有隙，發保寧府城中羈管，後逃回。知府崔侃等以羈管不嚴逮問，且欲繫之，候獲友，具獄以請。至是四川守臣奏：友難遽獲，詔復侃等職，各輸贖罪米二百石，仍命撫拘友，到日并以聞。後友縱兵攻劫播州，鎮巡官奏請會剿，竟以四川鄢藍盜起而寢其事。

——《明武宗實録》卷五十四《正德四年九月》，載《明實録》，第 34 册，第 1215 頁

（己酉）四川播州宣慰使司土官楊斌遣人賀萬壽聖節，貢馬匹、方物，賜鈔錠、綵等物有差。

——《明武宗實録》卷五十四《正德四年九月》，載《明實録》，第 34 册，第 1223 頁

（甲戌）初，四川成都後衛指揮使陸震、播州宣慰使楊斌常賄劉瑾，震授署都指揮僉事，斌授按察使。至是，爲巡按御史俞緇奏劾，詔皆裁之，仍原職。

（乙亥）升四川左布政使高崇熙爲都察院右副都御史，巡視四川，征剿江津、播州蠻寇。

——《明武宗實録》卷七十一《正德六年正月》，載《明實録》，第35册，第1570頁

（乙未）巡按四川監察御史俞緇奏："四川自正德四年以來，盜賊群起。副都御史林俊奉命剿撫，行且十月，雖累報功次，然藍五之党尚萬餘人，勢猶猖獗，保順州縣奔竄殆盡，陳三等賊數千，隨撫隨叛。樂至洪雅、青神、彰明、大邑所獲賊徒，真僞相半。崇寧、金堂、雙流者，督捕未獲。而播州楊友，尤爲難制。各府州縣僅存居民，役無虛日，或運糧餉，或載軍器，一夫出力，舉家出錢，賣田鬻産，供輸無度。加以折〈拆〉寺、穿井，設立社長、社正等，游僧野衲，無地自容，貪官污吏，倚法侵削，怨聲嗷嗷，衆不堪忍。請别遣謀勇將官，調集湖、陝、永保、江口等處官兵，會總制巡撫，戮力剿殺，杜絶根株，量發錢糧補助，以蘇民困。選進士舉人以補守令，嚴限赴任，撫恤傷殘。仍命風力大臣一人，親莅播州，撫勘楊友事情，從長議處，以釋遠人疑懼。其額外庵堂、寺院不下數萬，折賣入官，固不爲過，然行之今日，不免驅而爲賊。山中澗水，隨取隨足，穿井似亦可緩。社長、社正每月二次沿門搜討放賊，擾民，宜皆暫停。不然，臣恐前賊未滅，而後賊隨起，川民之患無時而可除矣。"

禮部尚書費宏覆奏："四川連年不靖，藍五、楊友相繼殺掠官軍，流劫鄉落，民物凋瘵，遠近驚擾。前此，星隕地震，山崩城裂，皆陰盛陽微盜賊竊發之應。頃當窮冬閉藏，復有雷電交作，變不虛生，必有其故。緇奏語雖過激，意在責備，宜備行。被處鎮巡等官，務令克己省愆，同心修政。凡被灾州縣，加意撫恤，其折賣額外寺院、庵堂，在平時實足以崇正道而闢异端，在今日恐不免驅游僧以增賊黨，亦合斟酌緩急，以俟盜息民安，另爲區處。仍督令各該地方官員，一體修省拯患，弭灾，務期賊類殄除，以回天變。"從之。是時，川盜方盛，防禦不暇，而俊且驅軍民赴穿井折寺不急之役，故緇以爲言。

——《明武宗實録》卷七十二《正德六年二月》，載《明實録》，第35册，1588~1590頁

壬寅，巡視四川都御史高崇熙奏："四川土漢官民兵不過二萬，已屬都御史林俊，今無見兵，請召募土人及以川南、川西之兵，專聽調用。楊友骨肉相殘，較之江津諸寇不同，欲諭以利害，許令立功贖罪。"下兵部集議，謂楊友叛逆已著，

不先攝之以威而遽欲柔之以德，恐綱紀懈弛，蠻夷效尤。宜合諸軍，示以必征意，若友父子悔過畏威，束身歸罪，然後馳奏定奪。其召募土人及調二川兵，皆可許。詔如議。

——《明武宗實録》卷七十二《正德六年二月》，載《明實録》，第35册，第1596頁

乙巳，致仕太子少保工部尚書劉璋卒。璋，字廷信，福建延平人。天順丁丑進士，由户部主事郎中爲山東參政，浙江右布政使，未幾，轉左布政使。成化二十年，升右副都御史，總督漕運，兼巡撫鳳陽等處鹽法、馬政，多所規畫。會河洛饑，截漕米八十萬石，由河入汴，以濟之。璋區畫巨艘，募舟人習河勢者，親督以往，米畢達，民得免於死亡。逾年，改撫治鄖陽，尋改巡撫四川。時刁農等寨夷人負險，絶糧道，璋督將領討平之。播州宣慰使楊輝庶子友謀奪嫡弟愛官，以反誣之。璋偕刑部侍郎何喬新驗治，得友奸狀，竟裁以法。二十三年，召入爲工部右侍郎。弘治二年，改户部。四年，升本部左侍郎。是冬，升南京禮部尚書。七年，召入爲工部尚書，又三年，連疏乞休，加太子少保，致仕。至是卒，祭葬如例。

璋性行端方，舉止凝重，所至勤於職事。在山東、江淮、四川連值凶歉，賑濟皆盡其力，多所全活。及爲九卿，鎮静知大體。歷官四十年，既歸，敝屋瀟然，衣食僅給，泊如也。璋死，無後，聞者惜之。

——《明武宗實録》卷七十二《正德六年二月》，載《明實録》，第35册，1597~1598頁

（丁未）初，四川流賊曹甫等攻劫郡縣，積年討捕不獲。至是移營黄檥驛，將攻瀘州。都御史林俊撫諭之，甫等陽聽命，因令弟琯流劫小市厢，指揮李蔭等拒之，斬琯首。諸賊移江津，分七營，將攻重慶。蔭進至江津，俊督發酉陽、播州土兵助之，破賊四營，斬獲甚衆。賊敗入民家，土兵圍而焚之，乘勝進攻老營。賊發伏，指揮汪洋爲所殺，我兵稍却。賊并入大營，蔭復進兵至合山坪，去賊十五里而軍。甫偵江津空虚，以疑兵綴我，將襲江津，數十騎先行，道遇蔭兵而敗，賊弗知也。遂合兵圍其營，賊倉卒閉門，土兵四面縱火，賊大潰，斬甫等五百餘人，捕虜七百餘人，死于火者七百餘人。捷聞，上以俊有功，并巡按御史俞緇俱賜敕奬勵，奏捷，人升一級、賞衣一襲、鈔千貫。洋命有司給棺殮之，其子襲升一級，爲署都指揮僉事。諸將士賞賚有差，死者仍恤其家。

——《明武宗實録》卷七十二《正德六年二月》，載《明實録》，第35册，1599~1600頁

（己巳）貴州鎮巡官奏："賊首藍么、方四等轉入石阡，掠擄屯寨，將趨凱離，則播州罹其荼毒，若出偏橋，則辰、沅豈能固守？請令四川、湖廣鎮巡官督土兵應援，及助軍餉。"兵部議，從其請。得旨，責諸鎮巡及總制者，令并力滅賊，以安地方，若再怠玩誤事，重治不貸。

——《明武宗實録》卷七十七《正德六年七月》，載《明實録》，第35册，1696~1697頁

乙丑，賊方四等既敗於江津，散入貴州思南、石阡，復入四川境攻劫。鎮巡官議令播州宣慰使楊愛等進討，奔，破之。貴州都御史高崇熙以捷聞，賜敕獎勵，升賞奏捷者如例。

——《明武宗實録》卷七十九《正德六年九月》，載《明實録》，第35册，1728~1729頁

甲申，四川播州宣慰司楊斌遣長官鄭鋆等，貴州宣慰司宋儲遣舍把宋憲等各貢馬，朝賀，賞綵段、鈔錠有差。

——《明武宗實録》卷八十《正德六年十月》，載《明實録》，第35册，第1734頁

（癸酉）巡撫四川都御史林俊奏："賊方四等自江津之敗，亡命思南，復烏合數萬，僞稱總兵御史評事名號，攻南川、綦江，以窺瀘、叙。臣會巡撫都御史高崇熙、鎮守太監韋興、御史王綸等，益調酉陽、石砫、播州、建始土兵，令副使何珊、李鉞等，由合江、江津分道以進。賊屢敗，走綦江，追至東鄉霸〈壩〉、摇櫓關，乘隘擊之，多墜崖以死，餘黨復走思南。凡斬首千四百五十餘級，俘獲千八百餘人，踣死者又幾萬人。俊、崇熙、綸俱賜敕獎勵。"奏捷，人授之官及賞如例。仍令兵部查有功及陣亡者以聞。

——《明武宗實録》卷八十三《正德七年正月》，載《明實録》，第35册，1805~1806頁

（壬午）四川播州宣慰使司宣慰使楊斌差長官都勛等來朝貢馬，賜綵段等物有差。

——《明武宗實録》卷一百八《正德九年正月》，載《明實録》，第36册，2205~2206頁

庚子，四川播州宣慰使楊斌遣長官馮俊等來朝貢馬，賜宴并綵幣、鈔有差。

——《明武宗實録》卷一百十七《正德九年十月》，載《明實録》，第 36 册，第 2366 頁

庚子，授播州土舍楊弘冠帶。弘故革職宣撫友之子。初，宣慰使楊輝嫡子曰愛，友其庶也。輝既令愛襲其職，復溺愛友，奏析凱離之地以居之，授爲宣撫，俾分理苗寨。由是兄弟交惡，奏訐不已。朝廷遣大臣勘處，革友職，置之保寧城。及輝没，愛横歛以賄劉瑾，得加授按察使銜，又怨友，徵取于凱離者獨苛。同知楊才居安寧，乘之朘剥尤甚，諸苗皆憤怨。凱離民爲友奏復官，弗得，乃潜入保寧，以友還，糾衆作亂，攻播州，焚愛居第及公私廨宇略盡，遂殺才，多所殘戮。愛屢奏于朝，上乃命四川鎮巡等官調兵征之。會友死而川兵方征藍鄢，總制尚書洪鍾及貴州鎮巡官俱請緩師撫處。兵部議："友雖已死，而其子弘尚存，宜敕川、貴鎮巡等官，先調兵食，示以必征之威，繼加撫諭，開其自新之路。若弘束身歸罪，具奏上裁。"至是，四川鎮巡等官勘奏："弘父友構亂，法固難宥。但友構亂時，弘尚童穉，今年漸長，能悔過自新，且善撫馭諸苗夷，願聽其約束，况友前所焚殺死者，俱已隨土俗折償及還所侵奪於官。乞授弘以冠帶，名爲冠帶土舍，恊同播州經歷司撫輯諸夷。其家衆安置保寧者，俱還之。仍隸播州管轄，且諭宣慰楊斌與弘恊和，不得追仇相殘。"兵部議覆，從之。

——《明武宗實録》卷一百二十五《正德十年五月》，載《明實録》，第 36 册，2505~2506 頁

（戊午）四川播州土官安撫宋淮奏："貴州凱口、爛土夷，婚於凱離、草堂〈塘〉諸寨，陰相構結，誘山苗爲亂。乞賜宣慰使楊贇敕令，每年巡視邊境，會湖、貴鎮巡官撫處。"兵部議："土官舊無領敕出巡例，乃命鎮巡官諭贇以朝廷優待至意，從宜獎勞，継今果能撫綏土民，輯睦親族，許復以請。"

——《明武宗實録》卷一百二十六《正德十年六月》，載《明實録》，第 36 册，第 2516 頁

（庚午）加授四川播州致仕土官宣慰使楊愛昭毅將軍，給誥命，仍賜麒麟衣一襲。時愛之子宣慰使斌爲其父請進階及服色，禮科駁之。禮部因奏："服色，等威所繫，不可假借。"兵部以愛舊有剿賊功爲言，遂皆許之。既而斌復爲其子相請入學，得賜冠帶云。

——《明武宗實録》卷一百二十六《正德十年六月》，載《明實録》，第 36 册，第 2522 頁

（乙酉）貴州車榹寨苗賊阿傍等糾各寨苗爲亂于清平、平越衛地方，殺指揮王杞，遂盤據香爐山，轉掠湖廣偏橋等處，道路阻絶。守臣以聞，命湖廣總兵官楊英、巡撫都御史秦金詣湖貴境上，會貴州鎮巡官督各參將、守備、兵備三司官，整備兵糧，仍調永順、保靖、播州、酉陽土兵剿之，以貴州巡按御史紀功。

——《明武宗實録》卷一百三十九《正德十一年七月》，載《明實録》，第36册，第2734頁

丁未，播州宣慰使楊斌遣長官并把事都勛等來貢馬，賀萬壽聖節，賜宴并賞綵、弊〈幣〉等物有差。

——《明武宗實録》卷一百四十一《正德十一年九月》，載《明實録》，第36册，第2784頁

辛巳，播州土官安撫羅忠、宋淮等以宣慰使楊斌有父喪，欲如文臣例守制，奏斌素得夷心，乞勿令守制，以弭邊患。詔斌仍舊掌印管事，且降敕獎勵之。

——《明武宗實録》卷一百四十五《正德十二年正月》，載《明實録》，第36册，第2834頁

庚寅，追謚故刑部尚書何喬新曰"文肅"。喬新，字廷秀，江西廣昌人……。成化辛丑，升右副都御史，巡撫山西。虜寇邊，喬新設伏與戰，多所斬獲，召爲刑部右侍郎。播州宣慰使楊愛之庶兄友欲奪愛官，奏其不法，且云有异謀。喬新奉命即訊得其情，遷友他郡。

——《明武宗實録》卷一百六十五《正德十三年八月》，載《明實録》，第37册，3200~3203頁

（癸亥）四川播州宣慰使司宣慰使楊斌遣長官李鏡等貢馬，賀萬壽聖節，賜宴并賞綵段等物有差。

——《明武宗實録》卷一百六十六《正德十三年九月》，載《明實録》，第37册，第3228頁

（甲子）賞四川播州宣慰使差來長官胡淵等綵段并鈔有差。

——《明武宗實録》卷一百七十九《正德十四年十月》，載《明實録》，第37册，第3487頁

（庚午）四川播州宣慰使楊斌遣長官把事王佑等貢馬，賜錦、綺、鈔幣有差。

——《明武宗實録》卷一百八十三《正德十五年二月》，載《明實録》，第 37 册，第 3537 頁

（丁酉）初，四川凱里土舍楊弘與重安土舍馮綸等有怨。弘卒，綸等誘苗夷攻之，更相仇殺，侵軼貴州境。巡撫貴州都御史鄒文盛言狀，且請移文四川會官撫處，逾歲不報。文盛乃遣參議蔡潮入播州，督致仕宣慰楊斌撫平之。因言："宜復安寧宣撫司，俾弘子弟襲之。斌未衰，宜仍起任事，以制諸夷寨。潮撫夷有勞，宜量旌擢。"兵部尚書王瓊議："安寧宣撫裁革已久，不可更復，以啓争端。斌子既代職，亦不可復起。土官應襲與否，屬之四川，潮不俟會勘，專之，且方以誘殺失事逮問，宜令四川鎮巡等官，戒諭斌父子及弘子弟，各畏法安分，毋信奸人，妄起事端。如潮撫處乖方，聽據實劾奏，報可。文盛所請雖難行，而撫夷之功，實不可誣。"瓊責四川守臣避難坐視，顧以專擅爲潮罪，且因以撼文盛，其任情無忌如此。

——《明武宗實録》卷一百八十八《正德十五年七月》，載《明實録》，第 37 册，3576~3577 頁

（甲寅）賜播州宣慰司致仕宣慰使楊斌蟒衣玉帶。

——《明武宗實録》卷一百九十七《正德十六年三月》，載《明實録》，第 37 册，第 3673 頁

明世宗實録

（乙未）賜播州宣慰司《儒學四書集注》一部，從宣慰使楊相奏也。

——《明世宗實録》卷十三《嘉靖元年四月》，載《明實録》，第 38 册，第 462 頁

（癸未）四川播州宣慰使楊相遣長官韓曦等來朝貢馬，賀萬壽聖節，賜綵段、鈔錠有差。

——《明世宗實録》卷十七《嘉靖元年八月》，載《明實録》，第 38 册，第 522 頁

（庚午）四川播州宣慰使楊相貢馬，賜相文錦、綵段及差官鈔幣有差。

——《明世宗實録》卷二十二《嘉靖二年正月》，載《明實録》，第 38 册，第 648 頁

乙酉，賜四川播州宣慰司宣慰使楊相母俞氏祭，相乞如文臣例守制。礼部議：土官無守制例。詔從部議。

——《明世宗實録》卷二十九《嘉靖二年七月》，載《明實録》，第39册，787~788頁

（戊午）四川播州宣慰使司宣慰使楊相差長官令孤爵貢馬進賀，賜綵段、鈔錠如例。

——《明世宗實録》卷四十二《嘉靖三年八月》，載《明實録》，第39册，第1106頁

（乙未）四川宣慰司宣慰使楊相遣長官馮俊等來賀聖節，貢馬，賜鈔錠、綵、幣有差。

——《明世宗實録》卷五十四《嘉靖四年八月》，載《明實録》，第39册，第1331頁

壬寅，四川播州、湖廣忠建、貴州保靖各宣慰、安撫，俱遣使入貢，賞賚如例。

——《明世宗實録》卷六十《嘉靖五年正月》，載《明實録》，第39册，第1415頁

（庚寅）成化時，四川播州宣慰使楊輝愛其庶子有〈友〉，冒功授宣撫使，分居凱里，民夷雜處，輒相構怨，遂開邊釁，朝廷因徙友於保寧。正德時，友亡命死，至是其子張求襲父職，時盗邊劫得白泥司印信，復與宣慰使楊相仇殺。守臣乞改凱里屬貴州，以張爲土知州，以解釋之，事久不决。至是兵部與廷臣會議：張習父兄之惡，倖免於辜，而敢肆然執印以要君，且其所争田莊及椎埋殺人等罪，尚未得安，可勿問？當命川貴二省守臣，案諸罪狀，置於理，若張悔過輸情，還所獲印及所奪諸寨苗，可量授一官，聽調殺賊自效。倘怙終不悛，必誅以爲諸夷玩法之戒，得旨如議。

——《明世宗實録》卷八十二《嘉靖六年十一月》，載《明實録》，第40册，1840~1841頁

（甲午）兵部覆提督雲貴川廣軍務尚書伍文定議處播凱三事。一凱里舊屬播州，自楊氏兄弟分争，互相仇殺，且地距四川二千餘里，勢難遥制，宜改隸貴州清平衛，則地近民便，且别疏其兄弟，可以息争。一凱里土舍楊張，權輕無以服衆，宜署爲安撫，以流官吏目佐之，使得撫馭五種蠻夷，永絶後患。一凱里流苗楊阿美等，原

占草塘等處地土，及播州原占夭漂、夭壩等寨，俱宜歸還，以杜争端。惟黄平安撫司久住夭苗，專隸則争，兼統則亂，當再行彼處鎮巡官勘處。命如議行。

——《明世宗實録》卷九十八《嘉靖八年二月》，載《明實録》，第40册，2324~2325頁

（乙亥）四川播州宣慰使楊相遣長官楊守等貢馬，賀萬壽聖節，賜賚如例。

——《明世宗實録》卷一百十六《嘉靖九年八月》，載《明實録》，第41册，2752~2753頁

（己卯）貴州撫按官劉士元、郭弘化議："以貴州界連别省，苗賊不時出没，宜以威清等處兵備副使分巡安平道，兼制泗城霑益；以僉事一員，改畢節等處兵備，分巡貴寧道，兼制烏撒、鎮雄、永寧等府司；都清等處兵備副使分巡新鎮道，兼制廣西南丹等舟〈州〉，平清、偏鎮、銅鼓、五開等衛；以僉事一員改思石兵備，兼制鎮筸、平茶、播州等處；各領敕行事，仍添設貼堂副使一員，專理清軍。"吏部覆請。從之。

——《明世宗實録》卷一百二十八《嘉靖十年七月》，載《明實録》，第41册，3060~3061頁

（己丑）先是四川真州盗，周天星、王打魚、張東陽等，皆籃鄢餘孽，有衆數萬，剽掠真、播，轉攻南川，守臣招降之，不聽。巡撫都御史宋滄乃督都指揮丘岌、參議林豫等調兵剿之，斬天星等，賊党悉平。凡斬賊首千七百餘級，俘賊酋三百餘人，及男女五百八十餘人，馬牛器械稱是。滄等以捷聞，上嘉其功，賜敕獎勵，晉滄右副都御史。如故太監蕭通、御史熊爵及他領兵督餉者，皆賞賚有差，仍令巡按御史查核功罪以聞，死事官軍皆優恤之。

——《明世宗實録》卷一百三十一《嘉靖十年十月》，載《明實録》，第41册，3110~3111頁

辛丑，巡撫四川都御史宋滄以真、播等處劇賊平，條陳善後事宜。一設墩堡。謂地方曠遠，大盗屢發，宜於諸要害之地建堡編夫，使閭伍有等，守望相助；一移巡司。謂綦江縣東溪巡檢司地非總隘，宜移置趕水鎮便；一明統屬。謂播州、酉陽、平茶等司宜仍舊制，屬四川重慶府撫民官管轄，不當令貴州思石兵備等官兼制。兵部悉覆如擬，惟明統屬一事，下二省撫按官酌議。報可。

——《明世宗實録》卷一百三十九《嘉靖十一年六月》，載《明實録》，第42册，3260~3261頁

（癸卯）四川播州宣慰使楊相、貴州上馬橋等四長官司，遣使貢馬，各賞賚如例。

——《明世宗實録》卷一百五十四《嘉靖十二年九月》，載《明實録》，第42册，第3483頁

（丙辰）四川播州宣慰使楊相遣把事吴廷炬等貢馬，賀萬壽節，賞給如例。

——《明世宗實録》卷一百九十一《嘉靖十五年九月》，載《明實録》，第42册，第4019頁

甲申，四川播州宣尉使司土官楊相遣把事程致等，烏思藏朵甘思直管招討司寨官領占朵日等，都康等州，石砫宣撫等司通把陸昂等，廣西田州署印土官岑泛官族岑經等，及陕西博峪等族番人阿鵜等，阿水等族番人安已等各朝貢。詔各給賞如例。

——《明世宗實録》卷二百十《嘉靖十七年三月》，載《明實録》，第43册，第4336頁

（乙巳）四川播州宣慰使楊相差長官張焕等，貴州宣慰使安仁差舍人安邊等各補貢，賀萬壽聖節，宴賚如例。

——《明世宗實録》卷二百四十一《嘉靖十九年九月》，載《明實録》，第43册，第4879頁

（甲辰）四川播州宣慰使司舍人楊烈，施州衛大旺安撫等司，東流小平等長官司各遣人貢馬，給賞如例。

——《明世宗實録》卷二百八十四《嘉靖二十三年三月》，載《明實録》，第44册，5501~5502頁

（己卯）四川播州宣慰使楊烈差官貢馬，補賀萬壽聖節，給賞如例。

——《明世宗實録》卷三百七《嘉靖二十五年正月》，載《明實録》，第45册，5790~5791頁

（庚午）四川播州宣慰使楊烈差長官都春等來朝貢馬，給賞如例。

——《明世宗實録》卷四百一十七《嘉靖三十三年十二月》，載《明實録》，第46册，第7234頁

己酉，初四川播州宣慰楊烈仇殺長官王黻，黻党李保等治兵相攻，剽掠民夷，

爲害且十年。至是總督川貴侍郎馮岳督總兵石邦憲討平之。岳俱以聞，且陳播州善後世〈事〉宜有四：“一建立哨堡，以厄險阻。欲於三省接壤，民苗之衝，若四川餘慶之是〈走〉馬坪、播州之三渡關、貴州石阡之龍泉司，各立哨堡一座，于重慶、偏橋等衛委指揮三員，督兵防守；一更置參將，以便統馭。欲擬銅仁參將於石阡，移思右〈石〉守備於龍泉，控扼播州，犬牙相制；一添設流官，以肅政紀。言播州土民苦所司掊克，請增設重慶府通判一員，駐劄龍泉，撫順該州民夷，督理糧税；一責成該道，以時巡歷。謂重夔兵備川東，守巡宜更番，時按播州，彈壓邊鎮。”兵部議覆。上嘉岳功，詔蔭一子爲國子生。貴州巡撫張鶚翼升俸一級，并四川巡撫張臬、湖廣巡撫汪大受各賞銀三十兩，紵絲二表裏。邦憲及副使劉望之、僉事劉景韶、都指揮何自然各升一級。副使趙希夔升俸一級，餘俱如擬。

——《明世宗實録》卷四百二十四《嘉靖三十四年七月》，載《明實録》，第 46 册，7349~7350 頁

（庚午）朵颜三衛都督影克等差頭目塔卜歹等，四川播州宣慰使楊烈，貴州宣慰使司承襲土舍安國享〈亨〉等差長官張裔、舍把安敬等，各貢馬及方物，賀萬壽聖節，宴賚如例。

——《明世宗實録》卷四百二十五《嘉靖三十四年八月》，載《明實録》，第 46 册，第 7358 頁

辛酉，四川播州宣慰使楊烈遣人貢馬，賀聖節，給賞如例。

——《明世宗實録》卷四百三十九《嘉靖三十五年九月》，載《明實録》，第 47 册，7531~7532 頁

（丁酉）論川貴湖廣討平播州苗賊盧阿項等功，升總督軍務侍郎馮岳爲右都御史兼兵部右侍郎；總兵官石邦憲署都督同知，總督鎮守如故；湖廣參政林懋和、四川副使雷逵各一級；貴州副使劉望之等、參將李英等各俸一級；參將徐效節、宣慰安萬銓而下各賞銀幣有差；土舍蒙繼武等三人免赴京，金鳳免納銀，俱令就彼冠帶。

——《明世宗實録》卷四百四十《嘉靖三十五年十月》，載《明實録》，第 47 册，第 7545 頁

丙午，四川播州宣慰使楊烈差長官楊寵等貢馬，補賀萬壽聖節，給賞如例。

——《明世宗實録》卷四百五十二《嘉靖三十六年十月》，載《明實録》，第 47 册，第 7673 頁

（丙戌）裁省……四川鹽井、寧番、越嶲三衛，酉陽宣撫司、播州宣慰司、松潘衛九姓長官司各儒學訓導一員；龍州宣慰司儒學訓導二員。

——《明世宗實録》卷四百七十二《嘉靖三十八年五月》，載《明實録》，第 47 册，7930~7931 頁

（丙申）先是，四川撫按官黄光昇等言："播州各司并貴州興平等衛所軍屯夷寨，自嘉靖年間起，苗撥寨之後，分隸凱里，屬貴州，播州屬四川。及真州盜賊剿平以來，軍夷安靖，若復分隸貴州，一苗兩屬，終不輸服。今分巡川東道，駐劄重慶，與播州相近，宜令不妨原務帶管該州并所屬黄平等八司地方，另請不坐名敕書一道，以便行事。"于是巡撫貴州都御史高翀争之曰："播州與貴州思石兵備地方，犬牙相制，封疆密邇，坐派額辦貴州税糧一萬六百餘石，每年恃居异省，逋欠數多，軍餉告乏，所以思石兵備奉敕有兼制播州之説。若繳回兼制之敕，別給川東分巡，以不坐名之敕令往來於此，是猶朔鬥者舍同室而求救於千里之遠，此則狙公之術，以愚黔首者，貴州邊防自此决裂矣。請仍隸本省便。"事下兵部覆議，以爲四川之奏，止恐夷情未服；貴州之奏，則拳拳以地方參錯錢糧關係爲言。且兼制頗久，似應仍舊，但事難遥度，請行總督侍郎石永會同各官議處。從之。

——《明世宗實録》卷四百七十八《嘉靖三十八年十一月》，載《明實録》，第 47 册，8003~8004 頁

（乙酉）播州宣慰使楊烈獻大木四十株，詔賜二品武職服色，給誥〈誥〉命。

——《明世宗實録》卷四百九十四《嘉靖四十年三月》，載《明實録》，第 47 册，8202~8203 頁

（癸亥）播州宣慰使楊烈、土舍安國亨，及程番長官司、凱里安撫司舍人安個等，各遣人來朝賀，給賞如例。

——《明世宗實録》卷五百六《嘉靖四十一年二月》，載《明實録》，第 48 册，第 8346 頁

（庚寅）初，四川播州容山長官司副長官土舍韓甸，與其正長官土舍張問治兵相攻，甸屢敗問，兵奪其印，遂無畏忌，糾衆横行湖、貴境中，官司不能制，爲害且二十餘年。至是，總兵石邦憲始大破平之，擒甸并其妻子。捷聞，論功，詔復聽調總督都御史董威任候用，升邦憲右都督，賞貴州、湖廣前後巡撫鮑道明、趙鈛、張兩，新任總督羅崇奎等銀幣，守巡官李遷、李心學等十七人，張廷栢等十二人，各給賞升俸有差。甸等各斬首梟示，甸妻子定發安置。

——《明世宗實録》卷五百七《嘉靖四十一年三月》，載《明實録》，第 48 册，8355~8356 頁

（戊子）兵部復貴州巡撫都御史趙釴議處地方三事："一施秉縣舊無城池，止以哨軍二百五十人守之，請移偏橋哨軍屬之，清浪守備專駐其地；一容山長官司原係張氏爲正，管大江；韓氏爲副，管小江。邇者二族相仇，土官張問遂至失職播越，而宣慰楊烈坐視不理，請治烈罪，將二族原定職守通行改正；一銅仁、木桶等處營哨官軍五千，先因鎮筸之變權時增設，後遂不減，以致兵多糧缺，請行總督鎮巡官議處。"從之。

——《明世宗實録》卷五百九《嘉靖四十一年五月》，載《明實録》，第 48 册，第 8380 頁

甲子，户部覆巡撫貴州御史趙釴言二事："一言貴州額糧僅及十萬，一切軍需盡仰於四川、湖廣，而有司自分彼此，無悉心催辦者，乞行兩省撫按官嚴督所司，校其多寡完欠，以定賞罰；一言重慶府添設通判，專駐龍泉，督催播州税糧。邇來不樂夷地，動求別委，請行撫按官申嚴職掌，毋復他委，升遷之日，查其任内糧完，方許離任。"報可。

——《明世宗實録》卷五百十《嘉靖四十一年六月》，載《明實録》，第 48 册，8398~8399 頁

（丙午）初，播州土司原屬四川統轄徵税，而其地多在貴州之境，嘉靖初，詔改屬貴州思石兵備矣。已而夷情以爲不便，二省守臣各异議。有詔下總督羅崇奎勘處，至是用崇奎議，仍以播州隸四川，分屬川東守巡，重夔兵備三道，而貴州思石兵備道照舊兼制播西、平邑等土司，仍改給敕書，重事權，以彈壓之。

——《明世宗實録》卷五百十三《嘉靖四十一年九月》，載《明實録》，第 48 册，第 8429 頁

壬辰，詔以貴州思石參將改屬四川，移鎮播州，兼制思石等處，仍與重慶、思石二兵備道聯絡防守，控制苗夷，從巡撫都御史趙釴奏也。

——《明世宗實録》卷五百二十七《嘉靖四十二年十一月》，載《明實録》，第 48 册，第 8601 頁

癸卯，貴州宣慰使安國亨，四川播〈播〉州宣慰使楊烈各差人貢馬，賀萬壽聖節，以過期給半賞。

——《明世宗實録》卷五百二十九《嘉靖四十三年正月》，載《明實録》，第 48 册，第 8630 頁

庚申，貴州宣慰使安國亨，四川播州宣慰使楊烈各遣人貢馬，賀萬壽聖節，以過期給半賞。

——《明世宗實録》卷五百三十八《嘉靖四十三年九月》，載《明實録》，第 48 册，第 8724 頁

（甲午）四川仁壽縣盗二百餘人，夜入城劫庫殺人，尋趨永播，遁去。巡撫譚綸，巡按李廷龍以聞，因劾僉事吕蔭、知事周大繡等各失事罪，且言："永播實爲盗主，請切責永寧參將安大朝討賊自效，而今播州參將周表改駐川、貴適中之地，毋使偏累播州一司。"得旨，奪蔭俸一月，下大繡等於御史問。守土事宜，令綸悉心計處以聞。

——《明世宗實録》卷五百六十二《嘉靖四十五年九月》，載《明實録》，第 48 册，9004~9005 頁

明穆宗實録

（丙辰）貴州宣慰司土舍安國亨遣土目安和等，播州宣慰使楊烈遣土目趙士賢等各來朝貢馬，宴賚如例。

——《明穆宗實録》卷十六《隆慶二年正月》，載《明實録》，第 49 册，第 429 頁

（己卯）貴州撫按官杜拯、王時舉言："湖廣沅靖二州，平溪、清浪、偏橋、鎮遠、銅鼓五開六衛，四川酉陽、播州、永寧三土司，皆去省城甚遠，而貴州兼制亦不便，宜專隸貴州。又各省會城、府、縣并置，而貴州獨闕，軍民訟諜、徭役諸事皆委之三司首領、兩衛指揮及宣慰司官，類多不諳政體，宜移程番府入省城。其貴竹長官司所轄，皆流寓子孫，與夷民不同。平代〈伐〉司長官庭希印誅削已久，尚無所屬，宜改爲二縣，附之程番爲便。"章下兵部，請以分割川湖州衛事下川湖撫按官議，其他皆如所請。從之。

——《明穆宗實録》卷二十一《隆慶二年六月》，載《明實録》，第 49 册，567~568 頁

（戊申）貴州烏蒙軍民府、水東等長官司，四川播州宣慰司、泥溪等長官司，

湖廣保靖等宣慰司、添平守禦所、桑植安撫司各遣人來朝貢馬，給賞如例。

——《明穆宗實録》卷五十四《隆慶五年二月》，載《明實録》，第50册，第1347頁

（己酉）朵顔等衛夷人都督伯昂等，遣頭目孛可等二百九十二人，及四川播州宣慰使楊烈，貴州宣慰司土舍宋一清各貢馬，賀聖節，給賞如例。

——《明穆宗實録》卷五十四《隆慶五年二月》，載《明實録》，第50册，第1348頁

明神宗實録

（丁丑）以播州宣慰司舍人楊應龍承替宣慰使，仍不世襲。

——《明神宗實録》卷八《隆慶六年十二月》，載《明實録》，第51册，第304頁

辛丑，朝鮮國王李昖差陪臣齎進方物、馬匹。四川播州宣慰司應襲土舍楊應龍差獻馬匹，賀上登極，穆宗莊皇帝尊謚，并賀兩宫徽號，詔賜綵段表裏、絹布、衣服、靴韈等物。

——《明神宗實録》卷九《萬曆元年正月》，載《明實録》，第51册，328~329頁

乙卯，播州宣慰使司應襲楊應龍差楊美等，進馬二匹，賀登極，賞表裏、鈔錠如例。

——《明神宗實録》卷十《萬曆元年二月》，載《明實録》，第51册，第343頁

（甲子）給播州宣慰使司新襲宣慰使楊應龍敕書，統撫夷民。

——《明神宗實録》卷十《萬曆元年二月》，載《明實録》，第51册，第348頁

（壬午）四川播州宣慰使楊應龍備馬匹，差官趙鳳鳴等赴京進貢及慶賀萬壽聖節。龍里、底塞二長官司，凱里、酉陽、石柱三宣撫司各差官赴京貢馬，賞綵段、鈔錠如例。

——《明神宗實録》卷五十七《萬曆四年十二月》，載《明實録》，第52册，第1320頁

（癸卯）播州宣慰司楊應龍差長官楊正芳進馬匹，慶賀萬壽聖節，賞給鈔、叚。

——《明神宗實録》卷九十五《萬曆八年正月》，載《明實録》，第53册，第1909頁

（丙午）賜播州故宣慰使楊烈祭葬，從其子楊應龍請也。

——《明神宗實録》卷一百一《萬曆八年六月》，載《明實録》，第53册，第1997頁

（甲子）播州宣慰使楊應龍遣長官趙仕賢等三員貢馬，賀萬壽聖節，賞賚如例。

——《明神宗實録》卷一百一十八《萬曆九年十一月》，載《明實録》，第53册，第2211頁

（壬寅）兵部題：貴筑一區，蜀之播州八司襟帶於前；楚之平、清、偏、鎮四衛聯絡於中；而貴、思、石、銅、鎮五府反環抱於外，黎平一府又在辰、沅間，與五開衛同城，頗有鞭長不及腹之慮。今巡按馬呈圖欲割播州八司，平、清、偏、鎮四衛盡隸貴州，及鎮雄、烏撒、東川、烏蒙四府官吏悉入貴州巡按考察舉劾。乞行湖廣、四川各撫按勘議會奏，後及鵰剿事宜。報曰："可。"

——《明神宗實録》卷一百二十一《萬曆十年二月》，載《明實録》，第54册，2260~2261頁

（癸亥）兵部言："湖廣平、清、偏、鎮四衛與貴州接壤，實系全楚藩籬，改隸貴州，事多牽制。播州八司，雖在貴州平溪襟帶之前，實在重慶綦南腹心之内，改隸貴州，亦屬不便。况系國初建設舊制，豈可變更？既經湖廣、四川撫按官勘議前來，均應依擬照舊。"從之。

——《明神宗實録》卷一百四十《萬曆十一年八月》，載《明實録》，第54册，第2614頁

（乙未）四川播州宣慰使司宣慰使楊應龍貢馬，慶賀萬壽聖節，給賞如例。

——《明神宗實録》卷一百四十三《萬曆十一年十一月》，載《明實録》，第54册，第2671頁

（甲申）先是，巡撫四川都御史雒遵言："松潘等處大小粟谷諸寨番人攻堡，戕職官，找架七稍礟，依險爲亂，請討之。"而蜀於是乎用兵，既遵調任，代者未至，聲息寂然。兵科給事中王致祥奏："番人亂者，止麥兒一寨，遽用大師，未免張惶。

總兵李應祥以新將，御悍卒，所徵播州、天全諸土司兵未易集，亦調度需人。”部覆以爲失策。於是大學士時行等言：“松潘、疊茂，即古維州吐蕃地。本朝置戍屯兵，略示羈縻之意。然山谷險遠，糧運艱難，醜夷聚如蜂蟻，散如鳥獸。其道在以剿爲先聲，撫爲權術，如一種作惡，則整栩鎮軍，出其不意，殲厥渠魁，或毁其碉房，或燒其青稞，名曰鵰剿。其餘各種，并不搜求，故番人懷德畏威，雖小有草竊，旋即底定，此制御諸番之要術也。今該省官輕率寡謀，一聞有警，輒欲徵調大兵，番人聞知，得以爲備。且四川近有采木之事，民間騷動，軍餉又已空虚，若兵連禍結，爲患非小。”謹擬進傳帖一道，明日諭兵部曰：前日四川撫按官奏稱松潘等處番賊爲患，即今有無寧息，一應剿撫事宜，新推撫鎮其相機制置，務保萬全，無生事貪功，無匿情養亂，爾部馬上差人傳彼中知之。

——《明神宗實録》卷一百六十七《萬曆十三年十月》，載《明實録》，第 54 册，3033~3034 頁

（庚午）四川宣慰使楊應龍遣長官何邦卿等來朝貢馬三十匹，賜錦二、段綵幣六有副，及其長官鈔幣如例。時應龍又以開采獻巨材六十。

——《明神宗實録》卷一百六十九《萬曆十三年十二月》，載《明實録》，第 55 册，第 3052 頁

庚午，工部覆宣慰楊應龍地方進獻大木七十根，内多美材，先經賞賜飛魚綵段，加升職級，亦云厚矣。乃復比例陳乞，委屬過求，所引伊祖楊斌得賜蟒衣，原系克服叛苗，出自朝廷特恩，未可爲例。上以應龍既賞過服色，准升授都指揮使職銜，仍給與誥命。

——《明神宗實録》卷一百八十五《萬曆十五年四月》，載《明實録》，第 55 册，3459~3460 頁

（丙寅）户科給事中李廷謨奏：“往者松潘大舉選將練兵，如林之士非不足用，第募兵所習者行伍成列，而不閒於升阪走峻。惟土兵生長箐峒，視險如夷，蜀之制夷，兼用漢土，勢則然也。全蜀土司，錯置森列，若播州、酉陽、天全諸種，號稱忠勇，松壘蕩平，曾用其力，今當失事，仍宜調而用之。川蜀三面濱夷，錢糧存留司庫者甚多，竊計松師所費不過數十萬，今所餘尚數倍也。但值僨敗浪費之秋，輒爾請餉，不免顧忌，撫鎮有是心而不敢持其議，皇上誠叮嚀而責成焉，則其任事之勇當有倍於前，建寇不足平，膩夷不足創矣。”章下兵部議覆。從之。

——《明神宗實録》卷一百八十九《萬曆十五年八月》，載《明實録》，第 55 册，3546~3547 頁

（甲辰）以分守思仁道移駐思南府，改擬兼管撫夷，并兼制播州夷司地方；將分巡思仁道移駐銅仁府，添入兼撫苗，照舊兼制鎮筸、平茶、酉陽等處地方；將平、清二衛改屬思仁道，兼制偏、鎮二衛，仍屬新鎮道管理。

——《明神宗實録》卷一百九十《萬曆十五年九月》，載《明實録》，第 55 册，3566~3567 頁

（戊申）兵部覆貴州巡撫舒應龍題：四川永寧宣撫司土婦奢世統、奢世續構兵仇殺水西土舍安國亨，播州土酋楊應龍貪賄助兵。原任迤西參將馬呈文巡捕防守，無禁戢之能，乞行勘處。上命撫按官勘奏。

——《明神宗實録》卷一百九十《萬曆十五年九月》，載《明實録》，第 55 册，第 3569 頁

（己未）四川播州宣慰使楊應龍差長官何漢良等貢馬二匹，慶賀萬壽聖節，給賞如例。

——《明神宗實録》卷一百九十一《萬曆十五年十月》，載《明實録》，第 55 册，第 3576 頁

壬寅，四川宣慰使楊應龍進獻大木，土夷安國亨聞之，亦具本獻木。四川巡撫官具疏參之。安國亨遂參撫臣委商搶木。上怒，欲加切責，大學士申時行上疏理之："夫國亨一待罪土夷耳，前疏自稱安〈宣〉慰，而再疏復稱土舍，貴州三運驗無本酋大木，半年之後方云起運在途，且商人深入土司采木，則前後左右皆爲土人，商人何能肆搶。乃巡撫參論土司原有彈壓之體，而土司遽參巡撫，可謂辱憲體，輕朝廷矣！矧國亨凶狡之迹，詳《隆慶實録》。獻木情形，應令彼地查問。"奏上，如閣臣議。

——《明神宗實録》卷二百《萬曆十六年閏六月》，載《明實録》，第 55 册，第 3759 頁

（壬子朔）總督四川兵部尚書徐元泰奏平膩乃諸夷功次，謂膩乃久據凉山，地近馬湖，黄郎、雷坡皆馬湖編氓，爲之羽翼，又有瓜姓數支，實其黨與。而瓜夷中最狡黠者曰白禄，與西姑擺楊九乍結姻，共掠馬湖諸處，殺邊將，侵入西寧堡，流黄川兩河口，猖獗已極。會經具題准剿而不立誅者，緣九絲甫平，重于再舉。姑設堡屯兵，潛修戰具，彼當悔過遠遁矣。顧乃出没無常，鴟張益甚，且當建越用兵之時，復有結黨藏叛之狀。議待卭師克捷，方整旅夾攻，不意偏將輕進以敗。因議用兵五萬，分三哨：一自馬湖，一自中鎮，一自建昌及播州、酉陽、平茶、邑梅、天全、烏蒙諸土司并行調集。馬湖將郭成、朱文達、萬鏊、田中科；中鎮將周于德、

滕國光；建昌將邊之垣、宰調元、王之翰、楊師旦，而總兵李應祥隨馬湖營居中調度。道臣則李士達、武尚耕、周光鎬、張孫繩、周嘉謨分路統之。自十五年十一月二十三日兵進，白禄驚覺，率倮衆迎敵。中鎮兵夜襲之，斬阿額等，白禄遁。二十五日，周于德分天全兵攻官寥河，酉陽兵擊西雞坪，大敗之。十二月十三日，至馬蝗，山勢險峻，夷倮聚守于上，下礧石，我兵不得上。持五日，營西河，搜其窖藏以益軍實，進據大鷹崖，殺馬溪，險益甚，將士攀藤上，倮衆亦解。十九日，楊九乍與撒假率衆萬人，據山接戰，播州官兵奮勇斬賊首一人，戰益力，賊走。明年正月八日，中鎮營進攻木瓜夷，白禄從大赤口約衆千餘來拒，中矢死，兵敗，膩乃始懼。二月初七日，中鎮兵發木瓜，進至利濟山，雪深數尺，道將懸賞以激之。周于德率先士衆，直達山頂，而萬鏊一枝攻大木瓜東縣維屏，一枝攻大赤口。中路兵至二道水，皆捷。西姑擺凶瓜一帶夷巢悉爲我有。十一日，建昌兵宰調元一枝直衝梅古河。十二日，朱文達攻涼山，破撒假於大田壩，斬普咱等。中鎮四面圍捕，大赤口諸巢并破，群倮皆伏深菁。於是周于德密檄滕國光潛剳木瓜，絶其歸路，身繇虎背崖進，楊應龍破深溝，王嘉言擒阿咱，盜魁皆授首，獨馬、水二營，凶尚逸。及萬鏊探知撒假挈妻子據鼠囤，發禄榮、烏蒙兵攻之，擒撒假妻子并其親信。至四月十九日，郭成督兵直抵三寶山大戰，郭進忠斬撒假，平其地。二十六日，郭必德擒西姑擺等，安興自度勢窮，聚衆袪里密等巢爲固守計。朱文達、萬鏊督同土漢兵，於二十九日分路直搗其巢，悉擒其母、妻、親屬。安興沿路擲金，以緩追者，故得脱。自五月初九至二十日，連戰深入，各路兵會溪喇古，擒安興以下，平其巢穴。是役也，斬撒假，擒安興，白禄首惡既得，惟楊九乍存亡未卜耳。計群倮擒斬俘獲爲類頗多。後經二載，兵恊數路，亦西偏之快捷也。乞敕查叙。章下兵部，覆請得旨，行巡按御史查核具奏。

——《明神宗實録》卷二百一《萬曆十六年閏六月》，載《明實録》，第 55 册，3763~3765 頁

丙戌，大學士申時行等上疏曰："國家之患有二，曰水旱，曰盗賊。伏睹三四年間，山、陝、河南及真、順等府屢有旱灾；江浙、直隸、蘇、松等處屢有水灾。蒙皇上特采廷議，捐金發粟，蠲逋賦，折漕糧，賑恤之具，無不備至。乃今自春徂夏，雨澤愆期，從兹不雨，則四方大半皆被旱灾，此臣等所大慮也。异時山西之礦賊，陝西之羅賊，江南之湖賊，皆以荒年乏食，嘯聚出没，幸地方有備，不至延蔓。然蘄黄、安慶之間，劉汝國等二三逋賊耳，殺二武臣、一州官，郡縣爲之騷動，至會省直之兵，調播州之卒，僅乃克之。"

——《明神宗實録》卷二百十《萬曆十七年四月》，載《明實録》，第 56 册，第 3935 頁

（癸未）先是，貴州巡撫都御史葉夢熊疏論播州宣慰楊應龍凶惡諸事，并參川東道副使朱運昌容情故縱，不行會勘。巡按御史陳效則歷數楊應龍十二大罪，而復次其怙凶阻勘之狀，及四川撫臣李尚思議防禦松潘宜調宣慰司土兵，令備恊守。而按臣李化龍亦疏請暫免勘問，俟徵兵禦虜之後，再爲議處。部覆：以應龍革職，仍戴罪立功。會勘改限，朱運昌罰俸。久之，兩省撫按各疏奏辯，在四川則謂應龍無可剿之罪；在貴州則謂四川有私昵應龍之心。於是都給事中張希皋、給事中陳尚象各具疏，以事屬重大，兩省利害，亦豈漫不相關者？乞敕下從公會勘，或剿或宥，毋執成心，俱下部議。

——《明神宗實録》卷二百三十《萬曆十八年十二月》，載《明實録》，第 56 册，第 4267 頁

戊子，貴州撫臣葉夢熊與按臣陳効疏劾楊應龍逆惡，已奉旨會勘。而四川按臣李化龍欲寬應龍之罪，復題：應龍罪犯必誅，其所轄五司與土同知俱背之來歸，願屬重慶，衆叛親離，何至有不測之慮，且五司等既無歸路，將驅而歸之應龍，保無悉怛謀境上之慘，乞特遣科臣公勘。章下部覆：以應龍未見抗命而不服會勘，四川按臣未嘗庇應龍而執不會勘，查勘還屬之兩省科臣，可無議遣也。其五司等苗果否願屬重慶，作何安插，相應詳加議處。上曰："楊應龍已有旨了，歸附人衆安插改屬事宜，著該撫按從長計議，停當具奏，毋得推諉。"

——《明神宗實録》卷二百三十二《萬曆十九年二月》，載《明實録》，第 56 册，4303~4304 頁

（戊戌）議勘播州楊應龍事宜。時貴州撫臣葉夢熊主議五司改土爲流，悉屬重慶，而四川按臣李化龍意與相左，遂因小嫌求斥。部覆：化龍比士計吏及期，不得引嫌思去，其會勘楊應龍并改屬五司，從長計議。報可。

——《明神宗實録》卷二百三十五《萬曆十九年四月》，載《明實録》，第 56 册，第 4358 頁

（乙巳）兵部覆科臣王德完題稱："楊應龍罪在嗜殺，非叛也，宜令解職聽襲，待以不死。主謀馮時熙、李斌等宜服上刑。歸附之衆，宜酌量安插改屬，請行川、貴撫按勒限勘奏。"從之。

——《明神宗實録》卷二百四十七《萬曆二十年四月》，載《明實録》，第 56 册，第 4604 頁

（辛丑）兵部題：遼東征倭，邊腹大兵漸集，播州宣慰司楊應龍家丁五千不

必調遣。報可。

——《明神宗實録》卷二百五十五《萬曆二十年十二月》，載《明實録》，第 57 册，第 4744 頁

（庚午）兵部覆四川巡按王象蒙參土官楊應龍。上以應龍既無叛逆重情，彼處撫按行提，酌量情法，具奏，不必差官往諭。

南京監察御史蕭如松申論楊酋罪惡。自言爲貴陽府推官時，曾以公委往勘播事稔知之者，下所司議。

——《明神宗實録》卷二百六十二《萬曆二十一年七月》，載《明實録》，第 57 册，第 4860 頁

（壬辰）兵部議：將楊應龍提到官，逐一查勘，從南御史蕭如松言也。

——《明神宗實録》卷二百六十三《萬曆二十一年八月》，載《明實録》，第 57 册，第 4879 頁

（丙寅）四川巡撫王繼光等題：楊應龍抗拒不出聽勘，大張虐焰。監奏民家屬造各色兵具。旋貴州撫臣稱其招集惡苗，殺虜人畜，前惡既盈，後惡益熾。乞會同貴州撫臣，相機酌處，止擒首惡，不及無辜。上以凶酋既不服勘問，難再姑息，該撫按官便宜擒治正法，朝廷爲民除害，罪止一人，協從自歸者，咸與更始，不許貪功妄殺。

——《明神宗實録》卷二百六十六《萬曆二十一年十一月》，載《明實録》，第 57 册，4945~4946 頁

（戊辰）兵科右給事中吴應明言："楊應龍殘殺多命，縱恣欺罔，賄賂公行，此其罪已不容誅矣！明旨屢奉聽勘而遷延愆期，官司親諭禍福而扼險誓衆，誠自取天誅者也。第興兵大事，而服戎要在攻心。其不赴勘綦江，而猶住插旗山，雖屢閉門托疾，而猶令子朝棟出見，則其逆命之中實乃畏死之意，與哱賊未可同日語也。苟處之者弗當，則興師動衆，雖足紓目前之憂，即改土爲流，容或有意外之患。爲今計，固不得專務姑息，以成不掉；亦不得徑事撲滅，以致俱焚；所宜集兵境上，以奪其氣，不厭委官，單車詣州，以察其情，如果俯首服罪，則姑從末減，抑或黨類縛獻，則誅止元俘。若今擁兵設衛，傷敵王師，則彼之不聽莅勘，再復何辭，而我之爰整其旅，要非得已，重兵壓境，明慎用刑，固今日處應龍之道也。大抵天下事最不可狃近慮而忘遠憂。方應龍羈勘重慶時，明正其罪，不過一吏足矣，奈之何聽調征倭，縱虎出匣，今日議釋，明日議征，舉棋不定，何以勝耦，徒爲么髍之竊笑

耳。臣又聞川有楊酋，貴有安酋，夷狄内訌，庶幾相制。今無一外懼，難免後憂，則拒虎進狼之説不可不知。若果滅此朝食，置餘黨於編民，臣又恐非我族類，其志終异，兩川從兹多事，善後事宜，又不可不長慮却顧之也。"下所司議。

——《明神宗實録》卷二百六十六《萬曆二十一年十一月》，載《明實録》，第 57 册，4947~4948 頁

（戊子）播酋楊應龍拒殺官兵，四川巡按吴禮嘉查參失事，以聞，部議：參將郭成、游擊丁光宇戴罪，副使胡應辰、同知汪京重罰。總兵劉承嗣甫任非辜。巡撫王繼光候代宜免，然未離地方，責難委卸。仍促新撫譚希思刻期赴任，檄問罪酋，務得真情轉奏，軍中一切，悉聽便宜。上以巡按所報與本酋奏辯懸殊，仍令查確。川省會同貴州撫鎮，相機征剿，餘如議行。

——《明神宗實録》卷二百七十一《萬曆二十二年三月》，載《明實録》，第 57 册，第 5032 頁

辛亥，兵部以貴州撫按林喬相等請嚴貴、四川撫按恊剿楊應龍，因言："應龍初本效順，後乃暴虐。四川以功，故而援之；貴州以罪，故而窘之。本犯有可寬之條，朝廷無必誅之意，祇緣再提結案，遂爾計出無聊，將謂負險可幸脱樊，不思行賂反塞解網，王師既抗，剪滅何疑。并論土司安疆臣等共効忠猷，如應龍父子悔禍，許自縛請罪，即與奏聞定奪，否則罔赦。"上命兩省會兵擒治，惟除首惡，以靖地方。

——《明神宗實録》卷二百七十二《萬曆二十二年四月》，載《明實録》，第 57 册，5044~5045 頁

（丁巳）四川播酋楊應龍奏何恩之愬七姓之詞皆屬仇陷，乞戴罪立功。不允。

——《明神宗實録》卷二百七十六《萬曆二十二年八月》，載《明實録》，第 57 册，5111~5112 頁

（癸丑）先是命川貴恊剿播州土司官楊應龍，久無結局。黔撫林喬相稱："自西路違制失律，遽爾撤兵，酋勢益蹶，屢諭不從，終不悔禍，勢必動兵。貴州倉庫有限，軍困民窘。若恊應再舉，則軍士嗷嗷，何以鼓其戮力。若不恊應，則責臣秦越相視，何以自解。惟大柄握自朝廷，廟謨獨斷，臣下可以遵行。巡按薛繼茂稱：貴州貧瘠，兼以饑饉師旅，民何以堪。况播州原轄於川，未嘗侵及於貴，何勞民傷財，剜腹心而事肘腋。且遠道移會，必誤軍機。宜令川省自爲收局，而貴州量調土兵，防守要害。"

川撫譚希思稱：“楊應龍所居之地雖轄四川，其部内五長官司錢糧、兵馬則供貴州總之。兩省兵士，皆朝廷赤子；財物，皆朝廷積貯。合則兵力全，而奸酋之鄉風有日；分則大體褻，而反側之歸命難期，必須貴州撫臣恊力共濟。”禮科給事中楊東明謂：“應龍負固縱殺問罪之師，誠不可罷。然向者兩調征剿，所在血戰，及部民訐告，拘之即至，械繫經年，甫釋縲囚，即請征倭，進退惟命，第重慶之獄未結即放，既放旋提，我多反覆，致生其疑，非真有叛狀。而遽請用兵，遂據險出掠，冒難逭之誅，皆處置失宜之過也。兩省之事，宜責兩省之臣。乃在黔已無同心共濟之義，而在蜀又無獨力敢任之能。則專制之臣，所宜蚤遣。速令就近省分整備兵馬芻糧以應緩急。特選才望大臣一員往勘，事有可原即赦其死，不悛即總督軍務，調發川、湖、雲、貴之兵，便宜行事。更立賞格，以募酋部之能斬應龍出獻者，將不數月，懸首闕下矣。”部覆，如科臣議。上以楊應龍負固拒敵，罪無可赦，令川、貴撫臣整兵備餉，恊心剿除，以安地方。劉綎、李如栢星夜前去，并推才望大臣以爲總督。

——《明神宗實録》卷二百七十八《萬曆二十二年十月》，載《明實録》，第 57 册，5137~5139 頁

（辛巳）四川巡撫譚希思、巡按吴禮嘉言：“土酋楊應龍負固抗拒，已入不赦之條。乃兩次差官詰諭，而本酋再四申説，懇究誣枉，請官臨勘，潛遣人奏辯，臣等盡得其狀。如集總鎮將士，豈難殄滅？獨念一人作孽，萬姓何辜。大軍所至，寧無横罹鋒鏑者。惟先將應龍宣慰衙門職銜削除，再行化諭。如本酋縛赴綦江，俾五司無改舊業，七姓悉還故區。祖宗原錫土田入册者，照前赴管；未入者，清丈均糧，招良民佃種。該司表貢文移止寫播州土司，姑將伊子楊朝棟降充爲事土舍，督催糧馬，俟五年後能守法奉公，聽保舉襲職。如或諭之不出，首惡不獻，即會同貴州，合兵進剿，以滌妖氛，以彰國法。”詔如擬行。

——《明神宗實録》卷二百七十八《萬曆二十二年十月》，載《明實録》，第 57 册，5159~5120 頁

己丑，以原任威茂兵備道李士達爲四川左布政兼僉事，整理播州事務。

——《明神宗實録》卷二百七十八《萬曆二十二年十月》，載《明實録》，第 57 册，第 5161 頁

丙戌，兵部議覆：倭寇朝鮮，劉綎以五千川卒請行，竊嘉其勇敢。遂因經略疏題，升加府銜，令綎戍守朝鮮，已奉旨撤兵。適播酋抗拒王師，四川缺鎮守，綎舊爲川將，諳播事，復升四川總兵官。乃綎覬勘功優叙，私饋按臣宋興祖，隨彼參劾，

法應褫革。第念其朝鮮二年苦成功難盡掩，相應候旨，將綎革去原征雲南嶽鳳功級，仍舊管事，其王京以後功次，亦不准收録，以示懲罰。按臣宋興祖舉發私饋，有裨風紀，并乞敕吏部紀録。上報可。

——《明神宗實録》卷二百八十一《萬曆二十三年正月》，載《明實録》，第 57 册，第 5193 頁

（辛丑）兵部尚書石星題覆：御史綦才參論邪媚三臣，内李如栢、張世爵救朝鮮。時按臣核勘斬級功多，題敘大將員缺，准用已捕如栢貴州總兵，世爵昌平總兵矣。繼因山西套虜入犯，世爵屢經戰陣，改調山西。劉綎統領川兵，遠戍朝鮮，撤還時，值播酋抗命，本部復以綎久諳播事，改四川，此三臣推用之由也。綎以私饋按臣，參處相應，議革征嶽鳳功次，降充副總兵管事。

——《明神宗實録》卷二百八十一《萬曆二十三年正月》，載《明實録》，第 57 册，第 5202 頁

（乙丑）巡按四川監察御史王慎德議剿播酋宜亟。先是，慎德奏播酋楊應龍抗殺將領，叛逆已彰，特列征播三議。一曰國體當重。奸徒徐宗達，兵部念與應龍有舊，差同趙夢龍等往播州宣諭，大似講解，辱國非宜。一曰贊畫宜罷。楊酋雖負固川貴間，一孤雛耳，設總督已屬張惶，至贊畫將安用之。一曰黨與宜剪。貴川〈州〉宣慰司、酉陽宣撫司原與播司相唇齒，陽順陰助，豈能得其死力？宜有以離其勢而絶其援。奏入，尚書石星因言：徐宗達爲應龍入京打點，律有明條，臣何敢庇？惟是贊畫二員，業已奉命前驅，遽爲議罷，似亦非體。張國璽資俸既深，相應查有川省兵備員缺，就近銓補。劉一相贊畫事畢，查缺另用爲便。若乃催邢玠之赴任，責土司以大義，懸封賞以分茅，相應一聽按臣，從宜處置。上詔勘剿播酋，著撫按官相機行，餘如擬。

——《明神宗實録》卷二百八十二《萬曆二十三年二月》，載《明實録》，第 57 册，5222~5223 頁

（乙亥）户科都給事中楊恂疏論大學士趙志皋四事。一許茂橓之饋遺，事露不問；一捉獲奸徒徐宗達爲播人行金，求元輔票擬；一吏部推陞，創專擅之説，以惑聖聽，或正或陪，任意顛倒；一言官，朝廷耳目，邇來進朋黨之説，以激聖怒，非顯斥于正言直指之時，則陰中於遷除建白之際，且詞連次輔張位。請罷志皋，謹防張位。奏入。上怒其誣詆，令降一級，調外任。於是元輔志皋疏辯：許茂橓之饋遺，臣曾揭請敕法司嚴鞫，而恂反指爲賄臣。楊應龍之議撫議剿，原聽撫按相機處置，而恂乃謂播人行金賄臣。票擬點用，天子之權，近因間點陪推，而恂且咎臣爲專擅。

升降，吏部之職，試召問吏部有無干預，而恂且毀臣爲侵權，此皆係臣名節，不敢不言。至言官論事，是其職掌。向疑臣等進朋黨之説，陰沮中傷，復蒙降譴，益重臣罪，乞俯霽天威，仍復恂官兼賜矜放，以免誤國。上溫諭慰留之，次輔位亦引罪，乞俯宥楊恂以彰虛受。是日，輔臣陳于陛、沈一貫復連章申救恂，請免其降調，以安二輔。特降御札諭：元輔與卿等同寅協理，朕所鑒知，狂妄小臣將朕獨斷之事猜疑誣捝，本欲重處，因卿等申救，姑照原級調外。

——《明神宗實録》卷二百八十三《萬曆二十三年三月》，載《明實録》，第 57 册，5227~5228 頁

（戊戌）總督川廣〈貴〉邢玠題：臣依限入川，傳聞土酋楊應龍藉口官兵仇害，不肯聽勘，臣一面宣諭朝廷恩威，一面牌催兩省刻期整飭兵糧，如其負固，自當議剿。仍俟臣等細察情形，臨時具奏。

——《明神宗實録》卷二百八十三《萬曆二十三年三月》，載《明實録》，第 57 册，5246~5247 頁

（壬子）國子監博士楊景淳奏："楊應龍歷代土司，淫縱殺戮，固其常態。當事諸臣過聽七：一奏訐後先屢誤。一誤於勘，再誤於縱，又再誤於剿。誤之故有三：以喜事誤，以納賄誤，又以避嫌誤。乃今之議者，惟撫與剿而未及處分。夫應龍，負嵎之虎也，廣幅千里，四面皆山，食足兵强，非可旦夕下。即使需之歲月，無不成擒，而所傷實多，國家何利於此？督臣邢玠猥云，今楊酋速出聽勘，夫彼原以聽勘逮繫，百計脱去，今尚肯復出以就死乎？臣謂今日之事，不過一使人任而諸臣未之及也。誠下一詔，明正其罪，從寬治之，貶其爵，削其土，仍襲其子，治其首惡，撥置之人，彼無不俯首聽命。今督撫奉命而往，功必欲已收，地方諸臣并力經營，又皆視以爲奇貨，而必俟滋蔓以圖之。若然則人臣之利，豈國家之福哉！伏乞皇上下詢貴州有無殺擄之狀，如臣所云酌量行之，仍敕諸臣以不戰而屈之者受上賞，而嚴貪功喜事之戒。"詔下兵部議。

——《明神宗實録》卷二百八十四《萬曆二十三年四月》，載《明實録》，第 57 册，5254~5255 頁

（己卯）御史周希聖疏言："蜀地傳造扇柄倍溢往額，竊思蜀民經黑番之跳梁、播酋之鴟鴞奔走，於徵兵運餉，力既不支，而又以午夏所用一物，窮極雕飾，殫竭膏脂，恐爲聖德之累，乞賜罷免。"上以希聖沽直要名，罰俸一年，進解造扇如故。

——《明神宗實録》卷二百八十四《萬曆二十三年五月》，載《明實録》，第 57 册，第 5277 頁

（乙未）兵部覆川貴總督邢玠處置播州事宜。一議處五司節制，以杜侵陵。黄平、草塘、白泥、餘慶、重安五司舊隸播州，襲替表貢必假該司印信，不若將五司改隸黄平通判管理。一議處七姓奏民，以安流離。七姓自奏許〈訐〉以來，恐楊酋加害，遠徙川貴，而無辜播民懼天討或加，亦因轉徙。今擬罷剿，則當分别優恤，令有司給照安插。一增設安邊府官，以資彈壓。婁山以北，松坎以南，頗稱樂土。頃以播司構難，相率逃移，非設官撫循，民將何歸。應將重慶府捕盗通判改爲撫夷同知，移駐前項地方，聽其不時巡歷，設法招撫。一議發避住土官，以復故業。播州土同知羅時豊與應龍同籍同官，仇隙未深，因去歲議剿，移駐貴竹土司。今應龍已俯首聽勘，時豊當聽督撫差官押送故土。詔悉從之，仍諭以夷性無常，詳慎善後。敕邢玠作速勘處。

——《明神宗實録》卷二百八十九《萬曆二十三年九月》，載《明實録》，第 57 册，5363~5364 頁

貴州督撫邢玠等勘問播酋楊應龍罪狀，照昔年安國亨例，令其納銀贖罪，革職爲民。伊子楊朝棟姑以土舍署印管事，候善後四事與其贖銀完日，方許次子楊可棟放回，其首惡黄元、阿羔等如律處决。兵部覆請。上曲意從之。

——《明神宗實録》卷二百九十《萬曆二十三年十月》，載《明實録》，第 57 册，5377~5378 頁

（甲辰）以播酋受勘，升總督邢玠都察院右都御史，仍與巡撫譚希恩〈思〉、林喬相各賞銀幣有差，其文武將吏，各升賞有差。

——《明神宗實録》卷二百九十二《萬曆二十三年十二月》，載《明實録》，第 58 册，第 5403 頁

（己亥）四川撫按譚希思等奏：播酋已勘，敬陳處置事宜，加升開封府通判蒲林重慶府同知職銜。重慶府通判李培根以原官改住〈任〉黄平。章下吏部。

——《明神宗實録》卷二百九十四《萬曆二十四年二月》，載《明實録》，第 58 册，第 5453 頁

（戊戌）通政司田蕙奏参楊應龍差人楊龘送銀一百兩，乞賜究問。得旨，田蕙發奸守己，宜用心供職。楊龘下法司。

——《明神宗實録》卷二百九十八《萬曆二十四年六月》，載《明實録》，第 58 册，第 5578 頁

辛丑，浙江道御史何爾健題：捉獲播州宣府〈撫〉司楊應龍下賊目張文，在京窺伺蹤迹，下法司。

——《明神宗實録》卷二百九十八《萬曆二十四年六月》，載《明實録》，第58册，第5579頁

（癸卯）命南京法司扭解小教場把總朱印來京，問以楊應龍用事。張文、楊鼇供稱：央求轉升，故也。

——《明神宗實録》卷二百九十八《萬曆二十四年六月》，載《明實録》，第58册，第5580頁

癸未，四川播州土司楊應龍、子楊朝棟，各進大木二十根，以備大工之用。下兵、工二部。

——《明神宗實録》卷三百一《萬曆二十四年閏八月》，載《明實録》，第58册，第5650頁

（甲戌）先是播酋楊應龍經勘革職，至是復肆行殺掠，縛去官舍，燒砍木廠。按臣以聞，并參游擊翟〈瞿〉孔開、張本不能禁戢。得旨：降革開、本，其應龍事着查勘具奏。

——《明神宗實録》卷三百十五《萬曆二十五年十月》，載《明實録》，第58册，第5887頁

（壬戌）四川巡撫譚希思乞罷，不許。先是，播酋楊應龍之犯合江也，撫臣意主勘撫以安地方，委道臣勘實呈詳以聞。而按臣王明密疏先發，頗張大其事，且語侵撫臣，故希思以病請。上以川中事務繁重，留之。

——《明神宗實録》卷三百十九《萬曆二十六年二月》，載《明實録》，第58册，5935~5936頁

（丁酉）四川巡按趙標上言："大工肇興，采辦方始，須材於蜀，多在夷方。往年止携鹽、茶、絹、布給賞，任我出入，無復阻搪。近者西南諸夷酋，在在離心解體，無論播酋負恩，稔惡殺擄，内地所有木枋閉關，禁絶往來。即建昌、永寧素稱産木之地，原派木植，全未完解。倘當事竟爾因循，狂酋藐無畏憚，攘臂雄據，不惟陰阻大工，亦且明弃疆宇。臣所以腐心蒿目，不容不直陳也。"章下該部。

——《明神宗實録》卷三百二十八《萬曆二十六年十一月》，載《明實録》，第58册，6073~6074頁

壬子朔。先是，播酋楊應龍梗化構亂，屢經諸臣具題，奉旨勘處，迄無定議。巡按趙標乃直陳逆酋殺擄之實據，及處置之機宜，大略不過剿、防、撫三策，而喫緊尤在足餉。今川省當采辦之時，竭膏盡髓，不能更有所出以養兵，所可處者，議抽民兵、弓兵工食，即留以爲防播之餉，則餉不加而兵可敷。及查綦江，播之大門户，當添一參游。合江與播錯壤，亦當添一游守，加各道府所屬衛，分操兵以足之。以蜀兵守蜀地，事甚簡便易行，惟在將得其人，嚴加簡練，務成精兵，使屹然足爲地方保障耳。於是，兵部覆稱：本酋因夷目投田構隙，謀動干戈，特遣督臣勘處，輒爾違斷稱兵，必有奸徒，撥置覆議，責令禽獻首惡，以聽處分。今據題稱仇殺五司，僭立巡警，其焚殺陵轢之慘，僭逾凶悖之極，非止流毒於蜀之一隅，且駸駸然及於黔矣。黔蜀唇齒相依，不一爲之禁遏，則豺狼無厭，長此安窮。議增兵將，亦事體之宜急者，合行撫按擇將統兵駐扎五司要害，毋令禍及黔省。上曰："應龍前蒙朝廷寬處，如何尚敢負恩肆劫。"其令撫按官悉心處置，責令擒獻惡目正法。

——《明神宗實録》卷三百二十九《萬曆二十六年十二月》，載《明實録》，第 58 册，6081~6082 頁

丁卯，貴州巡按應朝卿奏：夷酋楊應龍稔惡不悛，蓄謀日久，招九股生苗，張其爪牙，復誘五司夷目，自相魚肉。夫夷性好劫，又得逆酋爲主，遂雲合響應，彌山遍野，因糧於我，所到爲墟。五司盡，則及北連之屯塞；屯塞盡，則及府衛之腹心；流離塞路，血肉膏塗。乃謬宣言曰："我非叛朝廷，第爲五司復仇也。"其誰信之？黔中餉微兵寡，所恃四川協同防禦，使有畏忌。今秋冬以來，羽書狎至川中，當事之臣竟不聞；發偏師以禁遏，亦不聞。遣一官以曉諭之，雖經該省新舊按臣參題，俱置不理。以至此酋無慮於西，而益并力於東，攻圍我城邑，虔劉我民人，非獨民生之荼毒堪憐，而國體之陵夷已甚。臣在鎮遠月餘，儆報一日四五至，未嘗不怒髮上指，恨此逆酋，并恨夫縱逆酋者。竊謂四川巡撫譚希思可罷也。下兵部。

初，播酋目把何漢良統兵萬餘，到本衛教場劄營圍城，指揮陳天寵、陶應龍等開門延入，守備伍萬鍾策應後時。該部題：准陳天寵着巡按御史提問具奏，伍萬鍾革任，戴罪立功。

——《明神宗實録》卷三百二十九《萬曆二十六年十二月》，載《明實録》，第 58 册，6086~6087 頁

（甲戌）大學士沈一貫題：近日楊應龍肆害三省，撫按告急。乞允部議，改四川巡撫爲總督，兼轄川、貴、湖廣三省，以一事權，仍促部會推，刻期赴任。

——《明神宗實録》卷三百三十一《萬曆二十七年二月》，載《明實録》，第 58 册，第 6131 頁

（乙酉）兵部覆四川撫按會題防播事宜：一設將領，以固要害。議於綦江、合江各設游擊，駐劄安穩、岡門二處，以防賊衝；一議兵餉，以資戰守。二江既設將領，一切兵食，綦江責之上東道，合江責之下南道，核實訓練，該游多方偵探，遇警馳援；一分疆界，以便責成。川黔接壤播界，其中巡〈川〉東、思南二道各有信地，失事不得他諉。近議改設總督，兼制川、貴、湖廣三省，正慮兩地推諉之故，方在奉行，無庸再計矣。其楊酋乘機窺探，所宜嚴防，内地官民有仍前勾引作奸，悉如所議，擒拏治罪。上然之，令著實舉行，不得因循誤事。

——《明神宗實録》卷三百三十二《萬曆二十七年三月》，載《明實録》，第58冊，第6142頁

（庚午）兵部題請行查貴州用兵失事緣繇。先是，貴州巡撫江東之欲復五司，遣都司楊國柱等率兵營中場等處，爲播酋所襲，國柱被虜，全軍皆没，撫臣以失事聞，而語多隱匿。兵部言："臣等詳疏内失事重大，大都狃小勝忽萬全，皆倖功之心爲之。乞行貴州按臣備查有無隱情，及應參處、議恤者速奏，以憑覆請。仍求天語叮嚀新任督撫李化龍、郭子章，星夜馳赴，倘新任未能猝至，舊任者尚難弛擔，宜責令查照先今題議事理，益簡兵選將，加謹防禦，以保無虞，及咨川、湖撫臣，移近調度應援。"上可其奏。

——《明神宗實録》卷三百三十三《萬曆二十七年四月》，載《明實録》，第58冊，第6164頁

（庚辰）先是，兵部以征播需人，疏薦原任兵部主事，今降調趙世德知兵可用。吏科給事中程紹言："吏計大典，趙世德輿論共黜，兵部不得濫薦市恩。"疏下吏部。

——《明神宗實録》卷三百三十四《萬曆二十七年閏四月》，載《明實録》，第59冊，第6175頁

（壬午）四川巡撫譚希思奏："乞留餘積及抽減民兵歲銀，爲防播采木之費。"許之。

——《明神宗實録》卷三百三十四《萬曆二十七年閏四月》，載《明實録》，第59冊，第6178頁

（己亥）大學士沈一貫題：臣惟東征川兵不服發回，四散東行，聞其内土官多姓楊，必應龍之族，其兵必應龍管下之兵。夫應龍今方議剿，而此輩精健矯捷，騰躍如飛，流入畿輔，又無紀律。今大工正興，軍匠喧雜，倘此輩中有乘機混入，或

爲細作，或肆狂圖，驚動宸嚴，大非穩便。伏乞皇上慎重起居，申嚴門禁，京城内外，倍加戒嚴。至若兵部堂上，見在止一本兵，京營之中兵皆市徒，官皆債帥，無一足恃。臣願皇上加意於此，多選謀略文臣，入爲侍郎，以備督撫不時之用；多選忠勇武臣，入補京營，以備將帥不時之用。而又明正賞罰，大肅紀綱，使人有所嚴畏遵守。其廠衛緝事，乃國家緊要。衙門官尉人等别無恩澤，僅藉三年，類奏升賞，使之鼓舞効力，乃今久不與，無以爲激勸之資，乞循例推恩。上覽奏褒嘉，命傳示各衙門，申飭舉行。一貫復上言："臣此揭原爲楊酋而發，事關軍機，宜加密秘。今若顯傳，嫌示此酋以弱。倘蒙皇上特發一諭，俾兵部遵行，尤見聖明，孜孜夙宵，圖治至意。"上然之。

楊應龍陷綦江，參將房加寵、游擊張良賢死之。時綦江新募兵不滿三千，應龍以兵八萬奄至。張良賢率家丁五十人入其大衆之中，殺大酋鹿罕一人，兵百餘，冒圍突出，僅損家丁十二人。援絶城破，猶巷戰以死。賊遂移檄重慶，守臣恐，縛送奏民何邦卿等，歸其質子尸，厚賄之，僅諉罪于一指揮以自解云。

——《明神宗實録》卷三百三十六《萬曆二十七年六月》，載《明實録》，第 59 册，6234~6236 頁

（戊辰）大學士沈一貫揭奏："臣接四川督撫及巡按各揭，言楊應龍已叛，臣面審各承差，皆言綦江已破，重慶危急。此酋久雄三巴，漢兵膽落，土兵狐兔有情，必須調募陝浙馬步萬餘，以爲主兵。又工部侍郎趙可懷系重慶人，昨同本兵會臣言，酋實勁敵，蓄志不小，爲今之計，一曰兵，二曰餉，川中皆乏，户兵二部宜破格區處。三曰官，有事地方不可但用文墨之士，宜將各司道府縣官就近選調諳練機宜者充之，庶群材畢集，地方可保，惟皇上加意，密諭遵行。"上曰："朕居深宫，倚任文武將吏平治天下，何乃倭方退遁，虜即侵犯。今楊酋又大肆跳梁，官民被其慘害，中國兵餉何以連年堪此？其彼處督撫、鎮巡等官職任安在？卿忠君愛國，可益竭心思籌畫緩急，即便擬一傳諭來行。"

——《明神宗實録》卷三百三十七《萬曆二十七年七月》，載《明實録》，第 59 册，6250~6251 頁

（己巳）兵部上言，近據川貴總督李化龍揭稱："播酋大舉入犯綦江、合江，所在危急，向奉旨募兵已經半載，綦江道臣莫睿已如數募完，合江道臣王貽德一兵未募。賊鋒已迫，劉綎尚未入蜀。乞嚴敕劉綎刻期赴任，毋得逗遛誤事，一切防勦、兵餉、處治方略聽督撫便宜舉行，緊要司道，令吏部就近遴選，以佐分猷。"上曰："應龍狂逞，彼處撫鎮文武等官，何故任其竊發，不早偵報？原議招兵，何故至今未備？欺蔽玩縱，莫此爲甚！該科便參看來！李化龍，許便宜行事。劉綎世受國恩，

今叙功在邇，特寄重任，待之不薄，何爲遷延逗遛？其馳騎催之！司道官凡係用兵處所，吏部就近遴才，更調府縣官，許撫按於本省内揀選調用。”

——《明神宗實録》卷三百三十七《萬曆二十七年七月》，載《明實録》，第 59 册，6251~6252 頁

癸酉，張輔之等參四川聽調巡撫譚希思怠玩軍情，一籌莫展；貴州致仕撫臣江東之貪功浪戰，毒衆生戎，均應褫奪，以爲奉職無狀之戒。王貽德奉旨半年，不募一兵，忽簡書而輕民命，當置削籍之條；莫睿城雖阽危，兵猶盡募，宜不以及重加降處。上命譚希思、江東之俱褫職爲民，永不叙用。逮王貽德來京究問。降莫睿三級，調用。以後各官不論升遷、降黜、丁憂、署管，凡未經交代，一日不許推諉誤事，責有所歸。

甲戌，大學士趙志臯上言：“臣伏枕服藥間接四川揭報，知綦江已陷，西蜀危在旦夕，不覺憤懣欲絶。何物楊酋，敢於悖逆至此，彼蓋竊窺中國之虛耳。及今若不早收人心，以固根本，將來誠不忍言。然所最喫緊者，無如簡用閣臣，廣開言路，體〈休〉養民生，裁省糜費。蓋簡閣臣，則帷幄運籌之有資；開言路，則耳目聰明之有托；養民生，則内地久安之不摇；節糜費，則帑藏備用之不乏。其雲南、川、陝、全楚等處一概榷采額外之徵，俱乞罷免，以安人心，則聖政一新，王威孔赫。無論楊酋鼠竄之不遑，即西南諸夷無不仰頌中國之有聖人矣。”

——《明神宗實録》卷三百三十七《萬曆二十七年七月》，載《明實録》，第 59 册，6253~6254 頁

（乙亥）户科李應策、姚文蔚各疏言：“川省播患方殷，收拾人心爲急，乞召回中使，停止礦税。”不報。

兵部陳防播六議。一申明節制。謂三省用兵，節制參差，難以聯屬，宜并假川、貴督臣事權。一儲用監司。議于川、貴各該監軍二員，敕下吏部就近推調，或於田間有才望者起補，勒限任事。一備用兵將。將則原任總兵李應祥、參將李經等。兵則河南之毛兵、天津之壯士，宜檄令赴黔，以備折衝。一增置中軍。謂貴州總兵向無中軍，似非事體，宜如例添設。一慎重戰守。謂播雖小醜，但我兵未集，宜扼險保境，俟厚集其陣，相機圖之，毋輕舉浪戰，致墮賊狡計。一懸賞格。謂應龍背逆，華夷共憤，請懸購募之令，無論吾人、土人，有殺賊立功者，或寵以世爵，或畀之分土。仍督責有司於各關津去處，設法稽查，但有播賊奸細，即便擒拏。獲功人役報部，以憑優賞。

上俱如議，仍令該部明白開列擒斬播酋賞格，風示天下。

兵部復條議：凡漢人、土人，或擒斬應龍父子，或斬將破敵，各以輕重定封爵

有差。上命通行頒示。

——《明神宗實録》卷三百三十七《萬曆二十七年七月》，載《明實録》，第59册，6254~6255頁

（丙子）大學士沈一貫題：前者貴州礦税，蒙皇上涣發天心，即賜停止。今四川尤急，楊酋界在湖廣川貴之間，腹心之患，若猖獗不休，則無川貴，無川貴即無雲南，三省若失，則内地震動危矣。故川省内使所宜早罷，顧臣猶有憂焉。姑毋論中原民心摇動，將有亂虞，而大可憂者，又已形之雲南矣。雲南孤懸天末，自唐宋不入版圖，而我朝乃比於内藩，第以處置得宜故也。今皇上遣中使往，夷夏交被其殃，臣初猶恃彼撫按或能善加調停，不意中使與撫按大相抵牾，彼遠地之民既無撫按足恃，而夷僚之性又苦中使誅求，若一旦變告，尤難措手。播方煩兵，又安能以餘力餘財，越貴州一線路而爲萬里雲南計乎？必不暇矣。臣中夜繞床而走，不敢不爲皇上早言也。

——《明神宗實録》卷三百三十七《萬曆二十七年七月》，載《明實録》，第59册，6255~6256頁

（丁丑）兵部覆左都御史温純等條陳防播四事。一蒐羅异才。軍旅之興，需才爲亟，宜通行各省撫按，一體諮訪，果有智謀摧鋒之選，破格收羅。一簡收將領。所議增設中軍及急調將領，已經臣部列名上請。外至劉綎屢奉催督，明旨森嚴，毋論綎不敢遽欲弛擔，即臣部亦何敢臨事易將，以長避難之風也；一多煉大器。中國長技，惟三眼槍、大將軍銃、湧珠炮爲最。近聞各邊多有，應如議移文查取解用，仍令川貴多方募工製造，以收全勝。一重懸重購。臣部近已題開賞格，乞明旨頒示遵行。詔如議。

兵部言："播酋逆惡滔天，惟陛下獨斷，恭行天討。顧興師之費，必爲預處。乞令户部先發四十萬、兵部二十萬，酌給川貴收貯。臣亦曾與督臣李化龍、撫臣郭子章約：將士可調則調，無妄調以縻餉。財賦可用則用，毋濫用以困國。有不足者，或於近省搽發，或明白開請。其五司七姓奏民赴訴日久，留之無益，似當悉發川、貴督撫衙門，令其號召各血屬親識之。陷在賊中者，或就中取事，或相率附降，或爲我嚮導，或間彼腹心，亦攻心伐謀之一策也。"上曰："應龍怙惡，亟宜問罪，朕心獨斷，更無矜疑。一切兵餉事宜，不時開請裁奪。軍中用人，務求實用，談士游徒，縻財無益，勿得濫收。奏民俱發回，聽督撫從宜鼓舞，仍密防詐冒反覆等情，有潛留京師者，禁之。"

——《明神宗實録》卷三百三十八《萬曆二十七年八月》，載《明實録》，第59册，6258~6260頁

（辛巳）工部侍郎趙可懷條陳防播事宜，内一款請亟練土著，以備緩急。兵部覆言："臣觀近日承平日久，諱言兵事，及卒然有變，束手無策。今播事危急，督臣分投議調，事勢難已，而要非經久之策，應如所議，責成督撫行各該有司，於地方民丁，設法挑選，各以州縣之大小定爲差等，取其里籍年貌造册，送道轉解軍門收練，不許濫用脆弱市滑充數，即以汰退之多寡定該道州縣之賢否。不月餘，而可得壯丁數萬。其領兵之將，即用練兵之官，厚其糧餉，利其器械，則人自爲防，家自爲戰，而且地利便，物情宜，足以持久，而無老師匱財之虞矣。抑臣等因是而推廣之，天下之無兵者，不獨蜀也。衛所額軍僅充武弁占役之資，州縣民壯止供有司呼擁之役，卒有不虞，蜀事可爲殷鑒。請通行各省，將額設官軍民壯查汰老弱，易以健卒。軍有軍操，印官與操官主之；民有民操，正官與捕官主之。府道不時稽核，通將清過名數立營分伍，造送督撫衙門，近者限三月内，遠者限年終，册報本部，以憑有事，按册徵發。巡按御史各於巡歷之日核實嚴查，違者從重參處。"詔如議。

——《明神宗實録》卷三百三十八《萬曆二十七年八月》，載《明實録》，第 59 册，6261~6262 頁

（乙酉）兵部尚書田樂，家任丘，播酋楊朝棟遣人密投賄揭，樂子爾耕捕其人送縣，馳狀白樂。樂具以聞，且乞罷斥。上優詔褒嘉，令樂益殫猷略，以肅邦政。所獲人犯，逮京究問，黨與潛伏者，廠捕嚴緝，毋令漏網。大小官員及軍民人等有能覺察告捕者，倍加酬賞，縱容者，一體治罪。樂復再疏求罷。上慰留之。

（丙戌）兵科都給事中張輔之上言："楊酋區區幺麽，一面分兵以擾貴州，一面投賄以涸司馬，縱横顛倒，真不知有天日也。黔蜀方用兵，而苦于乏餉，近議兵部處二十萬，户部四十萬，酌以三十五萬濟貴州，而以二十五萬濟四川。所議誠當，顧勢若救焚，無容緩步。猥曰取償於滇之十二萬，誤矣。堂堂天朝，司農豈不能多方設處，以贍三軍？至大司馬當逆酋含沙濺血之日，政宜主張撻伐，如裴度之誓不與賊俱生，無憂累自阻而墮賊計中也。"上曰："兵餉著料理，實濟急用，本兵業已獎諭，以後有挐發賊人，都以功論，不得言累。"

——《明神宗實録》卷三百三十八《萬曆二十七年八月》，載《明實録》，第 59 册，6263~6264 頁

（戊子）户部言："臣頃者議處征播兵餉，將湖廣應解京庫銀，及川省解陝年例，雲南原借川銀，總計共五十餘萬，俱系解部正賦，名雖外解，實出帑額。既省跋涉轉輸，又便鄰近接濟，但恐滇楚司道等官，秦越相視，起解濡遲，緩不及事。合再請旨嚴催，如有支吾推諉致誤軍机者，指名參奏。"從之。

——《明神宗實録》卷三百三十八《萬曆二十七年八月》，載《明實録》，第 59 册，6268~6269 頁

（甲辰）先是緝獲楊應龍投賄人犯，内有趙春台，系輔臣趙志皋族人。科臣桂有根因疏劾志皋，且言：“應龍縶重慶時，以數千金遺志皐，得脱。今復受應龍行賄。”上發其疏于次輔沈一貫，令之擬票。一貫言：“首輔供事左右最久，而皇上洞察表裏甚真，知臣莫如君，宜仰煩乾斷處分。”志臯因上疏力辯，且乞廷鞫以昭極冤。上曰：“卿事朕多年，老成清亮，朕素鑒知，浮言誣詆，不必深辯。趙春台所司究問自明，何煩廷鞫，宜安心調攝，以需痊可輔理。”

——《明神宗實録》卷三百三十八《萬曆二十七年八月》，載《明實録》，第 59 册，6274~6275 頁

己酉，兵部覆御史塗宗濬征播四議。一正辭伐罪，以彰天討。楊酋衆叛親離，第緣議勦未决，尚屬觀望。今雖一意專征，而猶恐有改土爲流之説，堅其狐兔之心，乞明詔諸夷以討逆大意，誅止首惡，尺地不愛，若安氏及七姓五司沿播諸苗有擒楊酋以獻者，即裂分其地，使各世守。一議移撫臣，以便策應。平清、偏鎮等處乃入黔要害之區，且白泥、飛練正播門户，自辰沅轉輸，必經其地，非得重臣無以彈壓。乞命湖廣撫臣移駐沅州。一酌調土兵。我兵新練，未習地利，而山嵐溪澗，步騎之所不可馳騁者，非藉土兵，未易得志。議行廣西撫臣於南丹、東蘭、泗城諸土司選其精壯者，每州三千，合之可得萬人，聽四川督臣調發進征。以夷攻夷，深爲便策。一寬假便宜。播雖彈丸，險阻足恃，今欲進勦，遲速之間，皆當酌量。且閫外機宜，難以遥度。乞行督撫，悉心料理，圖上方略，進止俱聽便宜，不爲中制。

上曰：“楊應龍負恩犯順，自干天順，誅止首惡，更不株連土司。自我朝開設以來，因俗而治，世效職貢，上下相安，何必改土爲流。方是朝廷疆宇，其宣諭朕意，共鼓忠憤，有能俘應龍以獻，即許代其世職，若合謀成功，各裂土酬賞。一切用兵机宜，俱聽督撫便宜行事，餘如擬。”

——《明神宗實録》卷三百三十九《萬曆二十七年九月》，載《明實録》，第 59 册，6277~6278 頁

（辛亥）兵科都給事中張輔之等上言：“臣近接川貴督撫疏揭，在四川，則綦江蹂躪，重慶震鄰。一時鎮道府縣諸臣不聞出一奇，乃怵於虚聲，歸尸棺，獻欽犯，惟酋之所索是聽，即加貨與之，勿惜焉，是畏酋甚於畏法也。在貴州，則鎮道守備寥寥無人，新總兵童元鎮在途不前，舊總兵沈尚文杜門不出。捧齎者還鎮無期，升任者裹足莫往，是寧干天子之法而不難冒楊酋之難也。乞明查勘之實，嚴規避之條，申

飭諸臣，或令戴罪自贖，或令克期前往，有不如詔者，三尺繩之勿貸。”疏下該部。

——《明神宗實録》卷三百三十九《萬曆二十七年九月》，載《明實録》，第59册，6287~6288頁

（癸亥）南京監察御史王藩臣陳防播四議。一曰申軍令，以作將士之氣。謂自應龍叛逆以來，廟議遣將至亟，而總兵劉綎猶然託病濡縮，宜申嚴號令，風示諸閫，果能奮不顧身，建立奇功，即封拜不吝。如仍前推諉，三尺具在。二曰嚴近幸，以塞奸細之門。謂邇來四方不職官民，蝟集輦下，表裏中官，窺測意旨，甚至有不繇通政司徑徹御覽，氣焰烜赫，蹤迹詭秘，遐方奸細，突焉而入。切恐皇上舉動，樞臣籌畫，皆得窺伺透漏，可不爲寒心哉！乞丕振乾綱，重塈讒説，凡上書不繇通政司，援引内臣言利希寵者，即付法司推鞫，庶幾憸壬歛迹，禁地肅清。三曰循故策，以收土司之用。謂土司雖聲勢相倚，而夷性猜忌，假令應龍得志，如黔之安，蜀之奢，豈甘心出其下乎？誠智而使之，謀而間之，如沈希儀之于岑璋，甚善。即不儘然，亦見朝廷不以應龍之故遍疑諸土司，陽收我羽翼之用，而陰離彼唇齒之盟，亦一策也。四曰明大誼，以服遠人之心。謂朝廷之討應龍，非利其土地而郡縣之，直以逆天殘人，法不容赦耳。宜宣明此旨，播告遠近，凡隣近土司及所屬頭目能擒殺應龍歸命者，即以應龍之爵爵之。又或應龍諸子不肯助父爲逆，束身歸命，更宜優給廩食，待事平之日，令其襲職故土，尺土一民，我無利焉。若然，則其隣必有韓魏肘接之謀，其下必有藩鎮易帥之舉，其骨肉間必有安史之禍，或者大兵不煩，而渠魁授首未可知也。疏上，留中。

——《明神宗實録》卷三百三十九《萬曆二十七年九月》，載《明實録》，第59册，6297~6298頁

丙戌，以征播乏餉，從户部議，命四川、湖廣地畝，權宜加派，總督于三省通融支用，仍禁有司豪右巧避侵漁等弊，毋累窮民。兵罷之日，即行蠲免。

——《明神宗實録》卷三百四十《萬曆二十七年十月》，載《明實録》，第59册，第6311頁

（丙戌）改四川總兵劉緹〈綎〉爲南京右軍都督府僉書，褫總兵萬鏊、游擊紫尚仁職，行巡按御史提問究罪。命總督李化龍相機移駐重慶，調度三省鎮道官兵所需兵餉，户部亟行處發。仍禁漏泄處播軍情，時萬鏊所部建武兵多有虚冒，道府以法繩之。鏊怒，與尚仁縱家丁鼓噪分剽，幾釀大變。督按以狀聞，并糾其通夷納賄事情。劉綎受命赴蜀，逗遛不進，建議征播必用精兵二十萬人，倍其餉，不許〈計〉損傷，不限年月，不繇中制，不許指摘，隆權重體，惟其所爲。於是科道交

章論之，且言兵貴精，不貴多，今督臣以兵少遲留，恐誤疆事，乞催令移駐重慶。兵部覆議上請，故有是命。

——《明神宗實録》卷三百四十《萬曆二十七年十月》，載《明實録》，第 59 册，第 6312 頁

癸卯，大學士沈一貫上言："臣惟自礦税使出，而天下舉疑皇上爲好貨。皇上聖明天縱，豈爲區區貨利乎！或謂頃歲以來，國家多難，倭虜交訌之餘，楊酋又見告矣，脱復有變，安可無防？"

——《明神宗實録》卷三百四十《萬曆二十七年十月》，載《明實録》，第 59 册，6318~6319 頁

（戊申）四川按臣趙標疏言播事，大略謂楊酋窮凶稔惡，有不赦之罪，且衆叛親離，有可乘之機。乞朝廷獨斷進剿，委託督臣以討賊削平之效，一切攻守機宜，進止遲速，俱勿遥制。文武諸臣有不用命者，聽以尚方從事。而疏中復參新任總兵劉綎與原任撫道邢玠、王士琦等，謂綎跋扈，玠等醖釁，均不可不問。疏下兵部覆議，以爲劉綎業奉處分，邢玠姑免議外，其委任督臣，責成文武，悉當。如按臣所陳，至播酋慣行賄賂，有黠貨通賊者，尤宜廉實重處，以肅人心。上曰："朕以西事付督臣，進止機宜，原不中制。諸將吏有逗遛失機者，聽以軍法從事，朝廷賞罰明信，責在按臣，毋徇情偏聽，致有參差。逆酋善賄，舉首者功之；隱匿不發，即以通賊論如法。"

——《明神宗實録》卷三百四十一《萬曆二十七年十一月》，載《明實録》，第 59 册，6322~6323 頁

乙丑，詔征播機宜悉皆責成督臣，各官宜協謀共濟，有妄生機械，流言游说，顛倒是非，熒惑耳目者，在内聽部院科道，在外聽總督撫按，不時參處。兵部覆總督李化龍之請也。

——《明神宗實録》卷三百四十一《萬曆二十七年十一月》，載《明實録》，第 59 册，第 6328 頁

己巳，川貴總督李化龍參新任總兵童元鎮畏敵如虎，逗遛不進；原任總兵沈尚文托病杜門，擁兵三千，僅發百人赴急；游擊曹希彬等并蓄縮觀望；乞賜處分。兵部請論如法，且薦原任四川總兵李應祥勇略可用。上謂童元鎮法當逮問，念用兵之際，姑褫職充馬事官管總兵事，立功贖罪。沈尚文逮治如律。曹希彬、梅鼎臣俱褫職提問。李應祥以原官起貴州總兵聽用。國家養士甚厚，酬功不薄，各官近日驕蹇，

遇警畏縮，巧擇便利，玩法負恩，軍令宜爾。以後有故違不遵者，督臣即以賜劍從事，毋得姑息。

——《明神宗實録》卷三百四十一《萬曆二十七年十一月》，載《明實録》，第 59 册，6330~6331 頁

（己巳）兵部覆湖廣撫按會題征播二事。一調募兵士。南兵可調與否，應行查議，其施州、麻驛、鎮筸等處募兵三萬，及調集本處各土司、土著、官兵俱如所議，聽陳璘統領，督撫佈置，但在遴選精壯，申嚴紀律，毋令虛縻騷擾。一薦用將領。原任都司吴時喬，游擊柳邦奇、王一桂等，據稱謀勇素裕，堪置行間，應如議起用，功成之日，分别叙擢。報可。

——《明神宗實録》卷三百四十一《萬曆二十七年十一月》，載《明實録》，第 59 册，6331~6332 頁

（辛未）户部題留湖廣本色漕糧二十一萬二千二百六十五石，并耗尖米十六萬一千三百餘石，以充征播軍餉，從科臣李應策之請也。

——《明神宗實録》卷三百四十一《萬曆二十七年十一月》，載《明實録》，第 59 册，第 6335 頁

（乙亥）四川督按舉剌采木官員，分别勸懲，仍以播酋煽亂，乞暫停采辦。上從之。

——《明神宗實録》卷三百四十一《萬曆二十七年十一月》，載《明實録》，第 59 册，第 6336 頁

（戊寅）命總督邢玠照舊供職，王士琦褫職回籍，張與行、莫睿行巡按御史勘明具奏，以按臣趙標追論勘播前罪也。

——《明神宗實録》卷三百四十二《萬曆二十七年十二月》，載《明實録》，第 59 册，第 6338 頁

（壬辰）貴州黄平鎮盤獲楊應龍奸細郭大禄等，供系浙江龍游人，搜橐中，有天文、地理、火器、攻城、《大明一統》諸書，按臣以聞。兵部言："應龍奸黨四布，此其志不小，請敕内外，嚴加訪緝，其從逆之家，仍行原籍撫按查審有無知情。"上然之。

——《明神宗實録》卷三百四十二《萬曆二十七年十二月》，載《明實録》，第 59 册，第 6348 頁

（庚戌）户科都給事中李應策歷陳播州開隙失事諸臣。始應龍之繫獄，則撫臣艾穆不應借議調赴討賊以致脱放，繼又不應囚拘其子激成反叛，是撫按既失于防閑，司道又昧於調劑，有不止葉夢熊改土爲流發大難端者。甲午之役，王繼光輕率，招尤白石之殃。林喬相依違失援，邢珍〈玠〉復幸功急就，朦朧結局，乃將劉繎〈綎〉數萬川軍調取征倭，益啟戎心，加以譚希思之庸懦無爲，江東之之輕噪，致敗飛練，輿尸禍延，綦江流血百里，不此之誥〈詰〉而他問。蓋百足之不僵而葦苕之易摧也。而劉綎之安挾逗遛，王鳴鶴之臨敵畏縮，陳璘之且行且止，俱應從重分别議處。上命部院看議具奏。

——《明神宗實録》卷三百四十三《萬曆二十八年正月》，載《明實録》，第 59 册，第 6359 頁

（癸丑）兵部題貴州巡撫郭于〈子〉章揭稱："播酋四出劫掠，羽書沓至，賊勢重大，動號數萬，連營結寨，窺我衛城，塞我官路。而我兵通省不及三萬，分布之則一城不過數千，衆寡相懸已甚。且分理在司道，而各道空虚無人；統領在主帥，而主帥多觀望不至；捍衛在卒伍，而卒伍軍弱不振。兵士既集，所需在糧餉，而糧餉每缺乏不繼，以此用兵，鮮不僨事者也。惟湖廣原調三萬之兵，并總兵陳璘、副使王應霖速赴偏橋。雲南、廣西原調一萬七千之兵速赴貴陽，雲南總兵沐叡速駐霑益，廣西總兵李如樟速駐泗城。湖廣撫臣移駐沅州，各該道并移近地。貴州總兵童元鎮速赴貴陽，以資彈壓，其畏怯不前者從重參處，則師中之氣聯爲一心，我之聲靈克壯，賊之授首可期矣。"奉旨：賊日肆狂梗，各官著作速移駐部屬地方，恊力進剿。如有观望逗遛誤事，國法凜然，有沈尚文例，督撫部科從重參處。

——《明神宗實録》卷三百四十三《萬曆二十八年正月》，載《明實録》，第 59 册，6361~6362 頁

（丙辰）兵科左給事中桂有根題川貴總督李化龍揭稱："播酋狂逞未已，貴州物力難支，乞處懦將，給餉金，以圖全勝。賊鋒四出，道路阻塞，董〈童〉元鎮、陳璘、吴廣尚未履信地，楚撫支可大高坐省城。前疏調兵四萬，見在偏橋止五千人，單弱如此，難與争衡。然總督已移駐重慶，黔撫亦移駐興隆，即諸將或有遷延，而彼中如李應祥智勇可用，故無將猶非所患也。至千〈于〉户部之餉，原議滇蜀二十萬者，竟屬烏有。即廣西、福建之銀，安能朝發夕至，以濟枵腹？惟有發帑金一十萬，或暫借老庫銀，星速給發至黔，則三軍尚可激勵耳。不然，驅餓民當强賊，將不可勝諱也。"不報。

——《明神宗實録》卷三百四十三《萬曆二十八年正月》，載《明實録》，第 59 册，6363~6364 頁

丁巳，户部題：貴州巡撫郭子章，以播寇突出，需餉甚急。閩越之銀，路遠到遲，欲就近於滇、蜀借銀二十萬，即以閩、粵照數解補。倘再不敷，凡隣省堪動錢糧，聽總督先動後題，各省官不許支吾推委。從之。

兵部題：四川巡按崔景榮參劉綎驕恣侮慢，觀望逗遛，因誅其心。一與應龍通家兩世，不忍操兵相向；一因東征叙功居陳璘之下，升賞不滿初心，缺望心隳；一恃身稱宿將，用兵非彼不可，以故多方要脅；一應龍慣於用賄，或起行之日先通厚賄，以續舊盟，罪不容誅。按臣宋興祖顧欲留之治兵，綎豈甘處人下，不險圖相傾，邢寧不速合，播酋并吞蠶食，邢如謂應龍所懼惟綎，又安知不用間而以連衡處事邪？故綎斷不可留，所當革任回衛者也。上從之。

——《明神宗實録》卷三百四十三《萬曆二十八年正月》，載《明實録》，第59册，6364~6365頁

（己未）兵部題川貴總督李化龍揭：賊自殘被綦江，皇上赫然震怒，大發海内之兵，責臣以討賊。臣竭駑鈍，東向以圖之，以土兵難全恃也，故請大發邊腹之兵；以三省難自給也，故請多發内外之餉；以招苗之路宜絶也，故請制偏橋之帥〈師〉；以黔省之力不足也，故請貴全楚之供；蓋庶幾出于萬全。又一面行二省鎮道，嚴爲備禦；一面令安疆臣、奢世續直擣其巢。黔撫亦發安民省城防守之兵萬餘，令王嘉猷將之往援。播非水西之敵，賊勢似已少斂，道路似已漸通。外省兵河南二千、陝西六千，及浙江、雲南、廣西兵，俱已次第入境矣。乃尚有所當請者三，則懦帥之當處也，黔餉之當議也，楚省之當同心也。沈尚文、童元鎮，俱黔帥也，尚文巽懦，重處固宜，元鎮新帥而踵舊帥避事之登，何可不革職而令帶〈戴〉罪自續〈贖〉也？黔中惟無餉，放〈故〉未敢多募兵。今雲南、廣西之兵旦暮且至，其能枵腹而應敵乎？則必閩、廣二十萬俱爲實數，更益以別省見銀一二十萬而後不虞脱中也。大〈夫〉偏橋走全省之道，偏橋不守則禍中於楚，今戮才會剿，爲黔即爲楚也，非舍己耘人之比也。奉旨：川貴總督撫道俱已近播彈壓，惟湖廣兵將不齊，餉又未備，倘致失期，巡撫豈逃其責？楚地遼遠，撫臣顧管難周，欲添差一員督理監視，該部院議處來看。童元鎮逗遛太久，著戴罪管事，俟殺賊後題覆，如再推諉懦怯，不待失事，總督便銷扭來京。副將以下不命者，即以賜劍立斬徇衆。總督無得疑畏，致誤事機，罪有攸歸。

——《明神宗實録》卷三百四十三《萬曆二十八年正月》，載《明實録》，第59册，6366~6368頁

（庚午）兵部覆貴州巡撫郭子章題：黔省僻在西南，爲通滇一線之路，地方遼長，在在隣賊，而兵微餉寡，單弱已極。自播賊煽虐以來，議兵議餉，累牘連章，

亦既慮竭思殫矣。無奈調兵不能驟齊，轉餉不能卒至，兼之將領玩愒，不急趋事，彼賊見孤黔之可乘，糾結生苗，分道突犯於許花、王嶍，盤據於三跳、翁岩，孤危之勢，誠岌岌矣。撫按欲于原議之外，再行募兵三萬，分屯東坡、爛橋、重安，以固要害而通喉舌，急催湖廣、滇、粤、永、保之兵救偏橋、思石、興黄、貴陽一帶，以衛地方而壯聲援，且虞糧餉之難處，必欲如數解發，將領之規避逗遛，查參究治，此其心良苦矣。第無兵則攻守之難，有兵則供億之難。議行多募，恐一時難集，亦未必精且練也。童元鎮逗遛半年，交代逾月，鼠伏銅仁，恇怯僨事，若不究懲，豈復知有三尺法哉。今如已任事，容令戴罪自效，或尚觀望，听督臣解扭赴京治罪，其員缺即以聽用總兵李應祥補之。

奉旨：貴州孤危，着總督與鎮撫上緊應援，兵馬若少，准再酌量調募，另給糧餉與他。廣西、雲南、湖廣各兵俱要齊赴信地戰守，不許逗遛观望。童元鎮堪否策勵及應挐應换，總督務遵屢旨從寔行，不得姑息。陳寅等如再不到，参來重處。朝廷不中制，該督撫宜恊心力任，相機行事。

——《明神宗實録》卷三百四十三《萬曆二十八年正月》，載《明實録》，第 59 册，6375~6377 頁

（辛未）兵部題：播酋猖獗，勢所必誅，調兵集餉，急如星火，不得已將廬、鳳、淮、楊萬曆二十七年分應解馬價六萬七千兩，又將二十八年折色馬價扣除三萬三千兩，凑足十萬，暫濟川貴之急。今淮撫李三才稱候爲價，解發必誤事機，先借漕庫船料三萬兩，鹽課五萬兩，并廬州府二十七年馬價二萬兩起解，而以前議未解馬價抵補，此權宜之計也。從之。

——《明神宗實録》卷三百四十三《萬曆二十八年正月》，載《明實録》，第 59 册，6377~6378 頁

（乙亥）户部以征播之兵大集，黔省糧餉不支，且道路阻塞，飛挽無從，應于楚蜀庫藏現銀那〈挪〉借凑用。間關萬里，寇賊梗路，數數奏請，耽延歲月，乞嚴敕川湖各省遵照接濟。奉旨：糧餉，用兵緊務，難待奏報，轉展鄰省，應解的着，總督嚴行催取。該撫按不許執留短少，致誤軍機。以後不敷，任總督便宜徵發，不必一一奏請。

——《明神宗實録》卷三百四十四《萬曆二十八年二月》，載《明實録》，第 59 册，第 6383 頁

（丙子）兵部尚書田樂以偏橋接軫播界，逆賊素所垂涎。先該總兵專駐以資弹壓，時設巡撫督理，第官系新設，事無專責，乞酌議詳明，以便注措。因上六事。

一議駐劄。撫臣之設，原爲督兵理餉，湖廣通省，盡屬提轄，遠駐偏橋，鞭長不及馬腹，况偏橋地僻城小，既駐總兵衙署，供億力必不支，宜令撫臣移鎮沅州而守巡歷清平、偏鎮，以便就近策應。一議分轄。黔地界在楚、蜀之間，湖北、川東犬牙相錯，撫臣建節偏沅，則湖省與川、貴附近等處，悉應分轄，庶畫地而守，不致推諉誤事。一議節制。撫臣既已裂疆定界，凡調到各處兵將，俱當會同總督分佈調發，隨宜應援。其有執拗逗遛，抗違不用命者，悉以軍法從事。至於軍民詞訟有關軍餉者，俱得听理，其餘不必侵越。一設中軍。巡撫標下例有親兵，一切飭整戎旅，傳佈號令，職在中軍，此臂指之義也。偏撫新立，合于所屬挑選精鋭才兵千餘，以資護衛。添設中軍游擊一員，以便承宣。事寧之日，并行裁革。一議嚴期限。《禮》："君命不宿于家。"况播賊匪茹義，當滅此而後朝食。今新撫江鐸見任易州參政，伏望嚴飭就道，刻期上任。一議供應。閫、廣任重體崇，將較胥吏員役，必多廩給紙劄犒賞等項，豈容猥瑣溪刻，合行湖廣督撫預爲計處，派解听用，無致臨時缺乏。奉旨：俱依擬。偏沅用兵原是湖廣巡撫之責，朝廷念其地廣難遍，特設經理以分其勞，除征播軍機系專責外，其一切合用兵馬、錢糧取給通省，着該巡撫與經理同心上緊，催儹接濟，不許推諉誤事，所轄文武官吏如有抗違者，不時參來重處。

——《明神宗實録》卷三百四十四《萬曆二十八年二月》，載《明實録》，第 59 册，6385~6387 頁

（辛巳）總督薊遼經略尚書邢玠奏辯科臣李應策追論播事失策不剿始末，因乞休，上諭留之。先是，楊應龍爲討賊放還，廷議遣玠往，先勘後剿，謂悔罪出勘，情法并伸，如仍負固，方行剿滅。後應龍三具文請勘，一出播川〈州〉，再出松坎，三出綦江之安穩駋。應龍認納贖銀四萬兩，質其子可棟于重慶，後因可棟死於非命而再叛，則玠覆命後事也。

——《明神宗實録》卷三百四十四《萬曆二十八年二月》，載《明實録》，第 59 册，第 6396 頁

（癸未）户部題科臣李應策奏："節省兵餉，今日急務。乞行各該巡按御史將在征播官兵關支糧餉，悉心查理，敢有侵冒，查出指名參究。"上從之。

——《明神宗實録》卷三百四十四《萬曆二十八年二月》，載《明實録》，第 59 册，第 6398 頁

（己丑）又題督臣李化龍稱："劉綎父爲名將，立功蜀中。綎結髪從戎，屢有戰功，播人憚其威名，况經改南以來，深切魏悔，思得自效，以雪前恥。且其部伍整肅，器仗精利，欲以川東一路屬之，與吴廣分道并進。

科臣則以綎驕蹇逗遛，悻悻恃功，怏怏失志，無人臣禮，且聞其在荊州受楊酋六積之饋，心迹叵測。必欲用綎，亦應照童元鎮例，革銜受事，以观後效，如其狡獪观望，僨軍誤國，尚方劍在，何辭杜郵之誅，庶不負朝廷使過之仁，并不負督臣破格之舉。”

奉旨：劉綎已經参論革任，既總督説進兵在邇，分布已定，一力保來，准充爲事官，領兵剿賊，報効有功，一體叙賞，如再負恩，驕縱誤事，望罪不饒。

又題：兵科桂有根具題二事。一謂遼撫李植調集宣大兵馬六千赴遼防援，今撫臣回籍，將士無依，况主客勢不相能，宜令分隊陸續撤回。一謂播事。既許應龍自縛，儻得首惡，餘民深當撫輯。聞應龍蓄養形貌肖己者甚多，必其預防勢窮力屈，輒施紀信之計。若倖功心多，防奸意少，致元凶詭脱，不惟見笑醜夷，抑恐留釁將來。又湖廣撫臣支可大應移駐偏橋，新設撫臣江鐸宜刻期赴任。

奉旨：遼東先調西兵，便著分隊撤還，一面亟選本鎮軍人充稱，以備不時戰守，毋得推諉，致誤邊計。西征機宜，朝廷既不中制，著督撫審度處置，毋貽後悔。江鐸限一月内星馳赴任，此係权設衙門，一切應付著各官預與處給，不必待他討請。

兵部覆四川巡按御史崔景榮條奏六事。一重間賞，以省殺戮。楊賊狡黠，如先年白石之役，遣人詔降，聲言應龍已逃，又言被仇執縛，誘哄各軍亂進無次，入于伏中，盡被殺害。昔狄青不認衣金龍衣者爲儂智高，正防其詐，故間不可不審也。一禁騷擾，以安内地。各兵聚集，土漢雜處，土民獷悍，好鬥輕生，切宜禁約。一議應援，以防伏兵。播境險阻，恐賊出間道，勢須策應。一寛文法，以杜欺隱。法重難行，人懷顧忌，事鮮實聞，惟當不狃小勝，不責小敗，務令據實奏報。一禁殺虜，以散逆黨。臨陣斬級，登簿升賞。若原非戰鬥而持級報功，即系妄殺，立斬以徇。一議贍養，以撫降人。宜嚴禁嚇詐，以廣招徠之路，給倉穀以息争奪之風。

奉旨：用兵深戒妄殺，尤當敬慎終始，不但進取之時，須相犄角，即克勝之後，亦宜整隊肅防，毋徒姑息踈脱，致墮狡計。仍禁戢各將，毋得争妒參差，縱暴擾掠。違者，雖有功亦以罪論。督臣還須定方略，詳申法禁，使人有所遵守，但不得過爲掣肘，令失機會威福。朝廷大權，自有斟酌，功必不遺，罪必不宥，以得罪首爲期，苛細亦所不計。

——《明神宗實録》卷三百四十四《萬曆二十八年二月》，載《明實録》，第 59 册，6405 ~ 6408 頁

(庚寅) 輔臣沈一貫題：陳奉入楚，始而武昌一變，継之漢口，継之黄州，継之襄陽之光化縣，又青山鎮、陽邏鎮，又武昌縣僊桃鎮，又寶慶，又德安，又湘潭，又已河鎮，變經十起，幾成大亂。今奉銜命徵收，地方儻一動摇，激變之罪何逭？且民情一變，亦已可畏，况於屢變？既已屢變，而猶窮治亂黨，深督有司，則民益

無所恃，而變愈急，不惟歲額因之日減，抑懼大釁結而莫解。楚民輕剽易動，楚地湖山遼闊，哨聚易匿難搜，況征播軍興，家家增賦，處處添兵，而復迫之，適驅使從賊耳。懇惟皇上大沛弘仁，以收楚民之心。不報。

——《明神宗實録》卷三百四十四《萬曆二十八年二月》，載《明實録》，第 59 册，第 6409 頁

（壬戌）兵部題：貴州巡撫郭子章報稱：播酋督率馬步兵數萬，於正月初五日殺破龍泉司，將土官安民志、吏目劉玉鑾綁擄去。守備楊惟中先期托言參謁守道，潛避鸚鵡溪。據惟中稱，龍泉切近播境，係賊出入之路，賊所必争，職兵不滿二千，賊兵動稱數萬，衆寡難支，但惟中以公出思南爲解，而懇留不允，事不避難之忠未盡。又副總兵陳良玭以急守偏橋爲詞而屢催不至，同舟共濟之義則踈。今據總兵陳璘未到，良玭猶屬代庖，難以苛責。龍泉原無城郭可守，而惟中堅守二年，微有斬獲，故論其恇怯，善弃信地，即擬重辟非過，特今元凶未掃，或開使過之門，犹得戴罪自效。

奉旨：童元鎮、陳良玭姑記過，候事完通議，楊惟中本當拏問，姑革職，取無罪招繇，戴罪管事。近來軍紀不嚴，明旨申飭，不啻再三，各兵將通不遵守，何望克敵成功，李應祥等是何緣故，至今未到，着各撫按嚴查飛奏，不許徇情回護。

總督侍郎李化龍題報分布八路進剿形勢，部署官將名目，并録神誓文與軍誓以進。上深然之。其誓神之詞曰："春秋之義，人臣无將，漢法所誅，大逆不道。逆賊楊應龍，本以夷種，世廁漢官，被我官裳，守被爵土，輒敢忘天朝豢養之恩，恣鬼國凶殘之性。初但殃及骨肉，継乃禍遍蒸黎。嬰兒孕婦概被誅夷，殺將屠城以爲常事。虐焰燔於五司七姓，淫毒漸於九溪三巴。天地不容，神人共憤。皇帝痛兆人之失所，杜列辟之效尤，遂伐暴以安民，乃興師而問罪。某等共以職守，咸在戎行，堅除凶雪耻之圖，奮戮力同心之誼，庶幾共奬王室，乃可必得罪人。兹將鞠義旅以徂征，敢用對明神而作誓。夫惟忠可以報主，惟公可以服人，惟敢死不二可以徇國家之急，惟積白无欺可以樹掀揭之勛。凡在行間，請事斯語，若督撫鎮道及副参游守府縣衙所大小文武等官，有懷奸飾詐，罔上行私，乾没軍資，枉殘民命，或假公事以報私仇，或介小嫌而妨大計，或以是爲非，或以非爲是，任一已之見而失三軍之心，或當進不進，當援不援，偷一時之生而戕萬民之命，或懷忠不盡，退有後言，或臨事避難，轉生枝節，或賞罰功罪之不明，或南北漢土之异視，或挾機械變詐之術以利己，或造疑似影響之説以傾人，有一于則，即爲負國，明神殛之，死不旋踵，永絶其嗣。夫神護國佑民，以食其報者也。神不明，則士不奮，賊不滅，民不安。不能充礼於神，亦有不利焉，惟明神實圖利之。"其誓軍禁約各官及條誡〈誡〉各

兵臨陣，俱懇切詳明，聞者感動。

——《明神宗實録》卷三百四十五《萬曆二十八年三月》，載《明實録》，第 59 册，6431~6434 頁

（戊辰）吏部題：貴州巡撫郭子章以播賊殘破上〈土〉司查參失事將官，因認罪求去。上以兵事方殷，不許。

——《明神宗實録》卷三百四十五《萬曆二十八年三月》，載《明實録》，第 59 册，6439~6440 頁

（乙酉）總督薊遼尚書邢玠以先奉旨勘播，乃因人言咎其不剿，引罪乞休。上曰："邢玠勘處播酋，奉敕行事，何必自陳，着照舊供職。"

——《明神宗實録》卷三百四十六《萬曆二十八年四月》，載《明實録》，第 59 册，第 6450 頁

（己丑）貴州宣慰使安疆臣奏："播警方殷，令剿在即，堇陳憂讒畏譏之私，以息群猜。"

奉旨：推誠布公，賞罰明信，微功必録，豈眉忠義之臣。安疆臣奮忠討逆，奉公滅私，朕方嘉悦，誰敢妄生讒毁，有何嫌忌，着他上緊進兵報放〈效〉，毋得自生疑阻，成功之日，一依原格行賞。

——《明神宗實録》卷三百四十六《萬曆二十八年四月》，載《明實録》，第 59 册，6453~6354 頁

（庚寅）兵科給事中桂有根題：總督邢玠欲於立夏前後撤鮮兵，復乞敕下會議。夫關白虽殁，清正、行長猶存，俟彼國稍定，我兵盡還，則揚帆北向，是倭之必復來，不待議也。我之大兵雖撤，而戍士萬有六千，水陸兼資，分佈成規具在，是我之兵士，不待議也。如以海外輸將之难，屬國久戍之苦，而移防于沿海之内，又恐今方會兵討播，諸省騷然，浙直妖徒倡亂，人無圖〈固〉心。倘東師一撤，朝鮮不旋踵而折于倭，勿論救援以終七年字小之功，即欲固圉而增兵於遼津、登淮之間，更苦於力量之不及矣，是又不待議而可知者也。臣愚以爲東事且勿議撤，但議處本年終歲之餉，刻期解彼給散，仍奬率將士益嚴防守，少俟各處蕩平，然後設防于遼淮，倭來可以渡江保屬國，倭退可以移師控北虜，豈不爲萬全之長策哉。

奉旨：東邊連年用兵，原爲藩籬當守，倭既难保不來，朝鮮力又未振，遽議撤兵，孰防後患。這本還着一并會議來説。

（壬辰）貴州巡撫郭子章報："播賊擄去防禦宣慰宋承恩。先是，承恩與應龍翁

壻之情，安能不往來？近始與之絶，其被擄也，順逆之情尚未可知，所遺該司土民尚多，恐楊賊别生詭計，相應于親族中擇能撫馭之人，責令招合綏輯，不致爲賊收用。”上命巡按查奏。

——《明神宗實録》卷三百四十六《萬曆二十八年四月》，載《明實録》，第 59 册，6455~6456 頁

（己未）兵科都給事中侯先春言：“督臣李化龍部署已定，功有垂成，今聞丁憂，伏乞皇上勉留，以發平播之功。”命下部議之。

——《明神宗實録》卷三百四十七《萬曆二十八年五月》，載《明實録》，第 59 册，6480~6481 頁

（癸亥）閣臣沈一貫題：科臣爲黔帥報捷，乞優賞隴澄。查澄係鎮雄府土知府，即安堯臣子，兄宣慰使疆臣同母鳳氏所出。安民〈氏〉奉皇上撫諭，澄持槍督陣，斬獲播酋萬餘，戮其愛子，復誘之議撫，擒送其腹心尚義等二十四人，具見忠義之心，今議賞澄金幣。臣謹票擬，并詳始末以聞。

户部題：科臣侯先春言：“逆酋就僇可期，而安疆臣之兵需餉甚急，征播拮据，數季方有破竹之勢，若復以缺餉隳功，僨事之誅，誰其任之。”上命各撫按定限催解，毋得怠緩誤事。

——《明神宗實録》卷三百四十七《萬曆二十八年五月》，載《明實録》，第 59 册，第 6483 頁

（壬子）兵科都給事中侯先春題：貴州巡撫郭子章，揭鎮雄知府隴澄斬楊酋子惟棟、僞提調等五十餘人，賊兵及萬，乞先賞隴兵，爲諸路倡。命下部議之。

——《明神宗實録》卷三百四十七《萬曆二十八年五月》，載《明實録》，第 59 册，6477~6478 頁

（丁卯）兵部題：“征播三報捷音，正宜乘勢合力會剿，不可泄泄從事，有誤軍機，乞嚴敕各總撫鎮將刻期并進，早奏蕩平。”從之。

——《明神宗實録》卷三百四十七《萬曆二十八年五月》，載《明實録》，第 59 册，第 6486 頁

（戊寅）兵部題：征播之兵松門埡失利，都司王芬、守備陳大綱、副招討楊愈戰死，并參劉綎踈防緩救。

奉旨：各官忠勇死戰，恤録宜優。王芬贈都督僉事，蔭一子副千户；陳大綱贈

署都督僉事，蔭一子，實授百户，俱世襲；楊愈贈宣慰司副使，楊時和先准承襲父職，餘如議。

——《明神宗實録》卷三百四十八《萬曆二十八年六月》，載《明實録》，第 59 册，6495~6496 頁

（庚寅）兵部尚書田樂題：……播酋負固，兵連禍結，兼之礦税借資，不過一時權宜，差委無知，便匈百計殘虐，所在騷然。淮徐之巨寇方解，兩浙之左道又興，此正理亂之机，至如京營儲養……

——《明神宗實録》卷三百四十八《萬曆二十八年六月》，載《明實録》，第 59 册，6504~6505 頁

（壬辰）鄖陽巡撫鄭國仕引年乞致仕，因備陳采礦榷税、變木抽船，徵門攤，開銅洞，征播軍餉，加派丁糧，民生日蹙，憂勞成疾，冀以悟上。不允辭。

——《明神宗實録》卷三百四十八《萬曆二十八年六月》，載《明實録》，第 59 册，第 6508 頁

（戊戌）兵科侯先春爲滅賊有日，伐謀貴全，恐人心不一，懦者逼〈逗〉遛，貪者行私，剛愎者自用，而廉勇者復爲貪懦者所妒，宜令督臣移駐播城，三犹各至境上，以便調度。困獸猶鬥，則設防不可不密；枵腹难支，則措餉不可不預，而又出奇以奪其謀，此全勝之道也。不報。

——《明神宗實録》卷三百四十八《萬曆二十八年六月》，載《明實録》，第 59 册，第 6510 頁

（己亥）兵部題：偏沅巡撫江鐸塘報："六月初六日，各路合攻，破海龍囤，楊應龍勢急自盡，生擒伊妻子并逆堂〈黨〉何漢良等，一鼓蕩平，功收底定。"上報聞。

閣臣沈一貫題：奉御劄："逆賊楊應龍已就天落，此寔仰賴天地洪庥，祖宗佑助，大小文武將士溽暑之時，成此大功，朕心嘉悦。其赦宥無辜，撫安地方事宜，卿可傳示該部議擬其奏，特諭卿知。"且恭捧攸漏，皇上獨持成斷，密運機籌，歷世跋扈之雄，數月削平。皇上一聞戎捷即念人勞，謂溽暑成功，事非容易，并加憐惻，形于詔詞，又令臣等議擬赦宥撫安合行事宜，直天地長育，父母生成，遠近聞之，推不感注，臣即傳示施行。

——《明神宗實録》卷三百四十八《萬曆二十八年六月》，載《明實録》，第 59 册，6511~6512 頁

甲辰，先是上以逆賊楊應龍已深〈誅〉，令條上善後事宜。至是，兵部議上諸狀。一宥無辜。言興師伐罪，上誅元凶及有名惡黨，凡漢土諸人不得已先從者，不必株連蔓引。一安地方。言五司七姓，陸續所收降中〈衆〉，宜加意撫綏，設法賑濟，令得其所。一禁豪强。言地有分王，廛有定居，遭變諸人，事平而反，雖照舊基承認，暴横者不得多取。一議蠲恤。言兵興以來，被害之慘者，無如綦江諸處，而川蜀運糧之家尤可矜憫。即播州之内，自逆賊梗化，逋欠甚多，受降之人既屬編岷〈氓〉，自應寬免數年，而我民之以徵調累者，宜行督撫諸臣酌議蠲恤。一夷險隘。言逆賊衡命，以天塹爲險，今雖建置郡邑，其他峭壁木植，悉宜削除剪伐，可耕之地因而開墾。一議撤留。言興師十萬，日費千金。今賊已蕩平，應撤者，与少行糧犒賞，應留者，亦須安置得法。至永靖諸番横恣，似當趁此撤留未定之時，酌議剿處。一慎勘叙。言逆酋非出生擒，賞格似宜酌議。須以各官莅任之久近，杖其功次之大小，兼以功罪之有無，定其叙録之輕重。一明功罪。言將領中有以死罪令自贖者，有革去見銜戴罪立功者，宜行總督撫按衙門備查功罪，明祈妥當。立有新功者，始以寬其舊慝，即獲功無多，所犯難貸，須公平定擬，無使倖漏法網。一禁揭害。言人心險巇，戈矛易生，甲可乙否，涇渭混淆，一切從征員役不得妄具揭帖，以亂視聽。一計善後。備查播地，地處與與，與處連區接軫，作何分隸，隸處與某處，應設某府州縣，作何安置，將領作何統轄，流移作何招練，務令擴〈獷〉悍不毛之地盡入範圍撫馭之中。其未盡事宜，仍令彼中督撫諸臣議妥具奏。

得旨：元凶既殄，凡脅從免治，流移招復，毋許豪强乘機兼并，仍優加賑恤，以安新定地方。兵馬久戍勞苦，酌量次第撤还，永靖諸苗横恣逋誅，就着撤回兵馬剿處，可即便宜行事。軍中一應有功人員，俱從公叙來，餘俱依擬。

（乙巳）大學士沈一貫題：頃藉皇上神威，楊應龍授首，趙古元就擒，斯誠大慶。

工科都給事中王德完奏言："頃川、貴、湖督臣李化龍再以制請，皇上准其守制，剿亂徵榷，仁親大誼于焉并得。唯是播州千里提封，三省聯亘，夷漢雜處，逆酋雖滅，苗衆犹繁，依穴附山，首鼠觀望，脱善後非人，瑕釁復作，徵發指買之難更有十倍于往時者矣。伏乞皇上慎重兹舉，敕下大小九卿諸臣公，舉重臣一人速爲往代。"疏入留中。

——《明神宗實録》卷三百四十九《萬曆二十八年七月》，載《明實録》，第59册，6519~6523頁

（甲寅）户部議停征播加派税糧。凡四川、湖廣各布政司所屬加派銀兩，未徵者即行停止，已徵在官者另項收貯，不得侵漁隱匿。如議。

——《明神宗實録》卷三百四十九《萬曆二十八年七月》，載《明實録》，第 59 册，第 6537 頁

（戊戌）以播司蕩平，覆總督李化龍回籍守制。

——《明神宗實録》卷三百五十《萬曆二十八年八月》，載《明實録》，第 59 册，第 6567 頁

（辛丑）兵部覆：四川巡按崔景榮查勘㯙〈播〉功，不必避嫌，仍會同湖貴按臣東〈秉〉公實核。允之。

——《明神宗實録》卷三百五十一《萬曆二十八年九月》，載《明實録》，第 59 册，第 6572 頁

（甲辰）大學士沈一貫疏陳播州善後事宜，言總督李化龍憂歸，衆舉京營尚書王世揚往代，而以貴州巡撫郭子章陪，因其有功也。適化龍書來，宣慰安疆臣恃有前功，妄冀厚賞，不可無以裁之。臣等固思安民〈氏〉與楊氏接壤，世姻，聲勢依倚，楊氏發難之時，天下疑安氏爲助，而安氏又與貴州甚近，安若助楊，無論楊不可誅，而貴州省城亦不可保。故一面使郭子章于貴州竭力鼓舞，推心結納，令其建功以報朝廷；而一面李化龍徵兵四方，恭行天討，以示朝廷用兵不必籍土司之力，蓋總督裁之以法，而巡撫收之以恩，兩相濟而後安民〈氏〉始入掌握中也。夫威之入于恩也易；恩之入於威也難。子章之于安氏，方以恩收之，豈可遽以法裁之乎？不裁，必恃恩以多求；裁之，則生怨而啓事。故子章之爲總督，勢甚不便推。特遣以重望大臣往，則可以據理而折衷，奉法而定制，子章亦可因而操縱，行其控御之術，此定西南之長策也。仰祈皇上用世楊總督，子章照舊巡撫爲便。蓋楊氏未滅則愛楊氏，楊氏既滅則愛安氏。天下之事善始不若善終，臣等不敢不盡言耳。”

上曰：“覽奏，具見爲國籌畫詳慎。王世楊可用，但協理京營，亦係重任。郭子章着照舊巡撫，卿可傳示該部，另行會推忠實才望的二員來用。”

——《明神宗實録》卷三百五十一《萬曆二十八年九月》，載《明實録》，第 59 册，6574~6575 頁

（庚戌）又督川貴督按李化龍、宋興祖會題監軍按察使楊寅秋患病疏，言本官拮据貴竹，勞苦功高，而思親成病，似非假託，宜令暫歸調理。其平播功績，聽督撫優叙，痊日起用，以酬其勞。允之。

——《明神宗實録》卷三百五十一《萬曆二十八年九月》，載《明實録》，第 59 册，6576~6577 頁

（辛未）兵部覆：巡按湖廣監察御史王立賢疏請平播總兵陳璘搜簡精卒，會剿皮林諸惡苗，宜允所奏。仍令偏沅巡撫江鐸墨衰臨戎，協心共濟。其黎平籍係黔，屬廣西地，當後勁，各該督撫共圖撲滅，無分彼此。詔如議行。

——《明神宗實録》卷三百五十二《萬曆二十八年十月》，載《明實録》，第 59 册，6587~6588 頁

（乙未）革……原任保定車營都司調四川征播戴守禮……御史姚思仁疏糾也。

——《明神宗實録》卷三百五十二《萬曆二十八年十月》，載《明實録》，第 59 册，第 6601 頁

壬午，兵部覆：督臣李化龍檻送逆酋楊應龍妻子、族黨六十九名口，行法司擬罪獻俘。禮部擇日告廟宣捷，上御門受賀，其所獲器物赴内府交納。允之。

——《明神宗實録》卷三百五十四《萬曆二十八年十二月》，載《明實録》，第 59 册，第 6623 頁

癸巳，大學士沈一貫奏言："臣以菲才，待罪密勿，自甲午到京，恭遇皇上御門，獲申一謝，其後相繼免朝，不覩天顔之喜色者七載於兹矣，飢渴之懷，難以言喻，伏遇皇上以征播功成，御樓受俘，正天下快睹之期，微臣媚兹之日。查萬曆三年獻俘，輔臣有扈從登樓之例，竊不自揆，仰覿聖慈容。……"

——《明神宗實録》卷三百五十四《萬曆二十八年十二月》，載《明實録》，第 59 册，第 6629 頁

乙未，獻播俘闕下。上御午門樓受俘，付所司行刑。

——《明神宗實録》卷三百五十四《萬曆二十八年十二月》，載《明實録》，第 59 册，第 6630 頁

逆酋楊應龍伏誅。應龍先世山西太原人。唐乾符間，始祖端討南詔亂，授武略將軍，遂據播地，歷宋元，世有其土。國初，名鏗者，納土歸降，高皇帝還其地，授宣慰使，予敕印，令世撫諸苗，子孫相繼不絶。隆慶中，父烈死，應龍嗣。應龍生而雄猜陰狠，嗜殺無忌。所轄地略楚、蜀、黔三省間，延袤千里，田疇豐美，諸苗剽悍敢鬥。應龍自恃富强，又累從征調，習川兵單弱，陰有虎據全蜀之志，會其妾田唯〈雌〉鳳妖淫善妒，誣妻張氏與人亂，應龍信而殺之，并及其母、弟，臧獲之在播者無遺類。自是益以殺人立威，小有睚眦，輒誅滅之，所殺傷無數，州人不堪其苦，所屬五司七姓之民及張氏家奏訴之。下川者撫按逮問，系重慶獄，坐大辟，

詭言征倭自贖，得脱歸，歸而有詔止其兵，應龍益驕蹇不用命，再逮不復至。蜀撫臣發兵挾之，應龍不與戰，誘之深入，至白石口，縱兵盡殺之。事聞，遣經略大臣至，應龍佯爲不知，委其事於諸苗。時東西方苦用兵，因就撫之。應龍滋益横，居處服飾僭擬乘輿，扁其門曰半朝天子，立子朝棟爲後主，日夜與子朝棟、惟棟，弟兆龍、從龍，黨何漢良、何廷玉等爲逆謀，分兵四掠，石阡、興隆、江津、南川等縣衛無不被殘害，至偏橋獲原奏諸〈誅〉仇家，少壯支解，取其妻女，對夫與父，令諸苗淫嬲之，或裸體坐木叢射笑樂，或燒蛇入陰穿腹而斃，其凶淫不道如此。已復攻破綦江，戕參游，執縣令，焚劫庫獄，殺軍民無算，投尸于江，江流爲赤，西南震動，羽書交馳。上赫然震怒，命三撫臣會剿，而以督臣李化龍統之，徵兵轉餉，幾半天下。應龍自知逆節不宥，求智謀兵士，得武清無賴生孫時泰，立爲僞軍師。時泰教以首據重慶，次占成都，官兵未集，乘虚直擣。應龍惧失巢穴，拒不從，率兵四萬，焚東坡、爛橋，梗湖首路，陷黄嵥囤，殺男婦甚衆，攻龍泉司，守備楊惟忠敗走。已而大兵繼至，八路夾攻，應龍令朝棟、惟棟統衆出綦江，據險拒戰，總兵劉綎大敗之。諸將士乘勝直進，連奪關寨，應龍父子遁歸海龍囤，戈矛雲集，四面重圍，更番迭攻。城破，應龍窮蹙自經，逆黨盡擒，檻車送京師。至是獄具獻俘畢，戮應龍尸，兄弟、親屬、黨與，各論磔斬戍遣有差。

——《明神宗實録》卷三百五十四《萬曆二十八年十二月》，載《明實録》，第59册，6631~6633頁

丁酉，大學士沈一貫奏言："……今播酋又復禽刈，舉族爲俘，稱盛際矣。然兵非佳物，武非善經，費財損人，塗原膏草，内地之所傷者亦不可以數計，故曰："兵者，不祥之器，聖主不得已而用之。"臣願皇上之念此而重此也。惟是諸將之賞不可不酬……，今播功又當叙矣。望與松山蚤賜并發，不然，將士必觖望，而异日誰肯用命乎？……"

——《明神宗實録》卷三百五十四《萬曆二十八年十二月》，載《明實録》，第59册，6633~6636頁

丁未，禮部題稱："播賊蕩平，大兵盡撤。望皇上特涣綸音，嘉與休息，但係播事，加派錢糧，盡數豁免，其川貴之民死於鋒鏑者，大加寬恤。自正月以前徒杖等罪，無論已結未結，悉行赦宥。"上是之。

——《明神宗實録》卷三百五十五《萬曆二十九年正月》，載《明實録》，第59册，第6637頁

辛亥，調湖廣監軍按察使胡桂芳爲廣東按察使，四川監軍左參政謝詔爲四川左

參政，貴州監軍右參議張存意爲河南右參議。桂芳等監軍征播事平，乞歸，故議調用，以待覆叙。

壬子，上御午門樓，以平播功詔天下，詔曰："朕嗣承歷服，式奉先猷，欲人并生，庶幾不擾。八年以來，俄煩兵甲，賴天地廟社之靈，將相臣民之力，内攘外却，無捐國威。然彼皆文告不來，自投釁鑊，朕實憫之，非爲快也。惟此播州故有楊氏爲夷長，率受我冠裳，子孫之仍籍有年，朝廷之覆露良厚，夫何末冑應龍者安忍無親？大逆不道。當其嬖寵戕嫡，淫刑禍民，毒痛一方，凶殘七姓，國人皆曰可殺，朕心不忍加誅，因其漢官，韁以戎索，曲從贖死爲德甚弘，而乃下愚不移，肆行無忌，敢爲嫚辱，妄意薦窺，既逋重慶之囚，遂决跳梁之志，收藏亡命，構煽苗夷，震駭兩川，恫疑四海。朕猶時覃在宥，未即移師，而賊顧因撫成驕，因驕成亂。内則僭越王章，無復人臣之禮；外則矜詡物力，有輕中國之心。掩不備於綦江，梗道塗於湖貴。爲臣若此，孰其堪之，夫帝王之道，推亡固存，邇來東西之故，胡不聞焉。是用一勞師徒，四徵饋餉，天休人力，霧湧雲屯，發蜀、楚、黔、滇土著之兵，下秦、楚、晉、吴如林之甲，婁山、崖門之隘，平地、九衢、湄潭、河渡之深崇，朝韋狡徒，鼠竄僞社，颷焚穴搗，塗窮，登高塞向，猶自謂重關百仞，可敵萬夫，困獸千群，堪資一戰。豈知天心既吐，地險何憑，死鬥不能，詐降不可，百道圍而飛鳥絶，九攻合而蹇兔啼，突士盡而鼓聲衰，騅歌悲而蠱妻别訣。夫應龍以極惡就經，一死安贖是命，剉尸傳首，蓼天嚴誅，其妻孥黨與七十餘人，檻來闕下，重者分裂，輕者鉗奴，自餘在播者，下附近獄，有司訊治。千年守土，一旦丘墟，伊誰實然？豈朕之意？於戲！漢唐遠矣，代有弃置，蠻夷君長，人安與安，惟虔劉無度，予一人實不忍于赤子，亦明天地雖廣，日月無私，穢無遠而不疏，惡無微而可藴。苟有昏暴淫虐，蔑常亂紀，朕雖欲赦，如天弗容。其明告中外，有土有身，視爲前車各戒，爾後氛慝初消，瘡痍未起，師之所處，荊棘生焉，邑里蕭條，哀此煢獨。凡蜀、楚、黔、滇有因用兵加派錢糧及一切可緩積逋，若詿誤輕條，并令所司酌量蠲宥。救乏振滯，蕩滌煩苛，咸與維新，安生樂業，佈告中外，俾共聞知。"

——《明神宗實録》卷三百五十五《萬曆二十九年正月》，載《明實録》，第 59 册，6638~6640 頁

（癸亥）升巡撫宣府右副都御史王象乾爲兵部右侍郎兼右僉都御史，總督川、湖、貴州軍務。巡撫四川時，播地初定，督臣李化龍有父喪，巡按御史崔景榮言："開設郡邑，撫慰降人，非亟推新督臣不可。"吏部以賈侍問及象乾上，請特用象乾云。

——《明神宗實録》卷三百五十五《萬曆二十九年正月》，載《明實録》，第 59 册，第 6641 頁

丙辰，偏沅巡撫江鐸以撫諸苗上請，大略言："皮林惡苗黨與連結四省，而九股苗夷遠在清水江外。征播時，欲求報効，與斗章、三股、斗怪等苗，并宜撫諭，至靖州通道所轄輸苗，輸差守法，素與叛苗不同，一切撫安，所以剪皮林之翼也。"

——《明神宗實録》卷三百五十七《萬曆二十九年三月》，載《明實録》，第 59 册，第 6673 頁

（辛酉）户部覆奏川貴總督李化龍題播州善後事宜二款。一丈田糧。環播幅員千里，田地數千萬畝，舊額糧歲以五千八百石輸貴州，盖夷方賦税原輕，至應龍出而後考取民財，定爲新法，名曰等賓，每田一畝，徵銀數錢。初猶斂其錢以招苗，後并奪其地以養苗，而賦法蕩然矣。今既改流，自當純用漢法，第額糧輕重，蜀無定規。查克平九絲，丈量田地，分别上、中、下三等，每畝上田四升，中田三升，下田二升，今宜仿之。以清播田定爲等，則務令均平，二年之後，方起科徵收。一限田制。播土舊民僅存者什之一二，遺弃田地往往冒認影占，若不爲限制，恐將來田地闊，而人民少，不能成府縣之規。今應將播之舊民號楊保子者，仍給田三十畝，其餘無主之田與没官者，許三省之民，占籍授田，各爲限制。

奉旨：授田先盡原住人民，招撫流移復業，果有無主没官田土，方許外人占籍，毋令豪强奸狡乘機冒奪，致歸正之人失所。

——《明神宗實録》卷三百五十七《萬曆二十九年三月》，載《明實録》，第 59 册，6675~6676 頁

（己卯）户部覆奏川湖總督李化龍播州善後事宜。一議四川、湖廣協濟；一議賑恤殘民。命如議行。

——《明神宗實録》卷三百五十八《萬曆二十九年四月》，載《明實録》，第 59 册，6681~6682 頁

（壬午）川湖總督李化龍言："近得家書，陳璘、劉綎二總兵，先後差官至臣家，劉綎所致謝銀一千兩、金一百兩、玉帶一束、祭禮銀二百兩。臣母怒而逐之，其人不得已去。仍至按臣崔景榮家，景榮之父罵而逐之。陳璘差官聞之，亦去。璘，臣所請置者也。綎，臣所排群議而留之者也。今而成功矣，二臣欲以貨財報臣，臣亦欲以名節報陛下。乞下兵部議處，以戒奸貪。"景榮亦上疏言："綎差人齎銀六百兩、金五十兩、玉帶一束，送至臣家，臣父揮之門外。"兵部言：綎宜計贓問遣，但征播有功，姑照前議革任，永不敘用。其所開金銀等物，行江西撫按照數追出，以助大工。化龍、景榮特加紀録。從之。

——《明神宗實録》卷三百五十八《萬曆二十九年四月》，載《明實録》，第 59 册，6684~6685 頁

（乙酉）兵部覆奏李化龍播州善後事宜。一設屯衛。議于白田壩建置一衛，設立指揮、千户等官，安插官軍，立屯防禦，名候欽定。一設將領。議將松潘副總兵改設總兵一員，仍舊鎮守四川，駐于適中之地，西控松潘諸夷。其新設總兵，駐劄播地，專理播事，事平再議。一急選調。一復驛站。一正疆域。播左連水西，右通永寧，地址雖若犬牙，彼此原有疆界。但夷性犬羊，互相雄長，侵克無常，既改土爲流，當清疆界，永杜争端。原係播州者，歸我版圖。原系永寧、水西者，歸之奢、安二氏，勒碑立界，永爲遵守。上命衛名"威遠"，餘如議行。

——《明神宗實録》卷三百五十八《萬曆二十九年四月》，載《明實録》，第 59 册，6686~6687 頁

（丁亥）兵部覆奏播地分屬事宜。一更易轄屬。川貴諸臣謂黎平、永從近楚，而反屬於黔；平清、偏鎮近黔，而反屬於楚。議欲就近改轄，而湖廣撫按執以爲不可，仍行川、廣、貴、湖、沅諸臣會議更轄具奏。一裁將留兵；一驛傳協濟。從之。

——《明神宗實録》卷三百五十八《萬曆二十九年四月》，載《明實録》，第 59 册，6688~6689 頁

丙申，命分播地爲二郡，以關爲界，關内屬川，關外屬黔。屬川者曰遵義，屬黔者曰平越。遵義領州一，曰真安；縣四，曰遵義、綏陽、桐梓、仁懷。平越領一州，曰黄平；縣四，曰湄潭、餘慶、甕安、安化。先是，李化龍平播之後，議改土爲流。至是吏部覆奏，請於上而行之。播白田壩，沃壤數百里，即遵義改縣，今建府治，設縣附焉。真州即古珍州，土地平衍，今復爲真安州。桐梓當綦南之冲，走川貴道也，舊爲夜郎縣望草，南接婺思，北達真涪，故綏陽縣，今復爲綏陽。仁懷濱播枕永，襟合帶瀘，故懷陽縣，今改懷仁〈仁懷〉。平越東境與黄平相連。黄平，川貴要區，故設府治。黄平舊設撫苗通判，列銜重慶府，今改爲黄平州。湄潭，地里廣邈，盡三里、七牌，設爲湄潭縣。餘慶、白泥共設餘慶縣。甕水、草塘兼重安之地，合爲甕安縣。龍安所屬石阡，今改龍泉縣。二府二州及附郭縣，正佐首領全設，餘以次減。府州縣名俱欽定，其二府與貴州貴陽府俱加"軍民"二字，以便兼攝。其地西南左接水西，右逼永寧，犬牙相錯。水西向侵播州水烟、天旺及它甌脱頗衆，川黔争執經界，數年始定。

吏部議：播地新設郡縣，既分隸川、貴，其統轄監司委不可缺，於四川按察司添設僉事一員，分巡兼兵備，駐劄白田壩府城，整飭新復郡縣，并重慶衛忠、黔二

所，永寧、酉陽、石砫、平邑等土司兵務，其重慶府巴縣、綦江、南川、涪州、武隆、彭水鄰近地方，悉聽管轄，并平越府州縣與貴州山〈水〉西宣慰司兼聽節制。又播州諸司均奉我正朔，渠魁既戮，中有率先歸附正者，即宜分别録叙。以真州正長官改爲該州土同知，副長官即爲土判官，江外諸司安撫與正長官即爲土縣丞，副長官即爲土主簿。同知羅氏即爲新府土知事，其上赤水里、下赤水里、仁懷里、安羅二村頭目，授以鎮撫總旗等職銜，皆從之。升兵部下川東道徐佳仲〈仲佳〉爲四川右參議兼僉事，分巡及整飭播州等處兵備。副使尤錫類加貴州右參議，調新鎮道。參政張文奇調補貴寧道。知府劉冠南加貴州副使，管平越。知府劉安仁升播州。新府州縣，皆就近升補。安民志之子升爲龍泉縣土縣丞，所有土職長官，世爲該縣土主簿，酬其忠也。

——《明神宗實録》卷三百五十八《萬曆二十九年四月》，載《明實録》，第59册，6696~6700頁

（戊戌）以原任鎮守貴州總兵官童元鎮發烟瘴地面，充軍立功。初，元鎮受命征播，擁兵銅仁，不前進，上怒其逗遛，命帶罪管事，及赴偏橋，分八路進剿。元鎮統水西安疆臣、鎮雄瀧〈隴〉澄等兵，繇烏江入壩陽。永順兵先登，克烏江、河渡二關，元鎮不設備，賊復破河渡關，乘勝突烏江，詐稱水西兵，與瀧〈隴〉澄會哨以誘永順兵，斷浮橋，淹死我師無算，守備陳雲龍俱戰死。上怒元鎮失律，逮至京，致是法司會問，以元鎮兵敗後，催督安、瀧進兵復兩關，又部下將先登鳳凰嘴，破囤，且元鎮前平府猺，有戰功，從末減云。

——《明神宗實録》卷三百五十九《萬曆二十九年五月》，載《明實録》，第59册，6701~6702頁

（乙巳）吏部尚書李戴等條上旱灾封事，言自去年六月不雨至今，三輔嗷嗷，民不聊生，草茅既盡，剥及樹皮……國之空虚如秋木脈液將乾，遇風則速落；民之窮困如衰人血氣已極，遇病則難支。天下礦税之額大略百萬，有如一方有警，如寧夏、播州之役，不知所費百萬止此否？天下礦税四百餘萬，如一方有警，各處效尤。征之不前，運之無路，此四百萬皆能依期至否？平日惟恐天下之財不盡歸内帑，如遇有事，不知内帑之財，亦發以應天下急否？平居無事，奪民數錢，以失其心，如遇有事，與民數錢，不知能即得其心否？……

——《明神宗實録》卷三百五十九《萬曆二十九年五月》，載《明實録》，第59册，6707~6709頁

（甲子）命鎮守四川總兵官都督僉事吴廣準復原職，仍加贈二級，從兵部覆請

也。廣征播時，率蜀兵自合江進，而永寧曹希彬受廣節制，廣擊斬賊大將郭通緒，夷崖門關以入，轉戰分水關，營水牛塘，與賊力戰三日，却之。與寧永〈永寧〉兵合營囤下，賊詭令婦人乞降，哭于囤上，復詐爲應龍仰藥死報廣，廣信之。已覘知其詐，乃急攻之，燒二山，奪三關，絶賊樵汲，諸將合兵攻圍。囤既破，廣先登，獲應龍子朝棟及其妻田氏，出應龍妻〈尸〉于烈焰中，中火毒，失聲幾絶，頃而蘇。卒以嵐瘴病脹卒。廣死，雖在播平之後，然比諸死事之例，亦無饋〈愧〉焉。

——《明神宗實録》卷三百五十九《萬曆二十九年五月》，載《明實録》，第 59 册，6715~6716 頁

（辛丑）兵部覆御史李時華播州善後事宜。選留大帥，更置郡縣，清理疆界，優恤驛站，修築城池，府官移鎮，議歸楚地，凡七事，命如議行。

——《明神宗實録》卷三百六十一《萬曆二十九年七月》，載《明實録》，第 59 册，第 6739 頁

（己未）朝鮮國差陪臣鄭光績〈續〉等二十四員進賀平播并謝留糧賑饑，宴賞如例。

——《明神宗實録》卷三百六十一《萬曆二十九年七月》，載《明實録》，第 59 册，6748~6749 頁

（己卯）及近日征倭討播，量有科派加增丁畝丁糧銀，今事寧已久，增派如舊。

——《明神宗實録》卷三百六十四《萬曆二十九年十月》，載《明實録》，第 59 册，6793~6794 頁

（己酉）命以黎平府永從縣并十二長官司改隸湖廣；平溪、浪清〈清浪〉、偏橋、鎮遠四衛改隸貴州。先是隆慶元年，巡撫杜拯、巡按王時舉言沅、靖二州與平溪、清浪、偏橋、鎮遠、銅鼓、五開六衛之去湖廣，酉陽、播州、永寧三土司之去四川，俱二千餘里，遥屬於二省而兼於貴州，所謂十羊九牧，甚不便也。如革數州縣土司，專畀貴州，其便有十，意不果行。及播州既平，川、湖、貴總督李化龍、貴州巡撫郭子章、巡按宋興祖皆言黎平近楚之沅州，去黔千五百里而遥；四鎮近黔之鎮遠，去楚二千餘里而遥，犬牙相制，彼此推諉。播州酋犯偏橋，而楚不能救，皮林苗犯黎平，而黔不能援，即黔一播患，而黎平永從無一夫一粒之助，鞭長不及馬腹勢也。不如以黎平、永從隸楚，平、清、偏、鎮四衛隸黔統轄，調遣最爲兩便。部議以爲是，而湖廣撫按力言其不可。至是總督王象乾查議覆奏，以爲改隸之議，

在穆廟初年，通計道里賦稅人情土宜大略相當，以改隸爲便。兵部據以覆請，其議始定。

獲播州餘賊謝朝俸、尚守［忠］。初，播酋僞立七統制，所設提調巡警七人，而朝俸、守忠爲首。朝俸多智，守忠有力，酋以爲左右手。飛練、龍泉、東坡之役，屠戮無算，殺我都司楊國柱、長官安民志。播州破，朝俸逃入藺州，守忠入里燕林箐中。至是被獲，戮於市。

起參將余德榮爲游擊，分守延綏西路，以德榮有征播功也。

——《明神宗實録》卷三百六十五《萬曆二十九年十一月》，載《明實録》，第59册，6826~6829頁

甲午朔，户部覆貴州巡撫郭子章議：貴州地瘠産微，力難自給，矧值播事之後，重以灾祲，以川、湖應解銀抵爲賑濟，又非分外之徵，既蒙欽允，經徵各官任行拖逋者，應各罰治，以懲違慢。仍乞天語叮嚀川、湖撫按諸臣，將長沙府屬未完糧銀先那三萬兩，并烏撒、烏蒙、鎮雄、東川四土府未完本色米一十二萬六千餘石、銀一萬兩，刻期立限，通發黔省賑饑支用，其餘未完協濟糧銀，務要一并完解，毋得視爲秦越，如前推諉。詔從之。

——《明神宗實録》卷三百六十九《萬曆三十年閏二月》，載《明實録》，第59册，第6897頁

（丁卯）給事中洪瞻祖劾南鎮撫司指揮鄭樸、居停總兵麻承恩。……陳璘往在播司，亦同經行賄發覺，今後會推必精選舉之名，庶究安攘之實。詔下兵部看奏，令廠衛五城嚴緝挾騙鑽謀之奸。是時，陳璘東西積有戰功，故上不入瞻祖之言。

——《明神宗實録》卷三百七十《萬曆三十年三月》，載《明實録》，第59册，6929~6931頁

（庚午）原任四川副使分巡下川南道王貽德，因播酋楊應龍侵犯内地，募兵申報稽遲。值楊酋破綦江，爲撫按所劾，有旨逮系，法司鞫之再三，不服，行撫按查勘，回稱底册所間募兵數目、食糧月日，與貽德原投册相同，且綦江原屬川東地方，貽德所轄并無失事，情似可矜。刑部擬將貽德納贖完日諮送吏部量調地方，以責後效，得允。

——《明神宗實録》卷三百七十《萬曆三十年三月》，載《明實録》，第59册，6932~6933頁

（甲申）吏科給事中曹于汴言："……南京兵部尚書邢玠前在播州苟且卒事，縱

酋啟禍，後在朝鮮掩敗，支吾虚報斬俘……”不報。

——《明神宗實録》卷三百七十《萬曆三十年三月》，載《明實録》，第59册，6940~6941頁

（癸亥）貴州巡撫郭子章以巡按畢三才言其同總督王象乾因勘處播州、水西地界各差官責令宣慰使安疆臣退地爲褻體，上疏自劾曰：“水西固臣屬地，遵義亦臣兼制之地。臣原不敢有成心主於胸中，惟播州故民與水西夷人自分畛域則有之，此臣所以有勘處之議也。然經年不决，田土失耕，議論煩興，夷情騷動。按臣西巡，耳而目之，其責備臣，何説之辭。顧臣待罪黔中三年，其奉職無狀，得過地方，不止是者。夜郎即滅，而遵義、貴陽斗米四錢，道殣相望，臣不能飯。皮林即殲，黎平大疫，二月城内死六百人。興黄、新龍之間十室九死，臣不能藥。銅仁之苗，假天潢者雖已擒縛，而洪水爲灾，湮城墮垣，在在而是，臣不能扞。九股之苗，昔助播者雖已稍戢，而道路饑苗，坐草劫商，往往竊發，臣不能緝。平越、黄平之田，甕安、龍泉、餘慶等縣之城，已丈已築，而垣濠未就，賦役未派，庠序未設，臣不能竟。臣年已六十，久在行間，頃已告病，未蒙俞允，勉强支持，年來益甚，豈能爲皇上敉甫定之邊陲，拯極罷之窮民，綏輯頑悍之土夷乎？乞速賜罷斥，無妨賢路。”温詔留之。

——《明神宗實録》卷三百七十四《萬曆三十年七月》，載《明實録》，第60册，7021~7022頁

（庚寅）兵部以貴州巡按畢三才、給事中洪贍祖、御史楊廷筠各言川貴督撫争執遵義、水西地界。覆請移文貴州總督、撫按衙門備查安疆臣先年所占播州地。委果否干前開水烟、天旺，果否退出後開刀靶、桃溪，果否侵占後議岩孔等處，果否續還沙溪，有無巡司頒印，有無憑據糧馬，有無上納，一照原議屬播者歸之四川，不屬播州者歸之安、奢二氏。見今作何結局，日後作何禁制。烏江南北界址作何分屬，從公勘議，限十一月内完報。御史康丕揚疏又議及請并行總督、撫按，嚴限勘議。報可。

——《明神宗實録》卷三百七十五《萬曆三十年八月》，載《明實録》，第60册，7041~7042頁

丁卯，大學士沈鯉疏言：“臣原籍河南，當中原輻輳之衝，四方民隱，無不與聞。而頃者奉召北來，所至皆觀風考俗，悉其情狀，乃知當今時政最稱不便者，無如礦税二事。蓋采榷之始，皇上本以權宜濟之，不欲重征，其分遣内臣，亦似區晝，下情便於上達。乃内臣不能仰承德意，濫用群小，布滿川間，窮搜遠獵，而群小之

中，又各有牙爪羽翼，虎噬狼貪，無端告訐，非刑拷訊，遂激爲臨清、武昌、蘇州之變，而近日廣東、遼東、陝西、雲南尤紛紛未已。臣竊觀天下之勢，如沸鼎同煎，無一片安樂之地，貧富盡傾，農商交困，流離轉徙，賣子拋妻，哭泣道途，蕭條巷陌，雖使至愚之人亦知必亂，乃今市井奸民猶復肆爲欺罔。皇上祗見其目前所入如此豐盈，寧知其私取充囊十得八九。惟彼假公圖利，一旦生事地方，直甘豢豕自居，獨使朝廷當百姓之怨耳！皇上豈將謂東征西討，宣捷獻俘，神武赫赫，無復可慮乎？以臣愚計，則亂生不同，有逆而亂者，有憤而亂者。逆而亂者，如寧夏、播州，彼先據不祥之名，而我爲仗義之伐，故人心用奮，天戈所措，當即芟滅。若憤而亂者，則所謂土裂瓦解者也。以四海之衆，而囂然皆怒皆怨，一唱萬和，朝廷之號令，必不可行；官司之法度，必不能制，兵於何出？餉於何資？蓋國家連歲興師，行齎居送，按丁增調，履畝加租，瘡痍未瘳，呻吟未息，更有徵發，豈不速亂？臣不勝杞憂，以爲方今欲弭大亂，莫先收拾人心。收拾人心，莫先停止采榷，撤還中使，繫治棍徒，曠然與天下更新，上也。即不然，而改畀撫按，代與征輸，則賦額既可無虧，窮人亦得蘇息。目前救弊，亦其次之，在皇上一轉移間耳！大學士朱賡疏請言：目前第一吃緊事，皇上試垂聽焉。皇上以今之礦，尚采之山與？今之税，尚榷之商與？自開采不止，地無餘骨，而處處包礦，則蒼黎之骨髓也。自征榷不止，商無餘資，而處處包税，則菜傭之資本也。臣所經過地方，父老子弟，咸遮道而愬曰：上供易，下供難，鬻産業易，鬻妻子難，逃鄉土易，逃生死難。聖天子深居九重，應不知小民疾苦如是，願入言之，以活旦夕之命。蓋疾首蹙額，囂然喪其樂生之心。夫既不樂生，寧復畏死？既不畏死，寧復畏法？試恐一呼百應，四方雲起，比時官僚多闕，府庫悉空，無將無吏，無兵無食，而倏止倏行之令，又無信可恃。皇上即發停止之詔，無及於噬臍；即捐内帑之藏，無救於遠火。天下事尚忍言哉！皇上幸毋以劉哱、倭奴、府江、播州、甘肅等處相繼受俘而謂治可長保也；亦幸毋以天津、臨清、武昌、承天、廣東、遼陽、蘇州、淮徐之變旋即解散而謂亂可無慮也。天下之患，固有釀之久，蓄之深，倏然而來，不及措手者。唐玄宗方宴凝碧而漁陽之鼓鼙已闐於户，宋徽宗方游艮岳而金人之累絏已及其身，此皆不移晷立見傾危，豈有次第先後哉！今但見瓊林大盈，可以充居積，奇珍异玩，可以娱目前，而不知輦下之有羌戎，舟中之有敵國，噫！可懼已！皇上聰明天縱，豈不辨此？良由小人妄窺聖意，巧爲説辭。礦之計窮，則寶井海山之説進，而索之輿圖之外矣；税之計窮，則絶糧契税、鹽利庫餘之説進，而求之影響之間矣。聽之若有據，行之若無傷，故此輩一言而即入，在廷百言而不省。《傳》曰：‘長國家而務財用者，必自小人矣。彼爲善之小人之使爲國家，灾害并至，雖有善者，亦無如之何矣。’豈爲今日而發乎？伏望皇上推不忍加派之心，徵還内臣，悉罷礦税，推逮治魯登科之心，嚴查一切欺罔，悉置諸法。而又推宥張時弼之心，并釋逮繫諸人，悉復其官，則一俄頃間，而聖心之仁，流于四海，名與堯舜俱永；而臣一念狗馬之誠，亦庶免不負所學，不虚此出矣。”俱不報。

——《明神宗實録》卷三百七十六《萬曆三十年九月》，載《明實録》，第60册，7063~7067頁

(己丑) 兵部署部事、刑部尚書蕭大亨等覆川貴總督王象乾疏言：“督臣按已往之成案，考近地之人情，定黔蜀之分疆，完拓地之全域，尤恐長跋扈之志，以遺身後之譏，其用心亦良苦矣。惟是水西侵地，始于安萬銓，而非始于安疆臣。安氏迫取于楊相喪亂之時，又非擅取于應龍蕩平之後。今爲時已久，舊制數更，世遠人亡，難於究詰，無惑乎水西之得以藉口，而當事者之不能立决也。督臣身任善後，職總川貴，原無分彼此。如以蜀省論，則守沙溪，誠不如守烏江之爲險。而以兩省相提而論，則與其較量土地，而樹敵結怨于諸夷，孰若曲爲撫處，而令諸夷感德畏威，得此相安之爲得也。臣意老成謀國者，當必有權衡於其間矣。至議請科臣往勘，是欲盡袪成心，付之公論。但自京抵播，程幾萬有餘里，道途往返，時日耽延，恐議論逾多，事機坐失，詎若身親目擊，就近查勘者之真切耶？似應仍責令兩省按臣會同勘報，庶爲兩便。蓋督撫身在事中，意見有參差，議論不無同异。衍按臣身在事外，其侵地之應還與否，地方之有無利害與否，固可片言而决移時而定也。今日之事，第願諸臣以保境安民爲上，以招攜柔遠爲急，而以黨同伐异，挑釁釀禍爲戒，則播事從此得善，其後水西從此得保其終，而在事者從此亦得免於紛紛之議矣。”上然之，命川貴各巡按御史會督撫官遵屢旨從公查勘，務求畫一之議，具奏定奪。

癸巳，試御史康丕揚言：“川貴以播强漸携河，臣以議紛未定一，時臣工咸欲遣科臣往勘，近督臣亦有請矣。國家設外重臣，莫逾鎮撫，因撫臣各爲其地，議論不一，改添設督臣以總理之。有如督臣又不足憑，則何人可信。自朝鮮役興與河淮南决，曾兩遣科勘，而今遂爲故事。夫事易則已居其名，事難則人當其謗。人誰不藉此倖免。今爲川貴計，直以勘事付總督，而撫臣佐之；爲河工計，直以勘事付總河，而撫臣佐之。庶兩臣得一意擔當，而善後與荒度可不崇朝决矣。兵部覆議川貴仍限兩省按臣同督撫公勘便。”上是之。

——《明神宗實録》卷三百七十七《萬曆三十年十月》，載《明實録》，第60册，7079~7081頁

(庚申) 川貴總督王象乾疏言：“安疆臣征播，譚者莫不推爲首功矣。臣請悉其概。報捷稱疆臣及隴〈瀧〉澄大創楊兵，殺死僞提調把總五十餘人，賊兵及萬，殲其領兵第四子楊惟棟，及破囤之日總兵吴廣搜箐，擒獲惟棟。疆臣乃稱大水田殺死

者系何元保，即一惟棟，而五千之提調，可知殺賊萬餘，而解驗之首級何在？若非督撫嚴查，將終執爲瓜分之地矣，此水西大水田之概也。佯敗賣陣，迹已昭然，送藥往來，又經會勘。水西圍守四十餘日，而囤如故；官兵攻兩日，而囤即平。倘終靠疆臣把守後門，陰相犄角，逆酋無剪滅之期矣，此水西讓路之概也。噫！疆臣欺君助逆，得保首領幸矣。猶爾喋喋言功，豈果濟江而後逆酋上囤乎？夫八路皆於二月十二日進兵，而水西兵屢催不出，至二十四日疆臣方劄馬慶水。曾幾何時而捷報私回，安兵尚未抵播，而官兵已追酋入矣，豈以其擒斬之多乎？八路皆三萬爲率，七路擒斬，多者五六千，少者不下三四千。土司中如冉龍御〈御龍〉兵八千，擒斬不至八百；馬千乘，兵三千，擒斬八百七十五名顆。千乘之妻秦氏報效不交餉，兵五百，擒斬一百一十七名顆，而工家且首奪桑木、大灘等險關，竟不言功，何其勇且順也。水西提兵三萬，擒斬僅三百八十。夫以兵數與擒斬之數較，疆臣不可謂有功矣。以諸臣之揭與督臣之檄較，又不止於無功矣。即疆臣而功貴州之擬賞未爲不厚，必胙之土而後爲報乎？還我侵地，不究既往，已屬浩蕩之恩。若因其挾而與之，彼得之，不以爲惡；我與之，止以示怯，德與威兩失之。竊恐今而後求無不獲，欲無不遂，恣睢暴戾，愈無所忌憚也。至於水未之使臣，執而囚之，亦自有説。去歲臣牌行守東道張悌查復播地，疆臣窺見奢世續無子，以妻之幼弟阿利改名奢承宗入継奢氏，彼其視永寧固囊中物也。遂聽李希勝諸奸目之計，語世續曰：‘寧費萬金不讓寸土。’永寧奸目胡承顔等乘機騙銀一千三百餘兩，違例入京放債，被錦衣衛緝獲，債單歷歷可查。臣竊謂世續可原承顔等侵費之罪，終不可釋也。疆臣又差李甫等數人携帶金銀數千，四出營幹，臣差官追至荆襄，李甫等聞風逃遁，拏獲吴奇、艾天培等，搜出金銀，見寄荆成都官庫，臣撥置奸徒，酌量處置，實遵奉敕書，而謂無因而囚之，則傳聞之誤也。至謂撫臣親許爵土之賞，此蓋剿逆之初，無兵無餉，不得不籠絡悍酋，無使爲我梗耳。疆臣果能縛首功以獻，臣與撫臣亦何敢愛此尺寸之土，以食前言？今酋既已避嫌，而又欲藉口瓜分，是明旨之所禁也。即撫臣與臣之諮文書札并無瓜分一字，臣固信撫臣非執硜硜之小信，以成狡酋之要脅者，况酋既無功，不與之地，正所以成撫臣之信也。伏乞諭令，速出視事，以慰士民之望。如臣謬以三省重臣，一旦蕞爾土酋，簧鼓若此，無能之效，彰彰明甚，并望皇上矜放。”兵部覆議遵義、水西地界，經諸臣交章論列，本部議覆，屢奉旨責令會勘，勒限完報。今督臣因占地未還，歷數安酋征播之事，以聽公論，其爲封疆慮誠慎，但以人言紛至，前局未了，後效未章，輒爾抗疏乞休，似乎諉責於己，而貽難於後者，亦非皇上所以責成督臣之深意矣。至於安疆臣功次，統俟勘叙到部，另行酌議，類核水西目把李希勝等撥置、争占罪，誠難追然，地界未定，亦應俟事體勘完，分別處治。永寧夷目胡承顔等業經刑部具題，遞回原籍，聽彼中總督查照處分。詔播州、水西地界已曾奉旨會勘畢具奏，朝廷自有處分。王象乾身任督臣，播州新造，善後事宜，方在經理，何得爲此一事，輒議抗疏乞歸。令仍舊供職，其餘依擬。

——《明神宗實録》卷三百七十八《萬曆三十年十一月》，載《明實録》，第 60 册，7104~7108 頁

（戊子）兵部議閱視賞格，李汶、田樂各賞銀五十兩，大紅蟒衣一襲。李汶男李楨國升一級。田樂原蔭指揮同知男加一級，世襲。楊時寧加太子少保，賞銀四十兩，大紅紵絲三表裏。徐三畏賞銀三十兩，紵絲二表裏，蔭一子入監讀書。賈待問恤典從優例。趙楫升右副都御史，仍舊巡撫。王見賓、劉敏寬俱准勘明叙用。尹應元即起用，張悌升俸一級，仍與達雲、蕭如薰各賞銀二十兩，紵絲二表裏。達雲、蕭如薰仍各升祖職一級，世襲，孫仁等各二十兩。馬孔英仍候播功并叙。劉廣業等六員各賞銀十五兩。喬學詩等十二員各十兩。劉廣業、吴鴻功各升職一級。李景元等仍與荊州俊等各升俸一級。董元學、朱朝聘、邢雲路仍各優用。盧傳元、秦大夔各候服闋起用。范守己準優升司道官。馬應龍等九員各賞銀十二兩。柴國柱等六員各十兩。姚德明準升參將。馮時復原職。柴國柱等仍各升俸一級。張承胤等十員各賞銀八兩。劉九思等九員各六兩。報可。

——《明神宗實録》卷三百七十九《萬曆三十年十二月》，載《明實録》，第 60 册，7128~7129 頁

（乙丑）以平播功，優擢原任四川巡按崔景榮京卿。景榮疏辭，不允。

——《明神宗實録》卷三百八十《萬曆三十一年正月》，載《明實録》，第 60 册，第 7153 頁

（丁丑）改四川副使、播州兵備傅光宅提督學政。

——《明神宗實録》卷三百八十《萬曆三十一年正月》，載《明實録》，第 60 册，第 7157 頁

（丁卯）播州舊逆吴洪、盧文秀、盧文政、張承賢、盧里受、譚里保、羅志、楊邦俊、王金義、張漢臣等惡漢法嚴密，潛謀不軌，假楊應龍兒子爲名，恢復舊疆。因内江縣舉人晏鳴鹿挖鄰墳、侵田土，遵義縣知縣蕭鳴世素失衆心，此事又失處分，洪遂激怒舊民，聚衆首亂。總兵李應祥、副使傅光宅等率修防官兵捕之，陸續擒獲首從劉堯等，洪逃奔水西。黔撫郭子章責安疆臣縛獻洪，爲疆臣把目王宗舜斬首，擒獲賊黨，止逸一二。總督王象乾以聞，兵部覆言："洪自祖父及身，爲楊氏親信長官三世。劉堯者，逆龍之腹心書記。而羅志、譚星〈里〉保、盧文

政等，皆逆龍之爪牙也。平日倚附逆龍，今雖逋誅，包藏禍心，徘徊故國，視楊三老爲奇貨，藉水西爲聲援，投間抵隙，所須者時耳。而豪勢之武斷，悍吏之淫刑，又大拂乎人心，遂欲假以激怒沙溪之衆，操戈闞弓，快於一逞。是其謀叛之本意，雖不盡由人，實籍之資也。今雖就縛，啟釁人員，法當究治。”詔以逆首吴洪等傳級示衆，譚里保等梟示，未獲者嚴加緝捕，以絶禍本。蕭鳴世、晏鳴鹿行御史究問。有功員役，勘明定奪。

——《明神宗實録》卷三百八十二《萬曆三十一年三月》，載《明實録》，第60册，7184~7186頁

（庚戌）播地蕩平後，黔督撫按議將平、清、偏、鎮四衛改隸貴州，已得旨行之矣。湖廣撫臣復謂，目前輿情必難强從，將來錢糧又費區處。於是兵部上言："黔撫兼督湖北思仁、思石兩道，節制清平，則四衛固在統轄之中，而在楚，護偏橋以衛黔，在黔援黎平以控楚，則湖、貴又得輔車之勢，與其紛更轄屬，事體歸一，宜如湖廣撫臣議，將黎平府永從縣并十二長官司仍舊屬之貴州，平溪、清浪、偏橋、鎮遠四衛仍舊屬之湖廣，而貴州撫臣例銜兼督，亦各照舊。仍明諭兩省諸臣，毋以分隸爲嫌，附近衛所有警，彼此亟相策應。若有抗違推諉者，不妨遵照敕書，從重查參。"上從之。

——《明神宗實録》卷三百八十三《萬曆三十一年四月》，載《明實録》，第60册，第7218頁

己丑，初，播酋之平也，播民謂沙溪、渭河原系播地，安酋稱渭河驛隸貴州宣慰司，未有官設于水西而地屬於播州者。乃下巡按會督撫從公勘明之，而制督二臣意見枘鑿，川貴諸道多懷觀望。於是四川巡按李時華以桑梓嫌辭，貴州巡按畢三才以身在事中辭。兵部上言："台臣按部一方，職專風紀，義重糾繩，兹清理地界，上關軍國安危，下系夷情向背，乃相與引嫌思避，而請科臣往勘，臣等不許也。但臣等竊念兹事非會勘之難，而處置之難，合令川貴督臣王象乾會同貴州巡撫各秉公虚悉心查理，可復則復，可與則與，務要上尊國體，下服夷情，處置停妥，永無後患，斯爲完局。仍行各該巡按御史俟處置事定，即從公評議，會本具奏，如有不妥，不妨明白聲説，分别議處，請旨定奪。"從之。

——《明神宗實録》卷三百八十五《萬曆三十一年六月》，載《明實録》，第60册，7236~7237頁

戊申，先是，兵巡上川東道參政張文耀發守備周以德投賄，撫按會劾。兵部覆議，下以德巡按究問。既而勘播功册内注以德"免提復職聽推"六字，文耀一見艴

然，遂具揭巡按，屢辭勘功，并呈周以德始末，語連舊守道張悌，謂悌在事之人，不宜與勘，况復主筆自爲誇張，且輕脱賄臣，抗違明旨，而引原任提學副使莊懋華口語爲證。御史李時華面訊督臣王象乾，以爲曾令悌與勘，及檄懋華底稿，懋華詞甚游移，御史以聞。時張悌已巡撫大同矣，具疏自辨，懋華亦辯，文耀又復參駁，互相訐發。科臣項應祥、御史吴楷交章論之。奉旨下部。吏部言："二臣之争議，有待勘而决，有不待勘而决者。夫張文耀發周以德贓證已確，宜明正其罪，永不叙用，以顯却賄者之節。"張悌征播首功已列之督臣李化龍疏中，况已超升巡撫，薄示報功而誇詡之辭宜削去，以表不伐者之心，此不待勘而决者也。至周以德"免提復職聽推"六字，此激憤之所由起，而執筆果屬何人，叙張悌之功過於鋪張，此不平之所由生，而微辭果出何口？要非追出親筆底業，衆指衆視，亦何能以自勘之罪罪之？此必待勘而後决者也。督臣王象乾與按臣同心一體，設誠相與，必能定兩家之是非。參政王嘉謨實見得是，不妨與莊懋華异同，必能證兩家之虚實。乞命巡按御史虚公勘定，詳審核實，以聽朝廷處分。詔可。

——《明神宗實録》卷三百八十五《萬曆三十一年六月》，載《明實録》，第60册，7244~7246頁

（己酉）川貴總督王象乾因户部諮其丈田糧，限田制，兵部諮其設屯衛，遂疏令夜郎、乘鳳、樂源、樂道、永鎮、儒溪、永定七處，皆各州縣達府要路，深山邃谷，遠箐茂林，一有往還，動逾旬日，宜各設驛站，以恊濟夫馬之賓士，以聯屬遐方之脈絡，誠所當增。其餘一切經費，除府衛首領及縣佐學驛，查系冗員，另疏議裁。其真安訓導、廩生，遵義、桐梓、綏陽、仁懷儒學師生、吏役俸廩，及門庫、鋪兵、渡夫，并夜郎等七驛驛丞支應、傘轎鋪陳等項，雖後不可終廢，而目前尚可緩。道府州縣團操民壯守護城池，看守倉庫，腹裏猶然。况新設州縣，夫豈可少？姑于防兵數内，每州縣量撥三百名，以供防守。暫停者共計停一萬千二十兩有奇，每糧一石止徵銀一兩三錢九分八毫有奇，實徵糧銀二萬四千三百一十兩丁銀，内酌量加添，實徵丁銀五千八百八十兩九錢有奇，通共丁糧銀三萬一百九十兩有奇，以備各項經費。播、真舊糧歲止銀三千一百兩，今加三萬一百九十兩有奇。武弁俸廩既薄，夷方米、珠、薪、桂、養廉、田地，應照九絲事例酌量官職崇卑，分撥以示優恤。屯軍五千名，該田一十五萬畝，水邊屯田尚未設立，臣恐目前藩籬不固，將沙溪五里半之地，暫改屯田，以備守望。該邊舊民及真安州申文紛紛告稱不便。其貴州倉糧共計六千二百石，系户部經制額數，毫不可少，今亦無可徵辦，應俟地辟民聚之後，另行加派。其養廉、屯田、黔餉三項共該田地八千三百八十一項，候兩省按臣查明疆界之日，另行撥補編徵。此外又有防兵八千名，歲餉八萬餘兩，竊計全播經費歲不過四萬四千有奇，除裁削外尚有停徵待編者一萬四千有奇，不能自給，

此八萬之歲餉可復望之播乎？容臣另議具疏。乞敕下吏、户、兵三部將前應增、應裁、應停等項，官員、驛站、錢糧及所少將領、軍屯、田地，并協濟貴州倉糧作何區處，逐項覆加查議，上請施行。下部知之。

——《明神宗實録》卷三百八十七《萬曆三十一年八月》，載《明實録》，第 60 册，7284~7286 頁

（辛巳）巡撫偏沅右僉都御史江鐸卒。鐸，浙江仁和人。萬曆甲戌進士，歷刑部主事、兵部員外、福州知府、蘇松常鎮兵備、淮安監軍、揚州參政。升右僉都御史，巡撫偏沅。楊應龍造逆，黔蜀騷動，三楚震驚，廟議楚地遼闊，非重臣駐偏沅無能節制，添設巡撫，特簡鐸往。鐸主一切料理器具，指授方略，分佈要害，移鎮險阻，不遺餘力，終始三月間，馘斬俘獲，招降無筭。事竣守制，及再起，又破潘老、皮林等寨，抵家，未幾而卒。

——《明神宗實録》卷三百八十八《萬曆三十一年九月》，載《明實録》，第 60 册，7312~7313 頁

戊子，户部覆川貴總督王象乾疏，議新定夷方，田糧宜輕，各州縣學驛經費宜停减者停減。其播、真原額貴州糧銀三千一百兩，播地既經川、貴分豁，糧銀亦應二省均攤，與夫軍屯、養廉田地，候勘明疆界之日補撥編徵，另行具奏。又題稱委官清查過司府州縣各庫，原貯征播扣回支剩，并加派地畝夫價見徵未完銀共九十八萬五千五百四十兩有奇，内除抵補、蠲免、協濟湖廣賑灾、借給播民牛種外，尚有銀五十萬五千一百六十七兩有奇，米一十萬七千二百九十二石有奇。自二十八年十月起至三十年十一月止，官兵月糧、添設官員、驛站夫馬、修築城池等項支銷，共用銀四十三萬九千三百八十四兩七錢有奇。計所剩存，并見徵未完銀七萬九千五百六十兩八錢有奇，共用米一十萬八十一石一斗有奇，豆麥二千七十七石四斗有奇外，剩存變價還官米六萬一千七百六十六石一斗有奇。俱行該司，將未完者追納，見存者備用，其支過銀米逕自開銷。俱從之。

——《明神宗實録》卷三百八十九《萬曆三十一年十月》，載《明實録》，第 60 册，7318~7319 頁

（庚戌）兵部請以平播功擇日祭告郊廟并宣捷音。報可。

——《明神宗實録》卷三百九十一《萬曆三十一年十二月》，載《明實録》，第 60 册，第 7389 頁

（己巳）刑部等衙門擬二十三日請上御文華殿，舉大班糾劾。又欽天監擬二十六日請上御文華殿宣播捷。大學士沈一貫等言：“皇上延見來朝官員，面宣訓敕，

自萬曆二十三年後未嘗有舉。平定播州，御樓受俘，乃二十八年事，至今未經宣捷叙賞。兹以玉帛會同之期，而有干戈輯寧之慶，兩大典禮一時遇合，修明久曠之儀，復還觀聽之舊，凡在臣工有同冀望。如以數御爲煩，或將二事并於一日，乞令所司具儀舉行。仍免朝。”

——《明神宗實録》卷三百九十二《萬曆三十二年正月》，載《明實録》，第 60 册，7400~7401 頁

（丁亥）初建貴州夜郎巡簡司，因播地蕩平也。

——《明神宗實録》卷三百九十三《萬曆三十二年二月》，載《明實録》，第 60 册，第 7407 頁

庚戌，大學士沈一貫等言：“國家自哱承恩倡亂於西夏，繼以朝鮮東倭之警，徵發旁午，楊應龍席〈襲〉其父祖之餘力，而跳梁於播州，朝廷屢加寬恩，拒不受命，至於破縣隕將，震動川南。於是徐州則趙吉元，遼東則金得時，西陲則火落赤等虜，兩廣則群傜群僮，皆倜然蠢動，弄凶造妖，摇動元元之心。幸賴皇上赫揚威武，以次削平，大者告郊廟，詔天下，餘亦論功叙賞，盛矣。原其所自，正因賞罰有章，靡有留命，是以謀臣戰士鱗踴翼奮而爲國用也。播州之役以半年之中，集師二十萬，進兵百日，即奏凱音，策不虛發，動必中機，將士有進無退，雖却猶前殺不妄加，而罪人咸得。蓋自恭行天討以來，未有如此之快心愜意者，是以師出而人無异議，師還而人不告疲。餘餉餘力，移誅皮林。假息游魂，駢首就戮，而天下反目之子始嚙指相戒，即四夷八蠻靡不震動心顔，知天威之不可犯，國靈之不可干，至於今不敢生异心，則此播州、皮林一戰之力也。因川、貴、湖廣三巡按御史各叙一方之功，而川中巡按久缺，致使勘報遲緩，戰士功臣蓋有物故而不瞑目者矣。今年春，兵部始克覆奏，而經今數月未奉恩諭，此曹渴望之心，何繇慰乎？今兵部之所覆，臣等之所票，皆銖銖兩兩有減等而無加等，人心之所厚望封拜，不過與一錦衣，亦甚靳矣。天下之事，莫大於平禍亂；人臣之功，莫難於出死力，而久不之恤，則後來禍亂，其誰與平？後來死力，其誰與出？皇上以宵旰憂之，而以宴安忘之，必不然矣。臣等念此，日夜踧踖，伏望稍輟萬幾，將兵部所覆播州、皮林叙功二本，蚤賜批發。”疏，未得旨。

——《明神宗實録》卷三百九十五《萬曆三十二年四月》，載《明實録》，第 60 册，7443~7445 頁

（壬子）四川巡按李時華題爲勘界事。查得沙溪、渭河，播州、水西皆有之，載在《通志》。當楊相出奔時，播水已互相訐，兩省勘卷，斷令退還，責取印信，謂

非播地，其誰信之。此督臣所以繪圖而進奉旨清疆也。然水西侵疆，非自安疆臣作，疆臣襲祖宗之遺，止知前田地爲水西故物。當貴州危於累卵之時，無兵無餉，不得不倚藉疆臣。撫臣曾與之盟，許其擒酋裂地，今即不得過望裂地，而反令之割地，此撫臣之所以萬難處置而用心危苦也。臣以爲今日之事，惟在上裁，或予或奪，政體自一，但念失之土司，得之土司，播固輸糧，水亦納賦，勘處之大略可見矣。章下所司。

——《明神宗實録》卷三百九十六《萬曆三十二年五月》，載《明實録》，第60册，7447~7448頁

戊寅，大學士沈一貫等言："頃來御前本章祭票者既少，及至擬票批行者又少，所行不過令部院知道者耳。部院之題覆不下，則與不令知道者何异？若其是也，當亟從之。如其非也，當令再議，不宜久留而不斷也。竊見長陵之變异極大，臣等固知聖心之警惕甚深，顧警惕而以政事行之，方是真警惕。若尚遲滯，則上天祖靈必將更加厭斁臣民，夷虜、盜賊將乘天地祖宗之厭斁而生他心，至是則雖有二三老臣，無益於毫釐輕重矣。臣等連日上揭，望皇上省發章奏。今日雖發一二，如皮林之功雖叙，而播州之功尚阻，武官之推有點，而文官之推尚格。竊如此大變，决非一二小事可以塞責，必當以實心實政應之。伏乞將御前文書通行發票，此乃收人心回天變第一實事。"不報。

——《明神宗實録》卷三百九十六《萬曆三十二年五月》，載《明實録》，第60册，7457~7458頁

（庚辰）兵部等衙門覆總督王象乾、巡按李時華水播分界事兩疏。在象乾謂水、播分疆以渭河中心爲界，其原屬播地，水西侵占者必宜盡還，設置流官，照遵義起徵，徵利自公費外悉充黔餉。在時華則謂征播之役，水西不惟假道，且又助兵，矧失之土司，得之土司，原非分我内地，播固輸糧，水亦納賦，未必盡屬空虚。假令以土地之故傷字小之仁，恐我瘡痍初起之民從此多事，不可不爲之深慮。臣等竊謂據法而論，無論盜賣之地當復，凡播州故土，疇不當盡數退還，以明朝廷之威。平心而論，無論渭河之地在所當予，即千工堰至烏鴉尾諸處，查系嘉隆以前侵占，亦應稍加曲處，以示朝廷之寬仁，宜再行巡按酌覆。上曰："遵義、水西地界如何，尚未處定，國家以安邊静民爲重，豈得畏避嫌疑，因循持久？著行與該督撫巡按遵照議處來還，立限與他，錢糧加派懸編原非久計，革屯裁官等事一并酌議以聞。"

——《明神宗實録》卷三百九十七《萬曆三十二年六月》，載《明實録》，第60册，7459~7460頁

壬午，大學士沈一貫等又言："……夫皮林之功與播州之功雖云异地，而其時其人則彼此相因，不可分而爲二。故兵部以兩本同叙，臣之擬票亦通融於兩本之間，皮林本中柄其事而功最大者，巡撫江鐸與總兵陳璘也，二人之功於播尤著，故并叙於播，而於此本中但叙其次。若戴燿、李如樟等，今皮林之叙下，而播叙猶未下，見者不察，必疑以爲遺鐸而叙燿，遺璘而叙樟，舛錯不倫，臣豈能須臾苟安哉？論功則皮林小而播州大，論時則皮林後而播州先。兩功之成三年而始叙之，然猶一行一留，何以慰忠勞之心，爲後來之勸？伏望將兵部叙播功本，即賜簡發。臣一辭一請皆出懇迫，冀垂矜允。"上曰："皮林之捷，卿實居中運籌，加恩非過，既懇懇固辭，特允所請，以成卿勞謙之美。播州叙功疏，朕因細覽，尚留旦夕，即當簡發，并諭卿知。"

——《明神宗實録》卷三百九十七《萬曆三十二年六月》，載《明實録》，第 60 册，7465~7466 頁

壬子，大學士沈一貫等言："今闕政之大者二事。播州大功今已四年，而叙賞之典尚格未下，功臣之死者無以慰，生者無以勸，後來有事，誰肯出力？臣等所擬止有減薄，并無冒濫，似可允從，倘有未合聖意，寧求改竄，萬勿因一二人而没百十人之功，失億兆人之望也。"不報。

——《明神宗實録》卷三百九十八《萬曆三十二年七月》，載《明實録》，第 60 册，第 7475 頁

壬申，大學士沈一貫等題，臣等連日恭奉修省德意，力圖奉行，有遵諭擬上者，有循例題請者，皆係應天實政，早賜皇仁，不勝瞻跂。一、西山被灾，窑户當恤。二、鎮撫司獄房雨傾，各犯當矜。三、播州戰功久未叙，當下。四、江北地方疊灾，當賑。五、教習庶吉士例有館師二員，當補。六、部院大臣及四省巡撫，當用。七、牧地爲水所占，當緩賦。

——《明神宗實録》卷三百九十八《萬曆三十二年七月》，載《明實録》，第 60 册，第 7483 頁

辛丑，大學士沈一貫等言："……宗室征播之時，曾暫設偏橋總兵，事寧已革，故人無憚慑，稱亂者屢矣。"

——《明神宗實録》卷四百一《萬曆三十二年閏九月》，載《明實録》，第 60 册，7514~7516 頁

乙巳，諭内閣："平播功大，乃平定一國，開疆展土，奇勛懋績，如何題叙升

賞，内無一當封侯伯世爵？使朝廷威鎮華夷，激勸大典，不盡宣揚，何以顯忠勞之臣、血戰之將，傳行天下後世？彼時欲即傳出，恐奸佞借言鼓簧之輩，誣害善良，故爾遲緩，先生每可體朕意，詳擬改票來看。”

——《明神宗實録》卷四百一《萬曆三十二年閏九月》，載《明實録》，第60册，7517~7518頁

丙午，大學士沈一貫等言："昨日文書官傳示聖諭，仰見皇上嘉奬軍功、激勸後來至意，正臣等所久欲贊襄而不可得者，敢不祗承？隨於本日出閣時，到朝房内約同兵部官虚心面議，俱言平播一功，開疆展土，奇勛懋績，誠如聖諭，委宜從厚升賞。惟是遍查舊例，如宣德九年平松潘功，總兵官方政止加升左都督；成化三年平都掌蠻功，提督程信止加兼大理寺卿；萬曆二年平九絲蠻功，巡撫曾省吾止加升侍郎，總兵劉顯止加升都督同知。此皆四川最著軍功，并未有封侯伯世爵者。若近年李成梁封寧遠伯，則以遼東虜功與苗蠻功不同，又系積功累級歷數十年而後得，非以一次大功便與封爵，且成梁系一身獨將，非有二三同事也。今播功雖大，而在事各官有一總督、三巡撫、五總兵俱同功一體之人，概行封拜，人將謂之濫；擇一持加，人又謂之偏，不若于原升賞上各加優厚，使與者受者于心皆安。臣等仰體聖意，擬議再三，竊謂文臣中調度忠勞，總督爲首；武臣中行間血戰，總兵爲首。將督臣李化龍原擬加太子太保，今改擬少保，原擬世蔭指揮僉事，今改擬指揮使。總兵劉綎原擬復官，陳璘原擬加右都督，今俱改擬左都督，仍將原蔭副千户俱改擬指揮使。馬孔英降虜起身，吴廣、李應祥武生起身，原擬襲升職級，今改擬世蔭正千户。郭子章、江鐸等俱于原擬量行遞加。夫文官至少保，已列公孤之尊；武職至左右都督，可稱侯伯之亞；而蔭至〈指〉揮使，世世承襲，與國同休，抑又隣於勛爵之崇，此番恩典極爲優异。近年寧夏、朝鮮、松山諸功，皆未有此，足以播之青史，誇之外夷，傳之天下後世，爲不朽之大業，昭代之盛舉也。"得旨：朕覽卿等奏揭，改票議加封爵，條例未備，今播功雖大，而督撫、總兵衆多，世爵難以盡封文武。李化龍等俱擬加升職蔭，具見恭敬忠慎，仰體朝廷優恤，開疆展土血戰之意。朕已知，悉依擬即行，卿等爲朕輔弼股肱，朝夕贊襄，運籌調度，勛勞懋著，當有恩賚勸酬，擬諭來行，丕顯天朝武功，毋得遜讓推避。

——《明神宗實録》卷四百一《萬曆三十二年閏九月》，載《明實録》，第60册，7517~7518頁

甲寅，署兵部尚書蕭大亨覆：天威遠震，逆寇蕩平，叙平播有功官員升賞。得旨：李化龍升兵部尚書，加少保，給與應得誥命，蔭一子錦衣衛指揮使，世襲。郭子章升右都御史兼兵部右侍郎，照舊巡撫，給與應得誥命，蔭一子錦衣衛指揮僉事，

世襲。支可大準復原官，蔭一子入監讀書。江鐸贈兵部右侍郎，給與祭葬，仍蔭一子錦衣衛指揮僉事，世襲。劉綎、陳璘升左都督，各蔭一子本衛指揮使，世襲。吴應〈廣〉、李應祥伊男俱准世襲本衛正千户，李應祥仍贈左都督。張棟、楊寅秋各贈太僕寺卿，蔭一子入監讀書。蕭大亨改兵部尚書，準復原蔭，仍加一級，世襲。各賞銀紵有差。

——《明神宗實録》卷四百二《萬曆三十二年十月》，載《明實録》，第 60 册，第 7527 頁

（癸未）户科右給事中梁有年題：爲播、水地界，斷不宜受安順臣投獻，乞敕督臣王象乾刻日遣還，務持大體，其勾引開釁之人，行按臣李時華盡法處治，以安夷心。留中。

（甲申）兵部覆巡撫郭子章、總督王象乾會勘播界：務上不損國威，下不拂夷情，衆論僉同，事情畫一，并將已退者果否可以建縣設流……

——《明神宗實録》卷四百三《萬曆三十二年十一月》，載《明實録》，第 60 册，第 7535 頁

（戊戌）兵科給事中田大益題：播界不決，釁端日滋，請即日遣回安順臣，其取予裒益，統惟聖明獨斷。留中。

——《明神宗實録》卷四百三《萬曆三十二年十一月》，載《明實録》，第 60 册，第 7539 頁

戊申，予原任偏沅巡撫右僉都御史江鐸祭葬，准照特恩例給與，以平播靖苗功也。

——《明神宗實録》卷四百四《萬曆三十二年十二月》，載《明實録》，第 60 册，第 7544 頁

丙辰，兵科疏播界不明等事。上曰："播界積年不決，以致奸釁日滋。屢旨令安邊靖民，有何難决？"兵部即看議以聞。

——《明神宗實録》卷四百四《萬曆三十二年十二月》，載《明實録》，第 60 册，第 7546 頁

甲午，革四川遵義兵備左布政使崔應麒任，回籍聽勘；褫原任遵義兵備參議徐仲佳及遵義府通判鄧弘烈職，奪總兵官林桐俸二月。先是，播地既平，清疆議起，屢敕兩省會勘，累年不决。

——《明神宗實録》卷四百五《萬曆三十三年正月》，載《明實録》，第 60 册，第 7562 頁

丙申，巡撫貴州右副都御史郭子章奏辭播功加恩，以有成命，不允。

——《明神宗實録》卷四百五《萬曆三十三年正月》，載《明實録》，第 60 册，第 7565 頁

（癸未）以故監軍、征播右参政張棟庶一子智壽承廕。

——《明神宗實録》卷四百七《萬曆三十三年三月》，載《明實録》，第 60 册，第 7592 頁

丁卯，原任南京兵部尚書邢玠奏：臣居喪在籍，見河南道御史吴達可等爲東征西勦二事糾拾及臣。奉旨：以臣有大功聽候起用。竊念此二事，先該御史王明、趙標，科臣徐觀瀾、李應策贊畫，丁應泰、輔臣趙志皋等反覆搜索，不知幾千萬言；臣等辯疏及府部九卿科道會議，并明旨處分，亦不知幾千萬言。總之，播酋之勦，以情有可原，爲皇上柔遠之仁；有此勦而天討始加，可以服西南諸苗夷之心；倭寇之征，以罪無可赦，爲皇上誅暴之義；有此征而屬國始保，可以慴東南諸海夷之魄。皇上文謨武略，照耀千古，徒以臣之不才，觸冒風波，攻擊四起，以勦爲非，以服勦爲是，使朝廷恩威兩失；以戰爲和，以勝爲敗，使朝廷盛美有虧。且誣臣以賄以買，爲中國損威，狡酋增氣，臣之當罷也久矣。今猶執前説，流謗不已，恐自此又借拾遺爲證佐，議論終無了期也。伏乞察臣不才再用之難，憐臣任事受辱之苦，特賜罷黜，以杜後言。上優詔答之。

——《明神宗實録》卷四百八《萬曆三十三年四月》，載《明實録》，第 60 册，7616~7617 頁

（丁亥）雲南巡按宋興祖奏辭播功加恩，不許。

——《明神宗實録》卷四百九《萬曆三十三年五月》，載《明實録》，第 60 册，第 7627 頁

戊辰，准起復定番州知州王應昌，以播功量復原職調用。

——《明神宗實録》卷四百十《萬曆三十三年六月》，載《明實録》，第 60 册，第 7671 頁

庚辰，兵部、都察院會覆四川巡按李時華會審過播酋楊應龍餘黨楊守隆等七十

九名口處斬，發邊遠安置，釋放、變賣、納價各有差，依擬。

兵部又覆貴州巡按金忠士勘過原任守備楊惟中、葉明遠，一則遇寇先逃，一則臨陣退縮，厥罪惟均，擬斬不枉。但惟中之失龍泉也，無兵可恃，無城可守，當逆龍猖獗之日，僅僅以千百之卒，欲其當數萬之虜，不格明矣；明遠之失河渡也，大兵在謝崇爵，重權亦在謝崇爵，彼以白衣之身當主將奔潰之後，欲其禦方張之敵也，必無幸矣。况惟中後有破囤之功，明遠前有奪關之勩。在昔興兵征播之時，固當按法，以肅軍中之令。在今平播奏功之後，尤當減死，以示法外之仁，改擬邊戍，誠法之平也。土舍安其位，牛酒相迎，乃是緩兵之迂計，土民代愬，具見蓋棺之公評，應從撫臣郭子章前議，改土爲流，録其子一人爲土主簿，薄誅其餉逆之罪，不斬其先世之澤者也。詔從之。

——《明神宗實録》卷四百十三《萬曆三十三年九月》，載《明實録》，第 61 册，7737~7738 頁

辛卯，吏科都給事中侯慶遠言："……今播地已成郡縣，中剖而隸川、貴，帖然無聲，即播、水疆界亦遷就申畫，不復争持矣，斯亦罷督復撫之日也。蓋督臣罷，則水西無復驚疑，便一；省湖廣、貴州文移期會馳騖之煩，便二。七姓構播未定之奸，無所更憑而旁尋釁端，便三……"下吏部覆議如科臣言。從之。

——《明神宗實録》卷四百十三《萬曆三十三年九月》，載《明實録》，第 61 册，7745~7746 頁

（甲寅）巡撫貴州郭子章言："貴州一省，苗、仲雜居。國初雖設貴州，新添平越、威清等十四衛分佈上下，以通雲南之路。而一線之外，北連四川，東接湖廣，南通廣西，皆苗仲也。近自征播以來，糧餉欠缺，軍兵困苦，兼以征播各兵不能歸籍者，竄入各寨，潛爲勾引。往歲間一出没，今則無日不出劫，且一日而劫數起矣。"

——《明神宗實録》卷四百十四《萬曆三十三年十月》，載《明實録》，第 61 册，7759~7761 頁

（己巳）吏部覆：川貴總督王象乾、四川巡按李時華勘得原任重慶府知府、歷升河南左布政使，降二級用王士琦出守重慶，在萬曆二十三年楊酋出勘安穩之日，至二十七年，酋陷綦江，薄重慶，按臣乃因而追論之。彼時正酋奏准征倭回巢，朝廷待以不死，責以出勘，於勢非渝城之俘繫，于罪無綦江之逆萌，而可責守土之臣以不倡剿議哉？况海上之勞，屢經題叙，核功可以準過，論才難以弃瑕。原任綦江縣知縣馬效武既無禦寇之能，復失死綏之義，偷生苟免，罪無可原。得旨：王士琦

著于原降二級外，再降一級用；馬效武行原籍撫按官提問具奏。

——《明神宗實録》卷四百十四《萬曆三十三年十月》，載《明實録》，第 61 册，第 7777 頁

（丁丑）兵科給事中孫善繼言："……即如二十八年密令張忠義以千金來京營，薦征播事，發逮問鞫，審擬徒贓罪明確，讞牘俱存。"

——《明神宗實録》卷四百十五《萬曆三十三年十一月》，載《明實録》，第 61 册，7791~7792 頁

丁亥，大學士朱賡言蒙發工部條陳大工一本……又如湖廣、川、貴三省，自征播之後，瘡痍未起，民方憔悴，一旦責以大木不貲之費，重以一侍郎奉敕督催，地方能堪之否？

——《明神宗實録》卷四百十五《萬曆三十三年十一月》，載《明實録》，第 61 册，7797~7798 頁

（乙卯）萬曆二十八年以前拖欠額課，除已徵在官者盡數起解，如系商人輸納不前，以致逋欠，悉准蠲免。其因防倭、征播加派新增浮課，蠹累商民除之。……一寧夏、朝鮮、播州、雲、貴、兩廣連年用兵，釁自外起，乃朝廷不得已之。

——《明神宗實録》卷四百十六《萬曆三十三年十二月》，載《明實録》，第 61 册，7843~7847 頁

（癸巳）江西道御史王基洪言三事，……二、賞罰宜慎。近日邊事，惟務彌縫，掩敗爲功，張一成百，恩寵濫加，人懷僥倖。又見科臣陳尚象輸資以助征播，兵部以此言功，吏部以此復職。夫尚象原以建言去位，今若以建言賜環，自是堂堂正正，奈何以利爲捷徑哉？

——《明神宗實録》卷四百十七《萬曆三十四年正月》，載《明實録》，第 61 册，第 7878 頁

（庚辰）御史馮奕垣劾兵部尚書蕭大亨爲刑部侍郎時，受播婿宋承恩七千金，詭法開釋。大亨開辯：向年平播獻俘，内有宋承恩者，歷經貴州巡按宋興祖、兵科給事中侯先春及川、貴二土司諸疏，并云實非從叛。時臣在刑部，具題以承恩系貴州宣慰司土官，四歲時，楊應龍將今已故長女許配。應龍造逆，承恩累告，準令絶婚。會其自帶土兵協守烏江，遂爲應龍暗襲，監禁承恩於囤。是以絶婚於前，擒虜於後，情罪可原，隨奉欽依宋承恩著放回籍。不意當時以此誣臣受賄，今御史馮奕

垣又以爲口實，不思承恩與衆俘爲伍，因以木籠，百夫環守，密不交通，多金從何至哉？不報。

——《明神宗實録》卷四百十九《萬曆三十四年三月》，載《明實録》，第61册，7930~7931頁

（丁亥）倉場總督游應乾言："帑庾盈縮，關國運盛衰。今外庫隨到隨發，略無存留，而老庫除十八萬九千之外，又毫無餘積，其詘如此。蓋年例四百萬之人，祇足供四百萬之出。頻年國家多事，寧、鮮、倭、播、大工、典禮，總計已過千萬，至於買辦一節，二十餘年進過五百餘萬，以致百年老庫漸至空虛。"

——《明神宗實録》卷四百十九《萬曆三十四年三月》，載《明實録》，第61册，第7933頁

（乙巳）貴州巡撫郭子章討平貴州苗賊，斬獲酋領吴老喬、阿倫、阿皆等十二人，俘斬苗衆三千餘名顆，招降男婦一萬三千三百四十餘名口。先是，東、西二路苗，名曰仲家苗，盤踞貴龍、平新之間，爲諸苗袖領。在水硍山，介於銅仁思、石者曰山苗，紅苗之羽翼也。窺黔自平播後，財力殫竭，有輕漢心，經年剽劫無虚日。子章請命於朝，敕相機進剿。

先是，播事既平，奉旨清查疆界。貴州宣慰司安疆臣圖占沙溪、五册、水烟、天旺、力靶等裏田土，懼督撫參題，乃聽其黨吴奇等謀，輦金數千行賄内地，爲五溪里民羅學茂所告。督臣王象乾下令捕獲吴奇等五人及金物千餘，吴奇等遣配有差。羅學茂者，始祖羅錦繡，唐乾符間同楊端開播授官，世爲播民，祖居黄土坎、沙溪一帶，後其地爲水西所據，學茂依土隨住，即疆臣亦視爲部夷矣。迨播平改流，學茂與其黨徐萬高等於萬曆二十九年携家還播，會水西夷安順臣者與疆臣不協，避難來奢，疆臣既怒學茂發吴奇賄事，又疑其勾引順臣之來，乃申牒貴州，誣學茂盗騙官買大木銀五千兩，乞追贓抵官。貴州按臣金忠士信之，奏請械解學茂還黔。得旨。象乾以爲不然，疏言疆臣侵占播界六百里，聽奸營謀。捕訊得實，學茂以播人歸播土，安順臣自來避死，非其勾引。疆臣以學茂習知播事，恐其證已，而藉口木價，解還黔中，將甘心焉。如不察而執還之，是天朝之法不行於土夷，而土夷之法得行於天朝也。恐播民從兹解體，乞免學茂解黔，仍聽遵義道撥田安插，以全其命。疏奏如議。

——《明神宗實録》卷四百二十《萬曆三十四年四月》，載《明實録》，第61册，7947~7949頁

戊辰，禮科右給事中汪若霖疏劾南京禮部右侍郎范醇敬專利無親，深機賊物，

士論共鄙，委以秩宗，殊非其據。貴州巡撫郭子章拮据於黔，不謂不勤，然陰側多污。征播之役與安酋怵爲血盟，逗遛觀望，碌碌因人。已而争五百里新疆以償酋私，致酋惡愈熾，然子章猾之。

——《明神宗實録》卷四百二十五《萬曆三十四年九月》，載《明實録》，第61册，第8017頁

（丙午）先是，川、湖、貴督臣王象乾参論貴州安疆臣仇害五旬兵科右給事中吕邦耀，因劾貴州巡撫郭子章受疆臣私賄，縱奸長惡。至是，子章上疏陳辯，略云："臣於萬曆二十七年蒙皇上拔撫全黔，是時播州賊龍已叛。臣自豫章入楚，沿途訊問賊情，輒云楊氏與安氏唇齒相依，合之則蔓，離之則潰。及至黔，詢之按臣宋興祖及司道，無不僉同。已督臣、樞臣合謀，又無不僉同。臣念彼八百年之交，而欲以一二日之恩携之，其勢甚難。惟怵以國威，啗以爵土，或可得其要領。乃始之檄文，繼以諭帖，至再至三。臣又遺之古劍，歃血與盟，疆臣乃自疏討賊，明旨獎勵。此臣用安氏之始末也。未幾，安隴澄有大水田之捷，疆臣有播州衙之燒，有尚意、黄繼枝等之擒。又未幾，開路於後囤，讓路於官兵，乃合三省之力破海龍，醢逆龍。征播之役始責臣叙其兄弟之功，督臣李化龍又總叙其兄弟及其母鳳氏助發軍餉千石之功。已而按臣覆勘，兵部覆議。得旨：安疆臣兄弟、母子各賞銀幣，仍候地界勘明，另加優异。此叙安氏功之始末也。已爲地界牽纏四年不决，比奉聖斷，貴州認糧七百餘石，疆臣認糧一千二百石，地界照舊掌管。會路苗紛起，臣復令疆臣專剿西路，斬獲六百餘級，始爲叙征苗之功，并結征播之局，不過仰遵明旨，示信於夷人耳。科臣乃言楊賊至貴州城下，臣感疆臣全活之功。夫使賊果臨城，疆臣能令賊不殺一人，不獨臣當感之，即貴州百萬生靈亦當感之。而賊實未臨城，今貴州士民及征播各官將士可問也。且夫播州未破，則欲臣作使安氏，用之惟恐其不速。播州既破，又欲臣裁抑安氏，遠之惟恐其不疏。臣一人耳，即與人盟，不能復與人仇。臣心知疆臣本一孺子，原無他腸，處之有道，自是爪牙，不然獸窮必攫。夫土司仇殺，自其常態，夷狄相攻，中國之利。若蜀爲蜀夷而仇黔，黔爲黔夷而仇蜀，是爲夷狄而罷中國也。因求去甚力。"上慰留之。

——《明神宗實録》卷四百二十六《萬曆三十四年十月》，載《明實録》，第61册，8037~8039頁

（丁未）藺州夷目閻宗傳等攻掠永寧、普市、摩尼等處……隴澄者，水西安堯臣也。隴氏垂絶，堯臣入贅，遂冒隴姓。方平播州，叙大水田功狀時，皆稱隴澄，不知其爲堯臣也。堯臣既外估播功，内伏水西，有據鎮雄制永寧心，而蜀撫按以堯臣非隴氏種，無授鎮雄意。堯臣以是懷兩端，陰助世續，意世續得授阿利，則

已據鎮雄益堅。

——《明神宗實録》卷四百三十二《萬曆三十五年四月》，載《明實録》，第61册，第8166頁

（己亥）鄖陽撫黄紀賢言："采木征榷，萬難并行，乞賜罷議，以完大工。"不報。先是，傳奉議行川、貴、湖廣，采取杉、楠大木及枋板萬計。紀賢言："采木自昔稱難，在今尤甚。無論出産之遠，運曳之勞，及楊酋兵戈之後，灾傷頻年，不堪重役。"

——《明神宗實録》卷四百三十六《萬曆三十五年七月》，載《明實録》，第61册，第8246頁

（癸酉）命户部所借邊餉於太僕寺，减支十五萬，……在嘉、隆間，舊庫積至一千餘萬，盛矣。迨萬曆十八年，西征哱劉借一百六十萬，東征倭借五百六十余萬。二十七年，爲邊餉借五十萬，又爲征播借三十三萬。

——《明神宗實録》卷四百三十七《萬曆三十五年八月》，載《明實録》，第61册，8269~8270頁

（己卯）是日，大學士賡廷機以藺州、鎮雄事久未結，復上疏曰："……况國家當多事之後，今年征倭，明年征播，生靈陷於鋒鏑，帑藏竭於轉輸，方且日尋干戈，唯敵是求，孔子所謂'季孫之憂，不在顓臾，而在蕭牆之内'者也。"蓋是時阿利已死，安堯臣度印必出，托言得之，阿野遂還崇明。黔撫謂真印已出，即可結局，閣宗傳、安堯臣皆可赦不問。而蜀撫以堯臣之篡必不可赦，再疏請用師。廷議未决。會有邊餉告匱之事，輔臣計征播時費二百萬，今驟，安所出，於是切責蜀將張神武等，其意蓋與黔合。

——《明神宗實録》卷四百三十七《萬曆三十五年八月》，載《明實録》，第61册，8274~8276頁

（己丑）命釋放奢世續，并赦閣宗傳等罪……如蜀不可重困，兵不可嘗試，宜特賜乾斷，責成貴州撫臣仿土司襲職例，起送堯臣赴部，核其功，赦其罪，或令自陳平播夙勞，授之官爵，或土或流，則予奪出之。

——《明神宗實録》卷四百三十七《萬曆三十五年八月》，載《明實録》，第61册，8281~8284頁

癸巳，以閣宗傳來降，隴澄告退，命四川撤兵，從黔撫郭子章議也。……今隴

已絶嗣，取澄繼襲，司道互結，撫按勘明，繼立之與私篡大不同科。且方征播之時，調取隴澄，獎率部落。澄屢奏戰功，兩奉題叙，祇以水、播地界之故，責兄疆臣，并閣其功。又以藺州真印未出，疑澄助逆。今澄已追獲真印於夷目阿夷處，驗交兩省，給奢崇明矣。

——《明神宗實録》卷四百三十八《萬曆三十五年九月》，載《明實録》，第61册，8288~8289頁

（癸未）先年，寧夏之役費餉金幾二百萬，東倭之役七百八十餘萬，播州之役亦費三百餘萬，一旦脱有意外之虞，不知何所措手乎。

——《明神宗實録》卷四百四十一《萬曆三十五年十一月》，載《明實録》，第61册，第8395頁

（戊子）兵部覆貴州候代巡撫郭子章等奏：土舍安堯臣之承継鎮雄，積有年矣。自永寧争立，説者疑堯臣庇奢世續、閻宗傳而助之逆，且庾其印。於是蜀撫始兵之，迨于印獻罪降，廟議撤兵，令堯臣退還鎮雄，就居貴省，仍論征播前功授以土知府職級，則貴州撫按題請，固以完昔日之叙功，尤以信今日之詔旨。

——《明神宗實録》卷四百四十四《萬曆三十六年三月》，載《明實録》，第61册，第8427頁

癸未，太僕寺卿趙標卒。標，山西解州人。萬曆十四年進士，庶吉士，改授御史，按真定。病起，按四川、山東，爲璽卿，典河南試。方按蜀，以逆播匪茹，屢議征剿。既録播功，加同卿。卒，予祭葬。

——《明神宗實録》卷四百五十八《萬曆三十七年五月》，載《明實録》，第62册，第8634頁

辛酉，通政使田蕙卒。山西大同府應州人。繇萬曆二年進士，除陝西蒲城知縣，洊歷今官，司封駁者十五年餘。其最著者，發播酋楊應龍行賄一事，至蒙聖褒。而遏溧陽縣民，保留經勘知縣李固本之疏，亦得體焉。持身頗謹厚，户科給事中郭如星以操守求多，遂屢疏引疾歸。及卒，其子援例請恤，部議年勞，宜如故事。詔與祭一壇，給半葬。

——《明神宗實録》卷四百六十七《萬曆三十八年二月》，載《明實録》，第62册，第8811頁

（丁亥）復起原任四川副使陳與相爲廣西副使兼右參議。初，與相考察落一級，

後叙平播功復原官，遇缺推用，故及。

——《明神宗實録》卷四百六十八《萬曆三十八年三月》，載《明實録》，第 62 册，第 8832 頁

（壬申）貴州巡按馮奕垣奏劾站軍李邦舉升本衛，實授百户三級，世襲；陣逃總旗尤尚國升今衛，副千户三級，世襲；皆假功，宜亟究治。章下部，部覆：二弁叙升，以先後按臣平播核功及覆勘二印册爲據，如御史言，合無行彼中按臣，查當日原册有無功次，勘鞫自明，仍解本犯起京，送法司審驗。因言武臣劾力策勛，其大小功次，詳載《内外黄選》，而尤嚴妄保官揭黄之例者，以汗血固難泯，而名器尤當重也。

——《明神宗實録》卷四百七十一《萬曆三十八年五月》，載《明實録》，第 62 册，8900~8901 頁

（己卯）蔭原任監軍征播右參政張楝男張智壽入監讀書。

——《明神宗實録》卷四百七十六《萬曆三十八年十月》，載《明實録》，第 62 册，第 8984 頁

戊辰朔，播州平後，建設屯衛，以土官、舍軍功及獻土一事，分别改授職級，填補新衛。羅天冠原四品土同知，准授指揮僉事。袁見龍、袁起龍以所鎮撫，因獻土，加二級，各改授副千户。劉謙、王憲以冠帶總旗加一級，改授試百户。石良授冠帶總旗，至子孫革去冠帶，照總旗管伍，各移住威遠衛任事，一應軍政考察等項及折俸田畝，悉照原議查行。

——《明神宗實録》卷四百八十六《萬曆三十九年八月》，載《明實録》，第 62 册，第 9153 頁

（庚辰）太子太保、兵部尚書李化龍卒。化龍，直隸長垣縣人。萬曆二年進士。授南工部主事，調南吏部主事，繇郎中升河南提學僉事，復升山東提學副使。歷太僕寺卿、通政使，以僉都御史巡撫遼東。東虜深入，伏兵大破之。升兵部侍郎，蔭一子錦衣衛千户，世襲。二十五年，告病回籍。起總督川貴，巡撫四川。楊應龍反，徵七省兵分道討之，聞父喪，奪情視師。播州平，請於播州設二府，分隸黔、蜀。以黎平、永從改隸楚，以楚鎮遠四衛改隸黔。三十一年，起右都御史兼工部侍郎，總督河道，開泇河，尋丁毋憂。三十二年，以播功升工部尚書，加少保，蔭一子錦［衣］衛指揮，世襲。服闋，起兵部尚書，協理戎政。三十七年，回部，以禦虜捷功加少保兼太子太保。至是卒。禮部覆稱：文武殊猷，安攘大略。提衡學政，則目

無逸才；督撫疆場，則算無遺策。若乃開泇濟運，擘畫精詳，遂貽永利。入掌樞機，鞠躬盡瘁。有殊尤异績而又能全節完名，如本官之先後純粹未易得也。恤典當與從優，并擬易名以旌偉伐。詔予祭九壇，加二壇，給全葬。

——《明神宗實録》卷四百九十《萬曆三十九年十二月》，載《明實録》，第 62 册，9222~9224 頁

（辛丑）右給事中彭惟成疏陳時政，言："……并訟故司馬李化龍平播，開泇報功之典，猶未盡暢。"

——《明神宗實録》卷四百九十三《萬曆四十年三月》，載《明實録》，第 62 册，第 9279 頁

辛卯，兵部覆四川參政載廷詔奏……部乃謂蜀、黔之相角，自争播地始矣。黔欲界土酋而取沙溪爲界，以安氏故；今堯臣已主宣慰，直以嘗立阿利，遺禍到今，亦以安氏故。宜令巡按御史各捐成心，據實勘奏，勿復别委以開紛競。從之。

——《明神宗實録》卷四百九十八《萬曆四十年八月》，載《明實録》，第 63 册，9406~9409 頁

（戊戌）賜故太子太保、南京兵部尚書邢玠祭葬如例。玠，山東益都人。隆慶五年進士。授密雲令，召爲監察御史。歷河南僉事，陕西、山西右布政。擢右僉都御史，巡撫大同地方。計擒叛酋安免，升右副都御史。又升兵部右侍郎，總督川、貴。以平播功，晉兵部尚書，總督薊、遼、保定。東征大捷，加太子太保，蔭一子，世襲錦衣衛指揮僉事。尋致仕，卒于家。玠歷任四十年，强半在邊方，蓋所謂積勞之臣也。播事則議撫，東事則議戰，雖功效不同，而其謀略爲世所重云。

——《明神宗實録》卷五百五《萬曆四十一年二月》，載《明實録》，第 63 册，第 9594 頁

（丙戌）……先年征倭征播加派錢糧，曾奉詔書停免者，各撫按官查明，但不系改作起運京邊正項，著遵前詔蠲除，不得抗違。

——《明神宗實録》卷五百十九《萬曆四十二年四月》，載《明實録》，第 63 册，9778~9782 頁

（壬子朔）四川道御史田生金疏稱，紀綱倒持可慮……安堯臣竊據雄鎮〈鎮雄〉，殘其孤而據其土，此天討所必加者。朝議以蜀非用兵之時，姑從寬政使。當堯臣襲替宣慰之日，仗義駁之曰："汝爲屬夷，竊據隣封。朝廷以汝征播有功，不

忍加戮，姑准土舍戴罪管事俟。”

——《明神宗實録》卷五百二十《萬曆四十二年五月》，載《明實録》，第 63 册，9793～9794 頁

（丁丑）巡按雲南御史毛堪言：“……水西向與播州相倚，然兩雄不能相下，猶可互爲牽制。自播平而水西兼并其地，時出其緒餘餌不肖有司，計甚巧而禍漸深，久且爲播州之續矣。”

——《明神宗實録》卷五百三十一《萬曆四十三年四月》，載《明實録》，第 63 册，9991～9992 頁

己未，巡撫貴州右僉都御史張鶴鳴奏：……而鎮遠、清平之間有大江、小江、九股等種，皆楊應龍遺孽，近至萬餘，出没行劫。

——《明神宗實録》卷五百三十六《萬曆四十三年閏八月》，載《明實録》，第 64 册，10160～10161 頁

庚戌，户部覆貴州巡撫張鶴鳴疏稱：苗仲劫官截商，焚屯掠堡，該撫欲於賊衆出没隘要之處，添兵設將。……查得先年播州之役曾協借于隣封，加派於本地，未有議及京運者。今既欲增兵設將，合無請敕該省撫按會同川、湖撫按從長計議，或於協濟黔省額餉外，另行措處，亦恤鄰之誼宜然也。

——《明神宗實録》卷五百三十八《萬曆四十三年十月》，載《明實録》，第 64 册，10211～10212 頁

（庚辰）命兵部發馬價銀六萬兩，解濟黔師。自平播後銷兵太多，營哨非舊，而各種夷賊生齒日煩。貴州上六衛平定銅仁、大江、小江等處，無日不報苗警。而苗仲殺虜職官，焚劫屯堡，延袤數百里，受禍尤慘。

——《明神宗實録》卷五百四十三《萬曆四十四年三月》，載《明實録》，第 64 册，第 10313 頁

（乙未）免江北抽扣節省銀兩。先是，征播征倭，兵餉無措，户部通行省直，凡冗役公費等項，可以節省抽扣者，解部充餉，故廬、鳳等四府三州，每年共節省二萬七千餘兩。及倭、播平復，而此項未蠲，甚至攤派善良，追徵頗苦。淮揚巡按唐世濟援恩詔以爲請。

——《明神宗實録》卷五百四十九《萬曆四十四年九月》，載《明實録》，第 64 册，第 10398 頁

（辛丑）户科給事中商周祚等，自年來礦税繁興，民窮財盡，正賦日逋，加以雨陽不時，水旱頻仍，……自萬曆初年，歲取二十萬以備供奉，總計幾三十年，約支銀六百萬。又征倭、征播先後支老庫者幾千萬。

——《明神宗實録》卷五百五十《萬曆四十四年十月》，載《明實録》，第 64 册，第 10402 頁

（庚戌）予原任陝西巡撫、兵部右侍郎兼都察院右僉都御史崔應麒及妻黄氏、繼妻霍氏并祭合葬，并繼妻武氏祔葬。應麒，北直獲鹿人。隆慶辛未進士。歷五台、濰縣、汲縣令，所至俱以惠聞。擢户部，出守濟南，爲卓异最。累遷四川右藩。播之役，與有功焉。復補陝西左隨，以副都撫之，晉兵部右侍郎，以養病卒。雖三品未滿，而曾以軍功加俸與特恩，應半全給之例合。上如禮臣議，予之。

——《明神宗實録》卷五百五十六《萬曆四十五年四月》，載《明實録》，第 64 册，第 10490 頁

（戊子）先二十年征播，有新添衛指揮何鼎臣，蒙都清道取爲標下中軍官，以武生李邦舉呈給名色把總。又本衛後所總旗尤尚國，亦蒙巡撫給與名色把總，俱隨李總兵征進。邦舉同何鼎臣等攻打三渡關，斬功一顆，續攻海龍囤，斬功二顆。尤尚國，斬功一顆。後各多買功票，匯作《親斬功次》，累至九級以上。尤尚國叙升副千户，邦舉升實授百户，世襲欽依。比二人回衛，何鼎臣向二人索賄，不與，具呈前事。後邦舉恨鼎臣首發，取刀向鼎臣插殺。經巡按訪出二人冒功事的，參題下部，部議邦舉以站軍冒功級，殺本官，罪應絞；尤尚國以敗卒行賄賂，竊冠裳，應戍；至何鼎臣之杖懲，亦不枉也。從之。

——《明神宗實録》卷五百六十五《萬曆四十六年正月》，載《明實録》，第 64 册，10647~10648 頁

（丙辰）户部言："……今督臣議調薊兵處行糧，樞臣、科臣議以遼安遼，重招壯士，百凡經費，豈臣部額餉可辦？乞照征播征倭例，望皇上多發帑金，聽督撫從便招募給餉，庶馬騰士飽，可奪奴氛。"不報。

——《明神宗實録》卷五百六十八《萬曆四十六年四月》，載《明實録》，第 64 册，第 10691 頁

（庚寅）河南道御史唐世濟奏："用兵宜先議餉，倭之役費過七百八十餘萬，播之役費至二百餘萬。今所需餉倍於征播，半於征倭，而吃緊尤在糧運。"

——《明神宗實録》卷五百七十《萬曆四十六年五月》，載《明實録》，第 64 册，第 10728 頁

（癸丑）時遼餉缺乏，户部疏請借南户、兵、工五十萬……一先年倭、播之役，各省直搜解無礙，庫藏恊濟。

——《明神宗實録》卷五百七十《萬曆四十六年五月》，載《明實録》，第 64 册，10748~10750 頁

（癸丑）原任大同巡撫王士琦卒。士琦，臨海人，登萬曆癸未進士。曾以藩参監軍朝鮮，倭平，進二級。後以播事聽勘，降補回翔藩、臬者又數年，至今官，至是卒。

——《明神宗實録》卷五百七十《萬曆四十六年五月》，載《明實録》，第 64 册，第 10752 頁

丙辰，户科官應震言："……自播、倭、寧夏之役費至一千二餘萬……"

——《明神宗實録》卷五百七十《萬曆四十六年五月》，載《明實録》，第 64 册，第 10753 頁

（壬戌）著兵部尚書薛三才言："……湖廣、永順、保靖土官征播、征倭時調用，請如臣部前議，各調發四千，以驍將通之。"

——《明神宗實録》卷五百七十一《萬曆四十六年六月》，載《明實録》，第 64 册，10760~10762 頁

（壬戌）江西道御史薛貞奏：……而又照寧夏、播州之例，欽賜經略以尚方之劍，有不用命者以劍從事，凡有奏請，立刻批發，又震疊人心一大機括，而遼事或有救也。不報。

——《明神宗實録》卷五百七十一《萬曆四十六年六月》，載《明實録》，第 64 册，10672~10763 頁

壬寅，廣東巡按王命璿奏：……即如寧夏費餉二百萬，征播費餉二百餘萬，救朝鮮，首尾約費七百數十萬。

——《明神宗實録》卷五百七十二《萬曆四十六年六月》，載《明實録》，第 64 册，第 10803 頁

（辛亥）原任貴州巡撫郭子章卒。子章，江西泰和人，登隆慶辛未進士，繇禮部官歷郡守藩臬，鎮撫黔中後，以平播功加大司馬，襲金吾。文章勛業，亦爛然可觀矣。

——《明神宗實録》卷五百七十二《萬曆四十六年七月》，載《明實録》，第64册，10809~10810頁

（庚申）賜經略楊鎬劍一口。先是，奴克清河，全遼震動，而總兵杜松等尚未出關，各鎮兵馬止宣大、山西報有起程，餘俱未報。樞臣黄嘉善請照二十七年征劉東陽、楊應龍例，賜尚方劍，總兵以下不用命者，得以軍法從事。仍嚴敕其兼程出關，赴軍門調度，如有觀望誤事，聽經略按臣從重參處。

——《明神宗實録》卷五百七十三《萬曆四十六年八月》，載《明實録》，第64册，第10820頁

（辛亥）户部以遼餉缺乏，援征倭、征播例，請加派。除貴州地磽有苗變不派外，其浙江十二省，南、北直隸，照萬曆六年會計録所定，田畝總計七百餘萬頃，每畝權加三釐五毫。惟湖廣淮安額派獨多，另應酌議，其餘勿論。

——《明神宗實録》卷五百七十四《萬曆四十六年九月》，載《明實録》，第64册，第10862頁

（乙丑）經略楊鎬奏：酌議擒奴賞格。自奴酋逆天，戮將屠城，皇上不惜二十萬金以犒戰士，而又念師期不遠，敕臣擬懸賞格。臣謹按征哱、征倭、征播故事，萬金懸賞，加級示酬，是已然之例。

——《明神宗實録》卷五百七十七《萬曆四十六年十二月》，載《明實録》，第65册，第10924頁

（乙未）兵科給事中周希令言："調兵之法，莫如抽班更番迭出，以均勞逸。十中抽二，上易爲力，安家糧厚，下亦甘心，其餘敢戰。無若土兵在四川播州可得二萬，酉陽、石柱可得一萬，在湖廣永順可得四萬。近日水西、永寧相構，何不使其立功自贖。在水西可得三萬，永寧殘破，或得近萬，必兩調以息其忿，令异行以防其争。合之不止十萬，即以本管宣撫自行押解，庶統轄既嚴，戰氣自倍。"不報。

——《明神宗實録》卷五百八十四《萬曆四十七年七月》，載《明實録》，第65册，11155~11156頁

（壬申）又題：臣按遼左額設道將……查得近年總督李化龍征播事例，除用監

軍道六人專督征討外，其餘司道府州縣官委遍全蜀。今奴賊視播凶强十倍，遼中僅僅五道，各有信地，似應照例量設監軍、道臣二員，專領征討事務。

——《明神宗實録》卷五百八十五《萬曆四十七年八月》，載《明實録》，第 65 册，11203~11204 頁

癸卯，予原任巡撫大同、右副都御史王士琦祭一壇，減半造葬。士琦，浙江臨海人，繇進士，歷升副使，以平播功升按察使，繼被劾降用，尋起布政，升右副都御史，巡撫大同，復以拾遺調南京，未幾，卒。禮部覆稱生前雖掛議彈没，後難掩勞勩，相應議恤，故有是命。

——《明神宗實録》卷五百八十六《萬曆四十七年九月》，載《明實録》，第 65 册，11232~11233 頁

癸卯，經略遼東熊廷弼題：……臣考征播之役用兵二十餘萬，及圍酋於囤上，猶用十五萬衆。……又令降將李永芳等收集三路開鐵降兵萬人，計兵以近十萬，强播數倍。

——《明神宗實録》卷五百八十八《萬曆四十七年十一月》，載《明實録》，第 65 册，11263~11267 頁

（癸酉）巡按山東御史陳王庭題：自開鐵没後，入遼兵丁僅一萬一千七百有奇，連前在遼兵數，大抵不逾七萬。用固邊圉，尚虞不敷，欲東西策應，援防朝鮮，此必不可幾之勢也。……據經臣疏中條議：該一十八萬之數，較之征播事例用兵四十八萬者，已存乎見少，且并此不能足額，危疆其何賴焉！

——《明神宗實録》卷五百八十九《萬曆四十七年十二月》，載《明實録》，第 65 册，11297~11298 頁

丙戌，兵部左侍郎楊應聘卒。應聘，字行可，直隸懷遠縣人。登萬曆癸未科進士，初任浙江烏程令，擢補兵部車駕司主事，歷武庫職方郎中。會哱、倭、播相継就平，以叙功三膺欽賞，尋升光禄卿，再晉太僕卿，奉命升都察院右僉都御史，巡撫寧夏。

——《明神宗實録》卷五百九十二《萬曆四十八年三月》，載《明實録》，第 65 册，11353~11354 頁

（癸巳）巡撫雲南沈儆炌奏："臣奉命撫滇，入境訪問地方夷情，據霑益州土舍安遠報，萬曆四十七年七月内，官保統領鎮雄、水西、烏撒大兵萬餘，追叔安、效

良至州界劄營，沿村剽掠，……彼水西即自恃富强，自揣與播州孰愈，不鑒楊酋之覆轍，敢於狂逞若是耶。”

——《明神宗實録》卷五百九十六《萬曆四十八年七月》，載《明實録》，第 65 册，11445~11447 頁

明光宗實録

自三十五年起至四十一年止，查系小民拖欠者，悉與蠲免。其已徵在官及追完，經解員役侵克者，照舊起解，作與加派之數。鹽井有課，無井者著撫按官議豁。先年征倭、征播，加派錢糧，曾奉詔書停免者，各撫按官查明，但不系題准，改作京邊正項著遵前。

——《明光宗實録》卷三《泰昌元年八月》，載《明實録》，第 65 册，54~57 頁

明熹宗實録

（丁巳）原任援遼總兵官、添注左府僉書、左都督陣亡劉綎繼妻羅氏爲夫請恤，言：“綎束髮從戎，克繩先志。如初年征九絲蠻，擒其酋長阿大；捕建昌賊，獲其首惡蔡咱；緬賊肆而殲厥渠魁岳鳳，羅雄亂而計縛叛酋陳星；隨調征倭，堵剿著功；復鎮臨洮，直抵挖工莽剌；釜山猖獗，帥師海上；播酋思逞，領督川兵克關，平播功皆第一。南蠻煽焰，深入不毛，擒剿夷倮，茂績昭著。頃家食無幾，又調援遼，奉經略楊鎬檄，直趨寬奠，統領精兵，四路并入，惟綎直抵賊巢，率義男劉招孫等奮勇畢力，以藥箭殺酋子火狐狸，用火炮殺賊無算，兵寡力單，援救不至，殞身沙漠，骸骨無存。功多禍烈，而不得與張承胤同蒙恤贈，游魂久棲於塞外，忠肝飲恨於重泉，當亦聖明之所憐憫也。”事下所司。

——《明熹宗實録》卷二《泰昌元年十月》，載《明實録》，第 66 册，82~83 頁

（戊寅）四川寧州衛武舉鄧懋官稱伊父征東、征播慣用苗兵二萬有奇，見在，可朝呼夕至。

——《明熹宗實録》卷九《天啓元年四月》，載《明實録》，第 66 册，第 440 頁

（丁未）諭户、兵等部衙門：“朕覽户部等衙門請發内帑銀兩，朕豈不重念封疆，吝惜不發？但思軍國諸費，向有經制，祖宗朝大兵大役率皆外廷調度，即在皇祖時討平寧鎮、征播驅倭一切兵餉，不聞請帑。且帑金積貯有限，内廷諸費不貲，原非額供可應外急，乃自東事軍興以來，户、兵等部不聞長畫，動請内帑，請則危言要脇，用則任意開銷，調募不求精强，防禦不合竅會，耗費徒多，績效鮮睹。”

——《明熹宗實録》卷十《天啓元年五月》，載《明實録》，第66册，第494頁

（萬曆）二十七年，以都督同知陳璘充總兵，旋以征播遷貴州，而總兵府亦遭回禄，遂復停推。

——《明熹宗實録》卷十二《天啓元年七月》，載《明實録》，第66册，第595頁

（辛巳）署兵部尚書張鶴鳴言：“臣部職掌，只管兵馬，不管錢糧。自萬曆四十六年，奴陷撫順，徵募四出，於是比照救朝鮮、征播州事例，有安家馬價之設。初調兵安家預支口糧二三月，募兵安家或二兩五錢，或三兩、四兩。今則調皆五兩，募皆十兩矣。初調兵即用該營馬騎坐，不議馬價，募兵馬價每匹多不過十兩。今調募皆十二兩，遠者十五兩。”

——《明熹宗實録》卷十三《天啓元年八月》，載《明實録》，第66册，658~659頁

（乙酉）女將四川石砫宣撫司掌印秦良玉奏：“臣兄弟邦屏、明屏統兵援遼，渾河之戰，邦屏先登殺賊，爲國捐軀，族兵數百、部目千餘同時戰歿，淒慘天愁，乞從優叙録。兄子大賫，亡族之家，仍將在官久戍殘兵盡發歸臣司，以便新進兵前進，臣即親押赴關。”又言：“臣自征播以來所建之功，不滿所妒之口貝錦含沙，故怨未消，新忠難樹，更乞天恩炯照。”

——《明熹宗實録》卷十三《天啓元年八月》，載《明實録》，第66册，673~674頁

（戊午）刑部右侍郎鄒元標言：“黔患不盡在苗，其爲道路梗者，苗十之三耳……往者播苗之禍，亦好大喜功者挑之，入其疆滿載而歸，不遂者惡語流傳，官爲所誤，兵連禍結。”

——《明熹宗實録》卷十四《天啓元年九月》，載《明實録》，第66册，718~720頁

（丙辰）禮科給事中李精白言：“寧夏、播州之役各二年餘，倭寇、朝鮮之役七年餘，總未有費餉八百萬者。”

——《明熹宗實録》卷十六《天啓元年十一月》，載《明實録》，第66册，第804頁

戊午，兵部尚書張鶴鳴言：“藺酋招納播孽，勢已猖獗，四川請發帑金三十萬，以佐軍需，委不可少。”

——《明熹宗實録》卷十六《天啓元年十一月》，載《明實録》，第66册，第807頁

（丙戌）川湖總督張我續援征播救鮮例，請設副總兵一員、游擊二員以充中軍，守備二員以充標兵。

——《明熹宗實録》卷十七《天啓元年十二月》，載《明實録》，第67册，第867頁

（戊戌）寧夏、播州之役俱遣御史監軍，應如梅國禎、陳效事例。聽該部院題委土司女將秦良玉及侄拱明，素懷忠義，可以朝調夕至。

——《明熹宗實録》卷十八《天啓二年正月》，載《明實録》，第67册，第902頁

（己未）貴州巡撫候代李橒疏言：“藺、播二賊，謀既陰連，勢亦遥應。藺藉播孽之盤踞，以斷我援蜀之路。播藉苗仲之狂逞，以增我内顧之憂。所恃者，死守湄、烏，以防其合，駕馭安氏以携其交，此黔中一線生路。”

——《明熹宗實録》卷十八《天啓二年正月》，載《明實録》，第67册，第931頁

（癸未）户部尚書汪應蛟等以黔方用兵，需餉不貲，宜於遼餉外另設黔餉一項，如先年征播故事，乞敕廷臣會議。上從之。

——《明熹宗實録》卷二十七《天啓二年十月》，載《明實録》，第67册，1378~1379頁

（丙午）昔年平番〈播〉之役，賴有陳璘、劉綎相爲犄角。

——《明熹宗實録》卷三十《天啓三年正月》，載《明實録》，第67册，第1518頁

（甲戌）雲南道御史王尊德言："……播事費至四百餘萬兩，藺川三大役騷動幾半天下，則今逆酋之費又可知也。"

——《明熹宗實録》卷三十一《天啓三年二月》，載《明實録》，第67册，第1580頁

（己酉）貴州總督楊述中奏：臣伏稽總督李化龍征播已事，調兵三十餘萬，運夫三十萬、用餉八百餘萬，大將十餘員，偏裨三十餘萬〈員〉，有貴州撫臣郭子章，偏沅撫臣江鐸，三省司、道、府、縣印官一二百員，幾舉海内之全力，以供之始得調度應手，一年而成功。今安酋之幅員延袤交通，勾引之羽翼過楊酋十之九，而我之徵兵計餉，時勢物力之艱難，皆不及征播十之一，以獲醜執訊，不亦難乎？以今日之漢兵言之，征播曾調固原、延綏、甘肅、雲南、廣西等處兵馬二十萬，而楚、蜀之在營中者不與焉。今則全靠募之本省近地，率多烏合，未經戰陣，不潰則逃，此漢兵之難也。以土兵言之，征播時，土司用命，曾調酉陽、石砫、天全、鎮雄等十六司，得其一臂之力。今之土司，每懷狐兔之悲，暗中佐敵，浸成不掉，此土兵之難也。以將言之，征播時，有大將劉綎、陳璘、陳寅、馬孔英等十餘員，隸以偏裨，統各家丁，軍威丕振。今貴州總兵張彦芳敗走省城，金、秦二副將亦皆星散，已無將矣，止總理魯欽繇平越人，不過帶家丁三百名，麻鎮繇粵西人不過帶家丁二百名。臣到沅，一面多方招練部署，魯欽一面移會粵西，部署麻鎮，率皆捉襟露肘，此將帥之難也。以餉言之，征播時，四川一省物力可供，又加之楚、粵、滇三省各處協濟，金錢成阜，米粟如山，不難佈置。今黔省一無所出，蜀中自顧不遑，滇南從中隔絶，止賴湖廣十一府，而辰嘗沅近又請免加派，入孔一而出孔百，此處餉之難也。以餉道言之征播時，水路輸挽，四通八達，各路可供，即偏橋、鎮遠苗未作梗，不致缺乏。今之餉道止有平越一路，别無可通，苗一阻塞，軍士饑餒，此運道之難也。有此五難，臣巨略長才，恐不能作無米之炊，而况綿弱，如臣安能勝此而愉快乎？

——《明熹宗實録》卷三十二《天啓三年三月》，載《明實録》，第67册，1656~1658頁

（庚戌）貴州鄉官雲南道御史王尊德等奏："……昔播酋兵力止安酋十分之一，而當時實在漢、土官兵近五十萬，用餉連貴州所貯四百萬，共八百餘萬，僅乃克之。以安賊之强，復助以奢賊，益以苗仲。欲議剿又當先議守，既爲戰守，計又當先爲清除運路劫賊計。其兵豈止十餘萬，其費餉豈止數千萬？而今日事勢，艱難更百倍于征播時也。"

——《明熹宗實録》卷三十二《天啓三年三月》，載《明實録》，第67册，第1660頁

（甲子）兵部尚書董漢儒等覆貴州總督楊述中疏謂：黔圍解而復急，督臣蒿目於無餉無兵，且援征播故事以請。第播州搗巢，不妨以持久困之，黔則呼吸危亡，萬難停待，征播當全盛之日，兵餉自易湊乎。

——《明熹宗實録》卷三十三《天啓三年四月》，載《明實録》，第68册，1685~1686頁

（甲寅）詔以……皇祖朝先臣李化龍、郭子章、江鐸以平播州之功而世蔭，葉夢熊、梅國禎以復寧夏之功而世蔭，李汶、田樂以拓松山之功而世蔭，始得錦衣指揮使或僉事，其他千、百户之世及必其禦虜俘斬、奏勘大捷者也，非是不及矣。

——《明熹宗實録》卷三十六《天啓三年七月》，載《明實録》，第68册，1882~1883頁

（丁丑）吏科都給事中程註言："……曩征播時，初以支可大移鎮，而後遂改用江鐸，事急則設，事寧則止，不獨固楚之圉，而正以壯黔之援。"

——《明熹宗實録》卷四十一《天啓三年十一月》，載《明實録》，第68册，2140~2141頁

惟萬曆年間征播，乃有撫臣，事寧旋止。正如總督之設，以貴州用兵之故也。

——《明熹宗實録》卷四十二《天啓三年十二月》，載《明實録》，第68册，2204~2206頁

（己亥）總督楊述中奏貴州巡撫王三善敗陷兼請餉，下兵部議……偏沅爲黔、楚唇齒之邦，輔車相依，黔急則偏沅亦急，况楚之諸土司多與安酋有狐兔之悲，觀望成敗，以爲順逆。故先年征播之時，設撫臣以鎮之，事平旋革，昨已會議，已得俞旨矣。

——《明熹宗實録》（梁本）卷三十九《天啓四年二月》，載《明實録》，第68册，第2266頁

壬辰，户科給事中薛國觀言："……牌票廩給口糧，照先征播事例，盡行裁革，寄諸該州縣庫每年盡解，各布政司解部充餉驛遞，或因之而可蘇也。"上命該部嚴加申飭行。

——《明熹宗實録》卷五十八《天啓五年四月》，載《明實録》，第69册，2692~2695頁

（己亥）福建道試御史余文火晉疏言："……在昔，遵義爲播賊所據，蕩平之後改土而郡縣之，拓土開疆，功非不烈。其地僻處，土司歸馬放牛以來，武備漸弛，反爲諸土司所輕，而撤去蜀中藩籬。"

——《明熹宗實録》卷五十八《天啓五年四月》，載《明實録》，第69冊，2706~2707頁

（辛丑）廣西道試御史田景新言："……先年播酋授首速者，播有五土司内屬，每戰必爲先鋒，故易克。今逆彦見轄十餘土司，彼其堅心附彦者以五司，平播後不保其故土也。"

——《明熹宗實録》卷五十八《天啓五年四月》，載《明實録》，第69冊，2712~2714頁

（甲申）户部尚書李起元以國計匱詘，采集輿論：……如先年征倭、征播加派錢糧。事平之後，已奉旨概行蠲免。

——《明熹宗實録》卷六十四《天啓五年十月》，載《明實録》，第69冊，3004~3006頁

（壬戌）四川巡按陳睿謨奏："……遵義自平播改流已二十餘年，居民踐土食毛，各有分業。"

——《明熹宗實録》卷七十九《天啓六年十二月》，載《明實録》，第70冊，3845~3846頁

明紀*

（洪武五年春正月）播州慰宣〈宣慰〉使楊鏗、同知羅琛、順元宣慰使靄翠、同知宋蒙古歹來歸，皆予以原官世襲，以其地屬四川行省。

——《明紀》卷三《太祖紀三》，第 34 頁

（永樂十二年五月）鎮遠侯顧成卒，年八十五，贈夏國公，謚武毅。成性忠謹，涉獵書史。始居北平，多效謀畫，然終不肯將兵，賜兵器亦不受。再鎮貴州，屢平播州、都匀諸叛蠻，威震南中，土人立生祠祀焉。

——《明紀》卷九《成祖紀二》，第 94 頁

（正統十四年）（陳）鑑爲巡按時，嘗請改四川播州宣慰司隸貴州。

——《明紀》卷十四《英宗紀二》，第 134 頁

（成化十二年）初，播州致仕宣慰楊輝言所屬夭壩干、灣溪諸寨及重安長官司爲生苗竊據，請王師進討。詔巡撫四川都御史張瓚諭還侵地，不服則征之。

——《明紀》卷十九《憲宗紀二》，第 186 頁

（成化十五年）灣溪既立安寧宣撫，爛土諸番惡其逼，九月引齊果等攻陷夭漂、

* （清）陳鶴、陳克家：《明紀》，國學整理社，1935 年。

靖南城堡，圍安寧。播州宣慰楊愛弗能支，求援於川、貴二鎮。詔起其父輝再統兵往剿，令川貴兵助之。

——《明紀》卷十九《憲宗紀二》，第 190 頁

（成化二十二年）安寧宣撫使楊友欲奪嫡弟播州宣慰使愛爵，誣愛有异謀，命何喬新往勘。

……

（成化二十三年三月）何喬新與四川巡撫、都御史劉璋共白楊愛誣，言："楊輝溺愛友，欲令承襲，長官張淵阿順之，安撫宋韜執不可，輝不得已，立愛。淵爲友謀，興夭壩干之役，長官韓瑄諫，杖殺之。納賂於張瓚，設安寧宣撫。輝没，淵及其弟深與友謀，潛刺愛，不遂，故爲此奏。"帝命斬淵、深，奪友官，羈管保寧，播州遂安。

——《明紀》卷二十《憲宗紀三》，198～199 頁

（正德五年十一月）重慶人曹弼亡命播州，糾衆寇川南，謀與藍廷瑞合。……（十二月）林俊移師擊瀘州賊曹甫，且遣人招諭。甫陽聽令，使弟瑄劫如故。指揮李蔭斬瑄首，賊遂移江津，分七營，將攻重慶。俊發酉陽、播州土兵助蔭。

——《明紀》卷二十五《武宗紀二》，第 246 頁

（嘉靖三十四年七月）播州宣慰楊烈殺長官王黻，黻黨李保等治兵相攻，且十年。總督侍郎馮岳與石邦憲討平之。

——《明紀》卷三十四《世宗紀七》，第 358 頁

（萬曆十四年）四川諸路征番兵悉集。徐元泰命游擊周于德將播州兵爲前鋒，游擊邊之垣將酉陽兵爲後拒，故總兵郭成將叙馬兵扼其吭，參將朱文達將平茶兵擊其脇，李應祥居中節制，參議王鳳監之。應祥令軍中各樹赤、白幟一，良民陷賊者徒手立赤幟下，熟番不附賊者徒手立白幟下，即免罪。番雖多，遇急不相救。

——《明紀》卷四十一《神宗紀三》，第 423 頁

（萬曆十五年）初，邛部屬夷膩乃酋撒假與外兄安興、木瓜夷白禄、雷坡賊楊九乍等數侵掠内地，會省吾議討之。會有都掌蠻之役，不果，乃建六堡，益戍兵千二百人，而諸酋鴟張如故。建昌越巂興師，又藏匿叛人。徐元泰令都指揮李猷忠等分剿，賊詐降，誘執猷忠等三將，殺士卒數千人，勢益猖獗。會李應祥師旋，元泰乃益徵播州、酉陽諸土兵，合五萬人，令應祥督朱文達、邊之垣、周于德及參將郭

成等分三道入，于德首敗白禄兵，追至馬蝗山，懸索以登，賊潰。乘勢攻木瓜夷，射殺白禄，追至利濟山，雪深數尺，于德先登，復大敗賊，毁其巢。撒假與九乍帥萬人據山，播州兵擊走之。

——《明紀》卷四十二《神宗紀四》，第426頁

（萬曆十八年）初，播州宣慰楊應龍獻大木七十，材美，賜飛魚服，復授都指揮使銜。應龍性猜很〈狠〉嗜殺，數從征調，恃功驕蹇。知川兵脆弱，陰有據蜀志，間出剽州縣；嬖妾田雌鳳，用讒殺其妻張氏，屠其家；用誅罰立威，所屬五司七姓不堪其虐。巡撫都御史葉夢熊以聞，巡按御史陳效歷數應龍二十四大罪；而四川巡按御史李化龍則以方防禦松潘調播州兵協守，請暫免勘問，俾應龍戴罪圖功。川、貴互疏辨。給事中張希皋等以事屬重大，乞令從公會勘，無執成心，從之。

……

（萬曆十九年）葉夢熊等會勘播州事。夢熊主議“所轄五司改土歸流，悉屬重慶”，與李化龍意復相左，化龍引嫌求斥。會應龍妻叔張時照所部何恩、宋世臣等上變告應龍反，夢熊請發兵剿之。四川士大夫謂蜀三面鄰播，屬裔以什百數，皆資其彈壓，且兵驍勇，數征調有功，翦除未爲長策。朝議，命再勘，應龍願赴蜀，不赴黔。

——《明紀》卷四十二《神宗紀四》，第432頁

（萬曆二十三年）邢玠至四川，察楊應龍支黨甚盛，乃檄諭應龍，許待以不死。會水西宣慰安疆臣請父國亨恤典，石星手札示疆臣趣應龍就吏，許贳罪。疆臣奉札至播，招應龍，而七姓恐應龍出，得除罪，亡命竄播者又多幸應龍反，驛站傳文移，輒從中阻。玠乃檄重慶知府王士琦詣綦江，趣應龍安穩聽勘。應龍使弟兆龍至安穩，治郵舍儲糒，叩頭郊迎，致餼牽如禮，言：“應龍縛渠魁，待罪松坎，所不敢至安穩者，恐墮仇民不測禍也。”士琦曰：“松坎亦曩奏勘地。”即單騎往。應龍果面縛道旁，泣請死罪，願執罪人，獻罰金，得自比安國亨。士琦爲請於玠，許之。應龍乃縛獻黄元等十二人，案驗，抵應龍斬，論贖，輸四萬金，助采木。仍革職，以子朝棟代，次子可棟羈府追贖，黄元等斬重慶市。玠以聞，兵部以倭氛未靖，請緩應龍，事東方，朝廷亦以應龍向有積勞，可其奏。於松坎設同知，而以士琦爲川東兵備副使彈治之。

——《明紀》卷四十三《神宗紀五》，第446頁

（萬曆二十七年二月）貴州巡撫江東之令都司楊國柱部卒三千剿楊應龍，奪三百落。賊陽敗以誘官軍，至飛練堡殲焉，國柱及指揮李廷棟等皆死。事聞，罷東之，以郭子章代之。三月己亥，起前兵部侍郎李化龍總督川、湖、貴州軍務，調東征諸

將劉綎、吴廣、陳璘等南討應龍。

——《明紀》卷四十四《神宗紀六》，第 457 頁

（萬曆二十七年）楊應龍乘大兵未集，勒兵犯綦江。己亥，奄至城下。時賊兵八萬，而城中新募兵不滿三千，參將房嘉寵、游擊張良賢戰死，城遂陷。賊盡殺城中人，投尸蔽江，水爲之赤。僞軍師孫時泰請直取重慶，搗成都，劫蜀王爲質。應龍遷延，聲言争地界，冀曲赦如曩時。李化龍以徵兵未至，亦謬爲好語縻之。

——《明紀》卷四十四《神宗紀六》，第 458 頁

（萬曆二十七年十月）帝聞綦江破，大怒，追褫前四川、貴州巡撫譚希思、江東之職，而賜李化龍劍，假便宜討賊。丙戌，以播州用兵，加四川湖廣田賦。戊子，安疆臣以戕殺安定事爲有司所按，科臣劾其逆節漸萌。詔不問，許殺賊自贖。疆臣疏言"播警方殷，臣心未白"，帝優詔報之。楊應龍益結九股生苗及黑脚苗等爲助，屯官壩，聲窺四川，遂焚東坡爛橋，湖、貴路梗。

——《明紀》卷四十四《神宗紀六》，第 459 頁

（萬曆二十七年十二月）諸軍征播州者大集。李化龍移駐重慶，檄水西兵三萬守貴州，斷招苗路。乃分兵爲八路，川師四路：總兵官劉綎由綦江，總兵官馬孔英由南川，總兵官吴廣由合江，副將曹希彬受廣節制，由永寧。黔師三路：總兵官童元鎮由烏江，參將朱鶴齡受元鎮節制，統宣慰使安疆臣由沙溪，總兵官李應祥由興隆。楚師一路，分兩翼：總兵官陳璘由偏橋，副總兵陳良玭受璘節制，由龍泉。每路兵三萬，官兵三之，土司七之。貴州巡撫郭子章駐貴陽，湖廣巡撫支可大駐沅州。帝以湖廣地遼闊，擢山西按察使江鐸僉都御史、巡撫偏沅，湖廣設偏沅巡撫，自鐸始也。化龍以綦江爲最要，故令綎當之。而孔英道南川獨險遠，去賊巢海龍囤六七百里。監紀推官高折枝勇而有謀，請獨當一面，乃與參將周國柱以石砫宣撫馬千乘兵三千人先進，千乘妻秦良玉别統精卒五百，裹糧自隨，拒賊鄧坎。

——《明紀》卷四十四《神宗紀六》，第 460 頁

（萬曆）二十八年春正月，賊乘官軍宴，夜襲營。千乘、良玉擊敗之，追入賊境，連破金筑等七寨。綎亦督諸將克丁山、銅鼓、嚴村。賊遣子惟棟及其黨楊珠等五道并出，焚龍泉，走都指揮楊惟忠。李化龍劾諸大帥不用命者，沈尚文逮治，元鎮、綎皆革職，充爲事官。

……

（萬曆二十八年二月）丙戌，李化龍大誓文武，趣諸道進師。高折枝督酉陽，

宣撫冉御龍敗賊於官壩，與馬孔英先師期一日。入真州，用土官鄭葵、路麟爲鄉導，別遣邊兵千扼明月關。諸軍鼓行前，連破四寨，次赤崖，抵清水坪、封寧關，破賊營十數，逼桑木關。關内民降者日千計，折枝設三大寨處之，禁殺掠，降者日衆。劉綎進擣楠木山、羊簡臺、三峒。峒絶險，賊衆數萬，連營固守。綎分兵攻其三面，大戰於李漢壩，綎左持金，右持劍，大呼曰："用命者賞，不用命者齒劍。"士鬥死者四十人，餘益奮。賊大敗，奔入峒，乘勢焚之，盡克三峒，生擒賊魁吳尚華、穆照。賊以兵二萬屬其子朝棟，曰："爾破綦江，馳南川，盡焚積聚，彼無能爲也。"朝棟由松坎、魚渡分道出。綎伏萬人羅古待松坎賊，以萬人伏營外待魚渡賊，而別以一軍策應。賊果至，伏盡起，綎帥部下轉戰，斬首數百，追奔五十里。賊聚守石虎關，綎亦掘塹守。桑木關爲賊要害，山險箐深，賊憑高拒。折枝令馬千乘與御龍出關左右，周國柱擣其中。賊用標槍藥矢，鋭甚，官軍殊死戰，奪其關，逐北至風坎關，賊復大敗，連破九杵、黑水諸關，苦竹、羊崖、銅鼓諸寨。國柱攻金子壩，無一人，疑有伏，焚空寨十九，嚴兵以待。賊果突出，擊敗之。孔英乃留王之翰兵守白玉臺，衛餉道，平茶、邑梅兵守桑木關，而親提大軍營金子壩。陳璘軍次白泥，賊衆迎戰，璘分兩翼，躡其後，賊少挫，追奔至龍溪山，賊合四牌賊共拒。四牌在江外，與江内七牌皆五司遺種、九股惡苗，素助賊者也。璘廣招撫，乃進軍，偵知賊有伏，令游擊陳策用火器擊之。賊據險，矢石雨下，璘先登，斬小校退者以徇，把總吳應龍等陷陣，賊大潰。四牌賊保兒囤，璘遣二裨將逼之，中伏，乃募死士從應龍等奮擊，賊潰，夜由山後遁，追，敗之袁家渡，四牌賊遂盡。李應祥未受事，副將陳寅連克數囤，拒賊四牌高囤下，別遣兵從間道直擣龍水囤。他將蔡兆吉自乾坪抵箐岡，敗賊首謝朝俸，俘其妻子。吳廣屯二郎壩，大行招徠，賊驍將郭通緒迎戰，襲走之。陶洪、安村、羅村三寨并降，他部來歸者數萬，廣擇其壯者從軍。通緒扼穿崖囤，廣督土漢軍擊破之。賊聞桑木關破，大懼，遣弟世龍及楊珠以鋭卒劫之翰營。之翰走，殺餉卒無算，平茶兵來援，賊始退，孔英還擊世龍，復却，裨將劉勝奮擊，賊乃奔。官軍進朗山口，由朗山進蒙子橋，深箐蓊翳，賊處處設伏，悉剿平之。賊遣其黨詐降，謀爲内應，折枝盡斬之，伏以待珠。果夜劫營，伏發，賊驚潰，追奔至高坪。廣分四哨進攻崖門，別遣永寧女土官奢世續等督夷兵二千扼桑木埡諸要害，以防餉道。諸將連破數囤，進營母猪塘。賊令通緒盡發關外兵拒敵，廣伏炮手五百於磨槍埡外南岡下，而遣裨將趙應科挑戰。埡兩山夾，中甚隘，通緒横槊衝應科，應科陽北，通緒追出埡，遇伏，急旋，馬中炮墜，方躍上他馬，伏兵攢刺之，殪。餘賊大奔，官軍逐北，盡降之，遂薄崖門。或言水西佐賊，化龍詰之，安疆臣斬賊使，二氏交遂絶。賊聞諸路兵益進，頓足曰："不用孫時泰計，今死矣！"議分兵守。時泰曰："兵分則力薄，乘官軍未集，先破其弱者，餘可退也。"賊善之。聞童元鎮發烏江，喜曰："此易與耳。"謀縱之渡江，密以計取。監軍按察使楊寅秋言：“烏江去播不遠，直俟諸道深入，與俱進。”元鎮不從。永順兵先奪烏江，賊遣千餘人沿江叫罵以誘之，諸軍既濟，復奪老君關。參將謝崇爵督泗城及水西兵進，拔河渡關。

三月望，賊以步騎數千衝水西軍，軍中驅象出戰，賊多傷。俄駕象者斃，象反走，擲火器者又誤擊己營，陣亂，泗城兵先走，崇爵亦走，争浮橋，橋斷，殺溺死者數千人。是日，璘亦渡江，聞謝朝俸與張佑、石勝俸等營七牌野猪山，遂夜發抵苦練坪，分軍夾擊，賊敗走之，遂入苦菜關。河渡既敗，烏江相去六十里，猶未知。明日，參將楊顯以永順兵三百出哨，道遇賊數萬，咸爲水西裝，永順兵不之疑。賊掩殺三百人，亦襲其裝，直趨烏江，烏江軍亦不之疑，遂爲賊所破。争先渡江，賊先斷浮橋，士卒多溺死，顯及二子與焉，三萬人不存十一，將校止崇爵等三人，江水爲不流。貴陽聞警，居民盡避入城，遠近震動。……諸軍聞烏江敗，斂兵不進者旬日。陳璘請退師，李化龍不可，用尚方劍斬謝崇爵，益徵兵，檄鎮雄土官隴澄邀賊歸路。劉綎先被調南京右府僉書，欲謝事，化龍固留之，力薦於朝，綎乃復受事。逾夜郎舊城，攻克滴淚、三坡、瓦窑坪、石虎諸隘，直抵婁山關。關爲賊前門，萬峰插天，叢箐中一徑纔數尺，賊設木關十三座，排栅置深坑，百險俱備。綎分奇兵爲左右路，間道攀藤趨關後，而自督大軍仰攻，奪其關，追至永安莊，兩路軍亦會。綎慮賊衝突，聯諸營：一據婁山關爲老營，一據白石口爲腰營，一據永安莊爲前營。都指揮王芬者，勇而寡謀，每戰輒請爲前鋒，連勝，有輕敵心，獨營松門埡之衝，距大營數里。穆照遣使洩其狀。四月朔，賊襲殺芬，守備陳大綱、天全招討楊愈亦死，亡士卒二千人。綎聞，帥騎卒往救，賊帥諸苗决死戰。綎親勒騎，衝其中堅，部將周以德、周敦吉分兩翼夾攻，賊始大奔，楊應龍幾被獲，追奔至養馬城而還。綎乃移營近關，堅壁請濟師。馬孔英已奪賊養馬城，抵海龍第二關下，賊守兵益多，孔英軍已深入而諸道兵未有至者。酉陽、延綏兵皆退，賊躡殺官兵六十人。居數日，綎進克後水囤，營於冠子山，乃合兵，連克海崖、海門諸關，進逼海龍囤。賊上囤死守。吴廣攻崖門，徑小，止容一騎，賊衆萬餘出關拒戰。曹希彬懸賞千金，士攀崖競進，追至第四關，關上男婦盡哭，賊黨自殺其魁羅進恩，帥萬餘人出降。其第一關猶拒不下，廣乘夜疾進，奪其關，關内民争獻牛酒。廣聞綎、孔英已入關，遂合希彬軍，連戰紅碗、水土崖、分水關，進營水牛塘。賊知廣孤軍，謀欲襲之，遣人詐降，廣測知其詐，堅壁以待。賊擁衆三萬，直衝大營，諸將殊死戰三日，他將來援，賊乃退。廣進逼海龍囤，賊令婦人乞降，哭囤上，又報應龍仰藥死，廣信之。已知其詐，急燒第二關，奪三山，絶賊樵汲路。璘進營楠木橋，次湄潭，賊悉聚青蛇、長坎、瑪瑙、保子，四囤地皆絶險而青蛇尤甚。璘議同日攻則兵力弱，止攻一囤則三囤必相助，乃先攻長坎等三囤。陳良玭師亦來會，令伏囤後，别以一軍守板角關，防賊逸。璘督諸將力攻三日，并克之。青蛇四面陡絶，璘圍其三面，購死士從瑪瑙後附葛至山背舉炮，賊惶駭。諸軍進攻，焚其茅屋，賊退入囤内，木石交下，將士冒死上，毁大柵二重，前後擊之，賊大敗，斬首一千九百有奇，七牌之賊亦盡。乃分兵六道，攻克大小三渡關，乘勝抵海龍囤下。隴澄先遣部將劉岳、王嘉猷攻拔苦竹關，及半壩嶺、烏江敗，二將移新站。賊伏兵大水田，别以五千人來襲，敗還。嘉猷乃揚聲擣大水田，而潛以一軍拔大夫關，直抵馬坎，斷賊歸路，與安疆臣合。會都指揮徐成將兵至，合泗城土官岑紹勛兵，再克河渡關。賊將張守欽、袁五受據長箐萬丈林，永順兵擊破之，生禽守欽，攻清潭洞，復禽五受。會朝議，責元鎮敗狀，逮下獄論死，令李應祥并將其軍，陳寅取他道渡河，潛爲浮橋以濟師。賊失險，乞降者相繼，應祥悉受之。賊死守黄灘關，俄石勝俸等帥萬餘人降，告曰："去黄灘三十里有三關，入播門户也。先襲破之，則黄灘孤難守。"應祥然其計，令寅帥精卒四千夜抵關下，勝俸以數十騎誘開門，殲其戍卒，黄灘賊懼。寅督諸將渡河攻關前，勝俸由墳林暗渡襲關後，賊遂大敗。疆臣亦帥所部奪落濛關，至大水田，焚桃溪莊。八路師大集海龍囤，遂築長圍，更番迭攻。會化龍聞父喪，詔以墨縗視師。化龍念前囤險不能越，令孔英帥勍兵并力攻其後。水西兵受賊重賄，多與通，且潛以火藥遺賊。璘知之，與監軍者謀，令疆臣退一舍。璘移其處，置鐵牌百餘，距囤丈許，賊强弩無所施；又爲笟板於柵前，賊每夜出劫，爲釘傷，不敢復出。諸軍相持四十餘日，天苦雨，將士馳泥淖中苦戰。六月乙亥，天始霽，綎遂攻土、月二城，部卒龔萬禄先登，克之。賊益迫，散金募死士拒戰，無應者。丁丑，璘以夜四鼓，從囤後銜枚上，賊鼾睡，斬其守關者，樹白幟，鳴炮，賊大驚潰。廣軍亦登。應龍起，提刀巡壘，見四面皆火光，倉皇謂妻子曰："各自爲計，不復能顧若矣。"與二愛妾闔室自縊，因命人焚其室。廣獲其子朝棟，急覓應龍尸，出之烈焰中。廣中毒矢，失聲，絶而復蘇。播州平，計出師百十有四日，斬級二萬餘，生禽自朝棟以下百餘人。化龍露布以聞，乃乞終制去。播州自唐乾符中入楊氏，二十九世，八百餘年，至是始絶。

——《明紀》卷四十五《神宗紀七》，460~462 頁

（萬曆二十八年）十二月乙未，御午門，受播州俘。沈一貫請陪侍賜面對，不許。磔楊朝棟等於市，剉應龍尸。

——《明紀》卷四十五《神宗紀七》，第 463 頁

明通鑑*

（成化十二年十一月）是月，巡撫四川右副都御史張瓚討播州灣溪苗，破之。

瓚以十年冬巡撫四川，會播州致仕之宣慰使楊輝言："所屬夭壩干地、灣溪諸寨及重安長官司爲生苗竊據，請王師進討。"詔瓚"諭還侵地，不服則征之"。時輝子愛年幼，仍起輝暫理軍事。詔瓚"親至播州，征調機宜悉聽裁處"。至是瓚督諸軍及輝攻破諸苗，凡平山寨十六，斬首四百九十六級，撫男、婦九千八百餘口。請設安寧宣撫司，灣溪隸焉。事聞，賜敕獎勞。考异：平灣溪事，見《明史·瓚傳》及《四川土司傳》，今書參之。惟《瓚傳》言"十二年七月命瓚兼督松茂、安綿、建昌軍務"，似平灣溪苗又在其前。蓋苗始叛在十年之冬，平則當在十一二年間，《土司傳》系之十二年，與《本紀》合。若是年七月兼督之命，則灣溪之捷尚未報至也。諸書皆不載，今據《本紀》年月。

——《明通鑑》卷三十三《紀三十三》，1153~1154 頁

（成化十五年）九月，四川播州諸蠻復亂。

初，張瓚平播州灣溪苗，置安寧宣撫使，以楊輝之庶長子友爲之。所屬夭壩干地等寨，舊以僻阻，弃不問，生苗耕其地居之，頗相安。及立宣撫，爛土諸蠻惡其逼，遂引賫果等攻圍安寧。時輝子愛新襲，友告警，力不能支，求援於川、貴二鎮。兵部奏請仍起輝再統兵剿之，又敕川、貴兵爲助。

——《明通鑑》卷三十四《紀三十四》，第 1179 頁

---

* （清）夏燮撰，沈仲九標點：《明通鑑》，中華書局，2009 年。

（成化二十二年九月）遣刑部侍郎何喬新往四川，勘播州土司之獄也。

初，巡撫張瓚設安寧宣撫，以授楊輝庶長子友爲使，而友忮其弟愛嗣輝宣慰職，欲害之。輝既没，友與長官張淵謀刺愛，不果，遂誣奏愛居處器用僭擬朝廷，又通唐府，密書往來，私習兵法天文，謀不軌事。

喬新奉勘，將行，請曰："楊氏主播州五百餘年，諸蠻服從久矣。歷代寬以文法，蓋治之以不治也。今但宣二人面質真僞，無令驚疑。"上是之。及至，盡得其始末，白愛誣而奪友官，還保寧羈管，斬張淵。播州遂安。

——《明通鑑》卷三十五《紀三十五》，第 1234 頁

正德六年春，正月，壬子朔，巡撫林俊大破瀘州之賊於江津。俊以藍、鄢二賊未滅，遣人招諭曹甫，甫佯聽命，而令其弟琯劫掠如故。指揮李蔭斬琯首，賊遂移江津，分七營，將攻重慶。俊發酉陽、播州土兵助蔭，遂以元旦掩破其四營，賊遁入民家，焚之，盡斃。乘勝擣老營，指揮汪洋中伏死。蔭復進，去賊十五里而軍。甫以數十騎突出，遇蔭兵，敗走。官軍乘勝進圍之，俘及焚死者二千有奇。考异：《紀事本末》《憲章録》俱系破江津賊於是年正月之朔，中有"元旦夜半"語，蓋據奏報之文也。《實録》中載之二月，據其奏至之月日也，今據《紀事》，参《明史·俊傳》書之。

——《明通鑑》卷四十四《紀四十四》，第 1493 頁

（正德六年二月）壬寅，巡視四川高崇熙奏播州楊友之亂，請撫之，責令立功贖罪。

初，友編置保寧，與其弟愛不相能。諸苗構煽，挾友糾衆攻播州，焚愛居第及公私廨宇略盡，愛屢奏於朝。至是四川盜熾，恐友乘衅而起，故崇熙以其與江津不同，因以撫請。兵部議："友叛逆已著，若復柔之以德，慮諸蠻效尤。宜調土人及四川兵征之，俟其悔過歸誠，撫之未晚。"從之。

——《明通鑑》卷四十四《紀四十四》，第 1495 頁

（正德六年九月）是月，四川賊方四等復攻江津，林俊督酉陽、播州、石砫等兵分三道擊破之。尋遣人招撫，不從。翌日，副使李鉞分兵爲六哨，四面蹙之，破其中堅，擒賊首任鬍子等。賊大敗，追殺二十餘里，斬首一千八百餘級，生擒方四妻妾。未幾，賊見官兵少還，擊殺千户田宣、冉廷質等，方四妻妾復逸去，遂率餘賊二千餘人遁入思南境内。

——《明通鑑》卷四十四《紀四十四》，第 1505~1506 頁

（萬曆十八年）是歲，播州宣慰司楊應龍叛。

應龍者，故宣慰司楊耀之裔，相之孫也。相寵庶子煦，欲奪嫡，嫡妻張與子烈擁兵逐相。相走水西客死，烈遂嗣。生應龍，隆慶六年襲父職，數從征伐，恃功驕蹇。貴州巡撫葉夢熊、巡按陳效并疏應龍凶惡諸罪，請勘問。而是時四川巡撫李化龍方調播州兵防禦，請免勘，由是川貴撫按議不合。

應龍性情狠，阻兵嗜殺，所轄五司七姓悉叛離。夢熊議改土爲流，悉屬重慶，應龍遂萌叛志。

明年，其妻叔張時照與所部何恩等上變，告應龍反，夢熊疏請發兵剿之。而蜀中大夫率謂蜀三面鄰播，屬裔以十百數，皆其彈壓；且兵驍勇，數赴征調有功，剪除未爲長策。以故蜀撫按并主撫。

朝議行兩省會勘。應龍願赴蜀，不赴黔，詔蜀撫按勘，聞。

考异：據《明史·土司傳》，請勘在是年，告變在明年，今匯書於是年之末。

——《明通鑑》卷六十九《紀六十九》，2459~2460 頁

（萬曆二十七年二月）是月，貴州巡撫江東之討播州楊應龍，敗績。

先是，東之令都司楊國柱、指揮李廷棟率部兵三千剿應龍，應龍遣子朝棟、弟兆龍、何漢良等迎敵於飛練堡。賊佯走天邦囤誘官軍，盡殲之，國柱罵賊不屈，與經歷潘汝資等皆死。

東之坐罷，以郭子章代之。

三月己亥，起前都御史李化龍兼兵部侍郎，總督川、湖、貴三省軍務。

是時東征事竣，亟調總兵官劉綎、麻貴、陳璘、董一元南征。

——《明通鑑》卷七十二《紀七十二》，第 2540 頁

（萬曆二十七年五月）貴州巡撫郭子章馳至蜀，討楊應龍，請設中軍標兵，益調浙、閩、粵將士。先檄總兵萬鏊自松潘移重慶，并調集鎮雄、永寧各漢土兵，分守南川、合江等處。

六月己丑，遣中官沈永壽開礦廣東，兼領税務。

己亥，楊應龍陷綦江。

時應龍乘大兵未集，亟攻城。城中新募兵不滿三千，賊兵八萬奄至，圍綦江城數匝。參將房嘉寵誤爇火磚，反傷城上兵。賊乘勢登城，嘉寵帥師巷戰，蜀兵争噪走水上，嘉寵乃殺其妻，與游擊張良賢俱死之。

應龍因劫縣令，縱囚焚掠，出綦江庫犒師，依倉就食，盡取資財子女去。老弱者殺之，投其尸，蔽江而下，水爲之赤。尋退屯三溪，以綦江之三溪、母溪、南川之東鄉壩立石爲播界，號宣慰官莊，聲言江津、合江皆播故土，益結九股生苗及紅黑脚等苗，負險弄兵爲助。

時郭子章調土、漢兵漸集，軍聲始振，賊未敢鼓行深入，但以争界給葬爲詞，仍具文求撫。會總督李化龍至，以援師未集，蜀人畏賊如虎，亦欲以計緩之，時時移文詰責，示無遽絶意。而應龍僞軍師孫時泰説應龍直取重慶，搗成都，劫蜀王爲質，然應龍尚冀曲宥，遷延不進。化龍至成都，亦謬爲好語縻之。

已而上聞綦江破，追褫兩省巡撫譚希恩、江東之各爲民；賜化龍劍，假便宜討賊，調各路兵至，以圖大舉。

——《明通鑑》卷七十二《紀七十二》，2542~2543 頁

（萬曆二十七年十月）丙戌，以播州用兵，加四川、湖廣田賦。

戊子，貴州宣慰使安疆臣有罪，請討播州賊自贖。

疆臣，故宣慰使安國亨子也。國亨以有罪革任，潛至京師納賄，爲起復地，尋請貢大木，竟不至。去年，國亨死，疆臣襲職。會應龍叛，疆臣亦以戕殺安定事爲有司所按，科臣有言其逆節漸萌者，上不問，許殺賊自贖。至是疆臣奏稱播警方殷，臣心未白，上復優詔報之。巡撫郭子章，許疆臣以應龍平後，還播所侵水西、烏江地六百里以酬功，疆臣遂率兵從沙溪入，聽調遣。

壬辰，命中官李鳳征收廣東土物。時廣洋衛鎮撫戴君恩，奏廣東遺鹽及絨錦珠寶等土産，故有是命。

是月，李化龍移駐重慶，調度川、貴、湖廣兵，總兵官劉綎兵亦至。會四川總兵萬鏊罷，以綎代之。

綎素有威名，其家丁良馬，皆可决勝，然夙與應龍昵，人皆疑之。於是化龍延綎入卧内，輸心腹，且以危言激之，引其父顯九絲功爲比。事見萬曆元年。綎大慟，願誓死報效。化龍乃騰書於朝，遂委綎專制，軍事益有次第矣。

應龍聞之懼，益廣結生苗，大治隘塞，屯兵官垻，聲言窺蜀。化龍乃檄前駐水西兵三萬守黔省，斷苗道，復分兵萬餘據守楚、黔要害。

——《明通鑑》卷七十二《紀七十二》，2545~2546 頁

（萬曆二十八年）春正月，楊應龍勒兵數萬，五道并出，攻破龍泉司。土官安民志帥步卒五百拒守，死之，吏目劉玉鸞偕妻子并死於賊。考异：應龍攻破龍泉司，諸書俱系之正月，據《大事記》則正月二日也。《記》及《通紀》皆云“安民被擄”。《三編》據《實録》書“死”，今從之，并增入劉玉鸞妻子三人。

……

丙戌，總督李化龍率兵分道討播州。

時諸軍大集，化龍大會文武於重慶，登壇誓師，分八路進兵。川師分四路：總兵官劉綎由綦江入；總兵官馬孔英由南川入；總兵官吴廣由合江入；副將曹希彬受

廣節制，由永寧入。黔師分三路：總兵官童元鎮由烏江入；參將朱鶴齡受元鎮節制，統宣慰使安疆臣由沙溪入；總兵官李應祥由興龍入。楚師一路分兩翼：總兵官陳璘由偏橋入；總兵官陳良弁受璘節制，由龍泉入。每路兵三萬，官兵三之，土兵七之。巡撫郭子章駐貴陽，湖廣巡撫支可大移沅州，化龍自將中軍策應。

部署既定，化龍戒諸將以抵婁山等關爲期，且曰："關外且戰且招降，多不可勝誅也；關内疾戰，勿受降，師不可久老，賊詐不可信也。"先是，蜀玉壘山忽裂，僉謂昔年平九絲，地數動，殆播平先兆云。

劉綎進兵綦江，連戰，破三峒。綦江自東溪入播，并峻嶺密箐。楠木山、羊簡臺、三峒素號奇險，賊首穆炤等盤據，綎力戰，克之。

三月戊午，總兵官童元鎮敗績於烏江。

先是楊朝棟統苗兵數萬，分道迎敵，鋒甚鋭，官軍夾擊。劉綎身自陷陣，苗大驚曰："劉大刀至矣！"朝棟潰圍走，幾被獲，賊膽落，益爲守禦計。

諸軍分道并捷，南川則酉陽、石砫二司兵先登，遂連克桑木、烏江、河渡三關；陳璘及副將陳寅擊四牌賊，各披靡，遂奪天都、三百落諸囤。賊連敗，乃乘隙出奇兵突犯烏江，詐稱水西龍澄會哨，考异：諸書及《三編》皆作"龍澄"。證之《明史·童元鎮傳》，乃安疆臣之弟隴澄也，時爲鎮雄土官與疆臣會大軍剿賊，故賊詐稱之，今刊改。誘永順兵，斷橋，溺死官軍無算。參將楊顯、守備陳雲龍、阮士奇、白明遠、指揮楊續芝等并顯之二子皆死之。事聞，逮總兵童元鎮下於理。

時有蜚語水西佐賊者，化龍檄詰之，水西不自安。會賊殺其頭目，澄大眼〈恨〉。復修好賄隴澄，澄戮其使，擊斬僞將楊惟棟等；安疆臣亦執賊二十餘人，以示不背。考异：自楊朝棟迎敵以下，皆三月事，《大事記》書於三月之朔。若烏江之敗，《明史·童元鎮傳》在三月之望，《史稿》系之戊午者是也。惟戊午在三月，而《史稿》誤人二月月分，蓋"戊午"上脱去"三月"二字耳，今據諸書改正。

夏四月，劉綎戰九盤，入婁山關，關爲賊前門。萬峰插天，中通一線，官軍從間道攀藤，魚貫毁栅而入。

是月癸酉朔，屯白石。應龍率諸苗決死戰，陰令楊珠等抄後山奪關，四面合圍。都司王芬中流矢死，守備陳大剛、天全招討楊愈亦死。

劉綎親勒騎衝堅，以游擊周敦吉、守備周以德分兩翼夾擊，敗之，與南川永寧路合，連破其龍爪、海雲諸險囤，壓海龍囤而壘。海龍囤者，賊所倚天險，飛鳥騰猿不能逾者。時偏沅巡撫都御史江鐸已抵任視師，陳璘帥師急攻，破其青蛇囤，安疆臣亦奪其落蒙關，至大水田，焚桃溪莊。

賊見勢急，父子相抱哭，上囤死守，每路投降文以緩官軍。化龍以賊詭降，檄令斬使焚書，毋爲所紿。又虞綎與應龍有舊，檄令無通賊，綎械其人自明。而吴廣入崖門關，營水牛塘，與賊力戰三日，却之。

賊詭令婦人於囤上拜表痛哭，云田氏且降，田氏，即七姓之一，播州所轄五司七姓，見前。復詐爲應龍仰藥死以報廣。已而覘知田氏詐降以緩攻，而所云應龍死，乃川兵攻囤，以火炮擊死所謂楊珠也。珠驍勇善戰，既死，賊痛如失左右手。廣覺詐，益厲兵協攻，絶賊樵汲。八路兵大集海龍囤下，遂築長圍，更番迭攻，賊大困。

會化龍聞父喪，詔以墨縗視師。化龍跣而草檄，益治軍。念賊前險不能越，令馬孔英勒兵攻其後。會天久雨，將士日馳泥淖中苦戰，凡相持四十餘日。考异：自屯白石以下，皆四月事。據《大事記》，是月十三日破青蛇關，十六日奪落蒙關，十八日合圍。今悉據《三編》，參《明史·綎傳》，補出陣亡之陳天剛、楊愈二人。

……

六月壬申朔，越三日，天忽開霽，官軍攻海龍囤益急。明日，劉綎身先士卒，進克土城。楊應龍益迫，散數千金募死士拒戰，諸苗皆駭散，無應者。其夜四更，總兵官陳璘、吴廣率兵銜枚上，斬其守關者。應龍方提刀自尋壘，見四面火光燭天，旁皇長嘆，泣謂其妻子曰："吾不能復顧若矣！"詰朝丁丑，官軍遂登囤，破其大城入。應龍倉皇同愛妾二，闔室縊，且自焚，廣獲其子朝棟及兆龍等百餘人。

己亥，遂以播州平奏捷京師。考异：克海龍囤，據《明史·本紀》，在是月丁丑，證之劉綎、陳璘傳，即六月六日也。《史稿》系之己亥者，蓋奏捷之日分，今分書之。

（秋七月）甲寅，詔停征播加派田賦。

——《明通鑑》卷七十二《紀七十二》，2549~2552 頁

（萬曆二十八年）十二月乙未，御午門，受播州俘，磔楊應龍尸，戮朝棟、兆龍於市。

——《明通鑑》卷七十二《紀七十二》，第 2554 頁

（萬曆）二十九年春正月壬子，以播州平，詔天下蠲四川、貴州、湖廣、雲南加派田租逋賦，除官民詿誤罪。

——《明通鑑》卷七十二《紀七十二》，第 2556 頁

（萬曆二十九年）丙申，分播州地爲二，置遵義、平越二府。

楊氏據有播州，自唐以來，傳二十九世，八百餘年，至應龍而亡。

——《明通鑑》卷七十二《紀七十二》，第 2559 頁

（萬曆三十一年三月）播州餘逆吴洪、盧文秀等叛，總兵官李應祥等討平之。

——《明通鑑》卷七十三《紀七十三》，第 2571 頁

（萬曆三十二年）冬十月甲寅，始叙平播州功。自李化龍以下，升賞有差。

是役也，劉綎功爲最，陳璘次之。而綎感化龍知遇，遣使賫玉帶一、黄金百、白金千投化龍家，爲化龍父所叱；投巡按御史崔景榮家，亦如之；璘亦投賄於化龍家。於是化龍及景榮并奏其事，詔革綎任；璘亦爲給事中洪瞻祖所劾，上以其功多，勿問。至是論功，皆進左都督。考异：諸書皆系叙平播功於是年正月，蓋兵部上功日月，《明史·本紀》則據詔下之月日，今從《明史》。

——《明通鑑》卷七十三《紀七十三》，第 2582 頁

（萬曆三十四年）是歲，以平楊應龍功，賜貴州宣慰使安疆臣增官進秩。

疆臣之請討播也，巡撫郭子章許還播所侵水西地。初，應龍之祖以内難走水西客死，宣慰萬銓挾之索水烟、天旺地，聽還葬，其地遂爲水西所據。及播州平，分其地爲遵義、平越二府，分隸蜀、黔，以渭河中心爲界，總督王象乾代李化龍，命疆臣歸所侵播州地。

子章奏言："侵地始於萬銓而非疆臣，安氏迫取於楊相喪亂之時，相，即楊應龍之祖客死水西者。非擅取於應龍蕩平之日，且臣曾許其裂土，今反奪其故地，臣無而〈面〉目以謝疆臣，願罷去。"象乾疏言："疆臣征播，殲應龍子惟棟不實。至佯敗弃陣，送藥往來，欺君助逆，迹已昭然。今還侵地，不咎既往，已屬國家寬大。若因其挾而予之，彼不爲恩，我且示弱。疆臣既無功，不與之地正所以全撫臣之信。宜留撫臣，罷臣以爲重臣無能與蕞爾苗噂沓者之戒。"於是清疆之議累年不决。

兵部責令兩省巡按御史勘報，而南北言官交章詆象乾貪功起衅，科臣吕邦耀復劾子章納賄縱奸。子章求去益力。象乾執疆臣所遣入京行賄之人與金以聞子〈于〉朝，然議者多右疆臣。

巡按李時華言："征播之役，水西不惟假道，且又助兵，矧失之土司，得之土司。播固輸糧，水亦納賦，不宜以土地之故傷字小之仁，地宜歸疆臣。"於是尚書蕭大亨主之，遂有是命，并賜祭疆臣母。水西尾大之患於是不可制矣。考异：《通紀》系疆臣增秩於是年，證之《明史·土司傳》同，蓋疆臣死在三十六年也，爲數年後奢崇明作亂張本。

——《明通鑑》卷七十三《紀七十三》，第 2593~2594 頁

（萬曆三十九年）十二月，兵部尚書李化龍卒。

化龍以是年八月一品秩滿，加少傅。至是卒於官，年七十。

化龍具文武才，播州之役，以劉綎驕蹇，先摧挫之而薦其才，故綎爲盡力。開河之功，爲漕渠永利。

卒，贈少師，加贈太師，謚襄毅。

——《明通鑑》卷七十四《紀七十四》，2621~2622 頁

（萬曆四十四年三月）是月，益黔中餉。

黔師自平播後，銷兵太多，營哨非舊，各種夷賊生齒日繁，貴州上六衛平定、銅仁、大江、小江等處，無日不報苗警。而苗仲殺虜職官，焚劫屯堡，延袤數百里，受禍尤慘。諸苗南抵滇，西抵蜀，東南抵西粵，種類實繁，皆屬土官管轄，多桀黠不能制，且縱使劫掠，陰利其資，不欲翦除苗仲，孤已羽翼也。

黔撫張鶴鳴以爲：不大創之，且黔旦夕難保。而黔兵不滿千，且事關三省，非貧黔所能獨舉。乃與各道臣募兵一萬，調土司兵二萬四千餘，先剿平定，後及兩江，然後分兵十路，截仲賊之後而洗其巢，計一年可收廓清之效，而糧餉不繼，恐募兵涣散，請發帑金十萬兩。兵部議以馬價，銀六萬兩予之。

——《明通鑑》卷七十五《紀七十五》，2653~2654 頁

（萬曆四十六年九月）時户部以遼餉缺乏，援征倭、征播例，請加派直省正賦，惟貴州地磽有苗患不派。其浙江十二省，南、北直隸，照《會計録》所定田畝七百餘萬頃，每畝權加三厘五毫，實共派額銀二百萬三十一兩有奇。軍務竣時，即行停止。從之。

——《明通鑑》卷七十五《紀七十五》，第 2669 頁

（萬曆四十八年四月）良玉饒膽智，善騎射，兼通詞翰，儀度嫻雅，而馭下嚴峻，每行軍發令，從伍肅然。所部號“白杆兵”，爲遠近所憚，嘗從征播州有功。

——《明通鑑》卷七十六《紀七十六》，第 2685 頁

明史紀事本末*

（正德六年）九月，賊攻江津，會石砫兵至，并力禦之，賊敗走。追至合小坪，破其四營。賊以八千人舁攻具復攻江津，林俊、李鉞、曹恕督酉陽、播州、石砫等兵，三道迎擊之。賊敗，追至高觀山，斬首五百餘級，俘獲二百餘人。官兵乘勝追擊，賊乃乘高下石，不得進。賊復擁衆，時出衝擊，李鉞幾不免，賴從吏何士昂等力戰得解。林俊見賊勢猶盛，遣降賊周大富入營招撫之。方四僞令其黨李廷茂出降，竟不出。高崇熙知賊首皆仁壽人，遣人詣仁壽，取各賊家屬入營，招之。方四等殺其族屬，不聽撫。遣人來言，聽其自散去乃從。翼日，李鉞督諸將校，分兵爲六哨，由大埡、小埡、月埡關并進，直衝高梁，賊不能支。六面皆合，破其中堅，斬賊首任鬍子等，賊大敗。追殺三十餘里，斬首一千八百餘級，生擒方四妻妾，俘獲男婦三千四百餘人。餘衆墜崖填壑數里，奪獲馬騾四千五百有奇。土兵乘勝追剿，又殺二百餘人。賊見官兵少，還擊，殺千户田宣、冉廷質等。方四妻妾復逸去，遂率餘賊二千餘人遁入思南境内。

——《明史紀事本末》卷四十六《平蜀盜》，第 2 册，684~686 頁

（萬曆二十年）八月，布衣程舉請發暹羅兵，自海道擣其巢穴，時以爲奇策。又朝議調播州楊應龍援朝鮮。

——《明史紀事本末》卷六十二《援朝鮮》，第 3 册，第 964 頁

* （清）谷應泰撰，河北師範學院歷史系點校：《明史紀事本末》，中華書局，2016 年。

神宗萬曆十七年，四川播州宣慰司使楊應龍反。按播州，夜郎且蘭地，漢屬牂牁郡。唐貞觀初，分牂牁北界，置郎州，領六縣，已，改播州。乾符三年，南詔寇陷太原，楊端應募决策，馳白錦，出奇兵定之，授武略將軍。值唐亂，留據長子孫。歷宋附屬稱臣。大觀中，楊文貴納土，置遵義軍。元世祖授楊邦憲宣慰使，賜子漢英名賽因不花，封播國公。國初，楊鏗内附，改播州宣慰司使，隸四川。其域廣袤千里，介川、湖、貴竹間，西北塹山爲關，東南附江爲池。蒙茸鑱削，居然奥區。領黄平、草塘二安撫，真、播、白泥、餘慶、重安、容山六長官司，統田、張、袁、盧、譚、羅、吴七姓，世爲目把。嘉靖初，楊相寵庶子煦，欲奪嫡。嫡妻張與子烈擁兵逐相，走水西，客死。水西宣慰安萬銓挾奏，索水烟、天旺地，聽還葬。烈即應龍父也。自烈仇殺長官，相攻剽垂十年，總督侍郎馮岳討平之。應龍生而雄猜，尤阻兵嗜殺。隆慶六年襲職，以從征喇麻諸番九絲、膩乃、楊柳溝等，多却敵先登，斬獲無算，先後賜金幣。萬曆十三年，進大木六十本助工，上特給大紅飛魚服，加職級。應龍窺蜀兵弱，每征討，止調土司，而蜀將或從借給〈級〉，據《萬曆三大征考》，“播州”改。漸驕蹇，輕縱〈漢〉法。所居僭飾龍鳳，擅用閹寺。嬖小妻田雌鳳，疑嫡妻張奸淫，出之。已，飲田氏兄所，乘醉封刃，取張并其母首，屠其家。應龍在州，專酷殺樹威，益結關外生苗爲翼，肆行劫掠。於是妻叔張時照與所部何恩、宋世臣等上飛文，告龍反。巡撫貴州葉夢熊疏請發兵剿之，而蜀中士大夫率謂蜀三面鄰播，屬裔以十百數，皆其彈壓，且兵驍勇，數赴征調有功，翦除未爲長策，以故蜀撫、按并主撫。朝議行西〈兩〉省會勘，應龍願赴蜀不赴黔。

二十年十二月，逮楊應龍詣重慶對簿，繫論法當斬，請以二萬金贖。御史張鶴鳴方駁問，會倭大入朝鮮，羽檄徵天下兵，應龍因愬辨，願自將五千兵征倭報效。詔可，釋之。兵已啓行，尋報罷。巡撫都御史王繼光至，嚴提勘結，遂抗不復出。而張時照等復詣奏闕下，王繼光乃一意主剿。

二十一年春正月，撫臣王繼光馳至重慶，與總兵劉承嗣、参將郭成等議分三軍，各道并進。時軍至婁山等關，屯白石口。應龍佯令其黨穆炤等約降，因統苗兵據關衝殺。都司王之翰軍覆，殺傷大半。會繼光論罷，即撤兵，委弃輜重略盡。黔師協剿亦無功。

以譚希思爲四川巡撫，與總兵劉承嗣會同貴州撫鎮，相機征剿。時王繼光既罷，御史薛繼茂乃旋主撫，應龍亦上書自白。御史吴禮嘉劾郭成等失律，令戴罪立功。尋劉承嗣以疾乞骸骨，兩省議久不决。應龍遣其黨携金入京行間，執原奏何恩詣綦江縣。

二十二年三月，以兵部侍郎邢玠總督貴州，車駕郎中張國璽、主事劉一相贊畫軍前。

二十三年春正月，總督邢玠乘傳至蜀，察永寧、酉陽暨馬千斛，皆應龍姻媾。

而黄平、白泥諸司久爲仇讎，計先剪其枝黨，以檄曉譬應龍，大略稱引哱、劉事，謂：“龍來，當待以不死；不者，國家懸萬金購而頭。若早爲計，吾不而欺也。”會水西宣慰安疆臣請父國亨恤典，兵部尚書石星手札示疆臣趨應龍就吏得貰罪。疆臣亦奉札至播招龍。當是時，七姓惟恐龍出得除罪；而四方亡命竄匿其間，又幸龍反，因以爲利。院道文移，輒從中阻。

四月，重慶太守王士琦奉總督邢玠檄，詣綦江縣趨應龍安穩聽勘。士琦屬綦江令前往宣諭，應龍使弟兆龍至安穩，治郵傳，儲糧，郊迎叩頭，致餔資餼牽如禮，曰：“應龍久縛渠魁，待罪松坎，所不敢至安穩者，以安穩多仇民伏兵伺殺。往有明鑑，誠恐中計，故不敢出。使君幸枉車騎臨眖松坎，敬布腹心。”綦江令具言太守，太守曰：“松坎亦曩奏勘地也。”即以五月八日，單騎往松坎。應龍果面縛道旁，泣請死罪，膝行前席，叩頭流血。請治公館，執罪人及罰金獻廷中，得自比安國亨。國亨者，曩亦被訐，懼罪不出界，故應龍引之。太守爲請，總督乃遣贊畫張國璽、劉一相及道、府詣安穩。應龍囚服蒲伏郊迎，縛獻黄元、阿羔、阿苗等十二人案驗，抵應龍斬，以其族［夷法］。據《萬曆三大征考》，“播州”改。得論贖，輸四萬金助采木，仍革職。子朝棟以土舍受事，次子可棟羈府追贖，黄元等梟斬重慶市。總督以聞。是時，倭氛未靖，大司馬欲緩應龍，專事東方，天子亦以應龍向有積勞，可其奏。總督議設撫夷同知，治松坎，從之。論功加邢玠右都御史，還朝。以重慶太守王士琦爲川東兵備使，彈治之。應龍再及寬政，益怙終不悛，而次子可棟尋死重慶，則心益痛。促取尸棺，以勘報未完，不肯發。趣其完贖，大言曰：“吾子活，銀即至矣。”擁兵驅千餘僧，招魂而去。分遣土目置關據險，僭立巡警，搜戮仇民，劫掠屯堡，殆無虛日。厚撫諸苗，用以摧鋒，名“硬手”。州人稍殷厚者，没其家以養苗，由是諸苗人願爲之出死力矣。

二十四年七月，楊應龍肆逆，劈餘慶土吏毛承雲棺，磔其尸。已，又掠大阡、都壩，焚劫餘慶、草堂二司，遍及興隆、偏鎮、都勻各衛。遣弟兆龍引兵圍黄平，戮重安司長官張熹家，勢復大熾。

二十五年三月，楊應龍流劫江津縣及南川。十二月，楊應龍臨合江，索其仇袁子升縋城下，臠割之。

石砫宣撫司土舍馬千駟入播。先是，千駟母覃與應龍私，覃寵千駟，謀奪長子千乘爵，於是聘應龍次女爲聲援。

二十六年十一月，兵備副使王士琦調征倭，楊應龍益統苗兵大掠貴州洪頭、高坪、新村諸屯。已，又侵湖廣四十八屯，阻塞驛站，詗原奏仇民宋世臣父鑾及羅承恩等，挈家匿偏橋衛城，襲執指揮陳天寵等。大索城中，得鑾、承恩及子女，慘戮以徇。令諸苗對父奸女，面夫淫妻。或裸體坐木叢射笑樂，或燒蛇從陰入腹，人蛇俱斃。又掘墳墓焚尸，灰飛蔽天。巡撫四川都御史譚希思請於合江、綦江各置游擊一員。合江募兵千二百人，扼岡門；綦江募兵二千人，扼安穩。

二十七年二月，貴州巡撫江東之令都司楊國柱、指揮李廷棟部兵三千剿楊應龍。龍遣子朝棟、弟兆龍、何漢良等，迎敵於飛練堡。官軍奪三百落，賊佯走天邦囤誘官軍，殲之。楊國柱罵賊不屈，與經歷潘汝資等俱死。於是江東之坐浪戰罷，以郭子章代之。起前都御史李化龍兼兵部侍郎，節制川、湖、貴三省兵事，决意進剿。調東征諸將南征，劉綎督川兵先發，麻貴、陳璘、董一元相繼回兵。

五月，總督馳至蜀，即請設標兵，益調募浙、閩、滇、粵將士。檄總兵萬鏊自松潘移重慶，并調集鎮雄、永寧各漢土兵設防。

六月，楊應龍乘我師未集，大勒兵犯綦江，分屯赶水、猫兒岡，［遣］據《萬曆三大征考》，“播州”補。婁國等以偏師一犯南川，一犯江津。其子朝棟守沙溪緝麻山，防永寧宣撫與貴州。十七日，游擊張良賢遇賊舊東溪，頗有斬獲。二十一日，應龍督苗兵圍綦江城數匝。游擊房嘉寵誤爇火磚，反傷城上兵。賊乘勢登城，嘉寵帥師巷戰。蜀兵争譟走水上，嘉寵乃殺其妻，與良賢赴敵死。應龍因劫縣令，縱囚焚掠，出綦江庫犒師，依倉就食，盡取資財子女去。老弱者殺之，投尸蔽江而下，水爲赤。退屯三溪，以綦江之三溪、毋渡，南川之東鄉壩，立石爲播界，號“宣慰官莊”。聲言江津、合江皆播故土。總督郭子章日夜徵調漢土各兵守渝城，分戍南川、合江、瀘州，軍聲漸振，賊遷延不進。初，賊本無意竟反，徒以安忍猖狂，既覆我師飛練，則騎虎勢不終下，益結九股生苗及紅、黑脚等苗，負險弄兵。然猶冀我如往事曲宥，未敢鼓行深入，止言争界給葬，并索奸民。而總督因我援師未集，蜀人畏賊如虎，時時移文詰責，示無遽絶意，計以緩賊。賊果具文求撫，不復西向。總督亦謬爲好語縻之，止駐會城調度，示賊無張皇。已，上聞破綦江，追褫兩省撫臣譚希思、江東之各爲民。緹綺逮兵備使王貽德，賜劍懸賞，嚴旨進剿。總督益調各路兵，專俟大舉。

十月，命總督李化龍駐重慶，調度川、貴、湖廣兵。總兵劉綎兵亦至。綎素有威名，其家丁良馬，皆可决勝，然夙與應龍昵，人皆疑之。於是總督延入卧内，輸心腹，且以危言激之，引其父顯九絲功爲比。綎大慟，願誓死報效。總督乃騰書於朝，遂委綎專制，而總督治軍益有次第。

十一月，楊應龍屯官壩，聲窺蜀。已，遂焚東坡爛橋，楚、黔路梗，黄平、龍泉所在告急。賊復據偏橋，出掠興隆、鎮遠。總督議置勁兵萬餘，據要害，通楚、黔道，黔帥童元鎮擁兵銅仁不前，革職立功，以李應祥代。

命僉都御史江鐸巡撫偏沅，監總兵陳璘之師。

二十八年春正月，楊應龍勒兵數萬，五道并出，攻龍泉司，守備楊惟忠擁兵二千，以勢不敵，先期託臺謁，走思南鸚鵡溪。土官安民志率步卒五百拒守，死之。吏目劉玉鑾偕妻子并死於賊。副總兵陳良玭，託守偏橋，不之援。石硅宣撫司馬千乘軍鄧坎，賊乘夜掩襲，我軍堅壁。詰旦奮擊，連破金竹、青岡𦊅、虎跳關等七寨。酉陽宣撫司冉御龍進攻官壩，斬關直上，復擒斬三百有奇。初，賊既下龍泉，方移兵攻婺川，聞敗，撤兵遁。

徵兵大集，延寧四鎮、河南、山東、天津、滇、浙、粵西兵至者，踵背相屬，各土司亦用命。總督李化龍分兵八路。川師分四路：總兵劉綎從綦江入，以參將麻鎮等隸，參政張文耀監之；總兵馬孔英從南川入，以參將周國柱、宣撫冉御龍等隸，僉事徐仲佳監之；總兵吴廣從合江入，以游擊徐世威等隸，參議劉一相監之；副將曹希彬受吴廣節制，從永寧入，以參將吴文杰、宣撫奢世績等隸，參議史旌賢監之。而中軍，率標下游兵策應。黔師分三路：總兵童元鎮，統土知府瀧澄、知州岑紹勳等由烏江；參將朱鶴齡受元鎮節制，統宣慰安疆臣等由沙溪；總兵李應祥統宣慰彭元瑞等由興隆；參議張存意、按察司楊寅秋監之。湖廣偏橋一路，分兩翼：總兵陳璘，統宣慰彭養正等由白泥；副總兵陳良玭受璘節制，統宣撫單宜等由龍泉；副使胡桂芳、參議魏養蒙監之。以偏橋江外爲四牌，江内爲七牌，五司遺種及九股惡苗盤據故也。其黔撫郭子章駐貴陽，楚撫支可大移沅州。部署既定，大會文武於重慶，登壇誓師。二月十二日，分道并發，每路兵約三萬人，官兵三之，土司七之。苗見，驚曰："今番真天兵，與昔不同！"總督諭諸將，以抵婁山等關爲期，移鎮重慶節制，且曰："關外且戰且招降，多不可勝誅也。關内疾戰勿受降，師不可久老，賊詐不可信也。"先是，蜀玉壘山忽裂，僉謂昔年平九絲，地數動，殆播平前兆云。十五日，劉綎進兵綦江，連戰破三峒。綦江自東溪入播，并峻嶺茂箐，楠木山、羊簡臺、三峒，素號奇險，賊首穆炤等盤據。綎力戰，克之。三月，楊朝棟統苗兵數萬，分道迎敵，鋒甚鋭。官軍夾擊，綎身自陷陣，苗大驚曰："劉大刀至矣！"棟潰圍走，幾爲我獲。初，綦江諸苗自分屠城慘戮，罪不赦，又應龍憚綎威名，冀首挫其鋒，屬朝棟悉勁兵間道相角，曰："爾破綦江，馳南川盡焚積聚，餘無能爲也。"及朝棟僅以身免，賊膽落，益爲守禦計。諸軍分道并捷，南川則酉陽、石砫二司先登，初八日遂克桑木關。烏江則壩陽、永順兵先登，十二日遂克烏江關。翼日，克河渡關。陳璘及副將陳寅擊四牌賊，各披靡，遂奪天都、三百落諸囤。賊連敗，乃乘隙出奇兵，突犯烏江，詐稱水西、瀧澄會哨，誘永順兵，斷橋淹死我師無算。參將楊顯、守備陳雲龍、阮士奇、白明逵，指揮楊續芝等死之。事聞，逮總兵童元鎮下於理。時有飛語水西佐賊者，總督檄詰，水西不自安。會賊殺其頭目，澄大眼〈恨〉。據《萬曆三大征考》，"播州"改。二十六日，賊託田氏修好賄澄。澄戮其使，擊斬僞將楊惟棟等。安疆臣亦執賊二十餘人，以示不背。二十九日，劉綎戰九盤，入婁山關。關爲賊前門，萬峰插天，中通一線。官軍從間道攀藤，魚貫毁栅入。

四月朔，屯白石。應龍身率各苗决死戰，陰令楊珠等抄後山奪關，四面合圍，都司王芬中流矢死。劉綎親勒騎衝堅，以游擊周敦吉、守備周以德分兩翼夾擊，敗之。追奔至養馬城，與南川、永寧路合。連破龍爪、海雲險囤，壓海龍囤而壘。海龍囤，賊所倚天險，飛鳥騰猿，不能逾者。時偏沅巡撫都御史江鐸，已抵任視師，陳將軍璘帥師急攻，以十三日破青蛇囤。安疆臣亦以十六日奪落濛關，至大水田，焚桃溪莊。賊見勢急，父子相抱哭，上囤死守，每路投降文，緩我師。總督檄賊詭降，即斬使焚書，毋爲所紿。虞綎與應龍舊，檄無通賊，綎械其人自明。而吴廣以朔三日入崖門關，營水牛塘，與賊力戰三日，却之。賊詭令婦人於囤上拜表痛哭云："田氏且降。"復詐爲應龍仰藥死報廣。廣輕信，按兵不動。已，覘知田氏詐降緩攻，而所云應龍死，乃川兵攻囤，以火炮擊死所謂楊珠也。珠驍勇善戰，既死，賊痛如失左右手。廣覺詐，益厲兵協攻，燒二關，奪三山，絶賊樵汲。八路兵大集海龍囤下。五月十八日，始築長圍，更番迭攻。自是賊坐困窮厓，知兵在頸矣。會總督李化龍聞父喪，詔以縗墨視師。化龍跣而草檄，益治軍。念賊囤前陡絶，勢難飛越，令馬孔英率勁兵壁其間，餘并力攻後囤。時天苦雨，將士馳淖中苦戰。六月四日，天忽開朗。五日，劉綎身先士卒，進克土城，應龍益迫，夜散數千金募死士拒戰，諸苗皆駭散無應者。起提刀自巡壘，就四面火光燭天，徬徨長歎，泣語妻子曰："吾不能復顧若矣。"詰朝，官軍遂登囤，破大城入。應龍倉皇同愛妾二閽室縊，且自焚。吴廣獲其子朝棟及妾田雌鳳，急覓尸出焰中。廣中火毒失聲，幾絶，頃而蘇。計出師至滅賊，百十有四日。八路共斬級二萬餘，生獲朝棟、兆龍等百餘人，播賊平。總督露布以聞，劉將軍綎爲軍功冠。

十二月，獻俘闕下，剉楊應龍尸，磔楊朝棟、兆龍等於市。分播地爲二：屬蜀者曰遵義，屬黔者曰平越。

谷應泰曰："楊應龍，播州土司官也。其地屬漢牂牁郡。唐乾符中，楊端應募，長子孫焉。歷宋、元皆授世官，明室因之。應龍生而雄猜，尤阻兵嗜殺。然其賓叛不一，荒忽無常，亦土司之風類然也。"

應龍之初從征喇麻，進貢大木，亦嘗效忠順，膺賞賚矣。乃以嬖小妻田雌鳳，屠妻張氏之家。而何恩、宋世臣連章告變，黄牛〈平〉、白泥諸司久爲仇讎。於凡七姓諸豪，咸喜龍之得罪，不欲其就徵對簿。而五司遺種，九股頑苗，及輕剽好作亂之徒，又鼓動其間，同惡相濟。龍雖狼子野心，亦所謂生長蠻鄉，無與爲善者也。所幸援兵大集，調度多方。督臣李化龍發蹤之才，總戎劉綎軍功之冠，於時八路兵，四月告捷。卒之應龍戮尸，朝棟弃市，威震遐荒，功業爛焉。

然而重慶之會，登壇誓師，海龍之圍，克期并到，兵法曰"兵貴有謀"，又曰"以多算勝"，固先定其規模，非漫嘗於一擊也。若應龍者，倔强偏陲，不知漢大，宗嗣蕩滅，取世戮笑，尤足爲憑險負固之戒。悲夫！

——《明史紀事本末》卷六十四《平楊應龍》，第3册，993~1003頁

（神宗萬曆二十七年十月）户科給事李應策、姚文蔚以播警乞停中官礦稅。不報。

——《明史紀事本末》卷六十五《礦稅之弊》，第 3 册，第 1012 頁

（神宗萬曆二十七年十二月）雲南道御史葉永盛奏：“差璫播虐，請誅首禍。”不報。

——《明史紀事本末》卷六十五《礦稅之弊》，第 3 册，第 1013 頁

（神宗萬曆二十八年春正月）貴州巡按宋興祖請停采木，專力討播。

——《明史紀事本末》卷六十五《礦稅之弊》，第 3 册，第 1013 頁

别史、雜史

招捕總録*

大德五年，右丞劉深奉命征八百媳婦，徵順元遞運人馬。土官宋隆濟、蛇節等拒命作亂，朝廷起湖廣、河南、四川三省兵，與田、楊二氏軍馬，會雲南省兵收捕。……四月二日，那由普剌逼烏撒、烏蒙，宣慰使兼管軍萬户阿都台弃城去。時陜西調軍二千人，會合收捕，三百人守播州小溪，以遏烏撒蠻充斥之路。雲南省調軍三千人屯陸梁州，五百人駐西曲靖，東望水西，一千人於霑益州接烏撒地要害鎮守，二千人護中慶。而梁王又有兵五千人。劉二拔都、劉深、田、楊等兵，方斬獲順元叛蠻，未能會合。也速得兒與雲南兵共進，悉次第討平之。

——《招捕總録·烏撒烏蒙東川芒部》，載《宛委別藏》，第 51 册，26~29 頁

（至元）十七年，四川蠻吕告部主何濟，上言乞招阿察，從之。既而命南省及雲南、四川進討。八月二十九日，阿察遣阿榨、阿麻二人至四川諸蠻夷部宣慰使司，自言無反意，但雲南平章聽我仇人烏鎖納之言，織羅我罪，朝廷不知，我今赴闕聽聖裁。雲南左丞愛魯、四川都元帥耶穌得兒，與南省期以十一月十五日會一奚不薛。至期，南省軍不至，愛魯與阿察戰。也速帶兒命萬户彭天祥、藥剌海帖木兒、脱歡分三道攻會寧關，一奚不薛遣其部落阿侯拒戰，敗，逃入山箐，亦奚不薛奔雕飛寨，阿察走大寧。愛魯等進兵，也速得兒曰："賊已離巢穴，今發烏撒、播州及南省近

---

* （元）佚名：《招捕總録》，載（清）阮元輯編：《宛委別藏》，江蘇古籍出版社，1988 年。

地兵，足以剿除。我等可回，不然，曠日持久，糧乏瘴起，不便。”事聞，上命藥剌海以千人守其地。久之，賊窮困，以二十年二月八日納款。

——《招捕總録·八番順元諸蠻》，載《宛委别藏》，第 51 册，第 36 頁

（大德）四年正月，猫桑柘遣所部文何，持竹契、長刀及方物來降。播州宣慰司以爲蠻苟逃禽戮，然亦須招安。既而黄平府亦上言，桑柘附近之重奥、必際、都陣、仡佬、必梅等二十二寨刻契來降。七月，桑柘蠻及思官賊楊金叵、播州楊金萬、必梅寨主娘報等三百餘寨皆降。

——《招捕總録·八番順元諸蠻》，載《宛委别藏》，第 51 册，第 41 頁

大德五年，雍真葛蠻土官宋隆濟叛。……六月二十二日，自貴州至新添界噥聳陂，北至播州界刀壩水，及卜鄧加鶴鳴等站，皆被焚劫。……十一月詔：“宋隆濟妄説驚擾事端，糾合蛇節及羅鬼酋長阿女等，相扇作亂。特遣湖廣行省平章政事劉二拔、都指揮使也先忽都魯率兵及思播宣慰楊賽因不花等土兵，與四川、雲南省分道并進，别敕梁王提兵進討。”

——《招捕總録·宋龍濟》，載《宛委别藏》，第 51 册，第 44 頁

至元十四年六月，思州田景賢、播州楊邦憲兩安撫使降。邦憲在宋爲牙牌節度使正，任安遠軍承宣使、左金吾衛上將軍，知播州事，御前雄威軍都統制，紹慶、珍州、南平安撫使節制，屯駐鎮戍軍馬，朝廷授以龍虎衛上將軍，侍衛親軍都指揮使，紹慶、珍州、南平等處沿邊宣撫使，兼播州管内安撫使，佩虎符。

——《招捕總録·思播》，載《宛委别藏》，第 51 册，第 60 頁

至治二年四月，播州上言，招降洞蠻地心寨官蘆崩信備大晏、大關寨主安吉力、上落磨寨羅傲水、洞八寨官黎上錢廝亮、大小答架寨官黎桑皮歪蘆客錢等。

——《招捕總録·思播》，載《宛委别藏》，第 51 册，第 63 頁

明書*

遵義府，《禹貢》天文如成都。秦爲夜郎、且蘭二縣地。漢屬牂牁。唐改郎州，曰播川郡，尋改播州。宋爲遵義軍。明初設播州宣慰使司；萬曆中，酋楊應龍作亂，平之，改遵義府。其地重山復嶺，四塞爲固；人直率，習射獵，信鬼，佩刀，以漢服爲貴。領州一、縣四、安撫司一、長官司四。

——《明書》卷四十二，載《中國歷史地理文獻輯刊·子史雜集類地理文獻集成》(一)，第 63 册，第 163 頁

平越府，古黎峨里，歷代叛服不常。明初置平越衛。萬曆中，播酋楊應龍反，平之，革土官，郡縣其地，升平越府。

——《明書》卷四十三，載《中國歷史地理文獻輯刊·子史雜集類地理文獻集成》(一)，第 63 册，第 179 頁

* （明）傅維鱗：《明書》，載李勇先主編：《中国歷史地理文獻輯刊》，上海交通大學出版社，2009 年。

西園聞見録*

羅參政安嘗爲四川按察副使，始入蜀，安鰲遣人來迎，有黄金及土産、异材之賂，公庭叱而拒之。及是鰲被擒，撫巡會審問，公舉却金事詰，鰲叩首謝，坐上相顧嘆服。公嘗緣他事道播州，播之宣慰以金寶帶爲餽，公責之。宣慰曰："此土官事，當道常禮爾，願公勿异。"公辭色愈厲，乃持去。後聞公却鰲金事，曰："吾得罪于公矣！"

——《西園聞見録》卷十二《狷介》，載《中國文獻珍本叢書》，上册，第333頁

先是，寧夏之役，甫數閲，月費餉銀百有八十七萬。倭之役，首尾七年，年費餉銀五百八十三萬，援兵等項約費銀二百餘萬。播之役，費餉銀二百萬有奇。

——《西園聞見録》卷三十四《户部三・積貯》，載《中國文獻珍本叢書》，中册，796~797頁

沈昌世曰："四川，古巴、蜀、梁州地。……而播囚以細故生變，逆我戎行，發軍征討，供億不貲。聞川中比歲不稔，大軍之後必凶年，哀此蒸黎，生意盡矣！……"楊博曰："四川西南奥區，上則松茂、建昌番夷時肆侵暴，下則播酋、石硅

* （明）張萱：《西園聞見録》，載李競主編：《中國文獻珍本叢書》，全國圖書館文獻縮微複製中心，1996年。

土司互爲劫掠，控制消弭，非一朝可圖者也。……”

——《西園聞見録》卷六十二《兵部十一·職方》，載《中國文獻珍本叢書》，中册，第1210頁

王公瓊曰：“……且環蜀之境皆蠻夷，如西陽、播州、天全之類，國初皆置土官以羈縻之，惟叙瀘僰蠻未曾置官，屢爲邊患。若松潘、叙瀘二賊并侵，則調兵給餉尤爲難也。……”

——《西園聞見録》卷六十六《兵部十五·屬夷前》，載《中國文獻珍本叢書》，中册，第1263頁

何祺曰：“播州之酋曰楊應龍者，自唐宋以迄于今，素朝貢，臣服之夷也。我朝廷立爲宣慰司，蓋取羈縻，不盡以漢法繩之。況酋亦畏威易役，呼之東，不敢西，期之旦，不敢暮。如往歲征九絲城等，屢立奇功，曷嘗有反側之志耶？即毒殺淫虐，醜類恒性，非誠有不赦之辟也。乃奸民巧詆，當事誤信，始既以避嫌之故而不能勘以成其獄，繼又以貪功之故，而輕于戰以損其鋒，終乃以督責之過，而請償乎罪以結其局。蓋剿之難以制其死命，而撫之適以得其死力。故今之議者曰：‘削五司之統轄，安七姓之喧騰，添撫夷之同知，復寄住之土舍。’此皆行于聽勘之日者，而猶有出于數者之外也。夫播州之地，介在貴、蜀，分隸兩省，又取彈壓，而事權未一，動多掣肘。即如近日剿撫之議，彼此會同，意見少异，罪人未得，而兩撫臣且相繼去矣。謂宜分屬一省，以專責成，庶統紀不紊，而功罪可稽也。夷種實繁，錯居播地，自聞欲剿之説而奔命逃亡者，不知凡幾矣。今即欲還故土，而業爲人占，身無所資，此不速之亡，必轉而爲盗耳。而謂多方招集，厚加優恤焉可也。貴筑路若羊腸，而播尤甚險，酋之負固有年，而漢官又罕至其地，故扼塞要害，丸泥可封也。今官以撫夷爲名，宜歲時巡緝，道里漸闢，窺厥要領，徐而改土設流，可次第行之也。近播奸民，往往視爲利藪，或占其田土，或貪其財貨，稍不愜意，輒媒孽其過。彼方欲出白其冤，又恐喝阻抑，使不能達，每以小隙釀成大變，自今宜禁絶奸黨，勿爲利口所眩焉，可也。專責時巡，招亡禁奸，議之今日，若見以常談，然以么麽小醜，而使之兼容于覆載，實無新奇可喜之説也。”

——《西園聞見録》卷六十六《兵部十五·屬夷前》，載《中國文獻珍本叢書》，中册，1268~1269頁

諺云：“思播田楊，兩廣岑黄。”言大姓也。

——《西園聞見録》卷六十七《兵部十六·屬夷後》，載《中國文獻珍本叢書》，中册，第1274頁

楊輝，播州宣慰使也。始祖鏗，元時爲安撫使。洪武初納款，授宣慰使。三傳而輝襲之，怙富負險，代恣豪舉。輝二子，長友，次愛，友庶而長，輝以妾故，特嬖之，屢欲奪嫡。而安撫宋韜、長官毛釗等不從，曰："楊氏家法，立嗣以嫡不以長，主公奈何紊之，以啓亂階？"輝不得已，乃嗣愛，而嬖友之心終不解。倖客張淵日慫恿之，因説輝曰："主公欲貴孟主，何不别爲孟主地，雙貴而朋立，是使孟主創業而傳世也。"輝曰："爲之奈何？"淵曰："夭壩諸苗，主公部境也。山箐險遠，憨而易凌，誣之曰賊而請兵討之，歸功孟主，因請立官分治，則事爲有名矣。"輝大喜，乃疏言苗亂，請兵討之。部議可，乃命都御史張瓚將兵討之，諸苗被戮者千餘人。輝通賂于瓚，瓚乃陳友功，且曰："友謀勇冠軍，手刃七馘，誠設安撫司于安寧，以友爲安撫使，則諸苗不復反矣。"時友年纔十三耳。部議信之，乃立使授官，一如所謀。既而爛土諸苗賫果等忿夭壩以無辜受戮也，時時攻安寧，瓚又疏請築城衛之，費糧數十萬。十九年，輝死，愛修怨于淵，淵屢謀殺愛不克。四川御史鞫之，淵以妖言坐死，友、愛皆論死，贖免之。友削官，竄保寧。無何，友黨篡友以歸，與愛仇殺不已，而友子張愛、孫相尤酷毒。嘉靖七年，兵部尚書胡世寧議謂："張黨與已成，若不因而撫之，恐遂流禍，請立安撫司于凱里，屬治貴州，以張爲安撫使，而相宣慰，屬治四川如故。"然其仇固自若也。諺云："骨肉虀醢，參商播凱。"田汝成曰："播凱之亂，其初不過楊輝奪嫡之私耳。一妄夷酋上書誣人以逞，兵部不核實而遽許興師，非徇情何以有此？張瓚欺君曲法，造禍百年，蔓延邊徼，其後展轉調停，不過分疆别省耳。貸禍首而不究，何以服諸夷哉？"

——《西園聞見録》卷六十七《兵部十六·屬夷後》，載《中國文獻珍本叢書》，中册，第 1275 頁

楊洪，字宗道，六合人，播州楊文廣之後也。曾祖政，國初從常遇春起義，積勞至百户。父璟襲，戰死。永樂初，洪襲父職。正統十三年，封昌平伯。公在邊時，軍士恒苦，乏孳牡馬，有質子女以償官者，爲積歲患。公爲選軍中馬牝牡之良，縱牧于野，使自爲合。數年，馬大繁息，代償之餘，足以進充内廄。朝廷聞之，下其法于各邊，公私便之。

——《西園聞見録》卷七十一《兵部二十·馬政後》，載《中國文獻珍本叢書》，下册，第 1357 頁

石邦憲，字希尹，清平衛都指揮僉事。嘉靖戊子襲職，歷官都督，嘗爲四川參將。……磨子崖囤苗廬阿項等擅生殺，异章服，爲川湖梗。公撫安之，不服，調漢土兵七千進征。春江雨漲，公令軍士編筏徑渡，猝至崖下，夜防劫營。是夜果至，伏兵斬首級數十顆，鎧杖盡弃。賊求援于播之吴鯤、趙懋等，諸將皆恐，公曰：

“安萬全，楊烈所畏也。調水西軍三萬進次烏江，聲問烈縱鯤助逆犯順之罪，烈奚暇援人乎?”

——《西園聞見録》卷七十五《兵部二十四·將略後》，載《中國文獻珍本叢書》，下册，第 1428 頁

王德完曰：“播酋謀逆，罪惡滔天。破我綦江，殞我將帥。屠城若肆，殺人如麻。山壑尸填，河流血赤。纍纍白骨，浮蔽瞿塘。一時惴恐，全身觳觫。皇上赫然震怒，特置督臣，調邊腹雄兵五十萬，分道齊驅，擒斬疊報。釜魚穴鼠，殲殄有期。然川民亦大荼毒矣！兵馬經過，人民逃竄。廬舍盡毀，村落無烟。渝州一帶，魂定於驚惶之後，命蘇於垂死之餘。聚散靡常，悲喜乍别。有田地荒蕪而耕種無力者，有青苗盼望而蹂躪無存者。啼饑號寒，殆甚於戊巳歲矣。北自保順，東自夔梁，兵將一臨，騎馬輒至數百匹。歸農里甲，復攝在官，有騎一站而僦銀至二三兩者，有官馬一頭而幫銀至四十兩者。兵所不至之處，則調馬各數十匹，協濟彫疲，軍站省會衝衢，而骨立難支，倒死塞路，居行蓋兩困矣。兵興以來，銅鐵、軍器、粟芻、煤紗、布帛、絮枲、衣甲、線麻以至豆料、火藥等項，無不需于民間，官價雖多，民累豈少。至運米缺役，病更甚焉。每夫一名約運餉米三斗，募民非銀兩不行，一縣夫約三千名，則夫價不下萬兩。丁糧每石貼銀二兩，一縣丁糧約萬石，則貼銀不下二萬兩。一縣如此，百縣可知，然此猶曰費若等資財耳。前松坎運餉回，夫出山夜喊，我兵誤以爲賊而截殺者無算。近者南川餉夫入近，金紫懼賊復發而殺者三千，賊衆旋亦殲旃。然我餉缺乏，死者已無生矣。神號鬼泣，地慘天愁，此征討之苦也！”

——《西園聞見録》卷七十六《兵部二十五·恤軍士》，載《中國文獻珍本叢書》，下册，第 1441 頁

川貴土司，首安氏，次楊氏，皆以兵力强盛、蓄積富厚相雄長，諸土司皆憚之。安氏在嘉、隆間小有反側，朝廷下詔切責，第令服罪削職，取羈縻而已。惟楊氏世稱恭順，而應龍稍桀黠，自其祖父時，頗招納内地游俠及犯罪逋竄者，爲之腹心爪牙。凡七家，皆有室廬田産，長子孫，成大姓，應龍心惡之。既襲職，皆擯不用，更虐使之，或加誅戮。七姓忿怨，率逃入五司中。五司故隸播州，而諸長官怨應龍特甚。七姓者復從中慫恿，乃數奏應龍罪惡。部覆行兩臺會勘，兩臺所委府佐及兩首司領，皆以土官爲奇貨，多所需索，數以計困之。嘗期以某日入境候勘，應龍如期至，委官故遷延不行，度應龍且去則猝至，以跋扈不服罪之，必得重賄乃已。以故應龍每赴勘，若就刑戮。然兩省有徵調，朝奉檄而夕發兵，無敢後時，未有不臣之迹也。時貴州撫臣喜事者，入五司膚愬，欲用兵，偕按臣以疏請。申文定公當國，

力止之，謂應龍雖殘虐，但行于所部，未有逆迹于朝廷，祖宗朝羈縻，不以漢法治也。部中遂寢其奏。久之，蜀撫以他事檄召應龍，下之獄。獄吏卒備加窘辱，取索不訾，應龍大恚恨。會東征事起，石司馬請釋應龍，令帥所部兵立功自贖。既而罷之，撫臣復召應龍就獄，辭不至，乃遣兵深入逮捕。應龍據險拒敵，殺傷官兵甚衆，尋攻破綦江，勢甚猖獗。詔發三省兵及調旁近土司討之，復添設撫臣，開府辰沅，加蜀撫總督軍務。逾年，遂平播州，設遵義府。然三省財力耗費以巨億計，楚蜀之間繹騷甚矣。向使委官不索賂，應龍不繫獄，調則必赴，召則必來，何至稱兵叛逆，悍然不顧乎？挑釁啓禍，必有任其責者。故好事喜功，窮兵殫財，非國家之利，已事可永鑒也！

——《西園聞見録》卷七十七《兵部二十六·討逆》，載《中國文獻珍本叢書》，下册，1476~1477 頁

古之郡縣，楊氏以唐之季蒙亂因險，世長厥地，顯襲朝號，區裂版章，以淪夷裔。歷宋暨元，羈縻弗絶，取其貌恭，因而建置。播孽楊應龍，怙其昏嚚，忝掾姻黨，遂延甿黎。七姓五司，逢其蠆螫。令吏召應龍置對，逋佚抵嫚，反戈於白石，戕我將士於飛練。以前巡撫遼東、兵部侍郎李公往總師事，建督府於成都，總統黔楚，賜劍一，得擅誅大將以下，而以都御史郭公子章撫黔；置幕偏沅，以江公往治。楚師遂入綦江，燒王□，梗偏隆，煽引九股。明年春，所徵秦、魏、燕、齊、滇、浙之師暨土司兵畢集，衆二十萬。正月，分五監、六帥、八道并進以代之。權官高折枝先以南川兵搗官壩，降真州，進據桑木；蜀帥劉綎破楠木、婁山關，再與應龍父子遇，力戰，大殲其軍；廣帥別斬賊大將郭通緒，崖門以入，再捷水牛塘，樓賊囤上；楚師陳璘盡芟四牌、七牌之苗，躡青蛇巔，戮數千人，進略大小三渡；而黔帥亦再涉烏江，毀關，以水西兵抵於白田。夏五月，諸將士會海龍囤下，按察司張悌來視師。六月，綎、應祥兵破其郭二。翌日，廣、璘攻之，城圮，衆繼以入，應龍自縊，收其尸，係虜妻孥，盡檻其屬獻闕下。

——《西園聞見録》卷七十九《兵部二十八·土官》，載《中國文獻珍本叢書》，下册，第 1513 頁

弘治十四年正月，命南京户部尚書王軾兼左都御史提督軍務，帥湖廣、雲南、播州等處土兵三萬三千人討貴州賊米魯。

——《西園聞見録》卷八十《兵部二十九·剿捕上》，載《中國文獻珍本叢書》，下册，第 1531 頁

史公記勛，字稽叔，餘姚人。萬曆癸未進士，嘗爲重慶太守。播州宣慰楊應龍

方與黔中七姓夷爲仇，則相殺，其俗固然。而應龍强，七姓弱，每恣睢殘虐之。兩省聞見殊，在貴州恒右七姓，在四川恒右應龍，以是互争不决。而應龍閫庭内頗有不法，其所統五司，亦每苦應龍侵漁，然亦止魚肉其黨而已，實非有背叛朝廷意。若初時塞其涓涓，一獄吏耳，第此酋富藏，蓋能以賄中人，當事者或没于賄，不能爲他，則展轉爲説辭以應，而我材官及隸卒輩受命往論告，或□事，輒索貨不已，彼益厭。又諸土酋卒愚戇，不識文字，每倚中土工筆札者爲之謀主，此諸猾利其搆怨，則故造不根説鼓動之，冀執其命，每不欲寧謐，又直指奉三尺行。部見七姓五司所訴應龍罪惡狼籍，則憤怒必欲齊以内地法。貴州尤甚，而中丞習知夷情，謂彼此相仇殺，但恩威陰陽之即得，何爲以隋珠彈雀？以此兩執法持論又每相失，久之，瑕釁益開，則直指説勝。公至重慶時，中丞某公已力主剿，奈慮不深，以冒進敗。而應龍又詭爲不可知，漫爲好詞謝罪，某公旋被言去。執樞者懲于寧夏、朝鮮之役厭兵，聞敗益疑懼，仍以勘鞫畢役。即中朝請公，亦多謂然。顧此酋見獄辭屢移易無究竟，時恒慮有他，又念唐末來八百餘年，中原幾易姓，而彼據穴自如，要無終绝理。且岩洞深，鳥道危懸，度我兵必不能入，而其兵爲川中寇，每征剿必首徵發，數十年來，軍功皆仗爲鋒，益驕，曰“是無奈我何”，漸懷不軌。公揣其情得之，堅執剿爲是，力自肩任。當事者慮爲梗，陽推公治行，謂不宜在遐方。甲午，遂調河南彰德，而應龍止罰四萬金，褫職，用其子朝棟嗣，即號爲正法，論功叙録矣。播酋雖伏罪，竟不出罰金。己亥，遂大决裂，中外咸主剿，追論前事，兩省中丞皆削籍，藩臬以下，或謫或斥，直指乃白公前被調非是，云以主剿故，即徵四方兵，搗其穴殲之，應龍自殺，妻孥俘入都，人皆服公之卓識。

——《西園聞見録》卷八十二《兵部三十一·剿捕下》，載《中國文獻珍本叢書》，下册，1553~1554 頁

（申時行）又曰："播州之役，么麽小醜，安敢怒臂而當車轍，惟在事者多方激之，寧有撩虎狼而不反噬者？假令勘處之後，以無事鎮之，何至徵兵轉餉，暴骨流血，騷動三省，搶攘數年，而後定乎？……"

——《西園聞見録》卷八十三《兵部三十二·勘定》，載《中國文獻珍本叢書》，下册，第 1557 頁

景泰年，何司寇喬新爲刑部陕西司主事……时播州宣慰使楊輝嬖妾，乃寵其子友，欲奪嫡子愛，諸小酋不肯從。輝矯奪大壩、鎮筸諸夷寨，立懷遠、宣化二長官司，又割播州凱離五十一寨，設安寧宣撫司，立友爲使。張都御史輒爲輝奏請，得旨允行。會愛母死，友母益横，専其家，結凶黨。友奏愛奢僭以暴等罪，又誣愛反，交通磨上。朝廷疑愛，遣先生即訊，友母子又輂金寶賂諸權貴人，欲公囚愛。待命，

衆籍籍爲友游説，必欲去愛。先生（何喬新）至，盡得友子母奸惡罪狀，且言："楊氏據有播州六百餘年，其民知有楊氏而已。一旦見其酋長因禁，群夷驚疑，恐生他變。乞審驗虚實，重者監候，輕者發遣。"上從之。既而訊鞫之，具得其情，友實欲奪愛宣慰，肆爲誣罔。先生具以上，請革友宣撫，削官銷印，復慮其兄弟相仇殺，遷友他郡，與産業自給，邊夷以安，升南京刑部尚書。

——《西園聞見録》卷八十六《刑部三·明允》，載《中國文獻珍本叢書》，下册，第 1600 頁

林俊曰……播州、安寧、夭苗等蠻賊之起，由劉瑾之庇楊友及剥削匱乏之致。

——《西園聞見録》卷一百《内臣上》，載《中國文獻珍本叢書》，下册，第 1869 頁

潛菴先生擬明史稿*

（洪武二十三年五月）已酉，播州、貴州諸土司皆遣子入太學。

——《潛菴先生擬明史稿》卷四《太祖本紀》，載《四庫未收書輯刊》（陸輯·伍册），第407頁

（成化）十二年，播州宣慰使楊輝奏："本州舊有夭壩干諸寨，近爲生苗竊據，數擾邊。"敕瓚便宜行事。而是時松潘、茂疊諸番皆竊發，攻圍城邑，殺傷將吏，朝廷以地荒遠既寬諸將失律之罪，而詔瓚兼督松茂、安綿諸軍事。瓚以松潘險僻，運道艱阻，未可輕舉，而播州生苗占據内地，宜先剪除。遂率兵至夭壩干，曉以威信。賊崛强如故，乃督軍與輝等分道夾擊，破寨十六，斬首四百餘級，降者以萬計，置安寧宣撫司而還。

——《潛菴先生擬明史稿》卷十四《列傳二十一》，載《四庫未收書輯刊》（陸輯·伍册），第609頁

……時播州宣慰使楊愛與其庶兄友搆怨，友奏愛有异謀，命喬新往勘。還朝，喬新言："楊氏有播五百餘年，群蠻所戴，一旦囚纍之，恐驟見酋長窘辱，驚擾爲

---

* （清）湯斌：《潛菴先生擬明史稿》，載《四庫未收書輯刊》編纂委員會編：《四庫未收書輯刊》，北京出版社，1997年。

變。乞召二人面質，弗置獄。”從之。還，奏愛實不反，友恃父夔圖奪其官耳，請薄罰愛而處友以遠郡。播人遂安。

——《潛菴先生擬明史稿》卷十六《列傳三十》，載《四庫未收書輯刊》（陸輯·伍册），第678頁

萬曆武功録*

後三年辛卯，上以洮河告急，乃遣司寺及六科巡九邊，邊各一人，毋拘以期，皆非故約也。……詔稱："夢熊慷慨，以殺賊自任，忠義可嘉，着以原官提兵前去該鎮，督同魏學曾、朱正色，一心并力，刻期滅賊。"於是延綏游擊姜顯、蕭如薰等，期十七日，往擊寧夏。而會虜酋東自安定堡，西自玉泉營，擾我師。我師以二十日進兵，後二十三日始掘外城，填塞濠塹，計欲以雲梯攻城。賊乃出城挑我兵，我兵傷者以百數。承恩益乘勝帥虜酋二千餘騎，東擾横城……於是大司馬恐屬叛賊，詳爲虜狀，虚張聲勢，乃移制置使務辨譎詐，毋爲所欺。因以札付二百，屬制置使訪誅納，有能禽拜及承恩者，封伯爵也，世襲，銀五千兩。東暘及許朝文秀者，授都指揮同知。諸酋自相捕斬，得除罪論賞。是時葉司馬以羽檄徵貴陽苗兵一千餘人，而播吏楊應龍亦請提兵往，後報罷。

——《萬曆武功録》卷一《寧夏・哱拜哱承恩列傳》，載《續修四庫全書・史部・雜史類》，第436册，第141頁

树底它撒者，南路諸羌也。先是，楊柳羌麻起，桴鼓晝鳴。樹底窺南路之隙，乃帥松坪、黑水數百人，日夜砍伐竹木找架七稍炮，大言："吾今以數千騎渡漢，鏖戰漢麻苔三哨蔫，漢烏奈我何也。"其後又與蜈蚣土官車路窯溝大小粟穀，先結

---

* （明）瞿九思：《萬曆武功録》，載《續修四庫全書》編纂委員會編：《續修四庫全書》，上海古籍出版社，1996年。

阿讓諸羌，屯土官大壩間，椎牛爲盟，聲欲寇歸化、北定、浦江關，是歲乙酉（萬歷十三年）閏九月也。其後大小二姓亦治弓矢，及七稍炮十五架，溜索數十有餘，聲欲寇平夷、蒲江諸關。是時參將朱文達乘傳視鎮平堡，步卒方響呼夾道而行，行未至蟒嗥溝，而會諸羌人在金瓶觜、掃冰崖起塘，河東西皆儆戒，道路不通，文達逗遛不進者數日。先是，九月我軍出平夷，渡蒲河關，遇大小粟穀諸羌，轉鬥甚倥偬，我軍遂渡河，船湛，溺水死者數十人。於是我軍舉百子銃擊諸羌，諸羌銃擊死者以百數。旦日，諸羌攻平夷堡，裨將王貴先登，斬首二級，而麥兒寨亦以是日渡河矣。指揮使豐承業鷹擊，捷首二級，於是臺御史雒遵帥大將軍李應祥，往征其罪，而以其事奏。上幸下明詔，詔大司馬，賜使者兵符，得乘傳而至松潘；詔將軍毋生事貪功，及匿情養亂，唯滅其渠魁而止。臺使者既得詔書，乃以羽檄徵建武兵二千人，都使城門兵五百人，蠻壯兵四百人，壩底兵一千人，温卜兵一千六百人，播州楊應龍兵三千人，天全高仲德兵六百人，黎州瞿紹良兵三百人，酉陽冉維屏兵一千人，平茶楊光祖兵一千人。是時，上方以徐元太易遵，而給諫大夫王致祥乃上書言狀，其大略曰："唯是樹底諸羌蟻聚黃沙，專以殺略人爲務。我軍轉運千里，暴露連旬。招之不來，攻之不繼，將安所稅駕乎？此臣所爲可虞者一也。而況將軍李應祥，馭建武驕悍之兵，心志不一，當新舊更代之始，威信未孚，且以二三千之衆，敵七寨之夷，兵將异趣，勇怯异勢，安在其能同心戮力乎？此臣之所爲可虞者二也。且臺使者量移矣，劉禹謨亦已戴罪，是大將在外，讒言居中，勢且畏首尾之不暇，而況新故相推，法令變易，又兵家之所謂臨敵异將乎？此臣之所謂可虞者三也。《法》曰：'一人守險，千人莫過。'今自松而東，自茂而西，勢甚桀黠，而我兵多不至三四千人，此其勢不能不藉于土司。永鎮之禍，在數日之内，而播、黎之兵，在數月之外，且以我尺籍伍符之衆，尚不能用之以死，而羈縻象胥之民，此素非得拊循士大夫者，寧尚得而用之乎？此臣之所謂可虞者四也。"

——《萬曆武功録》卷五《四川・樹底它撒列傳》，載《續修四庫全書・史部・雜史類》，第 436 册，第 319 頁

馬邦聘，石硅土舍也。癸巳歲，覃氏行宣撫事，聘殊不利，乃欲謀奪其印，因交驩馬斗斛、馬斗霖等，黨類漸增，慓悍日著。久之，斛乃帥其犬子千乘，寄賦於漢藉，覃因禁阻之，斛與聘由此怨覃入骨髓，遂帥黨千餘人，皆持鬥器圍覃，乘風縱火，焚燒公舍及馬岱等屋居八十餘所。是時風大，火益熾，居民皆奔騰走，譚廷宗等赴火焚死者凡二百人。斛乘勝殺子女馬瓊英及士民秦邦用等一百八十三人，略女弟黎守志等二百餘人，鹵金銀什物亡算。計欲殄滅覃無遺類，而會羅綱壩土人譚彦德、黄正吏、譚大本，亦效千乘入漢藉，竟殺冉金山等而去。亡何，鄭太守以檄招歸，而彦德益肆馮陵，乃略桂陽溪、秦啓、秦加禄等槖中裝，鹵獲男婦王氏等數

十人，殺秦詔、馬邦倍等七十餘人。而是時馬斗霖亦依阻後鄉石界漢以叛，乃使王良臣、馬邦洪殺汪明端等數人。先是，漢人即兆杜爻、龍仁爵爲主謀，謀欲設關堡於譚大王父墳墓前，以損風水，覃乃以書請於上，大略言："臣自從征疊茂，擊破大雪山，斬首捕虜凡一十級，兩臺不以臣女流污穢不足采，乃幸而賜之獎曰：'紀律嚴明，衝鋒第一，此土婦中之特出者也。'今奈何邦聘無故而過虔劉我？孤人之子，寡人之妻，抑何纍纍然也。臣請比先年楚金洞舍覃碧謀篡事，願以聘等就吏。"時甲午冬也。明年，大司馬咨兩臺詔獄，斛乃以千乘詣公庭，請得執渠魁覃氏以獻。事屬所司議，而會播酋楊應龍發難，天子方遣左司馬邢玠往正其罪。斗斛恐大兵先播州而及石砫也，即與應龍結連，乃欲相扇而起，於是使其子千駟提向永葵兵，殺馬邦資等百餘人，鹵男婦二百餘人，已復乘勝擊永寧堡，殺我官兵五十七人。先是，臺御史徐元太議欲征伐，以建昌馬湖之變而止。是時譚希思爲臺御史，王慎德爲御史，乃使使者收捕斛。斛竟殺馬一捷，執使者，割耳以示衆，其爲鴷鷙類如此。居亡何，酆人馬一化敬使馬之一，伏闕下陳情。覃乃聞之，即以丁成橘等百餘人捕伏道左，强奪其書，弗欲往，於是一化復以書奏。一化者，邦聘侄也。始斗斛及覃氏常殺化叔父馬廷祀，嬸郎田土邑屋，多爲所奪，化與斗斛，固所謂不共戴天者也。

——《萬曆武功録》卷五《四川·馬應龍列傳》，載《續修四庫全書·史部·雜史類》，第436册，第329頁

奢世統者，效忠繼室也。先是，忠爲永寧宣撫使，常受室于安國亨母禄氏女，曰阿節。既室，名曰世胤，生崇禮。頃胤死，妻統，統亦禄氏養女也，食水腦，毋嗣。禄氏又有養女曰鋪罵，忠亦買爲箕箒妾矣，易其名曰世續。續生崇周及羅哥，食落紅。庚辰中，崇禮不幸逢霧露死，崇周當請冠帶嗣，而會前總戎劉顯以世續請矣。是時效忠有弟曰沙卜，久與世統通，因欲贅丘嫂，得行永寧事。亡何，永寧屬世續，統乃怒，即與夷目胡遷喬，以翁者段、安三，及漢目袁初等攻世續，破之，焚其公館，略司帑而去。於是世續出居永寧衛，二孤寄鎮雄。統乃疑續走白沙所，乃挾逼其軍屯，欲出續。而分守使萬一貫即請於部使者宋仕，適總戎郭成有赤水之役，乃以指揮使禹嘉績、郭天心往。禹績既至古藺州，古藺州即落紅也，新爲世統所據，以故問沙卜於統。統乃與沙卜者改議，佯爲召績入寨，遂執績，縛天心。是時，郭天成及參將馬呈文亦擁兵數千人入落紅，託言詔獄，旌旂輿馬甚都，而沙卜負矢石郊迎成，成乃欲兵之，沙卜反唇相格，竟殺我裨將黄希忠、王惟鎮、朱秉、吴應登，語在宋仕疏。自是之後，郭成亦上書言："兩臺劾奏臣誠是，統常以金銀四十八萬賄赤水、白沙諸衛所及烏撒諸郡，并皆申請而亦以千金餽臣。臣附同知高文全，封府庫，臣實惡其人喜行奸，乃出不意，欲搗其巢，散其金錢，其後統果以

金閟匿於沙卜私室，而獨恨未能執統耳。請比安國亨、安智事，以捕吴鶴駕，得寢，因欲治沙卜。”上乃怒郭成妄行瀆擾，竟免官。於是蜀都御史孫光祐、貴陽都御史劉庠大會副觀察使史繼宸、僉事使李士達、謝詔、胡宥議，議：“二土婦并皆賜冠帶，食水腦落紅。落紅則請以指揮使一人鎮之，而以印屬崇周。崇周幼，以衣巾稱博士弟子，稍長，然後請嗣。沙卜皆寬假其罪，令退居撒魁如初。”上可之，是歲萬曆甲申也。于時以指揮張懷義往，從以識字一人，家丁二人，牢銃鼓吹手二十五人。統及沙卜不從也，懷義不得往，統乃使使者嚴世才送奉白金三千兩、黄金二百兩、錦繡一百純，往水西安國亨乞兵。而世續亦使使者胡卿送奉幼子崇周，往播州楊應龍乞兵，它金銀錦繡物稱是。於是統以沙卜者改引兵一萬人，自麻線堡清水哨，過張旗落、澗落郎諸屯，直走效忠故宅，而會世續伏兵起，疾鬥，殺略相當。我緣邊將使使者譙讓沙卜，沙卜曰：“我來爲報内里之役，世續常執酋長李倫、李仁繫獄，竟殺死。”亡何，水西柯阿個提二十二營兵助沙卜，沙卜遂擊蔡家龍山，及清水河、洛澗三岔河。新集破之，多所殺略，鞭指揮陳忠道尸，因執世續，奪其印而去，已略謝于用、陳明現等五十五户，殺三人，鹵男婦謝玉安等二十八人，畜産什物亡算。而世續亦以阿灼分兒、傳廷鑾、彭受等，擊鷄里、蜡羊箐、杉木河諸寨，斬捕彭世華、楊九兒。先是，世續恐鷄里難下，乃使者紙説其酋長阿烏租、阿歌、阿體等，以爲播兵且至，請監門勿閉關。久之，乃合楊應龍、流酋王建業等萬餘人，縱火燒緝麻李博崖、孔水南二壩亭，直擊破姚家埠七十餘寨，殺羅漢耀五百五十六人，鹵男婦李仁等五百三十九人，畜産什物亡算。於是馬呈文以檄招降，曰：“願降者給免死旗，復今年租稅。”然統衆漸有欲歸者矣，時乙酉二月也。

——《萬曆武功録》卷五《四川·奢世續列傳》，載《續修四庫全書·史部·雜史類》，第436册，第331頁

楊應龍，其先歷唐至宋元，前後凡十九人爲藩臣。端爲武略將軍，充廣爲太師中書令，貴遷爲德州刺史，震爲都巡檢使，文廣爲武節大夫，惟聰爲修武郎，邃爲武經郎，軫爲秉義郎，軾爲成忠郎，粲爲武翼大夫，价爲雄威軍都統，文爲團練使，邦憲爲都指揮使，漢英爲上將軍，如祖爲安撫使，如貞爲宣撫使，忠彦爲都指揮使，元鼎爲都指揮使，鏗爲招討使。

端，故太原人也，後唐莊宗時，仕會稽爲望族，徙京兆居焉。唐乾符三年，南詔叛，陷播州，詔募六郡良家子，端得异夢，遂决筴，挈馬兎走合江，直入白錦，結臾、蔣、黄三豪族爲腹心，伺蠻入寇，端出奇兵擊破之，授武略將軍，遂有其地。居無何，唐祚移于後梁，端爲憂憤，疽發背死。

子牧南嗣，常慨然有澄清之志。當是時，羅閩反，欲與南詔合謀入塞，牧南有子曰部射，即提兵深入閩，殊疾力戰，死。其子三公，伏尸而哭，極哀，閩執之以

歸，賴蒙阿求蠻黑長救，得竊載與歸。

三公薨，子寶嗣，寶自以能不及弟實，讓之。是時宋太祖初即位，實即欲使使者入貢，會楊及新反，實引兵夜薄賊營，鏖戰，中流矢道死。説者以爲於寶有光。

實薨，子昭嗣，昭有弟曰先、曰蟻，各擁兵稱强。先阻白錦東，號下州；蟻阻白錦南，號揚州。亡何，蟻稱南衙將軍，誘閩合攻。先是時，謝都統好謂昭貴遷曰："爾之先，兄弟相讓，何至當爾世，召仇讎而賊同氣，討之，可乎?"遷曰："唯。"即與謝都統引兵屯高遥山，要其歸，擊破之，閩人赴水死者以萬數，蟻亡入閩。

始，昭無子，會貴遷親莫州防禦使延朗子，持符使廣西，幸與昭通譜，遂以貴遷嗣。自是有播州者，皆貴遷之苗裔也。是時儂智高反，貴遷仿漢攻南粤故事，乃請纓欲自效。於是入屯兵南川，逢霧露，止舍，而季父先已陰使南川鉅族趙隆，要而殺之矣。遷官至德州刺史，生三子，長曰光震，次曰光榮，又次曰光明。

震威名獨著，瀘南夷羅乞弟反，使使者乞師，震提兵往，時閩黨宗太即與乞弟通，遏其歸道，震爲却敵，大戰七日，雌雄不决，震使使者齎羽檄，從間道趨謝都統兵至武婆山，會兵，二酋縱騎横槊，望見我軍如自天而下，皆股戰而栗，逗遛反踵走。我軍鼓行而前，而以勁弩射，多應弦而斃者，我師益衝鋒斬級，二酋盡逃，遂大敗走，不能爲瀘患，於是以震爲沿邊都巡檢使。震生五子男，長文廣，次文貞，次文錫，次文貴，次文宣。

廣字敬德，少孤，仲父光榮，潛謀弗軌，不得，奔高州，計欲藉蠻兵以圖危之。廣爲人智而習于計，乃齎使者書幣迎歸，事之如初。光榮復欲陰鴆廣，廣佯爲不知，愈愛敬之。亡何，黄標儀盗發光震墓，廣捕斬之，事連其弟理郭，理郭奔高州蠻，謀爲反。會老鷹寨僚穆族亦入寇，文廣命謝都統討平之，斬理郭，戮穆僚，以徇塞上。初，西平徭視諸蠻尤桀黠，廣出兵直探虎穴，生獲之，尋簿責而釋焉。廣春秋三十六薨，生惟聰、惟吉、惟信。

聰七歲而孤，育于舅氏謝石近。近以主少衆貳，請光榮視堡事。久之，聰稍長，榮復不忍妒忌之性，乃以鴆陰置魚腹中，事覺，弗食。榮復爲聰逆婦高州，紿與俱行，至中道殺之，又覺，弗果。榮乃奮髯曰："此土終不可得，孰若以一州三縣千七百里地，往獻于朝乎?"於是詣闕，請以輿圖進，詔即其地建白錦堡，嘉光榮爲禮賓使。榮既還，度聰必郊迎，乃使使者先往烹茗，陰置毒于中，隸人誤進光榮，啜之，旋斃，榮弟光明怒，髮上指冠，乃夜以兵劫之，聰出戰，光明大敗，即奔蜀。上飛文于使者李獻曰："惟聰謀不軌，於是獻定爰書。"謂聰矯發南平諸寨兵入播，惟聰辭不服，大徵兵拒戰。事聞，詔奪獻官，進聰修武郎、左班殿直，賜金帶錦袍，以慰藉之。光明因亡入閩，旋死。居無何，惟吉復作亂，殺聰二子，衆怒，共誅之。聰復生二子，長選，次逡。

選始立，會徽、欽蒙塵，高宗南渡，乃慨然有恢復志，務農訓兵，以待徵調。

選爲人嗜書而下士，推擇知名士爲塾師以課子，聞四方賢士，輒不惜金幣以迎，歲常以千百數。頃之，益士房禹卿來市馬，爲夷酋所捕獲，選購而客焉，爲之給衣食者數載。會歲大比，選厚餽遺遣還，竟成進士。選亦進武經郎，生十有三子，而惟軫、軾最賢。

軫，長不滿七尺，狀貌魁偉，美鬚髯，居恒尤好山水，常築堡穆家川，是爲湘江。已又築室於萬泉，畜虎至馴服，歲時駕以出入，游人往往心异之。軫初無子，而以軾粲嗣，晚乃生三子，長勲，次㞐，次鼎。然竟不易初議，而以秉義郎政授軾，軾尤篤天倫乎。初，先據下州，凡七傳至焕，世治兵相攻。軾使戲下士猶泳往説之曰："骨肉相殘，夷狄之俗也。上、下揚其初由一人而分，干戈日夜相尋，孰若講信修睦，以復兄弟之好？"焕頓顙受命，遂盟而還。軾猶留意藝文，蜀士無賢不肖，人人以爲親已。於是請受廛字，下者結轍于道，軾後先爲之結廬授田。由此蠻荒子弟，多屈首受書以攻文藝矣。

粲既當官管事，尤襲箕裘而篤忠貞，歲時顓好習書。少小常讀《大學》，廢卷嘆曰："此非人生一行程曆乎？必躬行之至，乃可爾。"及長，好鼓琴、投壺以自娱，久之，作《家訓》十章以訓子孫：一曰盡臣節，二曰隆孝道，三曰守箕裘，四曰保疆土，五曰從儉約，六曰辨賢佞，七曰務平恕，八曰公好惡，九曰去奢華，十曰謹刑罰。居亡何，母弟輝有寵于父，幾奪其位。粲亦欲以位讓之，因猶咏言，得不廢。會焕亦鈔略界上，粲曰："奈何違先人息壤乎？"即舉兵誅之，歸焕所略地，賦于珍州，是歲開僖三年也。蜀帥吴曦反，粲引兵救之，會曦誅，報罷。已進戰馬三百，黄白金鉅萬，且請因曦誅，大舉北伐，以雪先耻。上優詔答焉。已又輸馬三百于蜀帥，事聞，上褒嘉之，粲愈自攄忠以報社稷。是時南平夷穆永忠阻山據公田，粲舉兵誅斬之，傳首塞上。久之，南平蠻酋長偉桂弑父自立，粲聲罪致討，敗其師于滇池，斬首捕虜數千級，獲牛、羊、鎧仗以千數。自是之後，粲乃有志於修文，建黌宫，興儒林，儼然與中土文物同。説者以爲自設土吏以來，未有文武兼資、忠孝兩全如兹盛也。粲以武翼大夫卒於官，累贈右武大夫、吉州刺史、左衛大將軍、忠州防禦使，賜廟忠烈，封威毅侯。生三子，長价，次佐，次佑。

价，英偉沈毅，有父風，尤好學，善屬文。先是，科貢未及于播，价以爲先人養士之謂何，及謂于上，得歲貢士三人，愉快可知。价天性尤孝友，常以郡政畀其子文，得顓志以養母。及天下有變，价輒桴鼓先登，不憚矢石。端平中，北兵犯蜀，圍青野原，价請于制置使趙彦納，帥家兵五千人屯蜀口，得解兑。事聞，詔授雄威軍，復白錦堡爲播州。已提兵伐夔峽，斬將搴旂。已又提兵屯江南，北兵不敢犯西蜀。遷武功大夫、閤門宣贊舍人。一日，大飯諸比丘，趺坐誦佛經，數語而終。上有詔悲悼之，贈開府儀同三司、威武寧武忠正軍節度使，賜廟"忠顯"，封威靈英烈侯。

是時，北兵又窺江，詔起文視事。文上書進三計，語多不載，後竟徇其計。從裨將俞興西征，破之，遷左衛大將軍。從大將軍余玠北伐漢中，大破之。從總管田萬屯萬山必勝堡，却敵比兵大，賜爵右武大夫。從宣撫使李曾伯伐兵，大小凡九戰，破之，賜爵左武大夫。從節度使吕文德諭北兵，大酋長勃先率衆來降，賜爵親衛大夫。又以解漁城圍，剪烏江寇，賜爵忠州團練使。從裨將劉雄飛戰懸壺，破之，賜爵忠亮大夫。已，又進播川伯，食邑七百户。又進御前雄威軍，歲賜鹽帛，著爲令。文以咸淳元年卒，贈金州觀察使。

生邦憲，倜儻有大節，好書史，善騎射。始冠，授成忠郎、雄威軍副都統。會閩寇入邊，憲出兵擊破之，斬首千級，捕獲其首羅汝歸，賜爵武節大夫。已，閩寇又入下邑，憲引兵生獲酋長阿鮓，拜利州觀察使，遷左金吾衛上將軍。至元十二年，元世祖使使者詔邦憲内附，邦捧詔三日哭，以播州、珍州、南平軍三州之地降。十五年，朝正月，詔襲守如故，拜龍虎衛上將軍。是時，播下邑黄平壤近荆，荆之戍將欲奪之，邦憲發其奸，請歸復黄平。十八年，轉遷宣慰使。十九年，閩復叛，邦憲轉餉給卒，擊破之，憲亦旋薨，贈推忠效順功臣、銀青榮禄大夫、平章政事、柱國，追封播國公，謚惠敏。

生子漢英，字熙載，五齡而孤。二十三年，其母貞順夫人田，繦迢朝正月，世祖摩其頂，孰視良久，諭宰臣曰："是兒真國器也，宜以父爵錫之。"賜名賽因不花，授金虎符、龍虎衛上將軍，賜金繒、弓矢、鞍勒，遣歸。二十四年，族黨搆亂，殺貞順夫人，漢英衰絰入奏，上詔捕賊，至益州，戮之以徇。二十七年，詔郡縣上計，播旁郡邑拒命，漢英獨括户口、租税籍進。世祖大悦，加播州等處管軍萬户。二十八年，拜漢英軍民宣撫使，已又拜侍衛親軍都指揮使。成宗即位，漢英入朝者三。大德二年，詔漢英世守其土。三年，部蠻桑柘亂楚，議用兵，漢英言宜招諭之，不從，兵出無功，竟以漢英議，始相繼降。五年，右丞劉深討南詔，道播，漢英轉餉不乏。六年，閩婦蛇節、宋隆濟反，漢英從楚蜀兵擊破之，縛蛇節，斬隆濟，進資德大夫，賜玉帶、金鞍、弧矢。延佑四年，黄平南蠻藘犇與新部黎魯叛，漢英宣撫之，二賊悉歸降。賜推誠秉義功臣、銀青榮禄大夫、平章政事、上柱國，追封播國公，謚忠宣。英無子，以弟子宣撫使加貞嗣。加貞死，子都指揮使忠彦嗣。忠彦死，子都指揮使元鼎嗣。元鼎死，子招討使鏗嗣。始漢英喜詩文及濂洛諸書，南北士負笈游者，户外之履常滿，所著有《明哲要覽》九十卷、《桃溪内外集》六十四卷，獨惜其書世不傳，而宋學士濂爲之作傳。此事竟雜于武功内，何哉！又言妻田亦善詩，繇此觀之，楊氏之先非獨以干戈顯也。

——《萬曆武功録》卷五《播酋·播酋楊應龍傳上》，載《續修四庫全書·史部·雜史類》，第436册，336~340頁明興，西南土吏以什數，而宣慰使楊鏗最大。鏗始祖端所奪故南詔地，南詔之夷以什數，而异牟尋最大也。當時韋皐爲節度使，而後請入朝，延引至宋爲大理，至元爲白錦堡，未幾旋復爲播州，則其倔强可知。我高皇帝即位五年，鏗入朝貢方物，納元所授金牌及銀印，詔賜綺幣衣物有差。二十年，被徵入朝，貢馬十匹，上諭以守土保身之意。二十三年，遣子來朝，請入太學。二十八年，賞有功將卒士凡二萬三千三百六十一人，鈔一十二萬三千四百四十二貫。自是之後，或一二年，或四三年一入國朝，殊無定期。然其人可屈指數也。在永樂、洪熙時，則有若楊昇；在宣德時，則有若楊欽；在正統時，則有若楊炯、楊綱；在景泰、天順時，則有若楊輝；在成化時，則有若楊愛；在弘治時，則有若楊斌；在嘉靖時，則有若楊相；在隆慶時，則有若楊烈；世篤忠順，大都盡此矣。

始成化初，播州人何清、張琛等伏闕下，奏鏗不法狀，乃遣少司馬何喬新往訊，清等坐所奏無驗，大不敬，伏辜。傳至大王父斌，固已忠勇著矣，普安、香爐山之捷，幸賜蟒衣玉帶。

斌死，子烈嗣。

隆慶六年，烈死，子應龍嗣。頃之，進大木四十本，賜鎮國將軍，而龍尤精於兵乎。今上即位以來，往往以兵積功勞。從征喇麻諸番，先登，多所斬獲，賜紵絲獅子衣一襲，金十兩。從征九絲膩乃，却敵，斬首捕虜亡算，賜金二十兩。從征楊柳溝，却敵先登，斬首數十級，賜冠帶。龍既後先受上賞，意氣甚揚揚，殊自得，而又窺蜀兵單弱，遂起雄心，於是往洪江。洪江先是墳墓所處也，乃修起祠堂，置守冢户，已而僭飾龍鳳，又用繡女閹人，推擇皎好美女子田雌鳳爲妾，誣正室張奸淫，磔殺之，是歲萬曆十五年也。

居三年，何恩、宋世臣等帥衆上兩臺，飛文告龍反。都御史葉夢熊疏奏。總督李化龍，明而習于計，給言龍實無反，以開自新之路。説者以爲有孔明七縱七禽之風，於是逮應龍詣重慶對簿，繫論法當斬，而以二萬金請贖，御史張鶴鳴方駁問，會關白發難久，大將軍以羽檄徵天下兵，應龍願待罪，得東征。都御史艾穆以聞，詔可。行間聞關白已就戮，又詔罷。逮至癸巳，王繼光爲都御史，召應龍，屬重慶王太守、思南陸太守，大會婺川鞫獄。應龍竟負阻旂山，而乃使其犬子朝棟就吏，大略以爲彭廷禄方聚黨數百人捕，伏道左，計欲鉏擊阿父。阿父故弗至，於是陸太守奮髯抵几曰："走！何物么麽，敢鷙驁如是！"即携何恩等還。

當時諸公卿廷議，御史傅霈則言九絲膩乃諸功勞，又言松潘之役，應龍嘗提兵六千六百人以應都御史李尚忠召，不宜議剿；而給諫張棟則言兩省异同，不得偏執意見；陳尚象則言遠方夷情，不宜輕稱宥剿；吴應明則言應龍逮繫重慶者幾一年，此不過一獄吏縛之足矣！奈何今日議調，明日議剿，而徒使彼首鼠兩端，遂至滋蔓難圖乎？事皆下大司馬問狀，而大司馬議以爲使應龍畏剿，而不敢抗勘問之法者，寔貴陽有以震慑之；使播衆朋勘而各釋疑懼之心者，寔巴蜀有以安定之；言若相左，而事實相成。請使所司馳略上詔獄，上從之。居有頃，葉夢熊復上書請遣科臣會訊，而化龍亦請予告。於是大司馬及御史大夫覆奏，詔化龍仍視事，皆從長計議，毋得推諉。當是時，夢熊竟决筴請證其罪。上有詔，詔撫按官便宜禽治正法，朝廷爲民除害，罪止一人，有脅從自歸者，咸與更始，不許貪功妄殺。

明年春，都御史王繼光，乘傳馳重慶，與總戎劉承嗣議，議分爲三軍，而以游擊王之翰爲一軍，軍一萬一千四百人，由武隆、黄平、湄潭而入；以副總戎曹希彬爲一軍，軍九千人，由永平、緝麻而入；以參將郭成爲一軍，軍五千五百九十人，由綦江、安穩、松坎而入。當是時，協贊則馬湖同知秦應鸞、汪京，重慶通判趙世德；監軍則副使楊佩訓、朱熙洽、胡應辰、盧一璘，參議徐桓、董樾；紀功則參議顧雲程、楊信。期月正上元後，十道并出。是日，郭成及游擊丁光宇既行，至石虎關止壁，而苗長羅瓊等三千人衝鋒，殺我土兵二人，我士兵殊力疾戰，斬首捕虜十二級，奪獲騎馬及衣甲器械亡算。而是時，婁山關亦聚苗九百餘人遲我軍，而會管應鍾、郭添倖等兵四面而至，斬關奪門，諸苗皆遁逃，我兵止壁白石口爲五大營，令穆燻以旗志招播降，於是郭成軍馬鞍巖，而使雷添貴提楊總兵備石虎關，以通餉道；使成惠提狐煜兵七百餘人；使丁光宇提仁懷、赤水袁鎣兵二百三十人，備南溪口、趙平崖、望鄉臺，以阻絶間道。而應龍之衆，固已萬餘，而馬騎亦至千百數矣。乃縱其衆楊珠、楊明、何廷玉等繞營，營中鋭氣不衰，皆擊刀斗自衛，韭婁山關、白石口，距播可八十里，《法》所謂“以主待客，以逸待勞”，我師終弗可當也。而土兵王映、張元器等相與謀曰：“寧不避石矢，潰圍而戰，我何至坐而自斃，乃使播酋翩翩大得志而去乎?”出挑戰，播酋益乘勝，萬弩俱發，矢下如雨，竟劍斬王映、張元器而去。乃復使馬步苗兵圍我師，而王都護帥鄉勇丁正國、管應鍾等力戰至晡，矢石俱盡。於是郭添倖家丁三十人，黄金甫家丁五十六人衝圍走，竟莫知所終。而添倖亦被七創，賴萬金良藥得弗死，而士卒死者則已盈野矣。是時，貴陽臺御史林喬相亦帥勇敢士轉戰，斬首捕虜凡四十三級，安撫播男婦數千人，已奪據烏江關，大會川兵，川兵已罷，遂班師。而臺御史王繼光適轉遷，譚希思未到官管事，乃屬御史吴禮嘉劾奏郭成、丁光宇等失律，法當治。

先是，何恩等七姓訟龍無故殺叔父楊煦、妾金蓮及借征罔上，阻絶驛路，賄賂公行諸罪戾。至是，龍上書請死罪，淹淹卧病囤中，子幼民疑，上下蠱惑。御史蕭如松疏可驗，纍臣何取如是，而扞陛下文罔也。乃條奏其冤，書詞多弗載。上謂：“朝廷原無必誅之意，大兵一至，只合自縛軍門，哀求免死，今御史所報，與本酋奏辨順逆懸殊，令大司馬嚴查具奏，毋事姑息，而郭成、丁光宇皆革任待罪行間，罰俸凡一年。”是後，詔蜀以三萬金佐貴陽，必欲兩省同心戮力，得罪人乃已。於是貴陽御史薛繼茂上書，大略言："兵難遥度，且蜀之至貴也，往返在兩月之外，而况貴陽實貧，有如時久，三萬金錢盡於一旦，蜀何以相恤？請罷貴陽兵，於策便。"自是之後，臺御史林喬相使指揮傀能、經歷關大統，趨龍自就吏，釋縶民，毋煩大將軍旗鼓再麾也。是時，兩省已班師，而總戎劉承嗣亦罹霜露之恙，請賜骸骨以歸，給諫吴文梓方論奏，而龍乃益慓悍亡忌乎，乃于海龍囤下，題其聯曰："養馬城中，百萬雄兵擎日月。海龍囤上，半朝天子鎮乾坤。"而又扁其門曰"半朝天子"，於是立朝棟爲後主，而使民稱己爲千歲，太學朱嘉棟、諸生唐顯縉、佐史張釆等稱爲莊主，專招致亡命。是時，應龍則已一萬七千有餘矣，乃以高忠元爲僞侍，惟楊兆龍、從龍等爲虎兵。是日，即帥任朝茂、安阿留、傳舟、李仁質等走湄潭、永靖、白崖寨；已，走三渡關，出荆條，至鵝公壩、黄土墳；已，走清風水土崖；已，走雍水黄平司；已，走白泥、草塘、麻地坪。所至略人産，甚至焚燒人屋居，所不如意，輒殺戮人，人之流離物故者以千萬數。已，止壁湄潭、馬腦、青蛇囤，乃使酋長羅把事、王老虎提苗兵千餘人、馬百餘騎，旁偏山老君關而營，輒鳴金鼓，張旂志，銃炮如雷。而我紅兵亦披盔甲，與萬縣之衆、平茶之師，并稱慓悍，龍因告監門曰："爲我致聲河上將軍趨散兵，不然，吾以數千百騎渡河，請得以頸血濺而矣。"於是余慶土吏毛守爵、雍水土吏猶鶴、草塘土吏宋世忠、黄平土吏羅承恩、白泥土吏楊以誠，并以其狀請命於臺御史，臺御史屬參議使王制、通判趙世德、司理譚汝誠、守備蒲之良案驗，具如所請。林都御史曰："奈何事關兩省，而使蕞爾一土酋，乃虔劉我五司乎？故事，播州及五司輸豐濟庫、平越諸衛米七千三百三十餘石，而草塘、白泥、雍水歲輸平越驛騎凡二千餘金，而黄平尤應接興隆諸過賓，歲率以爲常，今一旦賦役之不供，驛騎之不具，則我鎮撫之謂何？"乃與蜀臺御史譚希思議，先上書請賜獨斷，以蚤除禍本，而希思亦奏欲合力以圖安戢，大略稱引先臺御史王體伏之請剿、王繼光之會剿以爲説。於是，上乃詔兩省撫按會兵，多方設法禽治。朝廷之意，惟在禁暴安民，殲除首惡，以靖地方，彼中事宜，亦聽相機處治，不必遥制。而繼茂堅守初説，乃行部安平道，而所委官馬宗、譚汝誠、唐元亦有臺御史命，視兵餉，茂竟遣從臺御史；而參政使王恩民必欲從御史，御史乃皆趨之從軍也。是時，貴寧參議使董樾，招撫播男婦二萬餘人，臺御史悉以三百金佐撫民，茂所費亦如之，意雅欲以權歸臺御史也，於是上書請專歸臺御史。茂常建議，議欲令應龍收捕諸拒敵者，得除罪免官，而以子男朝棟爲土舍視事，至是，請比安國亨獻王實等十四人，嘗以金錢五萬二千四百三十兩論贖也。而給諫楊東明，乃折衷於兩省之疏，請特遣大臣爲制置使，然後播事可定。頃廷推右司馬邢玠、御史右丞陳渠，詔以邢玠爲左司馬往，玠即與大司馬周世選議八事以請，語在奏疏。是時車駕郎張國璽、主事劉一相其人有籌策可問，玠因請爲贊畫，時乙未正月也。應龍方使徐宗達携四百金及酒器首飾入燕，爲何恩所執，於是蜀御史王慎德上書言事，因稱贊畫可罷，大司馬見贊畫已在行間，請以張國璽轉備兵使，得視蜀事；而執金吾千户劉承禧、太學博士楊景淳亦皆上書陳兵，語多弗載。炌既乘傳到官，察見永寧、酉陽及近日馬斗斛皆與龍通姻媾，而黄平、白泥、金慶、草塘諸司，仁懷、赤水諸民，久爲仇讎，制置使乃先以計剪其羽翼，然後以檄曉譬應龍，大略稱引寧夏哱劉、遼東王杲、大同俺答、宣府史二官事，覆轍在前，奈何不鑒？龍來，我請比宣大事，待而以不死，不然，國家懸五萬金，不惜都指揮爵得世襲，購而頭，檄到，而蚤自善爲計，吾必不而欺也。

當是時，七姓唯恐龍出得除罪，而四方亡命匘匿於其間者，又幸龍反而欲因以爲利，縣道文移，往往輒從中阻也。左司馬復使使者詣龍所問狀，而往來者亦言龍久不肯就吏，實恐我以一日出巢，則貴陽必乘隙而入，有如綦民復從中道起，是屬尚有可信者乎，以故龍不出。左司馬即以檄撤綦江、烏江兵，已禁諭綦民勿擾，示應龍毋疑懼。是時播州一帶，荷插如雲，制置使乃以計擾其耕，而龍亦漸有悔心矣。而會水西宣慰使安疆臣，以父國亨捐舘舍，至戎部請贈，而大司馬石星示疆臣手札，令執之趨應龍出就吏，我必請寬假龍罪弗深治，如言。先是，疆臣患痘，母鳳氏常提兵萬餘人，備險隘一十五所，兩臺及制置使常旌其忠勤，獨御史吴禮嘉以國亨與龍世好，疆臣乃益自奮勵，即奉札至播，應龍始聞而喜可知矣。低佪者久之，復疑，疆臣乃以死請，龍曰：“若必欲我出就吏，我請以插血要盟於先王大父，可乎？”龍拜，疆臣亦拜，應龍始洒然變色易容，對曰：“頼君之力，得保首領，敢不唯命是從。”會播州驛報王太守至，龍即欲馳傳舍上謁，乃先至水西與疆臣母鳳氏謀，謀欲出矣。應龍爲人内深，多反覆，雄則欲稱兵圖大舉，稍緩輒能和柔以詐人，要以强悍不遜，其天性也。是日即以書上制置使曰：“幸哀憐纍臣，乃不以釁鼓，令縛渠魁。龍第從檻車膠致軍門，唯將軍輕重布之，顧有後言。當朝棟往重慶時，七姓常執而欲殺之，頼孫廷富救，得免，竟略其八十金而去。已，綦江令蒲林馳播，而綦民何邦卿、何汝仁等度龍必趨而前，乃聚黨數千百人，捕服松坎西山頂，鼓噪，以疑懼龍。亡何，指揮使李光祚及馬湖同知汪京檄至，龍乃使族人楊茂龍、夷人老宰等往重慶迎謁，行未至播州驛，老宰、何遷等一十七人皆被戮，已乃傳首以爲攻。龍誠甘心于軍法死，無悔，獨恐坐是死耳！有如將軍辱一介之使，儼然臨播而問之，龍所願也，不敢以請。”

已，玠使使者出，撤戍兵，散綦民，檄示龍。龍乃焚香叩頭稱謝，如天之福，舉族喜若狂，於是使張維新、周學文及其叔楊永用馳重慶。龍實畏貴陽，不敢遠去播，乃請使者至魁山崖或綦江，願爲龍畫便計。制置使因與臺御史譚希思議，即使重慶守王士騎詣綦江，趨龍赴安穩，案驗甚明，然後携至綦對簿。琦乃屬綦江令及經歷楊維武、李應春，游擊吴文杰宣諭龍。龍聞，乃使其弟兆龍，舍把楊兆麟、田良玉等百餘人至安穩，治郵傳，設儲偫，郊迎漢官。既至，鼓吹樂作，叩頭，致餔資饒牽如禮，曰：“應龍久縛渠魁，待罪松坎，所不親至安穩，安穩故多奏民也。使君幸枉車騎臨睨松坎，使阿龍得吐肝膽披腹心，因從車騎馳綦江，使君幸爲阿龍告太守。”綦江令具如所言。太守曰：“松坎亦曩所奏勘地也。”即以五月之八日往松坎，應龍果矜甲面縛，降伏於道左，哭涕，請死罪。太守問何以不至安穩，應龍跪，起具言：“曩時九種十三姓夷僚，皆以龍之故，出彭水、重慶，對簿府庭中，其後七姓公行殺略，多無生還者。縱夷僚無言，龍獨不媿於心乎。奏民方聚安穩，龍何忍復出以冒觸其鋒哉！”太守曰：“何至是！必欲往重慶而後府可爲汝論決斯事。”應龍膝行至前席，叩頭，頭至地，流血，因哭泣請比安國亨。國亨曩亦懼死，不出界上。今安穩乃綦江所部地，其下廣大，龍請擇大木十圍以上，治公舘，天使坐上座，列贊畫司府左右，於策便，有如天使尊嚴，則請以贊畫偕司道往。應龍因得執罪人，及所罰金具獻庭中，何憚而龍不久就此？是時，卿大夫胡宗仁、博士弟子尚好謙等并謁太守，願如龍請。太守見爲綦江去播州可七站，去巢則數百里而遠矣，乃移監軍使，因請於臺御史及制置使，皆以爲可。於是臺御史乃以書奏，期六月詔獄，而會天雨連旬，龍乃使使者寬假其期會，制置使乃大怒，即欲提兵往，居一二日，龍乃請曰：“不至煩將軍斧鉞也，纍臣躬至自安穩坐死。唯將軍願勿過督。”於是總戎李如栢請以七月十七并詣安穩。先是，制置使見諸生及何邦卿等群輩爲奸，託名呈揭，要挾亡已，乃簿責諸生，而以邦卿繫獄，應龍疑懼，皆大釋，乃出郭五里郊迎，望見令旗，叩頭，跪起，縛獻黃元、阿羔、阿苗等十二人，已出論贖金四萬兩，阿羔等亦具言白石之事，實有之，罪當死，而制置使及總戎即因郵傳以聞，事下大司馬石星覆奏。

上有詔，“念應龍先世恭順，而本酋亦曾効有勤勞，今既悔罪，自縛首惡認罪，姑待以不死，着削去祖職爲民，伊子楊朝棟姑以土舍管事，梟斬黃元、阿羔等重慶市。”是時，薛繼茂奏喬相輕忽者十，而林喬相奏繼茂妄者亦十，其後給諫吴文梓則劾王繼光，李應策則劾林喬相，語皆在奏疏。於是蜀兩臺大會布政使李士達，副觀察使易仿之，貴陽布政使楊歸儒，參議使莫睿及總戎李如栢、劉綎議，議以黃平、草塘二安撫使，白泥、余慶、重安三長官使改属黃平倅。故事，黃平倅治獄訟賦税，而五司襲替，黃册表箋貢馬，必須宣慰印符，宣慰多以此難五司故也。初，川東備兵使巡視播州，察土吏之賢否以報，後罷。給諫陳尚象，請如初便。臺御史川東思仁道，皆歲以行州，乃欲于桐梓、婁家、丁山、小溪、仁懷、赤水、夜郎之間，建撫夷倅一人，而制置使請改爲撫夷同知，因修起學宫，已改東溪爲松坎邏司。上皆從之。於是論功行賞，賜邢玠御史右丞行左司馬事，金五十兩，表裏四之；譚希思，金三十兩；林喬相，金二十兩，表裏二之；賜張國璽、李如栢及安疆臣，金皆二十兩；而郭成、丁光宇竟以祖秩貶二級；胡應辰、王繼光貶一級；調王軒簡僻，以給諫吴文梓劾也。初，嘉靖新即位，詔賜播州司儒學

《四書集註》一部，此即高皇帝諭鏗以守土保身之意，假令仰體二祖柔遠之意，改弦易轍，身土至今存可也。

——《萬曆武功録》卷五《播酋·播酋楊應龍列傳中》，載《續修四庫全書·史部·雜史類》，第436册，340~346頁

明年丙申秋，應龍復反。居恒，自爲天寶中，我南詔异牟尋常帥衆二十萬，欲取蜀爲東府，何渠不若乎。獨患苦吾儕土酋，從中陰爲間，非先驅除此屬莫可者，於是斬餘慶土吏毛乘雲棺，磔其尸，首足异處。已，又殺略餘慶、草塘，遍及興隆、偏鎮、都匀諸衛。已，又遣兆龍引兵圍黄平。已，又殺重安土吏張熹等而去。其明年春，流劫江津縣，損溪棋、盤石諸所。是年秋七月，石柱宣撫使次子馬千駟入播。先是，駟母覃與應龍通，覃尤優寵駟，謀奪長子千乘爵與駟，於是聘應龍次女爲室，遂因緣爲奸，是禍所從來矣。其明年春應龍募苗爲兵，大破滅貴州洪頭、高坪、新村諸屯，虜其民衆畜産亡算。已，又侵湖廣四十八屯。初奏民宋世臣父奎，亡匿偏橋城，應龍覺，提兵迹且至偏橋，大索城中，得奎及童男女，盡車裂以殉。已，又令苗兵與婦人交，或對父淫女，或面夫淫妻；或掘毁墳墓焚尸，復乘風縱所焚尸灰四面飛蔽天；或裸而四據，發鳴鏑射，龍觀而大笑；或燒蛇從陰户入腹，人蛇俱斃。先是，三公歸自閩濟江，夷僚忽懷异志，引舟岸比，呼謝邏使曰："乃爲我謂若主，當免我科賦，否則吾不以舟濟。"三公怒，瞑目挽舟，頓足，嘘唏者三，趨而前。三公遂涉，夷僚争擊牛酒爲謝，三公剪帛繫僚頸，吸水，噀之，帛或蛇形，僚伏地哀懇，誓輸賦，不敢反。三公復噀之，帛如初。世傳楊氏能驅蛇殺人，皆此術也。

其明年春，督臣李化龍以爲楊酋志不在小，不亟滅之，禍流非一方也。於是請蜀二十二萬、貴陽九萬、西粤三十萬、閩十萬、楚三十萬，廷臣見曩時寧夏費三百萬、東倭費六百萬，今敵不止于東西之强，而議餉如是，皆督臣悉心殫慮，無所不至，而亦無所不省，爲國節財，自古未有如督臣者也。疏入，幸報可，督臣遂決策往征矣。乃令都護楊國柱、經歷潘汝賢、指揮李廷棟，先以軍軍牛塘，伺動定。應龍即帥朝棟、兆龍及何漢良等，擁衆數萬人，迎我師鏖戰，我師奪獲三百落。先是，督臣知三百落及天邦囤皆播之咽喉也，以故命諸軍扼其吭，播兵强而狡，多敗北，詳〈佯〉逃遁走，走入天邦囤，以誘罷我師，徼極而取之。我師乘勝直擣其營，楊都護、潘經歷、李指揮旋被禽。漢良孰視楊都護不跪，怒，髮上指冠。都護罵曰："賊，朝廷何負于而，而反乎？吾頭可斬，此膝必不可屈。"于是梟斬都護等。其夏即引苗兵六萬人繞綦江，以火炮攻城，城下，遂逮其令，釋獄囚，殺李百户等二千七百餘人。是時，黄七爲謀士，以爲孫時泰智囊士也，今在長安，於是使使者陰聘之，既至，謂欲圖大舉，必先取重慶，次及成都，方可抗敵。應龍曰："不守近穴而取遠地，誰謂汝知兵者。"於是帥衆四萬人焚東坡橋，已又攻黄嵺囤，殺略甚衆。

川貴之間，蕭然苦兵矣。

其明年春，應龍帥何漢良等擁衆擊破龍泉司，守備楊惟忠遁走，鹵去土吏安民志、吏目劉玉欒等。初，宣慰使宋承恩聘應龍長女貞惠，厥後應龍反，承恩告于兩臺，請絶婚以自明，應龍挈令楊明、楊珠等襲擊之，逮繫承恩，多所殺略，是歲萬曆庚子也，比之壬辰癸巳，惡愈甚而毒愈慘。識者以爲有南詔風，南詔與大唐分爲二帝，大唐都關中，號曰“西帝”；南詔在滇南，號曰“東帝”。當時楊國忠爲劍南節度使，徵天下兵凡十萬，使御史李泌討之，敗于大和城，死者十八九。今應龍自稱爲朕，儼然復爲東帝，直須時耳！是時道路流言紛紛藉藉，有謂欲攻綦南者，謂效取袁子升之故智而陰以攻我者；謂欲寇貴陽者，謂酋豪與張國清等分爲三道而約插旂山合兵者，謂爲營營官壩及三溪小河者。

督臣按地形而善將將，以爲人言皆不然，播酋及且舉兵徇赴水，夫赴水至合江，近也；安穩至赴水，又近也；而播州至安穩又近也。大氐犯綦合易，而犯貴陽難，宜堅壁以待之。顧綦合延袤千餘里，帶甲不過三千人，於是請增參將員一人，將二千四百人，守綦江；游擊員一人，將一千三百人，守合江。合舊將卒凡三萬人，誰敢復扞我疆圉者？給諫張輔之亦覆奏，詔如議。甲兵既具，督臣於是遣總戎劉綎引參游麻鎮等出綦江，總戎麻孔英引參游周國柱等出南川，總戎吴廣引都護余世威等出合江，總戎曹希彬引參守吴文杰及宣撫奢世續等出永寧，總戎童元鎮引參將謝崇爵及土吏隴澄、岑紹勛等出烏江，參將米鶴齡引土吏安疆臣等出沙溪，總戎李應祥引參將陳寅等出興龍。督臣又慮偏橋江外爲四牌，江内爲七牌，五司及九股苗在焉，以爲不剿滅之，异日爲西南患者必此屬。今且分爲兩翼，乃以總戎陳璘引參游江騰龍等出白泥，總戎陳良玭引參游王一桂等出龍泉，期以二月十二日十道并發。應龍悉以精鋭，屬朝棟等從綦江入，繞九盤子，由南川而還。不意劉將軍軍接戰。會暮，大風起，我師縱左右翼圍棟，棟自度戰不能與漢兵，遂獨與壯騎數百潰圍，西北遁走。時鮮有所獲，徒奮揚威武，明督臣所出兵，若雷風耳！應龍等聞之無不股栗，嘆曰：“异時漢兵不及此，及此皆督臣神謀奇策，合我南詔八百年之智勇，曾不能仿佛其萬一，吾曹恐不能不死，顧與其殺而死，不若戰而死。死等耳，寧戰死可乎？”即令袁守貴等擁衆出烏江渡，衝鋒，殺虜數百人。是時，播中情形久已在督臣目中，特不過爲之發縱指示耳！於是出密指，指楠木三洞，賊所爲三窟也；婁山關，賊所爲前門也；海龍囤，賊所爲人迹不能至，天兵不能加也。度酋勢窮必且堅塞前門，奉頭鼠竄于囤上，坐自縛耳。於是諸將盡争走前門，以爲由前攻後，易以爲功。督臣亟下令，令曰：“不然，夫後門我易攻賊，前門賊易衝我，顧諸公不察耳！”是日，大戰于水牛塘，擊破之，而會諸客兵盡止壁關外。先是，督臣與諸將約，約關外宜招降，謂多不可勝誅也；關内宜疾戰，謂師不可久老也。是時安羅、淘洪三寨生口以鉅萬數，皆面縛請降，幸許可。而長坎、瑪瑙、長蛇諸囤，陳璘亦已擊破之，殺虜數千人。於是酋父子計畫無復之，乃相率走海龍囤，果如督臣所言矣。時司理高折枝請自將土兵，直搗官壩營，旋入真州，真州争挈牛酒，以犒我軍。已而□奪桑木關而據之，酋益惴惴焉，自知兵在其頸矣。督臣又下令，令諸軍四面重圍。諸軍雲徹席卷，或以四月至，或以五月至。劉將軍即以六月初五先擊破土、月二城，明日又破大城。應龍偕愛妾，倉皇無所厝手足，縊死。我師擊破囤，斬首凡數千級，捕獲生口、兆龍及朝棟等，男婦凡數百人，檻車膠致長安，請獻俘。事下刑尚書蕭大亨議奏。上有詔，詔楊朝棟等梟斬，應龍挫尸，張世爵等謫邊，而以其地盡分爲二郡，屬巴蜀者曰平越，屬貴陽者曰遵義。

是後論功行賞，諸公卿以爲督臣萬世功，當第一，而督臣則以爲此上威武神靈所變化也。惟上有“便宜行事，不從中制”之詔，故臣得以陽開陰逆，顛倒逆酋；惟上有“同心協濟，不分彼此”之詔，故臣得以調各省之兵糧，協三省之不足；惟上有“先斬後奏，先發後聞”之詔，故臣得以約束諸文武大吏；惟上有“酌量調募，另給糧餉”之詔，故臣得以廣招多兵，十圍五攻，無不如意。於是上書陳功：内臣則兵尚書臣田樂，户尚書臣陳蕖，兵給事臣侯先春，郎中臣張主敬；外臣則都御史臣郭子章、臣支可大、臣江鐸，巡按臣趙標、臣崔景榮、臣宋興祖、臣王立賢。監軍：四川則按察使臣楊寅秋、臣張悌，參議臣謝詔、臣張存意；湖廣則按察使臣胡桂芳，參議臣魏養蒙。轉餉：四川則參政臣張文耀，副使臣史旌賢，參議臣劉一相、臣徐仲佳；貴州則參議臣郭廷良，副使臣洪澄、臣尤錫類，參議臣梅國樓；湖廣則參政臣詹啓東，副使臣王應霖，參議臣薛士彦。任事：四川則參政臣馬朝陽、臣王嘉謨，副使臣蔡守恩、臣顧汝學、臣傅良諫、臣盧泮，參議臣熊汝奇、臣康夢相、臣來三聘；貴州則參政臣王邦俊，副使臣陳與相、臣路雲龍、臣袁應文，參議臣張文奇、臣梁銓；湖廣則參政楊道會，副使臣張喬松、臣章守誠、臣楊現，參議臣黄齊賢、臣韓光曙、臣張天德，僉事臣林焌章、臣馮應京。督運：四川則布政使臣盛世承，按察使臣沈季文；貴州則布政使臣應卓，按察使臣易登瀛；湖廣則布政使臣胡心得、臣洪有復，按察使臣薛三才。護運：四川則參將臣周國柱、臣吴文杰、臣余德榮、臣王夢吉、臣藍芳威，總戎臣曹希彬，游擊臣李銍、臣羅星、臣梅敏政、臣任承爵、臣司懋官，都護臣周敦吉、臣吴從周、臣趙應科、臣封建、臣凃光顯、臣郁賢輔、臣程式，守備臣周大謨、臣江萬化、臣萬民英、臣周以德、臣劉承職、臣孔繼祖；湖廣則總戎臣陳良此，參將臣王一桂、臣王鳴鶴，游擊臣陳策、臣江騰龍、臣宋大斌，都司臣吴時喬、臣于繼勛，守備臣王之棟、臣朱桂芳、臣陳九經、臣李大諫，把總臣白元潔；貴州則總戎臣陳寅，參將臣朱鶴齡，都司臣錢中選、臣錢守禮、臣莊志傳，守備臣汪如淵、臣童志龍、臣徐元守。隨營紀驗：四川則太守臣蔡宗憲，同知臣史朝貞、臣趙世德，推官臣高折枝；雲南則知府臣黄宇，推官臣吴天佐，知州臣陳聖，佐知縣臣劉啓周；湖廣則推官臣王應宣，知縣臣鄧宏列、臣陳原道，學正臣袁惟慶，教授臣謝師啓。隨營紀賦：四川則同知臣李廷謨、臣王升政、臣梅燮，通判臣劉之瀾、臣尹紹曾，知州臣邵崇雅、臣毛秉光，知縣臣郭惟屏、臣楊應登、臣葉世孝、臣陳應試、臣詹淑、臣樂維同、臣寇克順；貴州則司理臣張應選。轉餉：四川則知府臣周茂卿，同知臣周作樂，通判臣張堯臣、臣肖時鳴，知州臣劉三樂、臣李時孳、臣叚文郁、臣華聯芳、臣倪伯奇、臣戴仁、臣陳敬衷，同知臣李潤，判官臣馮運太，知縣臣楊思謙、臣陳大經、臣吴位、臣陳應麟、臣何躍龍、臣袁焕、臣黄日升、臣蕭宗禹、臣周朝聘、臣楊奇、臣湯自强、臣郭涣、臣陳王道、臣潘應相、臣潘廷玉、臣越應虞、臣朱之柱、臣何文、臣王燧、臣王敦、臣劉鼎、臣朱宗望、臣雷志學、臣曾朝符、臣朱萬化、臣顔燦、臣王藻、臣張明卿、臣曾守嚴，縣丞臣曹一科，訓導臣馬瑞義；貴州則知府臣張升壐、臣陰鎔、臣江至道、臣鮑獻書，同知臣徐廷綬、臣張羽鴻，通判臣劉鳳儀，推官臣趙悦民、臣楊應第，知州臣龍時躍，知縣臣袁尚紀、臣葛楚元、臣龔一鏖；湖廣則知府臣徐應簧、臣徐堯莘、臣沈子來、臣何懋官、臣馬永亨、臣屠水畯，通判臣彭世登、臣蔡思順、臣陳桂芳、臣陳和中、臣陸枝、臣沈育大、臣吴洪績、臣潘思弘、臣梅友竹、臣喻縄祖、臣朱瑩、臣喻政、臣康阜、臣胡汝政、臣楊師程、臣薛國用、臣周仲任、臣余自强、臣朱梓城。守四川則參將臣金秉鉞、臣麻鎮、臣蘭台，都司臣季宗望、臣葉常春，守備臣保世寧、臣張本防、臣陳嗣昌；貴州則守備臣杜鶴鳴。中軍總督則副總戎臣楊登雲，游擊臣江萬仞，指揮臣孫光啓，偏沅則游擊臣沈弘猷；貴州則指揮臣劉岳；湖廣則把總臣李正實。諸臣或飛蒭輓粟；或攻城先登；或斬將搴旂，前蒙矢石，不避湯火之難，以致大捷，唯上裁察。於是賜督臣以下爵幣金錢有差，已而又追以死勤事者參政臣張棟、同知臣張鰲、通判臣楊大烈、知縣臣闕宗聖、照磨臣張居仁、指揮臣徐登階、臣田賦、把總臣張應元。而督臣則尤傷居仁夙有文望，徵之歲下，實資其智謀行間，時與論議，頗悉機宜，乃以逢霧露客死，豈不傷哉！自古西南夷中我師未曾大得志，即傅友德統二十四將軍，軍止聞防守；正統麓川之役，提兵五十萬，而後稍稍一縛之；地勢然也，不獨昭代。播非唐之南詔，宋之大理哉！當時韋節度皋、曹將軍斌、潘將軍美、王將軍全斌，曾不能往正其罪，况郡縣乎！

楊酋流毒五司，血濺千里，視南詔慘焉。督臣運籌決勝，直犁其庭，掃其閭，郡縣而置之，此唐宋以來一大偉績也。不聞以王新建遇之，何哉？獨悲楊延昭、楊文廣之崇儒，楊漢英之著作，皆一世之雄也，至應龍斬焉以絶，惜哉！世人不知延昭之初名延朗，延廣之初名文廣，以三世復有文廣，故諱之，於是稱引《宋史》而增以時事，爲之傳其世次存亡如此。

——《萬曆武功録》卷五《播酋·播酋楊應龍列傳下》，載《續修四庫全書·史部·雜史類》，第436册，347~351頁先是，播州宣慰使楊應龍，比彭世麟、楊烈故事，獻大木六十，上賜大紅飛魚衣一襲，彩叚二表裏。至是賜亨，猶楊酋也。亡何，亨以爲運至涪州。

——《萬曆武功録》卷六《貴州·安國亨列傳》，載《續修四庫全書·史部·雜史類》，第 436 册，第 353 頁

奢效忠者，永寧土吏也，與水西安國亨世通婚媾。……效忠于是提兵至大方擊亨，縱火燒邑。……兩家輒殺輒相當，皆不能克。效忠以爲吾所爲，孰與女儼然自稱侯王，偕播州楊應龍遂行劫略事乎。亨曰："與應龍相仇殺者實女，女乃以誣我，誰信哉？"於是并就吏，而會鎮雄土舍隴清身至畢節，請爲兩家解難，而事已詣曹矣。是歲萬曆丁丑也。

——《萬曆武功録》卷六《貴州·奢效忠列傳》，載《續修四庫全書·史部·雜史類》，第 436 册，第 356 頁

吴國佐，永從諸生也。幼負驕黠，長蹈不軌，居恒往來洪州、草坪等數十大寨，遂勃勃有雄心，見爲皮林與九股接壤，山川險阻，可因而成事，於是帥皮林諸苗反。始播發難時，皮林常助逆，已而播滅，皮林尤流毒黔蜀。遂攻永從縣，會新令李宗周未到官，破其城，燒衙舍，殺戮千餘人，釋獄囚而去，是歲萬曆二十八年正月也。偏沅都御史江鐸廉知李指揮楷智勇，乃推擇楷備守道州。先是，楷請以征播之旋師便道，一剿除之，臺臣殊高其識，頃之，鐸乃以其狀疏奏，奏幸報可。

——《萬曆武功録》卷六《貴州·皮林苗吴國佐石纂太等列傳》，載《續修四庫全書·史部·雜史類》，第 436 册，第 368 頁

雜記

炎徼紀聞*

……今播州有楊愛，愷黎有楊友，酉陽、保靖有彭世麟等諸人，斯言苟聞於朝，朝廷下片紙於楊愛諸人，使各自爲戰，共分安氏之所有，蓋朝令而夕無安氏矣。

——《炎徼紀聞》卷三《安貴榮》，載《四庫提要著録叢書·史部》，第189册，第506頁

楊輝者，播州宣慰使也。始祖鏗，元時爲安撫使，洪武初納款，授宣慰使。三傳而輝襲之，怙富負險，代恣豪舉。輝二子，長友，次愛。友庶而長，輝以妾故，特嬖之，屢欲奪嫡，而安撫宋韜、長官毛釗等不從，曰："楊氏家法，立嗣以嫡不以長，主公奈何紊之，以啟亂階？"輝不得已，乃嗣愛，而嬖友之心終不解。倖客張淵日慫恿之，因説輝曰："主公欲貴孟主，而戚戚與仲主爲仇，即使奪彼以與此，不過轉移故物耳，且貽口實於後人，何不别爲孟主地，雙貴而朋立，是使孟主創業而傳世也。"輝曰："爲之奈何？"淵曰："夭壩諸苗，主公部境也。山箐險遠，憨而易凌，誣之曰賊而請兵討之，歸功孟主，因請立官分治，則事爲有名矣。"輝大喜，乃召容山長官韓宣、重安長官張通計之。将以疏請，宣曰："夭霸諸苗力耕服役，皆順民也，奈何以賊誣之？"輝大怒，立杖殺宣，通皇恐股栗，叩頭曰："諸苗誠賊也！"乃從輝署名，疏言苗亂，請兵討之。部議報可，乃命都御史張瓚将兵討之，

* （明）田汝成：《炎徼紀聞》，載《四庫提要著録叢書》编纂委員會：《四庫提要著録叢書》，北京出版社，2011年。

雜記

諸賊被戮者千餘人。輝通賂於瓚，瓚乃盛稱友功，且曰："友謀勇冠軍，手刃七馘，誠設安撫司于安寧，以友爲安撫使，則諸苗不復反矣。"時友年纔十三耳。部議信之，乃立司授官，一如所請。既而爛土諸苗齋果等忿夭霸以無辜受戮也，時時攻安寧，瓚又疏請築城衛之，費糧數十萬。

十九年，輝死，愛修怨於淵，淵屢謀殺愛不克。

二十一年，丹章諸苗寇安寧，四川右參政謝士元、副使翟廷蕙、都指揮楊綱以兵往，過播州，詣愛家，置酒高會。翌日視學，適州民賽社，士元等因坐學宫觀之，愛復携酒以往。訓導楊禮者，介士也，艴然諫曰："視學而觀社，提兵而樂酒，略等威而款下屬，竊爲明公耻之。"士元等大慚而起。淵自知不容於愛，乃嗾友誣愛通苗，越境爲亂。報之貴州守臣，而致書舉人路義，令通賂上下。安撫宋韜獲之以報愛，愛乃易書於義，僞以人往，義信之。詣貴州守臣陳愛反狀，守臣不聽，曰："播州非我轄也。"義復書於友，言非奏聞不可。愛得書以報四川守臣，友、淵大懼，乃誣疏愛嘗言夢騎龍登天，上帝謂我曰"南方帝子也"，又嘗立嵩呼門、金水橋以擬宫禁。廷議大駭，乃命刑部侍郎何喬新、錦衣指揮劉綱，會四川都御史、御史等官鞫之。淵以妖言坐死，士元等落職，義削籍；友、愛皆論死，贖免之。友削官竄保寧，無何，友黨篡友以歸，與愛仇殺不已，而友子張、愛孫相尤酷毒。

嘉靖七年，兵部尚書胡世寧議謂："張黨與已成，若不因而撫之，恐遂流禍，請立安撫司於凱里，屬治貴州，以張爲安撫使，而相宣慰，屬治四川如故。"然其仇固自若也。諺云："骨肉㸑醢，參商播凱。"

論曰：播凱之亂，其初不過楊輝奪嫡之私耳。安一夷酋上書誣人以逞，兵部不核實而遽許興師，非徇情何以有此？張瓚欺君曲法，造禍百年，蔓延邊徼，其後展轉調停，不過分疆别省耳。貸禍首而不究，何以服諸夷哉！

——《炎徼紀聞》卷三《安貴榮》，載《四庫提要著録叢書·史部》，第 189 册，507~508 頁

行邊紀聞*

安貴榮者，靄翠之孫也。奢香死，靄翠之弟安匀立，子孫遂以安爲姓。世驕蹇不受節制，即聽調從征，非徼厚賞不赴，所過村落，殺掠無噍類者，諸羅亦獷悍，眇官軍，嘗睥睨省城，曰："是直用水西氈衫疊塞耳！"貴榮多智略，善用兵，以從征香爐山，加貴州布政司參政，猶怏怏薄之，乃奏乞減龍場諸驛，以償其功。事下督府勘議，時兵部主事王守仁以建言讁謫龍場驛丞，貴榮甚敬禮之，守仁乃貽書貴榮曰："減驛事非罪人所敢與聞，承使君厚愛，因使……我安氏連地千里，擁衆四十八萬，深坑絶坉，飛鳥不能越，猿猱不能攀，縱遂高坐，不爲宋氏出一卒，人亦卒如我何？斯言已稍稍傳播，不知三堂兩司已嘗聞之否？使君誠久卧不出，安氏之禍必自斯言始矣。使君與宋氏同守土，而君爲之長，地方變亂，皆守土者之罪，使君能獨委之宋氏乎？夫連地千里，孰與中土之一大郡？擁衆四十八萬，孰與中土之一都司？深坑絶坉，安氏有之。然如安氏者，環四面而居以百數也。今播州有楊愛，愷黎有楊友，酉陽、保靖有彭世麒等諸人，斯言苟聞於朝廷，下片紙於楊愛諸人，使各自爲戰，共分安氏之所有，蓋朝令而夕無安氏矣。深坑絶坉何所用其險，使君可無寒心乎？且安氏之職，四十八支更迭而爲，今使君獨傳者三世，而群支莫敢争，以朝廷之命也。"

——《行邊紀聞》，載《邊疆史地文獻初編：西南邊疆》（第三輯），第1册，174~180頁

---

*（明）田汝成：《行邊紀聞》，載《邊疆史地文獻初編》編委會編：《邊疆史地文獻初編：西南邊疆》，中央編譯出版社，2011年。

田琛者，故思州宣慰使也。……今婺川縣有齊地圖，猶稱齊田云諺曰“思播田陽，兩廣岑黄”，言大姓也。

——《行邊紀聞》，載《邊疆史地文獻初編：西南邊疆》（第三輯），第1册，第183頁

楊輝者，播州宣慰使也。始祖鏗，元時爲安撫使。洪武初納款，授宣慰使，三傳而輝襲之，怙富負險，代恣豪舉。輝二子，長友，次愛。友庶而長，輝以妾故，特嬖之，屢欲奪嫡，而安撫宋韜、長官毛釗等不從，曰：“楊氏家法，立嗣以嫡不以長，主公奈何紊之，以啟亂階也？”輝不得已，乃嗣愛，而嬖友之心終不解。倖客張淵日慫恿之，因説輝曰：“主公欲貴孟主，而戚戚與仲主爲仇，即使奪彼以與此，不過轉移故物耳，且貽口實於後人，何不别爲孟主地，雙貴而朋立，是使孟主創業而傳世也。”輝曰：“爲之奈何？”淵曰：“夭壩諸苗，主公部境也。山箐險遠，憨而易凌，誣之曰賊而請兵討之，歸功孟主，因請立官分治，則事爲有名矣。”輝大喜，乃召容山長官韓宣、重安長官張通計之。將以疏請。宣曰：“夭壩諸苗力耕服役，皆順民也，奈何以賊誣之？”輝大怒，立杖殺宣。通皇恐股栗，叩頭曰：“諸苗誠賊也。”乃從輝署名，疏言苗亂，請兵討之。部議報可，乃命都御史張瓚將兵討之，諸苗被戮者千餘人。輝通賄於瓚，瓚乃盛陳友功，且曰：“友謀勇冠軍，手刃七馘。誠設安撫司於安寧，以友爲安撫使，則諸苗不復反矣。”時友年纔十三耳。部議信之，乃立司授官，一如所請。既而爛土諸苗果等忿夭壩以無辜受戮也，時時攻安寧。瓚疏請築城衛之，費糧數十萬。十九年，輝死，愛修怨於淵，淵屡謀殺愛不克。二十一年，丹章諸苗寇安寧，四川右參政謝士元、副使翟庭蕙、都指揮楊綱以兵往，過播州，詣愛家，置酒高會。翌日視學，適州民賽社，士元等因坐學宫觀之，愛復携酒以往。訓導楊禮者，介士也，艴然諫曰：“視學而觀社，提兵而樂酒，略等威而款下属，竊爲明公耻之。”士元等大慚而起。淵自知不容於愛，乃嗾友誣愛通苗，越境爲亂，報之貴州守臣，而致書舉人路義，令通賄上下。安撫宋韜獲之以報愛，愛乃易書於義，僞以人往，義信之。詣貴州守臣陳愛反狀，守臣不聽，曰：“播州非我轄也。”義復書於友，言非奏聞不可。愛得書以報四川守臣，友、淵大惧，乃誣疏愛嘗言夢騎龍登天，上帝謂我曰“南方帝子也”。又嘗作詩，有“霹靂一聲震天下，南方須起赤鱗龍”及“不向蜀中興事業，却來俯伏屬猪人”之句。又嘗立嵩呼門、金水橋以擬宫禁。廷議大駭，乃命刑部侍郎何喬新、錦衣指揮劉綱會四川都御史等官鞫之，淵以妖言坐死，士元等落職，義削籍；友、愛皆論死，愛贖免之，友削官竄保寧。無何，友黨篡友以歸，與愛仇殺不已，而友子張、愛孫相尤酷毒。嘉靖七年，兵部尚書胡世寧議謂：“張黨與已成，若不因而撫之，恐遂流禍，請立安撫司于凱里，属治貴州，以張爲安撫使，而相宣慰，属治四川如故。”然其

仇固自若也。諺云："骨肉甕醢，參商播凱。"

論曰：播凱之亂，其初不過楊輝奪嫡之私耳！妄一夷酋上書誣人以逞，兵部不核實而遽許與師，非徇情何以有此？張瓚欺君曲法，造禍百年，蔓延邊徼，其後展轉調停，不過分疆别省耳。貸禍首而不究，何以服諸夷哉！

——《行邊紀聞》，載《邊疆史地文獻初編：西南邊疆》（第三輯），第 1 册，186~191 頁

播州定亂記*

萬曆十七年，四川播州宣慰司使楊應龍反。按：播州，夜郎且蘭地，漢屬牂牁。唐貞觀初，分牂牁北界，置郎州，領六縣。已，改播州。乾符三年，南詔陷，太原楊端應募決策，馳白錦，出奇兵定之，授武略將軍。值唐亂，留據長子孫，歷宋附屬稱臣。大觀中，楊文貴納土，置遵義軍。元世祖授楊邦憲宣慰使，賜子漢英名賽因不花，封播國公。國初，楊鏗内附，改播州宣慰司使，隸四川。其域廣袤千里，介川、湖、貴竹間，西北塹山爲關，東南附江爲池，蒙茸鑱削，居然奥區。領黄平、草塘二安撫，真、播、白泥、餘慶、重安、容山長官司，統田、張、袁、盧、譚、羅、吴七姓，爲目把。嘉靖初，楊相寵庶子煦，欲奪嫡，嫡妻張與子烈擁兵逐相，走水西，客死。水西宣慰安萬銓挾奏，索水烟、天旺地，聽還葬。烈即應龍父也。自烈仇殺長官，相攻剽垂十年，總督侍郎馮岳討平之。應龍生而雄猜，尤阻兵嗜殺。隆慶六年，襲職，以從征喇麻諸番、九絲、膩乃、楊柳溝等，多却敵先登，斬獲無算，先後賜金幣。

萬歷時〈十〉三年，進大木六十本助工，上特給大紅飛魚服，加職級。應龍窺蜀兵弱，每征討，止調土司，而蜀將或從借給，漸驕蹇，輕縱法，索居僭飾龍鳳，擅用閹寺。嬖小妾田雌鳳，疑嫡妻張奸淫，出之。已，飲田氏兄所，乘醉封刃，取張并其母首，屠全家。應龍在州，專酷殺樹威，益結關外生苗爲翊，肆行劫掠。於是妻叔張時照與所部何恩、宋世臣等上飛文，告龍反。巡撫葉夢熊疏請發兵剿之，而蜀中大夫率謂蜀三面鄰播，屬裔以十百數，皆其彈壓，且兵驍勇，數赴征調有功，

* （明）谷應泰：《播州定亂記》，載《秘册叢説》朱絲欄抄本。

剪除未爲長策，以故蜀撫、按并主撫。朝議行西省會勘，應龍願赴蜀，不赴黔。

二十年十二月，逮楊應龍詣重慶對簿，繫論法當斬，請以二萬金贖。御史張鶴鳴方駁問，會倭大入朝鮮，檄徵天下兵。應龍因愬辨，願自將五千兵征倭報效。詔可，釋之。兵已啟行，尋報罷。巡撫都御史王繼光至，嚴提勘結，遂抗不復出。而張時照等復詣奏闕下，乃一意主剿。

二十一年春正月，撫臣王繼光馳至重慶，與總兵劉承嗣、參將郭成等議分三軍，各道并進。時軍至婁山等關，屯白石口。應龍佯令其黨穆炤等約降，因統苗兵據關衝殺。都司王之翰軍覆，殺傷大半。會繼光論罷，即撤兵，委弃輜重略盡。黔師協剿亦無功。詔以譚希思爲四川巡撫，與總兵劉承嗣會同貴州撫鎮相機征剿。時王繼光既罷，御史薛繼茂乃宣主撫，應龍亦上書自白。御史吴禮嘉劾郭成等失律，令戴罪立功。尋劉承嗣以疾乞骸骨，兩省議久不决。應龍遣其黨携金入京行間，執原奏何思詣綦江縣。

二十二年三月，以兵部侍郎邢玠總督貴州，車駕郎中張國璽、主事劉一相贊畫軍前。

二十三年春正月，邢玠乘傳至蜀，察永寧、酉陽暨馬千斛皆應龍姻媾，而黄平、白泥諸司久爲仇讎，計先剪其枝黨，以檄曉譬應龍，大略稱引哱、劉事，謂："龍來，當待以不死；不者，國家懸萬金購而頭。若早爲計，吾不而欺也。"會水西宣慰安疆臣請父國亨恤典，兵部尚書石星手札示疆臣，趨應龍就吏得貰罪。疆臣亦奉札至播招。當是時，七姓惟恐龍出，得除罪，而四方亡命，竄匿其間，又幸龍反，因以爲利，阬道文移，輒從中阻。四月，重慶太守王士琦奉總督邢玠檄詣綦江縣，趨應龍安穩聽勘。士琦屬綦江令前往宣諭，應龍使弟兆龍至安穩，治郵傳，儲糧，郊迎叩頭，致餔資餼牽如禮，曰："應龍久縛渠魁，待罪松坎。所不敢至安穩者，以安穩多奏民伏兵伺殺，往有明鑑，誠恐中計，故不敢出，使君幸枉車騎臨睨松坎，敬布腹心。"綦江令具言太守。太守曰："松坎，示曩奏勘地也。"即以五月八日，單騎往松坎。應龍果面縛道旁，泣請死罪，膝行前席，叩頭流血，請治公館，執罪人及罰金獻廷中，得自比安國亨。國亨者曩亦被訐，懼罪不出界，故應龍引之。太守爲請總督，乃遣贊畫張國璽、劉一相及道府詣安穩。應龍囚服蒲伏郊迎，縛獻黄元、阿羔、阿苗等十二人案驗，抵應龍斬，以其族得論，輸四萬金助采木，仍革職，子朝棟以土舍受事。次子可棟羈府追贖，黄元等梟斬重慶市，總督以聞。是時，倭氛未靖，大司馬欲緩應龍事，事東方。天子亦以應龍向有積勞，可其奏。總督亦設撫彝同知，治松坎，從之。論功，加邢玠右都御史，還朝；以重慶太守王士琦爲川東兵備使彈治之。應龍再及寬政，益怙終不悛，而次子可棟尋死重慶，則心益痛，促取尸棺。以勘報未完，不肯發，趣其完贖，大言曰："吾子活，銀即至矣。"擁兵驅千餘僧招魂而去。分遣土目，置關據險。僭立巡警，搜戮奏民，劫掠屯堡，殆無虚日，厚撫諸苗，用以㩁鋒，名“硬手”。州人稍殷厚者，没其家以養苗。由是諸苗人願爲之出死力矣。

二十四年七月，楊應龍肆逆，劈餘慶土吏毛承雲棺，磔其尸。又掠大阡、都壩，焚劫餘慶、草堂二司，偏及興隆、都匀各衛，遣弟兆龍引兵圍黄平，戮重安長官張熹家，勢復大熾。

二十五年三月，楊應龍流劫江津縣及南川。十二月，楊應龍臨合江，索其仇袁子升，縋城下，臠割之。石砫宣撫司土舍馬千駟入播。先是，千駟母覃與應龍私，覃寵千駟，謀奪長子千乘爵，於是聘應龍次女爲聲援。

二十六年十一月，兵備副使王士琦調征倭，楊應龍益統苗兵，大掠貴州洪頭、高坪、新村諸屯。已，又侵湖廣四十八屯，阻塞驛站。詞原奏仇民宋世臣父鑾及羅承恩等挈家匿偏橋衛城，襲執指揮陳天寵等，大索城中，得鑾、承恩及子女，慘戮以殉，令諸苗對父奸女，面夫淫妻，或裸體坐木，叢射笑樂，或燒蛇從陰入腹，人蛇俱斃，又掘墳墓焚尸，灰飛蔽天。巡撫四川都御史譚希思請於合江、綦江各置游擊一員，合江募兵千二百人，扼岡門，綦江募兵二千人，扼安穩。

二十七年二月，貴州巡撫江東之令都司楊國柱、指揮李廷棟部兵三千剿楊應龍。龍遣子朝棟、弟兆龍、何漢良等迎敵於飛練堡。官兵奪三百落，賊佯走天邦囤，誘官軍殲之，楊國柱罵賊不屈，與經歷潘汝資等俱死。於是，江東之坐浪戰罷，以郭子章代之，起前都御史李化龍兼兵部侍郎，節制川、湖、貴三省兵事，决意進剿，調東征諸將南征。劉綎督川兵先發，麻貴、陳璘、董一元相繼回兵。五月，總督馳至蜀，即請設標兵，益募浙、閩、滇、粤將士，檄總兵萬鏊自松潘移重慶，并調集鎮雄、永寧各漢、土兵舍設防。六月，楊應龍乘我師未集，大勒兵犯綦江，分屯趕水、貓兒岡。婁國等以偏師一犯南川，一犯江津，其子朝棟守沙溪緝麻山，防永寧宣撫與貴州。十七日，游擊張良賢遇賊舊東溪，頗有斬獲。二十一日，應龍督苗兵圍綦江城數匝，游擊房嘉寵誤褒火磚，反傷城上兵，賊乘勢登城，嘉寵帥師巷戰，蜀兵争譟走水上，嘉寵乃殺其妻與良賢赴敵死。應龍因劫，令縱囚焚掠，出綦江庫犒師，依倉就食，盡取資財子女去，老弱者殺之，投屍蔽江而下，水爲赤。退屯三溪，以綦江之三溪、毋渡，南川之東鄉壩立石爲播界，號“宣慰官莊”，聲言“江津、合江皆播故土”。總督郭子章日夜徵調漢、土各兵守渝城，分戍南川、合江、瀘州，軍聲漸振，賊遷延不進。初，賊本無意竟反，徒以安忍猖狂，既覆官兵飛練，騎虎勢不終下，益結九股生苗及紅、黑脚等苗，負險弄兵。然猶冀我如往事曲宥，未敢鼓行深入，止言争界給葬，并索奸民。而總督因我援師未集，蜀人畏賊如虎，時時移文詰責，示無遽絶意，計以緩賊，果具文求撫，不復西向。總督亦謬爲好語縻之，止駐會城調度，示賊無張皇。已，上聞破綦江，追褫兩省撫臣譚希思、江東之各爲民，緹騎逮兵備使王貽德，賜劍懸賞，嚴旨進剿。總督調各路兵，專俟大舉。

十月，命總督李化龍駐重慶，調度川、貴、湖廣。總兵劉綎兵亦至。綎素有威名，其家丁良馬，皆可决勝，然夙與應龍昵，人皆疑之。於是總督延入卧内，輸心腹，且以危言激之，引其父顯九絲功爲比。綎大慟，願誓死報効。總督乃騰書於朝，遂委綎專制，而總督治軍益有次第。十一月，楊應龍屯官壩，聲窺蜀。已，遂焚東坡、爛橋，楚、黔路梗，黄平、龍泉所在告急。賊復據偏橋，出掠興隆、鎮遠。總督議置勁兵萬餘，據要害，通楚、黔道。黔師童元鎮擁兵銅仁不前，革職立功，以李應祥代。命僉都御史江鐸巡撫偏、沅，監總兵陳璘之師。

二十八年春正月，楊應龍勒兵數萬，五道并出，攻龍泉司。守備楊惟忠擁兵二千，以勢不敵，先期托臺謁，走思南鸚鵡溪。土官安民志率步卒五百拒守，死之。吏目劉玉鑾偕妻子并死于賊。副總兵陳良玭，託守偏橋，不之援。賊乘夜掩襲，我軍堅壁。詰旦奮擊，連破金竹、青岡觜、虎跳關等七寨。西陽宣撫司冉御龍進攻官壩，斬關直上，復擒斬三百有奇。初，賊既下龍泉，方移兵攻婺州，聞敗，撤兵遁。徵兵大集，延寧四鎮，河南、山東、天津、滇、浙、粵西兵至者，踵皆相屬，各土司亦用命。

總督李化龍分兵八路。川師分四路：總兵劉綎從綦江入，以参將麻鎮等隸，参政張文耀監之；總兵馬孔英從南川入，以参將周國柱、宣撫冉御龍等隸，僉事徐仲佳監之；總兵吴廣從合江入，以游擊徐世威等隸，参議劉一相監之；副將曹希彬受吴廣節制，從永寧入，以参將吴文杰、宣撫奢世續等隸，参議史旌賢監之。而中軍率標下游兵策應。黔師分三路：總兵童元鎮，統土知府瀧澄、知州岑紹勛等由烏江；参將朱鶴齡受元鎮節制，統宣慰安疆臣等由沙溪；總兵李應祥統宣慰彭元瑞等由興隆；参議張存意、按察司楊寅秋監之。湖廣偏橋一路，分兩翼：總兵陳璘，統宣慰彭養正等由白泥；副總兵陳良玭受璘節制，統宣撫單宜等由龍泉；副使胡桂芳、参議魏養蒙監之。其黔撫郭子章駐貴陽，楚撫支可大移沅州。部署既定，大會文武于重慶，登壇誓師。二月十二日，分道并發，每路兵約三萬人，官兵三之，土司七之。苗見驚曰："今番真天兵，與昔不同。"總督諭諸將，以抵婁山等關爲期，移鎮重慶節制，且曰："關外且戰且招降，多不可勝誅也。關内疾戰，勿受降，師不可久老，賊詐不可信也。"十五日，劉綎進兵綦江，自東溪入播，并峻嶺茂箐，楠木、山羊、簡臺三峒素號奇險，賊首穆炤等盤據。綎力戰，克之。三月，楊朝棟統苗兵數萬，分道迎敵，鋒甚鋭。官軍夾擊，綎身自陷陣，苗大驚曰："劉大刀至矣。"棟潰圍走，幾成擒。初，綦江諸苗自分屠城慘戮，罪不赦，又應龍憚綎威名，冀首挫其鋒，屬朝棟悉勁兵間道相角，曰："爾破綦江，馳南川，盡焚積聚，餘無能爲也。"及朝棟僅以身先免，賊膽落，益爲守禦計。諸軍分道并捷，南川則酉陽、石砫二司先登。初八日，遂克桑木關。烏江則壩陽、永順兵先登。十一日，遂克烏江關，翌日克河渡關；陳璘及副將陳寅擊四牌，賊各披靡，遂奪天都、三百落諸囤。賊連敗，乃乘隙出奇兵突犯烏江，詐稱水西隴澄會哨，誘永順兵，斷橋，淹死我師無算。參將楊顯，守備陳雲龍、阮士奇、白明逵，指揮楊續芝等死之。事聞，逮總兵童元鎮下於理。時有飛語水西佐賊者，總督檄詰，水西不自安。會賊殺其頭目，澄大恨。二十六日，賊託田氏修好賄澄。澄其使，擊斬僞將楊惟棟等。安疆臣亦執賊二十餘人，以示不背。二十九日，劉綎戰九盤，入婁山關，關爲賊前門，萬峰插天，中通一線。官軍從間道攀藤，魚貫毀栅入。四月朔，屯白石。應龍身率各苗决死戰，陰令楊珠等抄後山奪關，四面合圍，都司王芬中流矢死。劉綎親勒騎衝堅，以游擊周敦吉、守備周以德分兩翼夾擊，敗之。追奔至養馬城，與南川、永寧路合。連破龍爪、海雲險囤，壓海龍囤而壘。海龍囤，賊所倚天險，飛鳥騰猿不能逾者。時偏沅巡撫都御史江鐸已抵任視師，陳將軍璘帥師急攻，以十三日破青蛇囤。安疆臣亦以十六日奪落濛關，至大水田，焚桃溪庄。賊見勢急，父子相抱哭，上囤死守，每路投降文，緩我師。總督檄賊詭降，即斬使焚書，毋爲所紿虞。綎與應龍舊，檄無通賊，綎械其人自明，而吴廣以朔三日入崖門關，營水牛塘，與賊力戰三日，却之。賊詭令婦人于囤上拜表痛哭，云："田氏且降。"復詐爲應龍仰藥死報。廣輕信，按兵不動。已，覘知田氏詐降緩攻，而所云應龍死，乃川兵攻囤以火炮擊死者，乃楊珠也。珠驍勇善戰，既死，賊痛如失左右手。廣覺詐，益厲兵協攻，燒二關，奪三山，絶賊樵汲。八路兵大集海龍囤下。五月十八日，始築長圍，更番迭攻。自是賊坐困窮庢，知兵在頸矣。會總督李化龍聞父喪，復詔以縗墨視師。化龍跣而草檄，益治軍。念賊囤前陡絶，勢難飛躍，令馬孔英帥勁兵壁其間，餘并力攻后囤。時天苦雨，將士馳淖中苦戰。六月四日，天忽開朗。五日，劉綎身先士卒，進克土城，應龍益迫，夜散數千金募死士拒戰，諸苗駭散無應者。起提刀自巡壘，見四面火光燭天，徬徨長歎，泣語妻子曰："吾不能復顧若矣。"詰朝，官軍遂登囤，破大城入。應龍倉皇同愛妾二，闔室縊，且自焚。吴廣獲其子朝棟及妾田雌鳳，急覓尸，出焰中。廣中火毒，失聲幾絶，頃而蘇。計出師至滅賊，百十有四日。八路共斬級二萬餘，生獲朝棟、兆龍等百餘人。播賊平，總督露布以聞，劉將軍綎爲軍功冠。十二月，獻俘闕下，剉楊應龍尸，磔楊朝棟、兆龍等于市。分播地爲二：屬蜀者曰遵義，屬黔者曰平越。

——《播州定亂記》，載《秘册叢説》，第22册，朱絲欄抄本

勘處播州事情疏*

題爲隱匿賊情，謀陷城池，欺罔朝廷，擅作威福，僭禮犯分，枉殺人命，毒害軍民，謀害期親，詐傳敕旨，妄造妖言，謀爲不軌，邀截實封，阻當伸訴，變亂成法，倚法爲奸，貪淫酷暴，敗倫傷化，魘魅不道等事節。

該欽奉敕："兹特命爾同錦衣衛指揮劉綱備詞前去四川，會同鎮守太監劉雅、巡撫右副都御史劉璋、巡按監察御史何鈞，親詣播州，撫提事内干證人犯，并吊應查文卷，將各奏内事情從公逐一審勘明白。干礙宣慰使楊愛、宣撫楊友、都指揮楊綱、參政謝士元、副使翟庭蕙及事有應面證者，就便撫提；楊友、楊愛，并行提楊綱等面證虚實，有應委官勘檢者，行取附近湖廣三司堂上官公同勘檢贓物、家財等項，應追理者追理，僭用器服等物應入官者入官。被攻城寨從長處置，應否開設府縣、學校，亦就定奪。有罪人犯，依律議擬，情輕者，各照常例并土俗事例先行發落；情重者，牢固監候。若楊友等挾仇妄奏，各有不實，亦要具情問結，通行奏來定奪，欽此！欽遵！"

又該臣等題爲勘提處置夷情事節，該奉聖旨："恁到播州，事當對證的撫提楊愛、楊友面對虚實，即省發聽候，不必監禁，欽此！"

又據四川重慶府申抄，蒙巡撫四川都察院右副都御史劉璋案驗，准本院咨該本院題該播州宣慰司長官張淵、弟張深奏，爲僭擬宫禁名號，交結親王，潛謀不臣，

---

* （明）何喬新：《勘處播州事情疏》，載《邊疆史地文獻初編》編委會：《邊疆史地文獻初編：西南邊疆》（第一輯），中央編譯出版社，2011 年。

縱爲不法等事。本院看得所奏事情與楊友等先奏情詞多有相同，欲行侍郎等官何某等通提并勘問結果，礙唐王奏請定奪等因，具題。奉聖旨："是！張深既係楊愛原奏同謀人數，還差的當人員押解去交付何喬新等并問。欽此！"

又准本院咨該播州宣化長官司長官何清、弟何洙奏，爲謀爲不軌，殘殺人命，横取民財，欺罔不法等事，該通政使司官奏。奉聖旨："都察院知道，欽此！"本院看得所奏情詞與楊友、楊愛奏詞内姓名、事情多有相同，備抄各詞，轉行臣等并堪。

又准本院咨該本院題該播州宣慰使司宣慰使楊愛等奏爲奸黨欺罔，謀害土官，殺死人命，擾亂地方邊夷等事，及草堂安撫司安撫宋韜、黄平安撫司安撫羅賛，容山等。

又長官司長官張經、張通、毛釗、楊玉、鄭旭，輪署司事舍人李勛等各奏稱，宣撫楊友兄弟及何清等奪占地方，擾亂蠻夷，引惹邊釁，激變夷民等情。本院看得各奏情詞與楊友、張深等先奏事干一連，欲行侍郎等官何等會同鎮守巡撫等官劉雅等并勘，中間奏有虚詐，亦就撫提問結等因具題。奉聖旨："是，欽此！"

又准本院咨該本院題該宣慰使楊愛奏，爲欺誑朝廷，妄捏賊情，違法謀害土官，懼罪擅帶軍夷出境，不守地方城池等事。看得所奏，與楊友等先奏事有干連，合行差官齎文，交與各官并勘施行等因，具題。奉聖旨："是，欽此！欽遵！"抄詞轉行臣等，行據湖廣都布按三司委官都指揮僉事房昂、右參議李俊、僉事洪廷臣將勘過緣由，連人犯呈解前來，除被攻城寨及應否開設府縣、學校另行處置外，會同欽差鎮守四川太監劉、巡撫右副都御史劉、巡按監察御史何，問得犯人張淵，招認播州宣慰司隨司辦事長官。

洪武初年，有播州沿邊安撫司安撫使楊鏗率屬投順，欽蒙改安撫司爲宣慰司，升楊鏗爲宣慰使，撫治民夷。楊鏗病故，伊男楊昇、孫楊綱、曾孫楊輝相繼襲職。

宣德、正統年間，楊綱不合買到土民吴慶、長壽、黄保、福僧、義保、九保、小進保、大朱保、元保，閹割爲火者在家使唤。

景泰、天順年間，有楊輝亦不合收買土民并苗人曾保、王壽、陳玄即何宸玄、大進保、唐奴、福庸、范蠻、羅保、福元、觀音、張沅、何勝昌、王福善、宋慶祥、王永貴、石超祖、張保、吴誠、四保、張永富、楊善琴、童王慶、仁壽、李馬、龍章及已故王景德、禄壽、雲壽即童壽、小鄧即福壽，私自閹割使唤，有吴慶等明知於例有違，各亦不合在伊家住過。

景泰三年正月内，有寨老袁昱等，思得本州税糧遞年運赴貴州、興隆等倉上納，搬運本色艱難，告願折納輕齎銀兩，楊輝准令各里每米一石折收茴銀一兩，類解該倉買米上納。彼時苗蠻反叛，欽差總兵官靖遠伯王驥領兵征剿，楊輝輸粟以助軍餉，蒙賜敕獎諭。本年十二月内，楊輝要表彰，朝廷恩典，起立牌坊，上寫"敕賜"二字。

景泰六年四月内，楊輝訪知馬湖府土民李鑒等，在於本州地名花蛭溪偷砍杉木數多，楊輝帶領土軍人等將李鑒等趕散，遺下杉枋二千餘塊，令冠帶民人閻昂借倩赤水等里人民運至水次，差頭目藺希真、韓璽等裝至南京等處，賣得羅段三梭，共值銀一千三百餘兩，交與楊輝收訖。

天順三年間，楊輝因妻俞氏無子，又娶田氏爲妾。天順八年七月十七日，田氏生男楊友。本年十月初九日，俞氏生男楊愛。以後田氏又生男楊敏、楊敌、楊敷，俞氏又生男楊孜。

成化三年八月内，本司長官何庸病故，户絶。有伊族侄何熙慶不合捏稱係何庸嫡長男，告襲前職。楊輝不合准信，拘集親族里老審取狀，備申四川都布按三司覆勘，具奏准，令冒襲前職。

成化五年閏二月内，有忠州等處逃民劉鈔等，在於真州長官司管下瞭蠻坎等處偷挖鉛礦，蒙四川布政司左參政陳述等督同楊輝，將劉鈔等趕散，弃下黑鉛約有五百餘擔，當將前坎填塞，楊輝自合將前項黑鉛入官，不合令人運至地名三溪，寄頓土民趙月升家。

成化六年月日不等，有陝西樂户劉壽、劉鑒、郭福亮、張順爲因本處艱難，各不合逃來本州趁食住過。

成化七年十月内，俞氏病故，楊愛年方八歲，田氏掌家，妒悍，要將伊男楊友承襲，百計謀害楊愛，有火者長壽極力保護，得免於死。

成化九年十月内，楊輝差藺希真并頭目王標、趙進，將黑鉛四百擔裝至蘇州等處變賣，得銀六百兩，帶回交與楊輝收訖，餘有一百擔仍在趙月升家頓放。

成化十一年間，楊輝得患暗風病症，聽信田氏巧説楊友是長子，合當襲替。是淵不合阿順，勸楊輝將楊友替職。有安撫宋韜、長官毛釗等俱稱楊氏家法立嗣以嫡，不肯保結。有本司典吏顔珪，素被楊輝寵信，亦勸楊輝將楊愛爲嗣。楊輝因衆心不從，只得具奏致仕，將楊愛替職。楊愛年幼，一應政事俱係楊輝主張，田氏專掌家事。莊田子粒并家財、金銀、羅段等物，俱係田氏收掌，楊愛并不得干預。本年六月十二日，蒙敕楊愛量起土軍，跟隨四川等處總兵等官征剿大壩山都掌。事寧之日，差人繳敕，楊愛不合故違，一向不行進繳。楊輝因溺愛楊友，意要分割本州地土，另立衙門，夤緣授以官職。是淵與姐夫何清、已故頭目徐泰、馮暾并楊輝婿俞温、田豊，侄楊夔各亦不合要圖陞官，密與楊輝謀説：“大壩山地方原屬本司，與容山、重安地方相近，今被生苗占據，莫若請兵征討，克平之後就將容山、重安所管夷寨分割，另立宣撫司，著大官久做宣撫却不好?”等語。楊輝喜允，差人拘唤容山長官司長官韓瑄、重安長官司長官張通各帶印信前來本司商量。

成化十二年正月内，韓瑄、張通來到本司，楊輝分付各官著令各申生苗占據大壩山，煽惑重安、容山夷寨爲惡，不納糧馬等因。有韓瑄回説，各司土民一向納糧當差，不敢妄申，楊輝怪怒喝出。是淵與何清各又不合對楊輝言説韓瑄打攪，若不懲治，事終難成。本月二十日，楊輝令人叫韓瑄到司，唱令失記名，皂隸將韓瑄責打六十大棍，攙扶回家，至本月二十八日因傷身死。張通懼怕，只得依從楊輝，就行捏稱大壩山原係本司懷遠府故地，景泰年間被山苗占據，煽惑熟苗爲惡，不服撫化，乞會兵征剿等詞，令楊愛出名具奏。蒙敕巡撫四川都察院右副都御史張瓚領兵征剿，張瓚明知楊輝先已致仕，又奏起伊領軍協力攻取，官軍到彼，不曾交鋒，苗人强者逃散，老弱告願投順。楊輝囑託張瓚要於彼處設立安撫司并二長官司，就將楊友、俞温、何清等爲安撫長官。張瓚不合聽囑，朦朧具奏，於大壩山地方設懷遠長官司，將俞温爲長官，田豐爲左副長官，徐泰爲副長官；又將容山長官司原管雞西等二十五寨捏作丹章容洞地方，開設宣化長官司，將楊夔爲正長官，何清爲副長官，馮暾爲右副長官；又將重安長官司原管凱離等五十二寨捏稱係灣溪總會去處，開設安寧宣撫司。彼時楊友年方一十三歲，捏作一十八歲，冒報斬獲首級七顆，升任本司宣撫。又要將淵保升宣撫同知，因衆論紛然，不曾舉保前項衙門，止有懷遠長官司在大壩山地方丹章容洞，係湖廣所屬苗寨，不服招撫。張瓚又行具奏起倩軍民於凱離寨築立城郭，及將播州長官司土軍一千五百名撥去防守。楊友授職之後，一向隨伊父楊輝住過，不曾到任，止是徐泰、馮暾在於宣撫司替伊僉押。楊輝又將識字土吏向崧、陳敏、馮鑰撥去彼處書辦。是淵與何清、馮暾要得阿順田氏謀害楊愛，將楊友襲任宣慰使。楊愛得知，記恨在心，因淵等係伊父楊輝寵信，不敢聲言。

本年四月初二日，湘川驛驛丞周琳九年考滿，是淵央浼楊輝委弟張洪署掌本驛印信，彼因本驛缺少鋪陳及缺馬走遞，有弟張洪責令馬夫徐昱、蒲底等每馬一匹，買補上、中、下鋪陳各一副，及令馬户韓益之等共出銀一百兩，該買馬七匹。本年月日不等，有弟張洪不合將前項銀兩侵欺入己，不行買馬，又將上等鋪陳三十副共該價銀一百八十兩盗取回家，及將站户楊道、户丁善奴强占在家使唤。本驛官吏因見楊輝寵信淵兄弟，不敢告官。有弟張深倚張洪聲勢，亦不合將本驛馬夫張留三女三真强奪回家使唤，後三真走回伊父家躲住，一向跟尋未獲。

成化十三年二月内，蒙巡撫都御史張瓚因見宣撫司築城未完，軍夫缺糧支給，具奏將本州各司成化十四年、十五年分該納税糧六千七百九十六石撥去彼處上納。有楊友委頭目劉大榮、趙鎮、何忠公同徵收，除完納外，仍欠四百二十四石二斗六升。各民因見米價高貴，情願每糧一石納茴銀一兩五錢，劉大榮不合倚恃楊友信任，每石勒要茴銀三兩，共計一千二百七十二兩七錢八分，除買糧上納外，餘有茴銀六百三十六兩三錢九分，劉大榮盡行侵入己。

本年三月内，蒙四川布政司將銀三百兩發本司轉送容山長官司，糴米支與兵夫，起蓋宣化長官司衙門。彼時容山長官司缺官，委何清署掌印信，照依時價每銀一兩買米二石五斗，共該七百五十石。何清每斗不合加收一升，共米八百二十五石。本司又委何清徵收清平倉改撥税糧三百一十七石一斗五升，何清又每斗加收一升，共米三百四十八石八斗六升五合，前後共該米一千一百七十三石八斗六升五合，除陸續支米四百八十石與兵夫外，餘米六百九十三石八斗六升五合，俱係何清侵欺入己。

本年十月内，蒙巡撫都御史張瓚看得宣撫司守備築城土軍、苗僚人等數多，撥去糧少，又行令布政使馬馴、僉事張子言，將先年征進餘剩糧銀并折色氈毯等物，共折糧三萬六千石，發與楊輝收領支給。有楊輝行令安撫宋韶等，按月支與築城守備軍夫，俱已盡絶，楊愛不曾經手。後巡撫都御史孫仁聽得道路傳説，前項糧價支銷不明，行仰分守等官查究，本司將支銷數目造册繳報訖。

本年失記月日，有革罷思南宣慰使田宗鼎孫男田貴與伊堂兄田忠、嫂冉氏俱從遼東配所逃回播州地方躲住，楊輝因與田貴等關親，亦不合容隱在地名水車壩莊所住過。

成化十四年正月十二日，楊友與伊父妾五兒各不合通奸，楊輝知覺，要將五兒打死，有五兒懼怕，潛於茶房内自縊身死。楊輝又要將楊友殺死，楊愛苦勸，楊輝含忍不曾追究。

本年二月内，有頭目王宋保在於安寧守備，是淵因見土軍逃回數多，不合對王宋保嚇説係伊受財賣放，要赴楊愛處禀知追究。王宋保帕〈怕〉打，將茴銀一十兩送淵收接入己。

本年五月十三日，有弟張洪取伊小姨雲秀即趙氏來家習學女紅，明知趙氏先已聘與土民楊壅爲妻，不合將伊奸訖一度，以後往來通奸不絶。楊壅訪知，將情赴播州長官司告發，追出聘財給還楊壅，將趙氏斷與伊母宋氏領回改嫁，有弟張洪仍將趙氏刁引回家，奸收爲妾。

本年八月内，有土民李瑩將屋塞一段賣與淵爲業，議作價銀二百兩，陸續止還過銀一百四十兩，仍欠六十兩。是淵恃强負賴不還。

本年九月内，楊輝將莊園一百四十五處、茶園二十六處、蠟崕二十八處、獵場一十一處、魚潭一十三處，作四分均分與楊友、楊愛、楊孜、楊敏。因是楊友、楊愛年長，俱有職事，分與金銀器皿等項，親寫分單爲照。楊孜、楊敏年幼，俱無職役，止將金壺一把、金臺盤一副、金盂一口分與楊孜，及將金壺一把、金臺盤一副、金盂一口、金鍾二箇分與楊敏，俱令田氏收藏，不曾寫與分單。又將火者吴慶等二十名分與楊愛、楊孜使唤，張沅等一十八名分與楊友、楊敏使唤。

本年月日不等，楊愛因見各里土民不諳書辦，不合違例將市民姚鑒僉充本司兵房典吏、王裕僉充本司刑房典吏、何文僉充本司户房典吏、楊倫僉充本司禮房令史，有姚鑒、王裕、何文、楊倫各亦不合違例著役。

成化十五年正月内，楊友因往安寧，經過餘慶、白泥等處，又不合將餘慶長官司管下站户毛顯常等地名斑溪、巴村、大寨、鐵葉崕、羅家寨五處水田，八百栳陸地二十處强占，創立田莊；將湘川等驛馬夫孫羊、何詳、黄元受、邵楚、鄒石、玄鑾、程胡、李勝祖等二百五十五户占作佃户；又令何清、劉大榮各又不合將白泥長官司管下站户楊昌福、田斌水田九十畝，巴必聰等陸地一百畝强占爲莊，招引九姓土僚在彼住種。楊友因有獵場在山羊囤等處，每年打獵，又將土民母文昌等田禾蹂踐，及將地名落蒙水、老母譚等處占作漁潭，撈取魚鮮，禁人不許放水灌溉。又將民人袁二保水田三畝占種，見伊要告，才將牛四頭准還田價。

本年二月内，有烏江驛馬夫梁元不合畏避走遞艱難，帶同伊户丁梁章、梁小羊、梁竹、梁河逃往安寧宣撫司，打造鐵器爲生。

本年五月初五日，本司頭目李鑒明即李鑒圓已死，男李用之飲酒沉醉，手執斧頭要殺伊父。有李鑒圓將情具告播州長官司行拏問，李用之懼罪逃走，不知去向。

本年六月内，有爛木苗頭齋果，不忿本州開設懷遠長官司衙門，聚衆攻破本司并靖南堡，將守備土軍三百名盡行殺虜。有本司長官余温、田豐因被苗賊占據衙門，俱回本州住過，原撥備禦土軍陸續逃，故止有四百二十二名仍要安寧守禦。蒙貴州鎮守總兵等官具奏，與四川會兵征進，齎文起調本司土軍聽候夾攻。本司因缺少號布，具申四川布政司，蒙行仰本司差頭目宋齊賢前去永寧倉開，出棉布五百匹，運回本司轉送安寧宣撫司，交與楊友守候應用。

本年十二月内，是淵仍要圖升官職，密與楊輝計議，要誘貴州新添等長官司，奏保楊友爲宣慰使，事成之後仍將淵保任宣慰同知。楊輝聽信，就令淵與何清已死男何楫前去貴州地方，哄誘新添等長官司長官宋安等，各亦不合依聽，捏稱宣撫楊友攄忠效力，撫化有方，夷寨聞其風聲治效，不勝戀慕，乞將新添、麻哈等一十七長官司開設宣慰使司，將楊友改任宣慰使等詞，具本差人齎奏。間楊輝就令何楫將帶銀二百兩、金一百兩、金相寶石帶一條、金相嵌青紅寶石珍珠綴素草帽一頂、珊瑚樹一株、素玉帶一條赴京，央人打點准行。仍將前詞具申巡撫貴州副都御史陳儼處。蒙參稱楊友年幼，不曾一日到任管事，何得有風聲治效，足以感人？顯是宋安等妝飾前詞，妄行奏擾。行文四川巡撫等官，戒諭楊輝父子，毋得越境，煽惑地方。

成化十六年二月内，何楫到京，被彭城衛餘丁、胡亮等誆取前項金銀。又蒙兵部看得前事難准，立案不行，何楫將玉帶寶石等物變賣銀兩，在於教坊司宿嫖花費，致被西廠校尉訪出，拿送錦衣衛鎮撫司究問。何楫又不合隱情妄招係貴州新添長官司通事何受致蒙准信，奏送貴州道問擬審允，遞發巡按貴州監察御史再問定奪。行至中途，何楫因花費前項金銀，懼怕楊輝追取，就行脱逃赴京。又假寫楊輝書信，問在京客人朱安借銀四百兩，到於樂人劉四兒家，花費無存。

本年五月内，有江西九江府德化縣儒學訓導越雍即越熙雍，丁憂回伊原籍貴竹長官司守制，楊輝訪得本官學行頗優，請到本州，令楊友、楊愛從伊讀書作課。後越熙雍服滿赴京，除授唐府教授。

本年八月失記日期，有男張采不合與淵妾五真通奸，是淵將五真打死，張采躲避，以後不曾追究。

本年月日不等，有本司頭目韓璽不合騙取土民李文明等牛二十七頭，又將銀三十二兩八錢借與土民白如清等，多取利銀七十五兩七錢，被李文明、白如清等告發，楊愛行提韓璽到官，責對明白，追出牛只、利銀給還各主，問擬發落訖。

成化十七年二月内，楊友又不合節次，與楊輝妾梁真并使女佛真通奸，楊輝得知，將梁真、佛真殺死，捉拏楊友，要行打死，就將草料逼伊喫食，有楊愛與伊母田氏再三哀告，方才疏放。本月失記的日，有弟張演不合發掘土民趙添祖墳二所，將尸骸搬移别處，起蓋屋房在上。

本年三月内，田氏病故，楊輝將楊敔分與楊友撫養，楊敷分與楊愛撫養。本月失記的日，弟張演因見叔祖張秀已故，將伊妾楊氏調戲求奸，楊氏要告，當得宗族勸阻。

本年七月内，楊友倚勢，將本州文昌宫下常住水田八畝鋤毁禾苗，起蓋房舍。有住持道士劉守堅哀告，楊友喝駡不從。

本年十月十三日，有宣撫司軍人周川保，不合串同生苗阿夜，將江西臨江府新喻縣不知名楊客殺死，劫去資本銀兩。有寨長全仁魁赴楊友處報知，楊友差人緝拏周川保到官，明知本犯罪雖應死，自合問擬申詳待報處决，却不合喝令總旗郭欽，不合依聽用刀將周川保砍死。

本年十二月内，本司攢造黄册，令里長白誼、吴永信，追收各里人户造册盤纏等項銀一百兩，藏放在司，被不知名人偷去，有楊輝差淵弟張洪挨捕間。是淵要謀播州長官司長官王炳職事，分付弟張洪將白誼、吴永信用刑拷打，逼令誣供王炳偷取前項銀兩，各人不從。有弟張洪又不合聽淵主使，將吴永信等連日拷打，俱各傷重纔方疏放回家。至本月初七日，吴永信因傷身死，伊家將尸燒化訖。白誼醫治痊，可是淵又行唆使楊輝將王炳發去安寧守備，在彼病故。

成化十八年正月内，本司委淵管造黄册，有楊輝要將東青等里土民駱恕隆等撥與楊友管轄，又恐變亂黄册，令淵將駱恕隆等開作死絶，各户田糧飛報大溪内外二寨。後楊愛查出前弊，就行改正訖。

本年二月内，蒙四川布政司差雜造局副使駱鎮等，齎送官銀三千五百兩，著落本司收買足色好金五百兩，差人解司類進。楊愛就將前銀派發所屬黄平等安撫司、白泥等長官司收買好金，令淵弟張深、頭目藺希純、令史劉淳分投催收。有弟張深與藺希純、劉淳指以成色不足爲由，除正數外，各又不合勒要各司加耗金多寡不等，共金一百三兩九錢九分，内將一十五兩分與藺希純，一十兩分與劉淳，其餘俱係弟張深强收入己。

本年四月初一日，弟張深等將收過散碎金五百兩送赴本司，有楊愛將金印封完備，差吏張深與頭目陳昇解赴布政司，當官開拆，秤少四兩五錢，并燒煵折耗足色金四十兩。劄仰本司作急買完差人解司，本司因無處易買，行令各安撫長官司共凑銀二百八十兩抵還前銀，仍差弟張深解赴該司，納完取獲批回。不期陳昇訪知前情，具狀赴楊愛處首發，拘弟張深并藺希純、劉淳到官審問明白，追出原分金，完足封收在庫，各人問擬發落訖。有弟張深懷恨在心。

本年九月内，松坎驛馬夫綦宣不合畏避走遞艱難，逃在本州地名竹瓦寨隱情躲住。有弟張演得知，就將綦宣并侄綦賢捉拏到家，逼令各人認係本家雇工人，綦宣等無奈，只得共凑苗銀三十兩與弟張演收訖，方才疏放。本月十六日，楊輝令本司頭目王標、戴秉文護送楊友前去到任，有楊友因見安寧城外苗賊時常往來，仍與王標等回還本司住過，每遇聖節、千秋節、冬至、正旦仍往彼處行禮。

本年十月内，蒙巡撫四川都察院右副都御史孫仁奏准，土官衙門，不許妄捏地方事情逕自具奏，仍仰所屬腹裏關隘去處盤詰把截及通行所屬土官衙門遵守。本月十八日，楊愛因水西羅鬼所管蠻人將本司儒溪、赤水等里人民殺虜，不服講斷，自行帶領官目人等親詣彼處，會同水西宣慰使安貴榮講斷，間恭遇萬壽聖節，就於水西驛行禮。

本年失記月日，本司差頭目文錦前往南京進繳黄册，就令與松坎驛馬夫猶敬順帶杉枋一十五片前去變賣，收買鋪陳。文錦等將杉枋賣銀三十八兩各不合欺侵分用，捏稱前項杉枋被水漂流。有頭目李斌訪知，赴本司告發，就拘文錦等審問是實，追出前銀，給付本驛置買鋪陳，將文錦等量情發落訖。

成化十九年正月内，有楊輝患病沉重，分付楊友、楊愛，候楊敔，楊敷長成，將孝義莊等處田撥與楊敔，海龍壩等處莊田撥與楊敷。後楊輝病故，是淵令妻宋氏帶同使女閏真前去吊喪，有楊愛使女宋真偷出女裙一腰送與閏真接受，不期楊愛知覺，搜出前裙，宋真怕打，潛於本家茶房内自縊身死。本月十二日，楊孜得患傷寒病證身故，楊愛疑是淵與楊友通同暗行毒死，一向詢訪不得的確。楊輝病故後，楊愛方才管事，思得自祖以來，置有大水田、柳川、冉川、屯平、大足、黄魚、永安、先鋒、洪江、米田、通平、毛陂、石梁、雷水、崔家、桃溪、半山、泥川等莊，并獵場、魚潭、茶園、蠟崕，遞年各領頭目劉應清、楊禧、傅晟、蒙裕、李幹、李宗賢、蒙福、席巨成、顔章玄、楊瑞林、羅其、何道、斯朝、何熙淳、吴從義、牟忠、傳宗政、韓善、謝琰、韓秀、閻晟、李福受、劉琰、徐讓、吴楷、閻昂、李智、楊宗禄、吴淵廣、黄澄、吴淵興，提督家人看養孳牲，布種田禾、麻、麥、黍、豆、紅花之類，并采取魚鮮、打捕野獸以供家用。每遇收成之時，又令火者福僧、觀音、王壽、長壽、何宸玄、福庸、黄保、元保吴慶、大進保、義保、范鑾、九保、曾保、大來保、小進保、羅保、福元、唐奴并童壽、禄壽、福壽、壽童往來各莊照管。楊愛管事以來，思得長壽、顔珪有功於己，專一信用，淵與何清等日前撥置伊父要立楊友，因此疏弃不用。是淵與弟張洪、張深、張演并何清怪恨，要得謀害楊愛，仍將楊友襲職。有顔珪因見楊輝存日將所屬各驛馬户分與淵及何清，并伊宗族弟侄作佃户使唤，苦被各家剥削，多致逃竄，勸楊愛更改舊弊。楊愛准，聽將各家役占馬户盡行清出，止當本等差徭。淵等得知出林顔珪之計，各懷怪恨。顔珪亦不合要人敬畏，時常對衆楊説某事是我勸宣慰行，某事是我對宣慰説，以是人皆趨附，淵等愈加不平。

本年二月内，有本州里老張洪等連名告稱，凡遇進貢等項，公差人員遞年俱於各里點差人夫，津貼、盤纏節被差去之人分外，勒取數多，情願預先認納銀兩，免致臨期逼迫，楊愛準聽，照依有司均徭事例，上户納銀十兩，中户納銀四兩，下户納銀一兩五錢，造備手册，委頭目周從鼐照依等第徵收在官。遇有公差人員，量計程途遠近，將前銀支給。

本年五月内，楊友思得何楫替伊營求宣慰不成，又將金銀等物花費，具呈本司。有楊愛批差顔珪與淵弟張深等赴京，到於樂人劉四兒家將何楫捉獲回司監，追費用過金銀并原借朱安銀兩。本月初二日，有王景德因與楊敏游戲，將楊敏推跌落水，王景德懼怕，逃往重慶府地面躲住，本司差皂隸王勝賢緝拏間。有堂弟張淮與舍人程暹遇見，捉回解送楊愛處，責打三十，發與伊父王志領回。本月初五日，有民人宋胡赴本司告稱，民人李源搶擄家財，本司差總旗餘丁朱留拘拏間，有李源逃往伊妻裴椿家藏躲。裴椿不合將李源藏匿在家，隨又轉送逃避。本月初九日，有土民謝武赴本司告稱，被民人王懷智勒要銀兩等情，楊愛令已故儒士王瑩男王坐拘審。有王坐不合索要謝武金一錢，被伊告發。楊愛將王坐送長官程善勘問。本月二十八日，朱留緝獲裴椿，捉送楊愛處，追要李源不獲，楊愛不合喝令皂隸楊彔亦不合聽使，用棍責打二十，省發寧家。

本年六月初三日，王坐弟與王均要赴本司訴理，有把門皂隸羅庸阻擋，王均不合將羅庸叫罵，因而互相采打喧鬧。楊愛聞知，將王均捉拏到官責問。王均倚父王瑩曾教楊愛讀書，將伊毁罵。楊愛發怒，喝令皂隸趙文林亦不合依聽責打二十大棍趕出，將王佐〈坐〉追贓給主，問擬發落。至本月十六日，王均因打傷重，在家身死。本月二十日裴椿亦因傷身死。

本年七月二十五日，有裴椿妻何氏因夫死，無人養贍，亦行自縊身死。本月失記的日，王景德因患瘟疫，在家病故。

本年八月二十八日，楊友因往干溪莊所，經過楊愛獵場，捕得鹿一只。楊愛恐伊侵占獵場，差皂隸趙文良等拘山鄰周克義等審問，不曾侵占，當即回家。楊友恐是楊愛令趙文良等謀害，當赴伊叔楊耀并頭目藺希純、閻允亨、程善，説知前因。楊耀等詢問楊愛，委無謀害情由，勸諭楊友回家訖。

本年九月十六日，弟張演因伊妾秀真在家吵鬧，要得責打，本婦氣忿，在於茶房内自縊身死。

本年十一月内，楊愛差長官何熹、舍人李勛賫本赴京。行至南陽府，何熹等因與越熙雍舊識，前去探望越熙雍，整理酒飯相待，何熹等吃飲訖就行赴京將本投進。

本年十二月内，向崧、陳敏、馮錀因彼處過活艱難，告回原籍當差，將一應文案交與馮暾收掌。本月日期不等，楊友緝知伊使女三真、玉真俱與家人石朝祖通奸，要行追究。石朝祖逃走，不知去向。三真、玉真懼罪，潛於後房内自縊身死。又有伊使女勝娘，亦與家人王祖師通奸，楊友遇見，當時用鎗戳死。

本年失記月日，有本司同知羅宏下家人谷雲南即苟雲南，因結構岩底等寨蠻人搶奪土民羅興富等家財，事發，本司捉拏監禁。有何楫在監，教唆苟雲南妄認係偏橋衛軍役，又替伊寫書一封寄於土民藺澄，借銀打點，被羅宏家人楊卿搜出前書，具告本司行查明白，將苟雲南量情責罰，發與羅宏收領。

成化二十年正月内，長官袁機男袁瑩應當本年分里長，不合將甲首吕定走遞馬匹騎損倒死，被吕忠告發，本司行提袁瑩監追價銀，買補馬匹走遞，就行釋放。

本年三月内，楊愛將銀一百兩，差張淮前去雲南收買寶石等物。有張淮買得各色碎寶石七件、犀帶三條并孔雀藥餌，回家交與楊愛。令人辯得寶石、犀帶有假，止留孔雀藥餌，算銀五兩，將寶石、犀帶令張淮領回，變賣銀價九十五兩，送還楊愛收訖。

本年七月内，田忠病故，伊妻冉氏問田貴討要先年借去銀兩、段匹，不與，將情赴播州長官司告乞，追給。本司委署吏目事仁水驛驛丞李鑒，審得田貴係遼東安置人數，呈送本司批，差老人楊廣宣與弓兵閻鄭遞送綦江縣，轉遞遼東都司查發安置。楊廣宣、閻鄭等各不合通同在家延住。

本年八月内，楊友因與楊愛不合，才將伊弟楊敏、楊敔并妻妾家財搬往安寧住過，止留楊敷在楊愛處撫養。

本年十二月内，本州僧綱司都綱智全、副都綱炯徽各患風疾，不能舉動。有今在官僧人智和、未到官僧人永章，各不合要得營求保任前職，對本司署印僧人可用央説前情，可用不合聽允，慮恐該部參駁，捏稱智全、炯徽俱各病故，智和、永章相應任職等詞，具申宣慰司。有楊愛明知智全、炯徽見存，不合朦朧具結，將智和等申送四川布政司轉送禮部，蒙將智和除授都綱，永章參查未報，俱遇蒙成化二十一年正月初七赦宥。楊愛又不合不將赦書進繳。楊友、何熙慶、姚鑒、王裕、何文、楊侖、智和、永章、可用，又各不合不行將情首官改正。吴慶、長壽、黄保、福僧、義保、九保、小進保、大朱保、元寶、曾保、王壽、何宸玄、大進保、唐奴、福庯、范蠻、羅保、福元、觀音、張沅、何勝昌、王福善、宋慶祥、王永貴、石超祖、張保、吴誠、四保、張永富、楊善、琴童、王慶、仁壽、李馬、龍章各有不合不行首官定奪。弟張洪與趙氏又各不合仍前苟合住過。劉淳先已問革，又不合時常到於本司替寫文書。劉壽、劉鑒、郭福亮、張順各又不合仍在本州躲住，不行回還原籍當差。本月失記的日，蒙巡撫四川副都御史孫查得本司申稱播州長官副長官李昂得患風疾，正長官王炳先已病故，伊男李勛、王埴俱該襲替。案行川東道轉行本司查勘，如果相應，徑自具奏。本司查得李勛、王埴俱係應該襲替兒男，遵依案驗，徑自具奏，未曾襲替。

本月二十八日，梁章等挑擔鐵器經過本驛門首，有驛丞王贊看見，要行捉拏著役。梁章等抗拒不服，反將本官辱罵。王贊不甘，具申本司批，差頭目何熙恭拘拏。間本月二十九日，楊廣宣等將田貴解至綦江縣安穩鋪，遇晚宿歇，不期田貴窺俟解人睡熟，乘機脱逃，不知去向。楊廣宣等隨赴本縣安穩驛告知，具申本司，將楊廣宣等問罪發落訖。

本年二月内，弟張深節次在外揚説，楊愛騙伊金一百兩，要赴上司告理。楊愛訪知，將伊拘拿在監，要行究問。弟張深懼怕，訪得顔珪與舍人宋良、頭目周從鼐俱在楊愛處用事，要浼個人方便解釋，將銀三兩送與軍人陳源，五兩送與民人楊犬，托伊將錢財轉送顔珪等央説前因。有陳源、楊犬各不合許允接受前銀，就替弟張深將銀二十兩，玉連環一副、駝絨一匹，直銀二兩，銅相帶一條，直銀一兩，送與宋良。又將銀二十兩，金相寶石滿冠髻一個重九錢，金相寶石掩鬢一個重一兩一錢，送與顔珪。又將銀三十兩送與周從鼐。央浼各人到楊愛處方便。有顔珪、宋良、周從鼐思得弟張深先已追贓問結，不當監禁，各不合接受前項銀兩等物，禀知楊愛，將弟張深保領回家。本月十二日，弟張深訪知三真在伊父家躲住，又不合使令已故家人陳奴將三真强奪來家，奸占爲妾。

本年三月内，本司差長官楊玉管解馬匹赴貴州布政司交割給軍騎操，該司具本，令楊玉領回。起程間，楊玉因患傷寒病證，具告本司，轉差黄平安撫司同知楊鼎、頭目張檜代替齎進。楊鼎、張檜各不合依聽頂名齎本，慮恐中途脚力難討，各騎長行馬一匹到於重慶府，上船行至南沱驛，被風打破船隻，前馬淹死，楊鼎等得人救出，將本齎進訖。本月日期不等，有楊友與劉大榮因見年久不曾征進，各又不合將原領官布五百匹通同侵欺，陸續賣給過往不知名客人，共得銀一百五十兩。内將二十兩分與劉大榮，其餘銀兩楊友盡收入己。本月失記的日，有楊愛因見伊父原立坊牌年久損漏，重新修飾，思得先奉敕書内有“以旌爾義”等字樣，就於坊牌横額添寫“旌義之門”四字。本月初三日，楊愛思得何楫費用係應該給主之贓，例該追給。何楫不肯承認，反行辱罵。有楊愛不忿，又不合喝令皂隸李神亦不合聽使，用大棍打訖三十。至本月初五日，因打傷重身死。本月初八日，何熙恭拘提梁元等到司，楊愛因怪梁元等躲避差役，辱罵長官，喝令皂隸苟兆亦不合聽使，用大棍各打四十，當令户首梁黄領回。

本年四月十二日，梁元因打傷重身死。本年月日不等，有梁元男梁瑀、梁三、梁鍾及伊弟梁隆因患瘟疫病證，陸續在家病故。

本年閏四月十二日夜，有楊輝妾貫氏在桃溪莊住，坐被李用之手執腰刀一把，將本婦房門挖開，進入偷盜間，家人梁成玄知覺，登時用鎗殺死。次日早，貫氏到於楊愛家說知前事，將尸抬出召人識，有李鑒圓恐怕楊愛追究，不敢認領，就抬往地名籮壁坎埋訖。

本年六月内，有頭目柳靖男柳春，因與土民杜齊賢争奪水槽，被杜齊賢將情并柳春調戲父妾袁氏等情具告本司，行提到官問擬發落訖。

本年七月内，唐王要買壽器，聞知越熙雍曾在播州教書，本州出産紫杉材板，差校尉張琳將銀五十兩前來本州收買，及分付越熙雍寫書一封，令伊男越美同張琳送與楊愛，托伊主張收買勘用材板，就將前銀依時價轉買紫杉板二副，交與張琳帶回訖。

本年八月内，是淵與弟張洪、張深、張演，男張采要謀殺楊愛，密與楊友說知，楊友喜允。淵因余温素與楊愛不合，對伊説知前情，俞温不合聽允。本月初七日，淵令已死軍丁黄成叫朱留到於淵家樓上，説與謀情，就將茴銀三十兩交與朱留、黄成，言説"你每若將宣慰謀了，我再問宣撫討銀一千兩、好田莊一處賞你"等語。有黄［成］、朱留各不合聽允，接受前銀。淵又令男張采取出雞一只、酒一壺，刺血對天立誓，飲酒各散。因無方便，一向不曾下手。後淵遇見俞温説起前情，俞温恐慮事發連累，推託不允。

本年九月内，淵使女菊花與雇工人馬奴各不合私自通奸。

本年十月初八日夜，有長官程善，被賊人周師偷盜銀臺盞等物，轉寄與江西客人鄭彦林藏放。程善緝知，具告本司行提問鄭彦林，隨將銀臺盞等物送還程善收訖，本司將周師等問擬發落。

本年月日不等，有湖廣丹章苗首苗老平，帶領苗賊攻打湖廣翁弓、翁牙寨，又將安寧所管平加并平茶、公羊、地五、凱他、凱塘五寨放火燒毁房屋，虜去人畜。有寨長香保與總旗謝從禄等報知楊友，討軍策應。楊友要得乘機掣取土軍到彼守備，有徐泰、馮璧、劉大榮與頭目楊光明、候正綱、駱慶隆、袁淮、趙政、趙棨各不合撥置。楊友捏稱苗老平僭號稱王，大聚苗衆，圍困丹溪等堡，復來攻打本城，軍寡糧缺，陷在旦夕，危亡莫保等詞，徑申合於上司，蒙鎮守巡撫巡按官行仰四川都布按三司轉行都指揮僉事楊剛即楊綱、右參政謝士元、僉事陳璉會勘，間陳璉丁憂去訖，改委副使翟庭蕙會同堪報。楊友又不合故違巡撫都御史奏准事例，輒將前詞具告本［司］，差頭目何廣齎至貴州舟洞鋪遞奏。有重安長官司將楊友徑奏情由具告本司，楊愛遵依前例，差頭目姚三即姚善明沿途挨查，到於河南地方失記名鋪内，將前項奏本取回，差人齎送巡按四川都御史劉處，行令分巡分守等官查勘，一向未報。

本年十一月内，有楊愛批差頭目猶瑾、家人楊昭往江西吉安府陵縣仁塘村緝拿强盗周鐸、陳華，不獲。楊昭等在於吉安河下搭船回還，遇見今在官民人曾徇道，亦在彼處搭船。楊昭等對伊言説，我家老宣慰葬後，人説風水不利，你與我同到本州，尋得好地遷葬，自有相謝。曾徇道聽允，不合越關跟隨楊昭到州，楊昭對楊愛説知前情，令伊四散尋擇好地，一向未回。

本年十二月日期不等，有土民楊本宗告稱，宣撫司吏羅昂將伊堂弟楊章强占在家，及土民朱源告被本司吏杜忠厚占奪墳地。楊愛行提羅昂、杜忠厚到官，追出楊章，給與楊本宗領回，將墳地斷還朱源，就行問擬發落。有楊友差禁子黎辰勾喚在逃土軍沈進、黎辰，不合索要沈進棉布四匹入己。又差健步苟章勾喚逃吏馬輔，有苟章不合索要馬輔銀二兩五錢、棉布六匹入己。被沈進、馬輔告發。楊愛行提黎辰、苟章到官，各追布匹、銀兩給主，亦行問擬發落。

成化二十二年正月二十一日，有宣撫司守堡總旗蘇章失火燒毁城樓一座，延燒土軍二十二家。楊友差人捉拿蘇章到官，令皂隸羅犬責打三十，發回守堡，後蘇章沾患黄腫病證身故。本年二月内，宣撫司軍人侯玉因被户丁侯明挾騙家財，將情赴楊愛處告理，當差頭目牟桀拘拏侯明到官，問擬明白發落訖。

本年三月内，淵訪知楊愛要去雷水祭掃，密令朱留等前去地名三木埡伏候，仍令馬奴已死弟三奴在彼幫助。三奴對朱留言説："你每不要害怕，我家長先年用藥毒死楊孜，至今不曾發露。"不期楊愛往地名冉家上墳，朱留等各散回家。

本年四月内，淵訪知楊愛要於本月二十五日去會川莊所請客飲酒，仍令朱留等各帶弓箭往地名箐川崕上等候。間湘川驛報稱南京户部郎中黄東山來州公干，楊愛步馬回還迎接，朱留等倉卒不得下手。本月失記的日，本司爲慶賀事，照例將馬二匹批差安撫猶濂、頭目牟麟祥與弟張演解赴貴州布政司，交割給軍騎操。該司就將給過緣由具本令猶濂等領回齎送。起程間，猶濂爲因該管地方夷情，張演等各因患病具告本司，有楊愛不合准聽轉差何熹、向崧與頭目何子淵齎進，何熹、向崧、何子淵各不合冒頂猶濂等姓名齎本赴京。本月二十六日，有楊友批差總旗趙昱齎捧本年冬至并成化二十三年正旦表箋赴本司，轉送四川布政司類進。有趙昱不合在家延住，本司不見齎到，差祗禁王成母、鄭伊二前去催促，趙昱方才赴司。有何熙慶并該吏楊侖、羅仁壽查得趙昱違限月久，禀知楊愛，將趙昱發本司經歷金順處問擬，違限笞罪的决訖，仍令趙昱將表箋齎進。趙昱因見遲違，不肯前去。本司批差長官趙經代伊齎送布政司，就於趙昱名下追回茴銀一十四兩給與趙經，收作盤纏，并雇人抬表等用。

本年五月内，有遼府失記名孫儀賓家人孫全，央華陽縣民人李遵前來本州，問楊愛收買黑鉛。楊愛明知趙月升家寄放黑鉛一百擔，係應入官之物，不合輒將前鉛隱情賣與孫全，得銀一百三十兩入己。本月初八日，容山長官司將何清侵克錢糧等情具申四川布政司，蒙行仰宣慰司徑自查追。有楊愛明知何清係是土官，例該奏請，不合故違輒便收監追并。本月日期不等，節蒙巡撫等官行催楊綱等，將楊友所申賊情作急勘報。有楊綱等才方行委重慶府衛指揮使徐繼、通判孫佐與同知羅宏，督同楊友等前去各寨體勘。

本年六月内，楊綱、謝士元到於本州，楊友差苗人頭目總六等齎文，赴各官處投稟。有謝士元嗔怪楊友申報賊情多有不實，當將總六責打四十發回本司。楊友不忿，對徐繼等言説："三司大人不肯親臨勘報，反將齎文頭目拷打，不知意要如何?"徐繼等用言勸解。本月二十日，是淵與弟張洪、張深、男張采并何清未到官弟何源、何淳謀説，顔珪常跟著宣慰，人難下手，莫若先將顔珪殺了。有弟張洪、張深、男張采并何源、何淳各不合聽允。本月二十三日，何淳令伊家人馮三叫伊今在官妻弟馬隆，并原跟何清民人黄塞，到於淵家言説："今宣撫封銀一百五十兩，討人要謀顔珪，你每若肯用力，將這銀子充賞。"就將苘銀二包與馬隆、黄塞看過，各不合許允。有男張采，將身穿青布褶一領、銀二兩六錢、鐵鞭一條、鏢一根，交與馬隆，令伊雇人并力。又將銀五錢交與黄塞做神福。有馬隆等四散尋人，彼時有江西民人傅秃子，不合越關在於本州買賣。馬隆對伊説知前情，請伊同做神福吃酒。傅秃子又不合回説："你得方便却來尋我，不去吃酒。"馬隆又與軍人許先、石關羊謀説前情，各人懼怕，俱推託不允。本年七月内，楊友將伊父妾玉香取去安寧，轉嫁與湖廣都司都指揮僉事許英爲妾。有玉香父張順不知改嫁情由，疑是楊友奸占伊女爲妾。本月初八日，翟庭蕙亦到本州。次日，翟庭蕙與楊綱、謝士元同到楊愛家看祖訓碑。楊愛安排筵席相待，令人唤樂户劉鑒、郭福亮又各不合依聽到伊家彈唱。勸酒至第三日，翟庭蕙詣文廟行香，楊綱、謝士元陪去行禮已畢。彼有本處軍民照依年例迎賽壁山土主，裝扮義夫節婦過街，人馬喧鬧，男女混雜。有楊綱、謝士元、翟庭蕙自合回避，各不合在本學儀門下坐看。楊愛因見各官坐久，安排桌面四張，抬到彼處，要行勸飲。各官因見訓導楊禮詞色不平，就各散回，不曾飲酒。有楊綱訪知本州有桃源洞，邀請謝士元、翟庭蕙到彼游翫，飲酒作詩，至晚才散。後有徐繼、孫佐勘得苗老平等攻燒平加等寨是實，别無僭號稱王等情，呈報楊綱等處。楊愛因與楊友不和，捏稱馮暾刻契引惹生釁等詞，呈報各官，致蒙准信，通將前詞混同徐繼等勘過緣由，開報鎮守巡撫等官，蒙轉行各官，將馮暾等提問，仍行楊愛將在逃土軍督發前去安能守備。有謝士元等各又不合一向因循，不曾施行。

本月初十日，有楊愛生子。朱留、黄成密對淵説："如今宣慰有子，那事快莫做了。"是淵回説："既是如此，先與你的銀兩我也不取，切莫漏泄。"朱留等應允。是淵回家，慮恐各人漏泄前情，密與弟張深、張演、男張采同謀，要將朱留、黄成等殺死，免致漏泄。有張深、張演、張采各亦不合聽從。本月十一日晚，弟張深、張演、男張采詐説要往朗山莊上取米，帶同黄成、三奴跟隨前去。行至洪江大箐，張深又不合將黃成捉去林内，用刀砍死，將頭丟弃洪江水内，被水推流不知下落。張演、張采在傍不曾下手。次日晚，有三奴來到地名水磨塘，遇見朱留，説知黃成被殺情由，就約朱留逃出潜躲。有張深等隨後趕去，將三奴捉拏回家。當夜一更時分，是淵將使女菊花家人壽童趕出，叫三奴進屋里，用索勒死。令伊兄馬奴等抬出牆後埋訖。朱留懼怕，通將前情具狀赴本司首發，差人緝拿。間是淵與弟張洪、張深、張演、男張采聞知事發，就行脱逃。經過謝家、金竹等寨，恐怕本司差人追趕，有對各寨苗人詐説宣慰見請四川三司在州點集軍馬，要來殺你各苗，有苗人聽信，聚集人衆把截道路。

本月十七日，淵等走到安寧城内，思得事已發露，密與楊友商量，要行誣奏楊愛，遮掩前罪。楊友許允。淵又令伊寫書一紙，寄與俞温，開稱“弓長兄弟到，備道閣下所舉，頗似丈夫之志，其後又更初心，不過首鼠兩端。我與弓長商確大事已遂，何不圖富貴”等語封訖，令伊家人唐寒，不合伊聽齎與俞温，被把渡舍人毛鉉捉獲，連書解赴本司。本月二十三日，楊愛差人押帶朱留與黃成義兄黃鼎到於洪江大箐，尋見死尸一軀，無頭。有黃鼎言説黃成左腿有一個瘡疤，當有里老人等將尸翻轉，令黃鼎看驗，黃鼎看得本尸左腿委有瘡疤，認係伊弟身死，放聲大哭。又於淵家牆後尋出三奴身，驗尸係勒死，回報本司，行委經歷金順審供明白，將朱留等監侯問擬。楊愛通將前情具奏，抄送兵部轉行都察院案候問。

本年八月初四日，是淵寫書一封，楊友將鍍金相犀帶一條交與皂隸韓唐亦不合依聽前去貴州，請熟識舉人路義轉浼彼處鎮守巡撫等官奏稱苗夷猖獗，及楊愛把截道路等情。行至中途，被安撫宋韜捉獲，連書帶解赴本司。楊愛將書拆開，驗係淵親筆，將帶及原書收訖，另行謄寫一封差家人謝周假作楊友伴當，送與路義。有路義得書，不合依聽前去彼處鎮守巡撫官處央説前情，俱各不允，路義就行寫書一封與淵，説稱“安寧人至，始知執事避難而行，務要搜根剔齒，將本官違法事件備奏一本，方免此患，不然恐落奸人之手”等詞。又寫詩一首，説稱“兵機本稿屬都堂，此老戇愚没主張”等語，寄與楊友，俱交與謝周帶回。楊愛開拆前書，備抄轉呈四川鎮守巡撫等官處，俱蒙行仰分巡分守官員勘問未報。

本月十三日，有父張鈺令家人李奴叫馬隆到家，不合對伊言説：“淵等在於安寧聽信，你每商量的事上緊做了罷。”馬奴許允，倉荒出門間，被軍人何旗捉獲送司，審出前情。將傅秃子等拏獲，通發經歷金順問理，追出贓物在官。是淵唆使楊友作急進本，楊友又不合要誣楊愛等重罪，將情添捏：“楊愛差旗校趙文良等一百餘人，諳行謀害，有伊知覺，赴叔父楊輝〈耀〉并諸親長處説知前情。楊愛又將何緝陷死，長官何清、頭目柳春、健步茍章等捏故監禁，俞温、田豐、王標等挾制在家，止有徐泰、馮暾、劉大榮等在城備禦。又被楊愛趕逼，及用巫師魘魅縱令長官張通煽惑苗夷反叛，築城未完，欺罔誑奏。及差頭目謝淵家人羅天鳳等四路把截。

有參政謝士元、都指揮楊綱、副指揮翟庭蕙前來體勘，被楊愛與顔珪將金銀買囑，各官朦朧參駁，及將敕書出，則背隨擺列儀仗，騎坐金鞍，私造火器，旗纛、金爪、鉞斧。常調總旗趙旭等號爲圍子手侍衛親軍，詐傳敕旨，擅立金龍門，又打金印，内鐫上‘輕車都尉章’五字。及將袁瑩、黎辰、羅昂、杜忠厚、候明捏事監禁，欲陷其死。并將苟章、候明一家抄劄。又將裴椿及梁元、梁瑀、梁隆、梁三、梁鍾各打大棍一百，俱各身死。令舊吏周從鼐、巫師侯玉等魘魅馮暾身死，徐泰右脚腐斷，强捉李用之往庶母貫氏莊居殺死，圖賴貫氏與李用之通奸，貫氏親往伊家辯理，楊愛懼罪，陰令程善、閻允亨用財買免。又將田貴捏故，令老人楊廣宣、閻鄭等解到悶頭鋪殺死。又將父妾蔣真、馬真欺奸，與馬真奸生一男，密地壓死，令唐奴收埋。擅開尚甕家等處鐵冶二十四處，令僞太監曾保燒煉熟鐵，專造軍器；擅置機院，將民人趙其、江文仁、張川保等一百餘户充機院織匠，以僞太監王壽管領織造龍鳳蟒袍；又於白田壩擅立商税局；起調軍馬三千餘衆，假以水西送喪，陰欲演習武藝；擅立教坊，以僞太監吴慶掌事，以良民張永壽、吴從義爲左右局使，抄捉良民龐兆期女勝真、福真等一百餘名充女樂，令樂户劉壽教習雜劇，每遇節旦，楊愛身衣龍袍，夫稱國主天主，妻稱地主；擅立局院，以僞太監黄保管孳牲局，何宸玄管馬院，大進保管大廚小廚二局；又將侍女宋真强奸，本女不從，楊愛剥去衣服，綁縛在地，將黑雄狗百般凌辱，以致自縊身死；又將各里人民科派上户八兩、中户下户不等，掊克入己；各民税糧設計攬納，多收折色銀兩；軍民人等有犯贓罪，每銀一兩，追銀二兩；及令僞太監王壽驅役良民康冉、唐一、蕭榮祖考巧打二龍戲珠金盆，織造龍袍；其卧房則有金龍遶柱、珍珠簾幕；獨占家財，將父原收金五千兩、銀一十五萬兩并珊瑚樹十株、珍珠簾四幅、玉圭二笏、走盤珠二枚、寶石三斗、珍珠四斗并金玉違禁器物，及養老莊田子粒六萬餘石、馬五百匹、牛二千餘頭、獵場、茶園、漆林、杉山、猪羊等項，不計其數”等項虚詞，令淵開寫奏稿。

是淵説稱：“這等情詞不足聳動朝廷，莫若捏他妖言詩句，顯出他不軌之迹。”楊友言説：“你就替他做兩首詩句，寫在本上。”是淵明知有例，造妖言者正犯處死，全家發烟瘴地面充軍隨住，又不合故違捏稱：“楊愛曾言我夢騎龍上天，上帝謂我曰：‘南方帝子來也。’楊愛又曰：‘人相我有天下分，我若得志，共用太平。’又作詩曰：‘陰雲終日蔽長空，咫尺衡門有路通。霹靂一聲震天下，南方須起赤鱗龍。’曰：‘古今豪杰貴謀身，虚度光陰二十春。不向蜀中興事業，却來俯伏屬猪人。’以粉板寫之，掛於睡房金龍柱子上。”等語添入本内，寫成奏本。及將“遥振”錯寫作“摇振”，“財輕義重”錯寫作“財輕重重”字樣。擅用本司印信，令楊光明齎赴通政司投進，抄送都察院。蒙本院奏，差刑部錦衣衛堂上官前來四川，會同鎮守巡撫巡按官員勘提，及將楊愛所奏情詞，行移各官并勘。

有弟張深又不合誣奏親王及誣楊愛等重罪。仍將楊友所奏虚實情詞添捏：“楊愛僭擬朝廷，修立五門牌匾，正庭僭稱宫庭，内立嵩呼門，僭設金水橋。睡房貼金描畫，卧床雕刻龍鳳，身穿星斗龍紋衣服。於玄妙觀設本命金龍牌一座，與萬歲牌并立。差頭目趙杲將銀五百兩、金五十兩、金帶一條送與謝士元，又令顔珪將銀盆一口、銀三百兩、金帶一條、銀相了事一副送與楊綱，及差頭目閻晟將銀五百兩、金五十兩、金帶一條送與翟庭蕙。楊愛設宴相待，各官每席送金花一朵。伊妻田氏用彩段針線靸鞋，金盞、銀臺贄見俱各接受。又差何熹、李勛等潛往唐府交通，本府宴賞，何熹等回還，備道王待厚意。楊愛潛爲奸計，令楊鼎帶戰馬二匹進貢唐王。有本府亦差校尉張琳、舍人越美送楊愛密書一封、大小書五部，不知是何文籍武書，彩色表裹二副。楊愛叩首跪拜接受，與張琳等設宴，回寄唐王密書一封，與張琳、越美每人銀五十兩。又科銀一萬餘兩，預備夫錢，令僞太監長壽、王壽，家吏王從仁等造辦軍器。又差頭目王杲收買羅段，以備賞勞。變亂舊章，將舍人王塤、李勛逕自奏請襲職。訪得曾徇道能觀天象，暗曉兵機，迎請到州，拜作軍師，日看兵書，夜觀星斗。又於雷水塑立楊輝神像，龍章鳳式見存。又差長官馮琪、舍人楊才來京打聽消息。擅開銀場，遞年煎銀萬千餘兩，黑鉛數萬餘擔。起集人夫，每年砍花杉板一萬餘副，一半買囑來往官員，一半發往蘇州等處變賣。僞太監王景德要赴京陳述，楊愛捉回凌遲碎剮。及怪舍人不拏王景德，故縱强盗周師等將伊劫掠，及將伊貶去廣東安置。又怪堂兄張淮跟趕王景德遲延，令伊領銀一千兩，前往雲南收買石澤生象。張淮止買得寶石、犀帶等物回還。楊愛收訖，仍將張淮追銀一千兩，貶去地名赤水萬里箐羈管閑住。又因布政司差人齎銀前來買金，楊愛將銀收在伊府，令長官楊廣等科追殷實大户赤金二百餘兩，加耗四十餘兩。楊愛只將低金混鎔，解赴布政司煎拆。楊愛反將伊追陪净金四十兩，又令伊領銀二千兩收買石澤等物，止買得珍珠、寶石、猫精等物回還。楊愛又行杖，并陪銀一百兩。又指稱先年解金秤拆爲由，令校尉楊辰、高泰擒拏，嚇騙赤金九十九兩。又要勞禁陷害，只得將大紅纻絲一匹分與内官羅保，托伊將銀一百兩送與伊妻田氏。又將銀一百兩送與伊妾田氏。又將玉條環一副、銀五十兩送與長壽。又將銀十兩送與陳源，托伊將銀三十兩送與顔珪。又將銀十兩分與民人楊犬，托伊將銀一百兩送與周從鼐，方纔姑容。楊愛奪占山林，每年起集人夫，遇春采茶萬餘擔；遇夏米價高貴，起夫分運子粒往重慶等處變賣；遇秋至冬差黄保等總督官目子弟打捕猪鹿馬熊一萬餘只，小獸麞鹿不計其數，運回總府。又寄買金爲由，與播州長官司科銀二千餘兩；親管二十二里，科銀一千餘兩，令家吏李孝思追收孫全將金五百兩，問楊愛買黑鉛五千擔，差頭目送至臨河交付。又將糧價一萬兩、官布五百匹俱克入己。追過贜錢、罰贖等項，每年追有一二萬兩。本年六月内，將藺希真、文錦、韓璽追有三千七百餘兩。自楊愛管事以來，約有萬萬餘兩。又將民人趙高僧幼女玉真强抬入府，奸宿爲妾。又因進貢馬匹科萵銀一千五百餘兩。又將埋没軍役一千五百名擅編圍子手，設立總旗六名楊善林、楊瓚、楊源、趙旭、朱鎮、郭聰等管束。僞設校尉千户八名：李弼、張朋、李聰、羅琪、趙温良、聶俊、何廣、王鑒等，專一擒拏斬殺。又將各處田土編成府分，每府設一僞太監、一都從并都管、都保、提督。及開福僧、王壽等一十八名俱係太監；趙玉、猶鑒等一十八名俱係都從；苟郭等六名係牌首；吴從義、張永壽係局使；羅馬僧係局長；李福壽、吕何係提領；禄壽、羅保等七名係内官；何文係屯田司令”等項虚詞。及錯寫“唐府係湖廣防隅傳道沿階鉗封”等字，俱各差訛，開款具本，賫赴通政使司妄奏。

有何清因恨楊愛將伊監追糧價，亦要誣伊重罪，將楊友與弟張深所奏虚實情詞添捏：“田貴前來取討原寄珍珠、玉椀、珠簾、龍劍、金銀等物，楊愛主令長官趙經將田貴擒拏，令閻鄭等解至悶頭鋪打死，假作脱逃。及將伊男何緝痛打一百二十棍，不死，當夜禁子羅欽、趙文林用索絞死，又要將伊打死。只得將銀盆一口憑頭目楊大簡送與顔珪，又將水田一段請吴三元送與長壽，方得性命。伊弟何洙帶引繼男何高保、何召赴京申訴。楊愛主令毛釗前來截殺，將何高保、何召并鞍馬一副、盤纏銀十兩盡行劫回，未知存亡。智和、永章交結，長壽號曰國師。楊愛見仁懷、儒溪二里出産石青、石緑，擅取作親管里，分遞年仰傅禧追收銀兩、黄蠟、棉布入己。本州夏秋税糧，每石止用茴銀六錢，楊愛每年委官目一人追茴銀二兩，克落花費”等項虚詞，及稱“楊輝詐作蠻人，攻破地方，將税糧停徵三千一百餘石，追收克落入己”等詞。令伊弟何洙亦不合依聽出名具本，越關赴京妄奏，俱抄送都察院，蒙將弟張深解回，何洙給引照回聽理間。

本年九月内，淵聞知楊愛將淵等謀害事情奏發，懼怕上司差人挨拏，哄誘楊友指以赴京伸訴爲由，帶同劉大榮等并楊友原分得火者張沅、何勝昌、王福善、宋慶祥、王永貴、石超祖、張保到於貴州地方潛住。後聞鎮守等官差官沿途跟趕，又到湖廣荊州府地面躲住。打聽得都察院已將弟張深遞回聽勘，楊友懼怕遞發，不敢前進。又行捏稱“楊愛分投差安撫宋韶、猶滽，長官張經、毛釗，舍人李勛、韓清等，調所屬軍兵三五百十餘衆，在於鎮遠、荊州、沙市等處駐劄邀截，及用金銀買囑巡捕等官，容情不舉。又調軍馬四路遏截，密行謀害”等詞具本，差頭目彭宜賫奏，仍將前詞具狀，令楊光明抱赴欽差官員處妄訴。

是淵思得楊輝先年分與楊友、楊敏等火者并蟒龍衣服，慮恐楊愛訐出，又教楊友捏稱“楊愛將火者張沅等十九名，及本家織造蟒龍衣服二件，分與伊兄弟服用，故將數内吴誠等拘留不放”等詞具本。連蟒龍衣服二件，并跟隨在彼火者張沅等七名，俱令彭宣等解進。有劉壽、宋齊賢、劉守堅、黄鼎、張淮等，各將楊友欺奸父妾，霸占田土，侵克官布，并淵與弟張洪、張深、張演、男張采謀殺人命，盗取鋪陳、欺侵官錢等項事情，各赴播州長官司首告。站户羅昂因被楊友連年占役，不合捏稱“楊友將蘇章捉去，用大棍打一百，即時身死”等詞具狀，赴本司妄告。

有本司署司事舍人李勛，又不合輒將各人首告情詞添捏“弟張深先年克落宜賓、富順二縣糧錢”等詞混同開款，具本奏發。楊愛亦將朱留原首淵等謀害情詞并何清等欺侵軍糧等情具奏。有草塘、黄平二安撫宋韜、羅賫，真州、容山、重安、餘慶、白泥五長官鄭旭輪、張經、張通、楊玉、毛釗亦各將楊友、何清等奪占地方、侵盗錢糧、激變夷民、殺死人命等情各具本奏發。楊愛聞知楊友赴京，仍將前項情詞及添捏“楊友欺奸父妾玉香、彩鸞”等詞混同，具本妄奏。俱蒙都察院抄詞轉行原差官員并勘，蒙差人將淵與楊友等緝拏前來，發湖廣都布按三司委官都指揮僉事房昂等撫提一干人證到官，逐一責對明白。吊查各起文卷，相同通將審過緣由，連人犯呈前來。

審得楊愛執稱自幼喪母，家財俱係庶母田氏收掌，若有金銀違禁器物，田氏俱與楊友、楊敏兄弟，所奏珍珠簾、走盤珠、玉珪等物，委的并不曾見。楊輝存日，將金銀等物均分，見有分單存照，數内違禁之物，情願一一入官。不繳敕書是實，并無擺列儀仗，及私造應禁軍器、金爪、鉞斧等項。蔣真、馬真俱係楊輝使女，馬真先已病故，楊愛并不曾將蔣真欺奸生子。唐奴亦不曾替楊愛收埋奸生之子。劉壽執稱楊愛令伊教習雜劇是實，并無抄劄良民婦女充女樂及身衣龍袍，及事内人證俱執稱敕賜坊牌係楊輝起立，楊愛止是修飾添寫“旌義之門”四字，不曾詐傳敕旨，擅立金龍門及打金印内鐫“輕車都尉”等字，蟒龍衣服係楊輝存日令人於南京等處收買。本州原有鐵户八十六户，遞年自行煉鐵營生，楊愛并無擅開尚翁家等處鐵冶二十四處。折糧銀兩係楊輝存日准行，楊愛不曾攬納多收折色。馮暾、徐泰俱因病身故，并不係楊愛令候玉等魘魅身死。楊愛本家養有牲畜馬匹，俱係家人李孝敬等看管。遇有做造器皿、起蓋房屋，俱係雇倩人匠，并無擅開大廚小廚等項院局。播州長官司原額商税鈔貫，遞年責令頭目戴景清、于福宗照數徵收。春秋祭祀買辦祭品，作數支銷，楊愛不曾克落入己，亦不曾於白田壩擅立商税局。康冉平日止是打造粗糙首飾，趙其、江文仁止會織造布匹，蕭榮祖止會琢磨假玉、作網圈之類，并不會打造二龍戲珠、金盆、織造龍袍。本司受理一應詞訟，止是照依夷俗講斷，有願納米贖罪者，責令或出牛羊，或出麻布，或銀一二兩，凡遇一應公務作數支銷，并無多收銀兩入己。安寧城郭俱已築完，楊愛并無欺罔誑奏。及楊愛親叔楊耀執稱楊愛襲職以來遵守法度，并不敢僭逆，夫稱國主天主、妻稱地主，止是頭目以下因見長壽、顔珪有寵，以此稱長壽爲老爺，顔珪爲大人。楊愛違例不令佐貳官封記印信是實，用使之時，俱令羅宏知會，并不曾在於私家偷使。王景德病故，身尸見存，楊愛不曾將伊剮碎。趙高僧女玉真，見嫁土民王勝宗爲妻，楊愛不曾奸占爲妾。本司土軍除分撥各司備禦見存一千三百名，并無埋没軍役，亦無擅立總旗、校尉、千户名目。水田、柳川等處俱係楊愛田莊，并無設立屯田府分。福僧等俱係楊綱、楊輝閹割火者，亦無僞稱太監、都從各色。田貴係播州長官司起解中途逃脱，楊愛并無圖財謀殺。曾徇道止是尋看風水，并無夜觀星斗。楊愛因伊授業師越熙雍寄書，替唐王收買板材，并無交通情由。唐王亦不曾賜與彩段、書籍。彩鸞先已改嫁舍人羅昇，楊愛并不曾將伊欺奸。

又審得何清、王坐并梁瑀妻易氏、裴椿弟裴林執稱，何緝、王均、梁元、裴椿係楊愛因公打死，身尸埋葬已久，不願檢驗。蒙委忠州知州陳秉彝、内江縣知縣陳銓，各帶吏仵押發尸親，黄鼎、馬奴、王志相驗得，黄成無頭，已潰爛。衆執生前委係弟張深用刀砍死，三奴頸有縊痕，生前委係淵用索勒死，王景德身尸渾全，生前委因病故。又委各官到於地名雷水看得楊輝塑像，止是朝冠朝服，并無龍章鳳式。又蒙委湖廣三司委官，會同四川三司都指揮劉昇、右布政使李清、僉事馮寧親至楊愛住宅内看得，并無五門牌匾及嵩呼門、金水橋，中庭匾作“忠孝堂”，亦不曾僭稱宫廷。睡房俱無貼金描畫及金龍遶柱，卧床亦無雕刻龍鳳。其祖先堂、承恩堂并小廳左右角門，俱有飛檐轉角，放印亭重檐圓頂。楊愛并伊伯母田氏住房及中廳前俱有月臺，台下各有水池，池中各搭石爲橋，周圍俱有青石闌干，俱係楊昇存日起蓋。西邊又有玉皇祠，中塑聖像，左右二柱各有木刻金裝龍一條，係元朝元統元年，楊愛六世祖楊嘉貞起蓋，畫圖貼説呈報前來。

又審楊耀并伊親族，及楊友母舅田宗善，同詞執稱楊愛祖父以來并無珍珠簾、走盤珠、玉圭等項是的。楊孜委因傷寒病故，不係淵等用藥毒死。看得長壽、曾保、黄保、義保、大進保、王壽、福庸、吴慶、福僧、大朱保、元保、九保俱各年老，見患風癱、瘸跛等疾，責令醫生崔永和看驗是實，不堪起解。可用執稱先於成化十八年八月初十日，被賊人偷去度牒，已行告官，挨訪不獲。及審弟張深等執稱父張鈺風癱在床，已成篤疾。止有何清奏稱楊輝自正統十四年以後詐作蠻人，攻破地方，將税糧停徵三千一百餘石，遞年追收克落入己一節，本司文卷散亂，難以憑據，另行布政司查報定奪。

除將長壽等暫發羈候，貫氏等身發聽候，將淵等研審明白，實招罪犯外，結的銀一兩直鈔八十貫，招結是實。張深等七十一名招同張通等四十名供同，照出張采、何源、何淳、馮璧、劉大榮、候正剛、袁淮、趙政、吴誠、四保，張永富、楊善、琴童、王慶、仁壽、李馬、龍章、路義、永章俱另行。楊友、楊愛原分金玉首飾器皿等物，并楊友侵盗官布價銀一百五十兩，楊愛賣鉛價銀一百三十兩，原追張深等克落金一百三兩九錢九分，何清侵欺糧米六百九十三石八斗六升五合，周從肅、宋良、顔珪、陳源、楊犬接受張深銀共七十八兩、玉連環一副、駝絨價銀二兩、銅相帶價銀一兩、金相寶石滿冠髻、金相寶石掩鬢各一個，張洪侵欺馬價銀一百兩、鋪陳價銀一百八十兩，及朱留首出銀十五兩，張淵負欠李瑩地基價銀六十兩、嚇取王宋保銀一十兩，張演騙取綦宣銀三十兩，主無見在，俱合追入官。楊永原占劉永堅地基，并楊昌福等水陸田地，責令退還原主。管業占役站户孫羊等退出當差。楊愛原奉敕書一道，合追進繳。追出智和原給度牒，合送該部查銷。楊愛違式房屋、石橋闌干，行令拆毁改正。吊來文卷發回各衙門備照。

議得張淵所犯除“謀殺人造意”并“故殺雇工人威力主使人毆打致死”等罪，張深除“從而加功并誣告人死罪未决”等輕罪外，張淵合依“造妖言者”律斬，張深依“豪勢之人强奪良家女，奸占爲妾者”律絞，俱秋後處决。楊友除本犯“應死而擅殺”等輕罪外，依“官物當應給付與人，已出倉庫而未給付，但有人守掌在官，若有侵欺者，計贓以監守自盗論四十貫”律斬。楊愛除“因公毆人至死”等輕罪外，比依“軍官犯罪，應請旨而不請旨，當該官”律絞，俱雜犯照例納米。楊愛仍盡因公毆人至死，本法每名追埋葬銀一十兩，給付死者之家。張洪、張演、何清、顔珪、何熙慶、俞温、劉淳、趙氏、劉壽、劉鑒、郭福亮、張順、王裕、姚鑒、何文、楊侖、小進保、何宸玄、唐奴、范鑾、羅保、福元、觀音、長壽、黄保、義保、曾保、大進保、吴慶、福僧、九保、大朱保、元保、王壽、福庸俱除革前罪名。何清若奏楊愛令閻鄭等將田貴打死得實，閻鄭合坐以“謀殺人從而加功者絞”，今虚以“誣告人死罪未决者”律。張洪依“以威力主使人毆打致死者，下手之人爲從論减一等”律。張演依“謀殺人從而不加功者”律。顔珪、周從肅、宋良、陳源、楊犬俱依“受財不枉法，無禄人一百二十貫之上罪止”律。朱留依“卒謀殺本部五品以上長官已行者”律，俱减等各杖一百，徒三年。李勛依“奏事詐不以實者”律减等，杖九十，徒二年半。苟兆、楊泉、李神、趙文林俱依“聽使下手之人通”减。楊愛“因公毆人至死二等”律，各杖八十，徒二年。馬隆、黄寒、傅秃子俱依“謀殺人已行，未曾傷人爲從者”律减等，各杖九十。曾徇道、何洙俱依“越度關津者”律减等，各杖八十。何熙慶、俞温、劉淳、王裕、姚鑒、何文、楊侖、趙氏、菊花、何熹、向崧、楊鼎、郭欽、劉壽、劉鑒、郭福亮、張順、韓唐、羅昂、唐寒、可用、智和、馬奴、小進保、何宸玄、唐奴、范鑾、羅保、福元、觀音、長壽、黄保、義保、曾保、大進保、吴慶、福僧、九保、大朱保、元保、王壽、福庸、楊綱、謝士元、翟庭蕙、楊光明、駱慶隆、趙棨、田豐，俱依“不應得爲而爲之，事理重者”律减等，各杖七十。張洪、張演俱係張淵弟，照依造謡言事例，全家發烟瘴地面充軍隨住。何清、顔珪、周從肅、宋良、李勛、何熙慶、俞温、劉淳、王裕、姚鑒、何文、楊侖、向崧、楊鼎、郭欽、楊綱、謝士元、翟庭蕙、楊光明、駱慶隆、趙棨、小進保、何宸玄、唐奴、范鑾、羅保、福元、觀音、九保、元保俱照例納米。陳源、楊犬、苟兆、楊泉、李神、趙文林俱照例擺站，各完滿日。馬隆、黄寒、傅秃子、曾徇道、何洙、劉壽、劉鑒、郭福亮、張順、韓唐、羅昂、唐寒、馬奴俱民人，可用、智和俱僧人，各的决。趙氏、菊花俱婦人，各單衣决罰。長壽、黄保、義保、曾保、大進保、吴慶、福僧、大朱保、王壽、福庸俱廢疾人，依律收贖。

朱留係自首，發田豐犯在革前，俱免罪。張通、程善、王坐、袁瑩、戴景清、于福宗、侯王、杜忠厚、康冉、柳春、候明、李鑒圓、黎辰、趙其、蕭榮祖、閻鄭、牟棨、梁章、裴林、閻晟、趙杲、楊昭、王勝、趙高僧、楊文蔄、羅欽、趙旭、王埧、王標、戴秉文、趙文良、羅仁壽、張永壽、吴從義、龐兆期、石關羊、王志、黄鼎、易氏、三真俱供明，各還職役。寧家還俗隨住，趙氏離异歸宗，三真給親完聚。

楊友係冒升土官，何熙慶係冒襲土官，王裕、姚鑒、何文、楊倫俱違例參充人役，顔珪係有贓吏，俱革職役爲民。參照犯人張淵，以邊鄙之夷民，挾蛇鼠之小智，教楊友以奪嫡，使其兄弟相仇，殺黄成以滅口，致其身首异處，捏造妖妄之詞，中含譏謗之意。張深謀害楊愛之初，既同立誓，殺死黄成之際，又實加功，奸占婦女，欺壓良家，誣奏親王，肆無忌憚。楊友本以騃童冒功受職，奸淫父妾，雖係革前彝淪之道有虧，謀奪弟職，輒欲殺害，手足之情安在？楊愛寵信所私，疏遠骨肉。何清雖係屬官，不候奏請而輒提王均等，固爲有罪，輒便因公而毆死。張洪屬管驛事而侵盗官錢，聽兄主使而毆使人命。何清欲謀升官而捏詞以陷。韓瑄、張演欲扶庶孽而結黨以圖楊愛。顔珪以刀筆賤役恃扶助私勞，雖有贊晝革弊之勤，難掩招權納賄之罪。楊綱、謝士元、翟庭蕙官居方面，百司具瞻，體勘夷情，雖無賄賂之私，遨游飲宴，殊失表率之道。及小進保、何宸玄、唐奴、范鑾、羅保、福元、觀音、長壽、黄保、義保、曾保、大進保、吴慶、福僧、九保、大朱保、元保、王壽、福庸俱係私自閹割人犯，律該給親。數内長壽等一十名俱有廢疾，九保、元保俱有殘疾，合無依律照例發落，惟復解京再問定奪。

再照楊友、楊愛構隙已深，同處一州必致互相殺害，伏乞聖明裁處。緣張淵、張深俱重刑，楊友等俱情重人犯，楊愛又係比附律條，楊綱係軍職論功定議，并與謝士元、翟庭蕙俱方面官，及節該欽奉敕："情重者牢固監候，奏來定奪事理。"未敢擅便，除將張淵等牢固監候，楊友、楊愛照題奉敕依事理省發聽候，長壽等羈侯，周從鼐等照依見行并土俗事例發落，供明、張通等先行摘發贓物，候追完，差官另解外，開坐具本，專差小旗武振親齎謹題請旨。

廣信府同知鄒潘、推官方重、臨江府推官袁長馭校正，上饒縣學教諭餘學申對讀，湖州府後學吴仕旦覆訂。

——《勘處播州事情疏》，載《邊疆史地文獻初編：西南邊疆》（第一輯），第 3 册，3~109 頁

萬曆三大征考*

播州，古夜郎、且蘭地。漢始受繆縻，屬牂牁郡。唐貞觀初，分牂牁北界置郎州，領六縣，已改爲播州。乾符三年，南詔寇陷，太原楊端應募，决策馳白錦，出奇兵擊定之，授武略將軍。值唐亂，留據長，子孫歷宋附屬稱外臣。大觀三年，以楊文貴納土，置遵義軍。元世祖授楊邦憲宣慰使，賜子漢英名賽因不花，封播國公。國初，楊鏗内附，改播州宣慰使司，隸四川。其域廣袤千里，介川、湖、貴竹間，西北塹山爲關，東南俯江爲池，蒙茸鑱削，居然奥區，領黄平、草塘二安撫，真、播、白泥、餘慶、重安、容山六長官司，統七姓，爲田、張、袁、盧、譚、羅、吴，世爲目把，大事諮决焉。田係思州宣慰裔，永樂改土爲流，族多入播。張亦龍虎山舍餘，與楊世姻婭。嘉靖間，楊相寵庶子煦，欲奪嫡，嫡妻張與子烈擁兵逐相，走水西客死。水西宣慰安萬銓挾奏索水烟、天旺地，聽還葬。烈即應龍父也。自烈仇殺長官，相攻剽垂十年，總督侍郎馮岳討平之。應龍生而雄猜，尤阻兵嗜殺。隆慶六年，襲職，以兵積勢，從征喇麻諸番，先登，多斬獲；從征九絲、膩乃，却敵，捕虜亡算；從征楊柳溝，却敵，先登，斬首數十級。先後賜金幣，揚揚意得。萬曆十三年，進大木六十本助工。上特給大紅飛魚服，加職級。應龍窺蜀兵弱，每征討止調土司，而蜀將或從借級，漸驕蹇，輕漢法，所居僭飾龍鳳，擅用閹侍。嬖小妻田雌鳳，疑嫡妻張奸淫，出之，已，飲田氏兄所，乘醉封刃，取張并母

* （明）茅瑞徵：《萬曆三大征考》，載《續修四庫全書》編纂委員會：《續修四庫全書》，上海古籍出版社，1996年。

首，屠其家，是歲萬曆十五年也。應龍在州，專酷殺樹威，有小睚眦即戕害，人人惴恐。初惑七姓，虐所屬黄平等五司，久而覺其欺，稍奪之權，七姓遂反噬。應龍疑衆不附，益結關外生苗爲翼，肆行劫掠。十七年，所部何恩、宋世臣等及張氏叔張時照，上飛文告龍反。巡撫貴州都御史葉夢熊疏請大征，而蜀三面鄰播，士大夫率謂播僻處西南隅，屬夷以十百數，皆其彈壓，兵驍勇，數赴川、貴軍門調，有微勛，剪除未爲長策。以故蜀撫按并主撫，而黔主剿，朝議乃行兩省會勘，應龍願赴蜀不赴黔。二十年，逮詣重慶對簿，繫論，法當斬，請以二萬金贖。御史張鶴鳴方駁問，會倭大入朝鮮，羽檄徵天下兵，應龍因愬辨，願自將五千兵報效，詔可，釋，回播啟行，尋報罷。巡撫四川都御史王繼光至，嚴提勘結，遂抗不復出。蓋應龍居恒負固驕蹇如天帝，已淹繫一獄吏，得挫辱之，重索金錢，上下輕重萬端，殆不可勘。龍自謂前後頗有功于漢，緊七姓實隸我，往夜郎君長例得生殺其屬，亦何至爲漢法急持，助若屬與我爲難也。以是一脱紲輒颺去，不欲就吏，而張時照等復詣奏闕下，巡撫王繼光乃一意主剿，尋得旨，戒以貪功妄殺。二十二年春壬正月，繼光馳至重慶，與總兵劉承嗣議分三軍，以都司王之翰一軍軍川南，由黄平湄潭入；副總兵曹希彬一軍軍川北，由永寧緝麻入；參將郭成一軍軍川東，由安穩松坎入。三道并進，前指婁山等關，屯白石口。應龍佯令黨穆炤等約降，因統苗兵據關衝殺，萬弩齊發，之翰軍覆，餘殺傷大當。會巡撫繼光論罷，即撤兵，委弃錙重略盡，黔進師協助亦無功。御史薛繼茂乃旋主撫，應龍因上書自白也，而蜀御史吴禮嘉劾郭成等失律。

上謂本酋，朝廷原無意必誅，大兵一至，應自縛軍門請死，今御史報，與本酋奏辨，順逆懸殊，行嚴查奏，毋姑息，郭成等革任立功，移蜀新撫臣譚希思星馳赴任，與劉承嗣同貴州撫鎮相機征剿。頃之，承嗣以疾乞骸骨，兩省議無堅决，詔遣兵部侍郎刑玠總督，以車駕郎張國璽、主事劉一相贊畫。會應龍屬携黄白金入燕行間，爲原奏何恩執詣綦江縣。乙未正月，蜀御史王慎德上書，因稱贊畫可罷，既總督乘傳至，察永寧、酉陽暨馬千斛皆與龍通姻婭，而黄平、白泥諸司久爲仇讎，計先剪其枝黨，以檄曉譬應龍。大略穪引咛劉、王杲事宜，宣國威稜，龍來當待以不死，不者，國家懸萬金購而頭，若早爲計，吾不而欺也！當是時，七姓唯恐龍出得除罪，而四方亡命闞匿其間，又幸應龍反，因以爲利。縣道文移，輒從中阻。總督復使詣龍所問狀，檄撤綦江、烏江兵，諭奏民勿擾，龍漸有悔心矣。

會水西宣慰安疆臣請父國亨恤典，兵部尚書石星手札示疆臣趨應龍就吏，得貰罪。時御史吴禮嘉以水西與龍世好，心疑之。疆臣益自厲，奉札至播招應龍，低回久之，而驛報重慶王太守且至。王太守士琦多大略，總督特檄詣綦江，趨應龍安穩聽勘。太守屬綦江令及經歷李應春、游擊吴文杰前往宣諭。應龍乃令其弟兆龍等至安穩，治郵傳儲待，郊迎叩頭，致餔資餼牽如禮，曰："應龍久縛渠魁，待罪松坎，所不敢至安穩，以安穩故多綦民也。使君幸枉車騎臨貺松坎，敬布腹心。"綦江令具言太守，太守曰："松坎亦曩綦勘地也。"即以五月八日單騎往松坎。應龍果面縛道周，泣請死罪，膝行前席，叩頭流血，請得比安國亨。國亨曩亦被訐，懼罪不出界上。今安穩乃綦江所部，地廣大，請治公館，執罪人及罰金獻庭中。太守爲請總督委兩贊畫及道府，并以七月廿四日詣安穩，應龍囚服郊迎，蒲伏，縛獻黃元、阿羔、阿苗等十二人案驗，抵應龍斬。以夷法得論贖，輸四萬金助采木，仍革職，子朝棟以土舍受事，次子可棟羈府追贖。黃元等斬重慶市。總督以聞，是時倭氛未靖，大司馬欲緩應龍文罔，專事東方。

上亦念應龍向積勞，可其奏。蜀兩臺因議以黃平、草塘、白泥、餘慶、重安五司暫改屬黃平倅。故事，黃平倅治獄訟賦税，而五司襲替貢馬表箋，須宣慰印符，宣慰多以此難五司故也。初，川東兵備巡播州，殿罪土吏，給事中陳尚象疏如舊便。總督請于桐梓婁家丁山、赤水間設撫夷同知；東溪巡司移置松坎，并允從論功賞，賜總督刑玠以下金，加玠右都御史歸朝。重慶守王士琦即升川東兵備使，彈治之。應龍再及寬政，乃益怙終不悛，每忿五司七姓奴輩窘我，必盡刀俎釋忿，而次子可棟尋死重慶，則益心痛。分遣夷目，置關據險；僭立巡警，江内七牌，江外四牌；搜戮綦民，劫掠屯堡無虚日；厚撫諸苗，用以摧鋒，名硬手。州人稍殷厚者，因事誅之，没其家以養苗，諸苗人願爲出死力。丙申秋，劈餘慶土吏毛乘雲棺，磔其尸。已，又掠石阡大都壩，焚劫餘慶、草塘二司，遍及興隆、偏鎮、都勻各衛。已又遣兆龍引兵圍黃平，戮及重安司長官張熹家。明年丁酉春三月，流劫江津縣及南川。七月臨合江，索其仇袁子升，縋城下，臠割之。十一月，石砫宣撫司土舍馬千駟入播。先是，千駟母覃與應龍私，覃寵千駟，謀奪長子千乘爵，於是聘應龍次女爲繫援，因緣朋奸，所從來矣。明年戊戌，兵備使王士琦調征倭，應龍益統苗兵，大掠貴州洪頭、高坪、新村諸屯，已又侵湖廣四十八屯，阻塞驛站。詗原綦仇民宋世臣父鑾及羅承恩等挈家匿偏橋衛城，襲執指揮陳天寵等，大索城中，得鑾、承恩及子女，慘戮以殉。令諸苗對父奸女；面夫淫妻；或裸體坐木叢射笑樂；或燒蛇從陰入腹，人蛇俱斃；又掘墳墓焚尸，灰飛蔽天。巡撫貴州都御史江東之等疏請防禦，詔令擒獻惡目正法。巡撫四川都御史譚希思、御史趙標請於合江、綦江各置游擊一員，合江募兵千二百名，扼岡門；綦江募兵二千名，扼安穩。部覆如議。而經歷潘汝資好談兵，黔撫奇其意。明年己亥二月，令同都司楊國柱、指揮李廷棟部兵三千往剿。應龍遣朝棟帥兆龍、何漢良等迎敵於飛練堡，我師奪獲三百落，賊佯走天邦囤，誘罷我師，殲之。楊國柱罵賊不屈，竟脅跪斬，與汝資等俱死。於是，黔撫臣坐浪戰罷，以郭子章代，而蜀巡撫改總督，特起前都御史李化龍兼兵部侍郎，節制川、湖、貴三省兵事。是時，東征業已完局，因移劉綎督兵還蜀，議大征。總督於五月終馳至蜀，即請設標兵，益調募浙、閩、滇、粵將士。先檄總兵萬鏊自松藩移重慶，并調集鎮雄、永寧各漢、土兵設防。六月初，應龍乘我師未集，大勒兵犯綦江，分屯趕水、貓兒岡，遣婁國等以偏師一犯南川，一犯江津，其子朝棟守沙溪緝麻山，防永寧宣撫與貴州。十七日，游擊張良賢遇賊舊東溪，頗有斬獲。廿一日黎明，應龍督苗兵圍綦江城數匝。游擊房嘉寵誤爇火磚，反傷城上兵，賊乘勢登城，嘉寵率師巷戰，蜀兵争噪，走水上，乃先殺其妻，與良賢赴敵死。應龍因劫令，縱囚焚掠，綦江失守，則賊勢如出柙，乘勢長驅，計半日可抵重慶，重慶失則蜀門户去矣。而賊方出綦江庫犒師，依倉就食，盡取資財子女去，老弱者殺之，投尸蔽江下，水爲赤。退屯三溪，以綦江之三溪毋渡、南川之東鄉壩立石爲播界，號“宣慰官莊”，聲言江津、合江皆播故土。統兵清理遲回累日，總督乃得日夜徵調漢、土各兵守渝城，獲奸細十六人，沉于河。分戍南川、合江、瀘州，勢漸張，賊亦遷延不進。初，賊本無意射矢，徒以安忍猖狂，既覆我師飛練，則騎虎勢不終下，益結九股惡苗及紅黑脚等苗，負險弄兵。然猶時冀我如往局曲赦，未敢鼓行深入，止言争界給葬，并索奸奴。而總督因我援師未集，蜀人畏賊如虎，成都兵甫出門，即欲投錦江，不肯東，亦時時移文詰責，示無遽絶意，計以緩賊。賊果具文求撫，不復西向。總督亦謬作好語縻之，止駐會城調度，示賊無張皇。已，上聞破綦江，追褫兩省撫臣譚希思、江東之各爲民，緹騎逮兵備使王貽德，賜劍懸賞，嚴旨進剿。總督益調沿江南兵及武岡麻陽兵，移粵西總兵陳璘改湖廣，駐偏橋；貴州總兵童元鎮駐平越，專候大舉。已，劉將軍綎以十月至蜀，總督亦就近移重慶。而賊微聞上無意肆赦，益結生苗，大治扼塞，以黔兵弱，時偵諜黄平、平越間。總督前檄水西兵三萬守黔省，斷招苗路。十一月，應龍乃屯官壩，聲窺蜀。已，遂焚東坡、爛橋，楚黔路梗；已，又出掠偏橋、興隆、鎮遠諸衛，接取九股生苗；平越、新添、黄平、龍泉，所在告急，黔危於累卵。總督以偏、隆間東坡、爛橋、重安三處，實楚、黔、滇要害，一爲賊據，則楚不得入黔，滇不得出楚，將無黔無滇，議置勁兵萬餘通道。因疏參黔帥童元鎮擁兵銅仁不前，上怒逗遛，革職立功，以李應祥代。而故總兵沈尚文且緹騎逮治也。劉綎亦以赴師逾期，充爲事官報效。

上以楚地遼闊，偏橋既設總兵，仍以文臣特開府視師，廷推江鐸往。是時徵兵麕至，總督大頒賞格，爲諭苗雜言廣，招慰賊黨頗携。明年庚子正月五日，應龍勒兵數萬，五道并出，攻龍泉司。守備楊惟中擁兵兩千，以勢不敵，先期托言議事，往鸚鵡溪，止土官安民志部卒五百拒守，被擄，吏目劉玉鑾妻子并死于賊。龍泉係思南、石阡咽喉，一失則婺川孤懸。賊方移兵進攻，聞蜀金竹、官壩警檄回，不果。金竹、官壩，南川信地也。正月二日，石砫宣撫馬千乘軍鄧坎，賊乘懈，於三更時衝劫。我軍堅壁至黎明，奮擊，連破金竹、青岡嘴、虎跳關七寨。十四日，酉陽宣撫冉御龍進攻官壩，斬關直上，復擒斬三百有奇。賊弃龍泉遁，蓋二捷有以牽之矣。

初，洪邊宣慰宋承恩聘應龍長女貞惠，及龍反，承恩得請兩臺絶婚，黔撫臣令率土兵三千，協守烏江桃子營。至是，應龍遣楊珠等輕師遠襲，劫留囤中，時二月七日也。自徂冬至二月，所調延寧四鎮，河南、山東、天津、滇、浙、粤西兵，至者踵背相屬。土司如酉陽、石砫、永寧、天全、鎮雄、平茶、邑梅、水西，久在防守。烏蒙、施州、散毛、容美、永順、保靖、烏羅、獨山等，先後報至。總督乃分爲八路，蜀分四路：一綦江，以原任總兵劉綎將，參游麻鎮等隸之，督以參政張文燿；一南川，以總兵馬孔英將，參游周國柱、宣撫冉御龍等隸之，督以僉事徐仲佳；一合江，以總兵吴廣將，游擊余世威等隸之，督以參議劉一相；一永寧，以原任副將曹希彬將，受吴廣節制，參將吴文杰、宣撫奢世續等隸之，督以參議史旌賢。而中軍率標下游兵策應。川東總監以參政張棟，川南總監以參政謝詔。楚黔亦分四路：總兵童元鎮統土知府瀧澄、知州岑紹勛等，由烏江；參將朱鶴齡受元鎮節制，統宣慰安疆臣等由沙溪；總兵李應祥統宣慰彭元瑞等，由興隆。而偏橋分兩翼，總兵陳璘統宣慰彭養正等，由白泥；副總兵陳良玭受璘節制，統宣慰覃宜等，由龍泉。以偏橋江外爲四牌，江内爲七牌，五司遺種及九股惡苗盤據故也。督餉紀功，烏江則參議梅國樓；沙溪則副使洪澄源，總監以按察使楊寅秋；興隆則副使尤錫類，監以張存意；而白泥督餉以參議詹啟東，紀功以副使王應霖；龍泉督餉以副使陳與相，紀功以副使路雲龍，監以按察使胡桂芳、參議魏養蒙。其黔楚巡撫郭子章駐貴陽，支可大移沅州，部署已定，總督大集文武於重慶，盟神，作軍誓，登壇慷慨，期二月十二日分道并發，每路兵約三萬，出師之盛，近所希有。先是，蜀玉壘山忽裂，僉謂昔年平九絲，地數動，殆播平前兆云。曾未再浹旬，而綦江捷至。綦江自東溪入播，并峻嶺茂箐，楠木、山羊、簡臺等峒奇險，爲賊目穆炤等盤據。劉將軍綎於十五日進兵，連戰，破三峒。三月朔，楊朝棟等統苗數萬，分三路迎敵，鋒鋭甚，我師夾攻，數陷陣。朝棟大驚潰圍走，幾爲我獲。始綦江諸苗自分往屠城，罪不赦。又賊忌綎威名，冀首挫其鋒，屬親子悉勁兵間道相角，曰："爾破綦江，馳南川，盡焚積，渠無能爲也。"及朝棟僅以身免，賊膽破，益爲守禦計矣。而諸路捷音相繼，南川則酉、石二司先登。初八日，遂克桑木關。烏江則壩陽、永順兵先登。十一日，遂克烏江關。翌日，克河渡關。陳將軍璘及副將陳寅擊四牌，賊各披靡，遂奪天都、三百落諸囤，賊連敗，乃乘隙出奇兵，前突烏江，詐水西瀧澄會哨，益誘永順兵斷橋，淹死我師無算。

上怒童元鎮失律，逮至京。或飛語水西佐賊者，總督檄詰，水西不自安，會賊殺其頭目澄，大恨。二十六日，賊託田氏修好賄澄，澄斬其使，治兵相攻。安疆臣亦執賊二十餘人，明不背漢，自是二氏交絶。劉將軍綎戰九盤，以二十九日入婁山關，是爲賊前門，萬峰插天，中通一線，我師從間道攀藤魚貫毁栅入。四月朔，屯白石，應龍身率各苗决死戰，陰令楊珠等抄後山奪關，四面合圍。都司王芬中流矢死，劉將軍親勒騎衝堅，以游擊周敦吉、守備周以德分兩翼，追至養馬城，與南川、永寧路恊攻，連破龍爪、海雲險囤，且壓海龍囤而壘。海龍囤，賊所倚天險，飛鳥騰猿不能逾者也。時偏沅巡撫都御史江鐸已抵任視師，陳將軍璘急攻，以十三日破青蛇囤。安疆臣亦以十六日奪落濛關，至大水田，焚桃溪莊。賊勢急，父子相哭，上囤死守。每路遞降文誘我師，總督檄賊詭降，即斬使焚書，無爲所紿。虞綎與應龍舊，檄無通賊，綎械其人軍門自明。而吴廣以朔三日入崖門關，營水牛塘，與賊力戰三日，却之，徼利，欲受降弛攻。賊詭令婦人於囤上拜表痛哭，云田氏且降，復詐爲應龍仰藥死。報廣，廣輕信，按兵不動。已覘知田氏詐降緩攻，而所云應龍死，乃川兵攻囤，以火炮擊死，所謂楊珠也。珠勇善戰，既死，賊慟如失一手。廣覺詐，益厲兵恊攻，燒二關，奪三山，絶賊樵汲。八路兵大集囤下，從十八日始築長圍，更番迭攻。自是賊坐困窮崖，知兵在頸矣。會總督聞訃，跣而草檄，愈治軍，念賊囤前陡絶，勢難飛越，令馬孔英以勁兵一枝壁其前，餘并力攻後囤。營中或言水西通賊，因移令退劄，水西懼曰："吾不爲亡播續也。"與鎮雄引嫌，先以五月廿八日援營去。時久雨，士苦馳淖中。六月四日，天忽開朗。五日，劉將軍綎身先士卒，遂破土、月二城。應龍窘，是夜散數千金，募死士拒戰，諸苗皆駭散無應者。起，提刀自巡其壘，見四圍火燭天，徬徨長嘆，泣謂其妻子曰："若等自爲計，吾不能復顧若矣!"翌日凌晨，我師遂登囤，破大城，各將爭奪首功。應龍倉皇同愛妾二闔室縊，且自焚。吴將軍廣獲酋子朝棟及妻田氏，急覓尸，出焰中。廣中火毒，失聲，幾絶，頃而蘇。總計出師至滅賊，百十有四日，八路共斬殺二萬餘，生獲朝棟、兆龍等百餘人，檻車傳致，以六月二十一日解俘重慶。計賊去歲破綦江，亦以是日，天道好還，良不誣云。總督露布以聞，疏首述劉將軍綎功冠軍；而司李高折枝以書生請自將土漢兵，爲南川將士先，入關最早，尤雄偉不群，譽不容口。是歲冬十二月，獻俘闕下。大司寇請剉應龍尸，磔朝棟、兆龍等市，梟示各夷，并戮田氏、馬千駟，其宋承恩以先絶姻釋勿誅。播入楊氏八百餘年，至應龍凡二十九世，始以其地分爲二郡，屬蜀者曰遵義，屬黔者曰平越。遵義領州一，真州改真安州，即古珍州；縣四，遵義、綏陽并故縣，桐梓舊爲夜郎縣，仁懷舊爲懷陽縣。平越領州一，黄平，改置州，爲川貴要區；縣三，湄潭、餘慶，而甕水、重安合爲雍安縣，龍泉所改爲縣，屬石阡。又專設播州兵備使，駐遵義，置威遠衛，建學增驛，鳥言卉服并洽華風矣。其地西南，左接水西，右逼永寧，犬牙相錯。水西向侵播州水烟、天旺，及它甌脱頗重，蜀黔争執經界，數年始定。後三年甲辰正月，叙播功，進總督李化龍少保、兵部尚書，蔭一子世錦衣衛指揮使；貴州巡撫郭子章升右都御史，兼兵部侍郎；偏沅巡撫江鐸，贈兵部侍郎，各蔭一子世錦衣衛指揮僉事；湖廣巡撫支可大復原官，蔭一子入監；總兵劉綎、陳璘并升左都督，蔭一子世本衛指揮使；馬孔英授都督同知，加實職二級，世襲；吴廣、李應祥子，并世襲本衛正千户；李應祥贈左都督，餘升賞有差。已故監軍司道張棟、楊寅秋，各贈太僕寺卿，蔭一子入監；安疆臣、瀧澄母鳳氏，各賜金、紵絲表裹；前兵部尚書田樂，蔭一子世錦衣，與户部尚書陳渠、趙世卿等，各賜金幣；新總督王象乾，賜金并飛魚服；署本兵刑部尚書蕭大亨，改兵部尚書，於原蔭加級世襲，賜金蟒。職方郎中申用懋俟巡撫缺推用。前逮治總兵童元鎮，已謫戍，得開伍，議者以國家用兵西南夷，未有大得志者也。國初，傅友德統二十四將軍，止言防守。正統間，麓川之役用兵十五萬，轉餉半天下，而罪人終逸。嘉靖初，思田之役，以剿始，以撫終，至今爲諸夷口實。是役徵調兵凡二十萬，出師甫逾百日，計三省征剿防守，約二百萬，而逆酋授首，闢要荒爲郡邑，遂爲西南一大奇捷，非皇上獨斷，督臣宣力，當不至此。或曰："應龍井蛙耳！何能爲？獨不勝匹夫之忿，與其屬爲難，狃於中朝宣諭故轍，時繫時釋，時剿時撫。一逞於白石，再逞於飛練，三逞於綦江，以爲漢終不奪我播，事無過一撫完局，乃敢螳臂當車，蓋至天兵四集而酋頓足知悔晚矣。檻虎阱猿，死不擇音，然猶竭天下之全力，環而攻之，以山壓卵，其愁不克，而我亦已疲甚。事莫不錛於微而成於激。方酋雛伏，以一太守單騎幸臨，皇遽請罪，及其鴟張，以八路五將軍之師，相持數月，殺人如麻，僅乃克之。誰生厲階？得不償失。蓋考楊酋，察其終始，信怨毒于人爲甚也。酋始囚繫重慶逾年，弭耳乞憐，豈有意反者哉？天子至仁且武，方命再三，赫然徂征，貪功妄殺，自始用兵，已拳拳申飭矣。初，賊已破綦江，僞軍師孫時泰説賊欲圖大事，先取重慶，直搗成都，擄蜀王入營爲質，時蜀無重兵，鼓行而前，三巴且幾不守。幸賊自顧巢穴，計不出此，我得乘間厚集王師，及川兵四路入關，賊始悔失策，斂兵一處，殊死衝突，已無救於滅亡。掌大蠻崖，恨天作仇，覆不旋踵，豈非天哉？國家十餘年間，更三大征，千里轉餉，西事凡費二百萬，東事首尾七年，逾七百萬，是役亦逾二百萬。而調兵獨最廣疲，中國空内帑以事鳥夷、獸夷，白骨山積，海内騷動，計非王者得已，而或者猶侈言開疆斥土，以播駕説，抑獨何與？"外史氏曰："初，楊酋獻俘，余以計偕闕下，目擊其事。已更從大司馬長垣李公游，讀所著《平播全書》，詳哉言之也。應龍反狀，實激使然，而我以招安爲多方之誤，潛濟師以逼之。師未出而勝晝備矣，况劫水西以剪其翼，外援既絶，不亡何待？聞劉將軍綎故驕恣，往與應龍交歡甚暱，及抵師，即糾參戴罪，督其後效，蓋亦得將將微權焉。兵者，臨敵制變，未可輕嘗。是役，以衆當寡，爲功差异。或謂應龍終以智免，其然，豈其然乎？"

——《萬曆三大征考》，載《續修四庫全書·史部·雜史類》，第436册，28~38頁

初，成化間，楊輝疏保少子友以宣撫管凱里司諸苗。嘉靖時，降安撫司，屬貴

州。及播平改流，而凱里安撫楊燧争執疆界。查燧係應龍從叔，再降長官司。

楊鑑，一做楊鏗，今以《一統志·全蜀土夷考》爲據。

——《萬曆三大征考》，載《續修四庫全書·史部·雜史類》，第436冊，第42頁

明季水西記略*

貴州水西宣慰司安國亨子疆臣，萬曆中，從討楊應龍有功，及死，無子，弟堯臣襲其職。

——《明季水西記略》，載《北京圖書館古籍珍本叢刊》，第 12 册，第 763 頁

* （清）李珍：《明季水西記略》，載北京圖書館古籍出版編輯組：《北京圖書館古籍珍本叢刊》，書目文獻出版社，1998 年。

苗疆聞見録*

施秉縣，原在府南夷地。明萬曆中，清江苗叛，結連播酋楊應龍四出焚掠，乃遷縣治於偏橋以避之。東距府城六十里，左倚高山，右臨溪水。《方輿紀要》："苗夷有警，必急扼偏橋，形勢最爲緊要。"

——《苗疆聞見録》，載《黔南叢書》（第十一輯），第68頁

* （清）徐家乾撰，陳琳點校：《苗疆聞見録》，載顧久主編：《黔南叢書》（第十一輯），貴州人民出版社，2010年。

黔苗叛服始末*

唐武德間，謝龍羽遣使入朝，拜牂牁刺史；北宋龍彦瑫、田思曉、楊通寶等入貢，先後拜爲將軍、指揮兼蕃落等使。宣和元年，加田祐恭爲貴州防禦使，貴州之名亦肇於此。元世祖降璽書於播州楊氏，又并許思州田氏世封。

——《黔苗叛服始末》，載《續黔南叢書》（第七輯），下册，第 939 頁

皮林苗吴國佐，少入學，爲永從縣生員，驕黠有大志。居恒往來洪州、草坪等寨，相度形勢，自謂皮林與九股接壤，山川險奥，可因之成大事，於是帥皮林諸苗反。始播發難時，皮林嘗助逆，至是播滅，乃結聯他寨講營陣，攻破永從縣，毁城郭廬舍，殺官吏，劫獄囚而去。萬曆二十八年，沅撫江鐸廉指揮李楷智勇，請授楷剿事。會楷征播還，自請當便道掃除，不煩專兵。

——《黔苗叛服始末》，載《續黔南叢書》（第七輯），下册，第 957 頁

水西安國亨子疆臣，曾於萬曆中從討楊應龍有功，及死，無子，而弟堯臣襲其職。

——《黔苗叛服始末》，載《續黔南叢書》（第七輯），下册，第 958 頁

* （清）閻興邦：《黔苗叛服始末》，載貴州省文史研究館編：《續黔南叢書》（第七輯），貴州人民出版社，2014 年。

……（朱燮元）乃復奏曰："西南皆荒服也。然楊氏反播，奢氏反藺，安氏反水西，而雲南之定番，只彈丸小州耳，爲長官司一十有七，乃二三百年未聞有反者。非他司好逆，而定番忠順也。蓋地大者跋扈之資，而勢弱者保世之策也。"時識者皆誦其言。

——《黔苗叛服始末》，載《續黔南叢書》（第七輯），下册，第961頁

東征紀行録*

播境有苗弗靖，予奉命率師撫勦，以成化十二年丙申秋九月廿日發蜀城，從眉、嘉、叙、瀘舟行，凡十有二日達重慶府。自重慶陸行九日抵播州，整飭兵旅，凡廿有三日。自播州三日達餘慶長官司，又二日達白泥長官司，又一日至黄平撫司駐扎行事，又四十五日始事竣，首尾凡一百奇三日。惟行役有志，古人是重，况興戎大事，又可無紀？因自重慶師行至班師之日，凡所經歷山川與應事接物之概各備書之，且各系以小詩一首，用備他日閑覽，吉行不載也。

——《東征紀行録》，1~2 頁

（本年十月）十二日，宿松坎驛，即古夜郎故地，蓋李白所貶處。去驛不三舍，有縣治遺址及竹王祠基尚存。是日，過清齋、木交二坡，甚崎嶇不可登行者。宣慰使楊愛率其部屬逆至境上，貴州鎮守總兵、巡撫、三司亦遣指揮二人至。

——《東征紀行録》，4~5 頁

（本年十月）十五日，宿永安驛，俗名四渡水。是日過樓山，其山多磦砢圓尖，獨立如樓，連珠數十不止，故名。中道兩山相峙，樹木蓊鬱，曲逕百折，望之殊覺無路，而迤邐七十餘里，皆能容八人肩輿，亦可愛也。抵晚，楊宣慰又率屬來迎。道上有言：兩山對峙樹交加，一徑潛通百路賒。蓊鬱不知天色暝，馬蹄薄驛日西斜。

---

* （明）張瓚：《東征紀行録》，商務印書館，1937 年。

十六日，抵播州，爲湘川驛。是日山勢自永安驛至播已漸低，路可通車，居民富庶，有江南氣象。楊宣慰父子率其土兵萬人，布營壘於十里之郊，炮馬交作，軍容甚都。抵城，宿宣慰司。謾賦一詩：

山到湘川勢漸平，田連阡陌戍連營。居人萬井青山外，雲水中間是播城。

十七日，與楊輝宣慰計議行軍事宜。彭參將遣指揮許昂至。

——《東征紀行録》，6~7 頁

（本年十月）二十七日，微雪，宣慰楊輝父子率其部屬土兵八千餘人禡纛啟行，爲三哨。再給榜遣千户劉顒同、頭目楊廣入夭壩深寨招安。

——《東征紀行録》，第 9 頁

（本年十一月）十四日，宿黄平安撫司，黄平千户所在焉。其日過大章大小二箐，餘皆高嶺長坡，迤邐斜險，不可行，三司官楊宣慰與貴州許昂都司各率官兵中道相迎，日西抵城。

兩舍黄平路，行行到日西。箐依山趾去，坡與樹稍齊。

疲馬逢高蹶，寒猿到處啼。却憐荒服地，何事走輪蹄。

（本年十一月）十五日，以夭壩諸寨久招不報爲憂。五鼓時，乃具衣冠，焚香啟櫝，卜以靈棋，得二上一中三下之課。其象爲天陰雲升，陽從下興，君子治亂，小人畏懲。解之者曰："陰竊陽位，如雲之升，盛陽在下，將登九五。除逆禁暴，衆邪自消，小懲大戒，此卦臨人宰製及長吏得之最佳。"筮畢，予乃喜曰："事當濟矣！"遲明，楊宣慰果率久叛新服苗頭寨長寄保等十有三人來歸。寄保蓋積年賊魁，諸寨長皆聽節束者。撫諭既畢，且自相刻木發誓，願以所占田寨還主，刻日各歸原巢，冀免殺伐。因曲原之，犒賞遣歸。合營萬卒聞寄保納款，皆笑言啞啞，吾黨亦爲之解頤。兵法所謂"不戰而能屈人之兵者"有矣，於是益信靈棋報人之不爽也。賦詩識喜：

遥持節鉞到黄茅，盡道斯行殺氣高。龍虎三軍初入境，夭酋萬醜已投刀。

蠻烟瘴霧隨風散，封豕長蛇望壑逃。從此播東康定去，干戈高閣不須操。

其日，彭參將差指揮張英來迎。

——《東征紀行録》，16~18 頁

（本年十一月）二十二日，宣慰使楊輝率土兵九千人，入重安行事。湖廣都指揮鐵堅、偏橋衛指揮張齡至。

二十三日，以楊宣慰等率師東征，欲其善始慮終，殊切憂懼，乃集古詩句爲八章勉之。

駟騵彭彭，爰方啟行。既敬既戒，憂心京京。
整我六師，其會如林。夙夜匪懈，不顯亦臨。
肅肅宵征，踴躍用兵。上帝臨汝，赫赫明明。
驕人好好，念子懆懆。戎有良翰，方叔元老。
駟牡騤騤，烈烈征師。以謹醜厲，無縱詭隨。
哀我人斯，民亦勞止。豈不夙夜，行邁靡靡。
征人伐鼓，外禦其侮。持盈守成，繩其祖武。
敬慎威儀，纘戎祖考。世執其功，南土是保。

——《東征紀行録》，20~21 頁

（本年十二月）初五日，遣土官同知楊鼎入灣溪。

初七日，遣長官張淵入營議事。其日楊鼎回自灣溪，得容山新附四十三寨與丹章、密秀新附三十四寨，納款之由丹章。蓋六洞山苗，素無官府鈐束者，今一旦得之，亦可喜也。

——《東征紀行録》，第 22 頁

（本年十二月）十三日、十四日，彭督都差人至。宣慰使楊愛兄弟回自重安。

——《東征紀行録》，第 23 頁

（本年十二月）廿六日，三司與楊宣慰差人馳報，自率師旅入灣溪、丹章、天壩，諸苗或撫或剿，彼皆望風披靡，地方克平。以是日班師，仍留播兵一萬人爲備禦之計，以防剽竊，鳴笳疊鼓，振旅而歸。因原其行師首尾，集《詩》《傳》句爲十章，仿古人短簫之意，用識其事云。其詩曰：

旗旐央央，載飛載揚。式遏寇虐，不敢怠遑。一章。
檀車煌煌，武夫洸洸。柔遠能邇，覃及鬼方。二章。
駕彼四牡，四牡孔阜。我行既集，執訊獲醜。三章。
既出我車，既破我斧。糾糾武夫，仍執醜虜。四章。
出車彭彭，如雷如霆。赫赫厥聲，遹觀厥成。五章。
擊鼓其鏜，干戈戚揚。以謹無良，以綏四方。無此疆彼界，莫敢不來王。六章。
我車既攻，駕言徂東。屈此君醜，在泮獻功。七章。
赫赫業業，一月三捷。伐鼓淵淵，在泮獻馘。八章。
乃陟南岡，既溥既長。徹我疆土，告成於王。九章。
鼉鼓逢逢，以奏膚公。於疆於理，天子之功。十章。

右旗十章，一章六句，九章四句。

——《東征紀行録》，24~26 頁

右《紀行》一通。自出師至班師回播止，此外皆吉行，在所不録。然所紀皆日用常事，若爲瑣屑漫浪，無所關設。至於山川道里之險阻，米鹽戎馬之徵調，風俗氣候之不齊，雲物之變態，苗情之奸深，與夫行李驅馳，臨高履險，可驚可愕之事，亦可概見一二。大抵播爲古夜郎地，去蜀二千餘里，人情風俗與蜀頗同。而夭壩、六洞諸地則三苗種落，去播又千里，王化不覃，實封豕長蛇之區。其地險而深坳，其人悍而貪殘。蛇蠱鴆毒，家以爲常，拂之必中，中之必死，喜人怒獸，殊無倫理。

——《東征紀行録》，第 29 頁

蠻司合志*

是時，田州岑氏、龍州趙氏、播州楊氏、貴州安氏，其雜處兩廣、川雲，諸大姓畏威懷德，以次服屬。有明三百年，撫有西南諸土司，實自此始。

——《蠻司合志》卷一《湖廣》，載《中國西南地理史料叢刊》，第 31 册，第 85 頁

始播發難時，皮林蠻嘗助逆。至是播滅，乃結聯他寨。

——《蠻司合志》卷三《貴州二》，載《中國西南地理史料叢刊》，第 31 册，第 101 頁

水西安國亨子疆臣，曾于萬曆中從討楊應龍有功。

——《蠻司合志》卷三《貴州二》，載《中國西南地理史料叢刊》，第 31 册，第 102 頁

洪武五年，播州宣慰使楊鏗來朝，始置宣慰司，令仍舊職……于是稍稍經理，定播州宣慰司賦税……于是改播州安撫司爲播州宣慰使，領安撫司二，曰黄平，曰草塘；領長官司六，曰播州，曰餘慶，曰白泥，曰容山，曰真州。

* （清）毛奇齡：《蠻司合志》，載姚樂野、李勇先等主編：《中國西南地理史料叢刊》，巴蜀書社，2014 年。

——《蠻司合志》卷四《四川一》，載《中國西南地理史料叢刊》，第31册，第105頁

又設重安長官司，今屬之播州宣慰，而以張佛保爲長官。

（宣德初）時播州草塘安撫所屬穀撒等四十一寨蠻長作亂，攻牛場、乾溪等堡。敕撫之，不從，遂剿平之。

——《蠻司合志》卷四《四川一》，載《中國西南地理史料叢刊》，第31册，第106頁

播州，漢牂牁郡也。唐改郎州，既又改播州，楊氏世有其地。元世祖授楊邦憲爲宣慰使，賜其子漢英名"賽因不花"，封播國公。國初，楊鏗内附。使仍爲宣慰，改隸四川，領黄平、草塘二安撫，真、播、白泥、餘慶、重安、容山六長官司。統七姓，爲田、張、袁、廬、譚、羅、吴。而田張最大，世爲目把。永樂初，楊昇奏所轄當科、篤雍等十一寨蠻人梗化不服，上命昇討之。宣德中楊欽，正統中楊炯、楊綱皆世修職事，獨綱子輝杰黠，多豪舉。天順初，私閹土民黄保等爲火者，嘗嬖妾田氏，以其所生子美居長，屢欲奪嫡。安撫宋韜、長官毛釗執不可，曰："楊氏家法，立嗣以嫡不以長，獨奈何紊之?"輝不得已，乃立嫡，因名庶曰友，名嫡曰愛，言相友愛也。然而嬖庶之心終不忘。

倖客張淵説輝曰："主官欲貴孟主，而唧唧與仲主爲仇。毋論勢有所未便，即使奪仲以與孟，不過剽吾左以益吾右耳。且重貽口實，以兹後議。何不别爲孟主地? 雙貴而朋立，是使孟創業而仲傳世也。"輝曰："爲之奈何?"淵曰："夭壩諸苗，主官部境也。山箐險遠，憨而易虐。誣之曰賊，因請兵討之，然後歸功孟主，而請立安撫以治其地，誰曰不然?"輝大喜，乃立召容山長官韓瑄、重安長官張通，告以生苗反狀，使上變。瑄争之，謂："苗實不反"。輝怒，杖瑄。通惶恐，叩頭曰："反！反!"請從輝署名上變。

上命都御史張瓚同輝進剿，殺諸苗千人。輝乃賂瓚疏友功，且曰："友謀勇冠軍。手刃七馘。"時友甫十三歲。乃請設安撫于安寧，授友安撫使，而以張淵爲長官，然友實未嘗之官也。"安撫"，《紀録彙編》作"宣撫"。

既而爛土諸苗賫果等，忿夭壩以無辜受戮，時時攻安寧。瓚又疏請于凱里寨築城衛之，費糧數十萬。

成化十九年，輝死。愛修怨于淵，淵屢謀殺愛，不克。二十二年，丹章諸苗寇安寧，四川參政謝士元、副使翟廷蕙、都指揮楊綱以兵往。過播州，詣愛家，置酒高會。翼日，視學，適州民賽社，士元等坐學宫臨觀；愛復携酒至。訓導楊禮艴然曰："視學而觀社，提兵而樂酒，略等威而款下屬，竊爲明公耻之!"士元等大慚而起。

時淵伺愛隙，謂："愛實通苗，越境爲亂，故款官軍逗遛。修私怨。"爲文報貴州守臣，而致書舉人路義，使之通賂。值安撫宋韜獲其書，以示愛，愛乃易其書，遣使投義，義信之，遂詣貴撫陳楊愛反狀。貴撫不聽，且曰："播非我轄也。"義爲書復友，而愛執之。愛遂據義書報川撫，將聲罪發難。友大懼。

淵嗾友上變，言："愛結苗夷反叛，造火器、旗纛、金瓜、鉞斧，調總旗等，號親軍；閹割土民；立金龍門于宅前；而開尚甕等鐵冶，令僞閹官煉熟鐵爲軍刀；置織造院，收民人趙其一百餘户充織匠，造龍鳳蟒袍；立商税局于白田壩；起調軍兵三千餘衆，假水西送喪，演習武藝；設教坊司，以僞閹官掌其事，鹵良家麗兆期女勝真、福真等一百餘名充女樂，教習襍劇；每遇節旦，愛衣龍衣，自稱國主、天主，而稱其妻地主；且置後宫，奪趙高僧幼女玉真爲宫妃；用巫師魘魅庶母貫氏，禁父妾馬真、蔣真等宫中，奸使有身；嘗强淫宫婢宋真，不從，裸之，縛于杌，牽群狗導之淫，凌辱狼藉，而後殺之；科派各里人民，分上、中、下三户，得金銀若干萬兩，養老莊田子粒若干萬石，珊瑚樹若干株，珍珠簾若干絓，玉圭若干笏，馬若干匹，牛若干頭。嘗夢騎龍登天門，上帝謂之曰：'此南方帝子也。'既醒，龍成五色，因作詩有'霹靂一聲震天下，南方須起赤鱗龍'之句。"

廷議，大駭，立命刑部侍郎何喬新、錦衣衛指揮劉綱會川撫及巡按鞫之。俱不實。淵坐妖言律，路義削籍；友論死，贖免，發保寧城中羈管。未幾，友黨篡友歸，與愛仇殺不已。且糾衆攻播州，焚愛居第及公私廨宇略盡。廷臣方請討，會大征鄢、藍，兵不暇及。

未幾，友卒。廷議謂："逋友雖死，子弘尚存，當仍調兵食，以彰國法。"而川撫勘奏，謂："弘父友搆亂，法固難宥，但友搆亂時，弘尚幼穉，似當開自新之路，與以更始。况友所焚殺，已經照土例折償，及還所侵奪于官。宜授弘冠帶土舍。"

而其既愛死，子斌豪甚，舊制，土官有功，祇賜予衣帶及旌賞部下人員，無升職加銜者。斌以平普安鑾功，于正德初加四川按察使銜，賜蟒衣、玉帶。弘忌之，仍起仇殺。及弘卒，重安土舍馮綸等，又以怨弘，誘諸苗攻安寧。貴撫鄒文盛反命斌討平之，而請復安寧安撫，令弘子弟得襲舊職。廷議不許。

嘉靖六年，弘弟張復以爲請。時張盜邊，劫得白泥司印信，復與斌子相重相仇殺，較前更烈。守臣乞改凱里屬貴州，以張爲土知州，以解釋之，事久不决。初，廷議謂："楊張習父兄之惡，幸免于辜，輒敢肆然執印以要君。且其所争田莊，及椎埋殺人等罪，尚未得决，正宜收置于理，令其悔過還印，償所奪寨苗諸地，而驟議復職，未便。"其後用兵部尚書胡世寧議，謂："張黨已成，若不因而撫之，恐流禍無已。"乃復張凱里安撫，屬治貴州，而相則襲播宣慰如故，然其仇殺仍自若也。諺云："骨肉讐醢，參商播凱。"

——《蠻司合志》卷四《四川一》，載《中國西南地理史料叢刊》，第31册，109~111頁

先是，楊斌子相襲播宣慰職，以祖、父嫡庶仇殺，沿禍數世，至今不已。相不之鑒，仍寵庶子煦，欲奪嫡烈。而其妻張氏甚悍，與子烈盗兵逐相，相走水西死。烈乃乞水西還父尸。播故有水烟、天旺地，與水西近，水西宣慰安萬銓屢挾奏，不可得。至是，要之，必歸地而後予尸。烈陽許之，及得尸，悔約。仇殺相攻剽，垂十年，總督、侍郎馮岳討平之。岳乃奏："三省接壤，民苗之衝。若四川餘慶之走馬坪、播州之三度關，貴州石阡之龍泉司，各立哨堡。於重慶徧橋等衛，委指揮三人，督兵防守。仍移銅仁參將于石阡，移思石守備于龍泉，控扼播州，令犬牙相制。而後設重慶府通判一人，使之駐龍泉，以收糧税，則控馭較便也。"上然其言。

——《蠻司合志》卷五《四川二》，載《中國西南地理史料叢刊》，第31册，第112頁

楊柳者……于是上書請輪餉，并調土官楊應龍、冉維屏、楊光祖統播州、西陽、平茶、天全諸兵及叙馬、玀徊兵，合二萬餘。而國師喇嘛亦聚阿牛、丢骨諸寨兵，屯裝塘、鐵盧溝，待我軍。

——《蠻司合志》卷六《四川三》，載《中國西南地理史料叢刊》，第31册，第119頁

其明年（萬曆二十三年），兵部咨撫、按讞獄，未决。會楊應龍反，覃（石柱女土官覃氏）與應龍爲姻家，而斗斛亦復結應龍，陰相繫援，兩家各觀望，無暇勘辨，獄遂解。

先是，覃行宣撫時，頗有智計，然性故淫佚。曾見應龍有儀幹，悦之，與之通。覃故有兩子，長千乘，失愛，愛次千駟。《武功録》作"馬斗斛帥其子千乘，寄賦于漢籍"，又云"使其子千駟提向永葵兵殺馬邦資"等，皆誤以覃氏子爲斗斛子矣。今改正。每欲使千駟襲職，謂應龍可恃。因聘應龍次女爲駟妻，因緣爲奸。至是，駟入播，同應龍反。長千乘襲馬氏職，乃應調，與西陽宣撫冉御龍同征應龍。應龍敗，千駟伏誅，而千乘襲職如故。

——《蠻司合志》卷六《四川三》，載《中國西南地理史料叢刊》，第31册，第121頁

播州楊氏，自楊鑑一作"楊鏗"内附以來，世襲宣慰使。

嘉靖中，楊烈逐父相水西，客死，而自爲宣慰。生子應龍，少雄猜，尤阻兵嗜

殺。隆慶六年，襲職。以從征喇麻及九絲、膩乃、楊柳溝有功，歷賜金幣。萬歷十三年，一作“隆慶中”，誤。進大木六十本助工，賜鎮國將軍，給飛魚。第應龍甚黠，窺我川兵弱，每征討，衹調土司，而川將且從借給。漸驕蹇，輕漢法。所居僭飾龍鳳，用繡女、閹人。嬖小妻田氏雌鳳，疑嫡妻張奸淫，出之。已而飲田氏兄所，乘醉封刀取張并其母首，屠其家。居平，酷殺樹威，以睚眦殺人。

初惑七姓，虐所屬黄平五司。久而覺七姓欺己，遂結關外生苗戕七姓。於是，妻叔張時照與所部何恩、宋世臣等飛書告龍反。

貴撫葉夢熊請發兵討，而議者難之。總督李化龍即紿言龍實無反，令就吏。于是逮應龍，詣重慶對簿。繫，論法當斬，而以二萬金請贖。御史張鶴鳴方駁問，會關白發難久，大將軍以羽檄徵天下兵，應龍願待罪得東征，許之。既而關白已就戮，尋報罷。

川撫王繼光初任，復遣逮應龍勘結，則抗不復出。時廷議剿撫多异同。而繼光一意主剿，與總兵劉承嗣議，分三軍：以一軍軍川南，由黄平、湄潭入；一軍軍川北，由永寧、緝麻入；一軍軍川東，由安穩、松坎入，三道并進。應龍佯令其黨穆炤等約降，而統苗兵據婁山關，衝都司王之翰軍，軍盡覆，餘殺傷相當。會繼光論罷，即撤兵。

時川兵既挫，而貴兵協剿者亦無功，御史薛繼茂乃旋主撫。應龍因上書自訴，其詞頗哀。上仍命郭成等戴罪立效，而以兵部侍郎邢玠爲總督。會應龍遣行間者懷金入京，爲原奏何恩所執，《紀事本末》作“執何恩”，誤。解綦江縣。而其姻黨馬千斛通播，則黄平、白泥諸司路扼之。玠乃馳檄諭應龍，稱引哱、劉事，待以不死。

時水西宣慰安疆臣，請父國亨恤典，兵部尚書石星手札示疆臣趣應龍就吏，得貰罪；而疆臣母鳳氏亦以勸應龍。應龍乃上書軍門，請就吏。玠乃遣重慶知府王士琦，趣應龍安穩聽勘，應龍復不至，使弟兆龍赴安穩，治郵傳儲糧，郊迎叩頭，致餔資餼牽如禮，曰：“應龍久縛渠魁，待罪松坎，所不能至安穩者，以安穩故多奏民也。應龍誠甘心死法，第恐無故爲奏民遮殺，則不甘耳。使君幸枉車騎，臨睨松坎，使應龍得吐肝膽，然後隨車騎至安穩，以伏斧鑕。”士琦許之，遂單騎往松坎。應龍果面縛道左，哭泣請死罪，士琦乃與之還安穩。應龍預擇大木十圍以上者，爲安穩治公館，仍面縛，叩頭跪起，檻獻黄元、阿羔、阿苗等十二人，案驗，抵應龍斬。依夷法論贖，輸銀四萬兩，助采木工。仍革職，以子朝棟受土舍事。而羈次子可棟于重慶追贖，梟斬黄元等。

總督以聞，且議設撫夷同知治松坎，而以士琦爲兵備，填壓之。故事，黄平設通判，治獄訟賦税。而黄平五司襲替、貢馬諸表箋，必用宣慰印，故宣慰得以制五司。今議改黄平、草塘、白泥、餘慶、重安五司屬黄平通判，詔可。

乃應龍既釋，益鞅鞅。既而次子死重慶，則益痛且憤。嘗促取尸棺，以勘報未結，不肯發；趨其完贖，大言曰："吾子活，銀即至矣。"擁兵驅千餘僧，招魂而去。

先是，石砫土婦覃氏行宣慰事，與應龍通。而以次子馬千駟聘應龍次女，其長女則洪邊宣慰宋承恩所聘也。承恩以龍反，告官，請絶婚。而馬千駟方入播，願踐舊約。于是，應龍統兵擊承恩，多所殺略。遂分遣夷目，據關守險。遍戕五司七姓，置江内七牌、江外四牌爲巡司，搜戮奏民。取諸苗健者，謂之"硬手"，劫殷户以養之。乃劈餘慶土吏毛乘雲棺，磔其尸。掠石阡、大壩，焚略餘慶、草塘及興隆、都勻諸衛，抄重安長官張熹家。既而劫江津縣，臨合江，索其仇袁子升，縋城下，臠割之。既而侵貴州、湖廣諸屯，詗原奏仇民宋世臣父鑾及羅承恩等挈家匿偏橋、衛城，襲執指揮陳天寵等，大索城中，得鑾、承恩及子女，盡車裂以徇。已，又令苗兵與婦人交，或對父奸女，或面夫淫其妻。或裸體坐木，露牝叢射；或誘蛇入牝，而燔其尾。又或掘墳墓焚尸，使當風飛灰。

川撫譚希恩請于合江、綦江二縣各置游擊一員以扼之。而貴撫江東之令都司楊國柱等，以三千兵進剿。賊佯敗，誘入殲之，國柱不屈死。于是，罷東之，以郭子章代。而起前都御史李化龍兼兵部侍郎，節制川、湖、貴三省兵事，議大征。方檄調間，應龍遽引苗兵六萬人，繞綦江，以火炮攻城，城破，殺游擊張良賢等。時賊謀士孫時泰勸應龍入重慶，應龍曰："不清近穴而取遠地，誰謂汝知兵者？"乃于東壩立播界，號宣慰官莊，取資財子女實之，而殺老弱者，投尸蔽江。既復聲言："江津、合江，皆播故土，將分兵清理。"總督乃得日夜設兵備，搜奸細殺之，分戍南川、合江、瀘州，議撫局以緩其勢。未幾，劉將軍綎至。總督乃移軍，軍重慶。賊結九股惡苗及紅黑脚苗，大治扼塞，官軍相持不敢前。貴將童元鎮坐逗遛革職，劉綎亦赴師逾期，戴罪殺賊。有疑綎與應龍昵者，總督延綎入卧内，輸心腹，且以危言激綎，引其父顯九絲功爲比。綎大慟，願誓死報效。乃委綎專制，救黄平諸司。

時石砫宣撫馬千乘軍鄧坎，連破金竹、青岡七寨。西陽宣撫冉御龍攻官壩，斬關而入。賊方攻婺州，聞敗反顧。綎與總督分部諸道兵，八路并進。而己統勁旅從綦江入，連戰，破三峒，逾楠木山、羊簡臺諸峻嶮，奪其隘。應龍子朝棟以苗兵數萬迎敵。我師夾擊，綎身親陷陣，苗大驚曰："劉大刀至矣！"棟潰圍走。

初，綦江諸苗自分屠城慘戮，罪不赦；又應龍憚綎威名，冀首挫其鋒，故屬朝棟悉勁兵間道相角曰："爾破綦江，馳南川，盡焚積聚，餘無能爲也。"及朝棟僅以身免，賊膽落。諸軍分道并捷，遂奪天都、三百落囤。

賊乘隙出奇兵，突犯烏江，詐稱水西瀧澄會哨，誘永順兵，斷橋，淹死我師無算，參將楊顯、守備陳雲龍等俱死之。時有語水西通賊者，瀧澄大恨。《紀事本末》以"恨"誤"眼"，遂以"澄大眼"爲頭目名字，誤。會賊託田氏修好，賄澄。澄斬其使，且與安疆臣約，發奮殺賊。綎乃戰九盤，入婁山關。時賊以婁山關爲前門，諸軍争從前門入。總督急下令，揮使向後，防賊衝突。已而，賊果抄後山，奪關，都司王芬中矢死。綎勒騎陷堅，大戰水牛塘，擊破之。

先是督臣與諸軍約，關外宜撫，謂多不可勝誅也；關内宜戰，謂師不可久老也。是時，安羅、淘、洪三寨生口以鉅萬數，皆面縛請降，幸許可；而長坎、瑪瑙、長蛇諸囤已前後擊破，殺虜數千人。於是，酋父子計無復之，乃相率登海龍囤。海龍囤者，賊所倚天險，當時所稱飛鳥不能逾者也。時沅撫江鐸、裨將陳璘、周敦吉、周以德等皆急攻囤，賊詭令婦人于囤上拜表痛哭，云“田氏且降”，復詐爲應龍仰藥死。報裨將吴廣，廣輕信，約緩攻。已，覺其詐，乃會八路兵，共集囤下。總督聞父喪，徒跣墨縗，益治軍。應龍散金募死士，無一應者。乃四顧倉皇，偕諸妾闔室自縊。已而火起，吴廣獲其子朝棟及妾田雌鳳，而曳龍尸出焰中。

計出師至滅賊，百十有四日，斬級二萬餘。詔斬朝棟等，剉龍尸。而以綎爲軍功冠，自總督李化龍以下各進級，賞賚有差。

其後議分播爲二府：屬川者曰遵義，屬貴者曰平越。遵義領州一，曰真州；縣四，曰遵義，曰綏陽，而改夜郎曰桐梓，改懷陽曰仁懷。平越領州一，曰黄平；領縣三，曰湄潭，曰餘慶，而合甕水、重安曰雍安。又改龍泉縣屬石阡。專設播州兵備道，駐遵義。置威遠衛，建學增驛。

——《蠻司合志》卷七《四川四》，載《中國西南地理史料叢刊》，第 31 册，122～124 頁

萬曆十二年，指揮馬懷義往填落紅，鼓吹導之行。世統喝之曰“止”，請奪崇周印，屬之漢吏，然後許填守行事。懷義怯，遽返。世統出金賂懷義，而私使火者嚴世才詣水西乞兵。時播州楊應龍未反，有雄名。世續亦遣使胡卿就應龍乞兵，戰于麻線堡及張旗、落澗、落郎諸屯……二十三年，楊應龍反，崇周復應徵，已提兵行，沙卜乃乘隙伏甲道左，以殺崇周，崇周覺，力戰。斬首鹵二十八級，追沙卜至河，殺卜。

——《蠻司合志》卷七《四川四》，載《中國西南地理史料叢刊》，第 31 册，第 125 頁

禮制文獻

宋朝事實*

遵義軍。大觀二年，蕃帥楊文貴獻地，東西百二十里，南北六百一十二里，以其地置軍。原註：唐貞觀元年，析牂牁，置遵義縣，屬朗州；十一年，州廢，縣亦省；十三年，復立播州，亦復置縣；十四年，更名羅蒙；十六年，更名遵義，後自播州徙州治。唐衰，播州爲楊氏兩族所分據，一居播州，一居遵義，以江水爲界。其後居播州者曰光榮，得唐所給州銅牌；居遵義者曰文貴，得州銅印。大觀二年，兩族各獻地，皆自以爲播州。議者以光榮爲族帥，重違其意，乃以播州立州，遵義立軍。

——《宋朝事實》卷十九《升降州縣二·夔州路》，載《中國歷史地理文獻輯刊·政書類地理文獻集成》（七），第28册，第19頁

---

* （宋）李攸：《宋朝事實》，載李勇先主編：《中國歷史地理文獻輯刊》，上海交通大學出版社，2009年。

宋會要輯稿*

（元豐四年）三月二十七日，夔州路轉運司言："乞弟酋首宋阿訛最爲乞弟心腹之人，若果爲南平軍管下播州夷界巡檢楊光震所殺，深慮乞弟必仇報。乞令林廣、彭孫赴南平軍，同光震協力討捕。"上批："令林廣、彭孫悉師以往。"仍諭光震并力翦除。

——《宋會要輯稿》之《兵十之六·出師》，第 14 册，第 8796 頁

（政和六年）八月十五日，詔："播州管界都巡檢楊光文等已係歸明，身爲王民，受爵命，自當遵守令法，尚敢擅相仇殺，光文且貸命，并惟聰并除名勒停。今後如敢違犯，并行處斬。似此歸明人并依此。"先是，夔州路轉運司奏："光文令楊文泰射殺惟聰家人口，燒倉穀，取牛馬。惟聰復將帶人馬燒光文米倉，遞互仇殺，不曾侵犯州縣，恐别致引惹生事。"故有是命。

——《宋會要輯稿》之《兵十七之九·歸明》，第 15 册，第 8958 頁

播州，大觀二年以楊文貴獻地建，宣和三年廢爲城。

播川縣，大觀二年建，宣和三年廢爲城。

遵義軍，大觀二年以楊文貴獻地建，宣和三年廢爲寨。

遵義縣，大觀二年建，宣和三年廢爲寨。

---

* （清）徐松纂，劉琳、刁忠民、舒大剛等點校：《宋會要輯稿》，上海古籍出版社，2014 年。

——《宋會要輯稿》之《方域七之十·州縣陞降廢置三》，第 15 册，第 9409 頁

播川城，宣和三年以播州并播川縣改。

——《宋會要輯稿》之《方域九之二十六·修城下》，第 16 册，第 9459 頁

柔遠寨

在播州，宣和三年廢。一在祥州，政和四年置。

——《宋會要輯稿》之《方域十八之八·諸寨》，第 16 册，第 9630 頁

清溪寨。紹興二十九年四月一日，户部狀："准都省批下權發遣恭州張晦奏：'本州江津縣清溪寨與南平軍實爲表裏，若南平軍障寨嚴密，軍政整肅，自保無虞，則清溪關隘與土丁理宜整治。已將清溪接南平軍界去處，除民旅出入大路兩處存留，置立鋪屋，差人守戍外，其餘私小路盡行斷塞，以絶透漏。兼復行整齪土丁三百人，乞下帥司將把截將二人審實給帖，先補充清溪寨把截將。候把截每及七年無透漏，與比附舊格量行升轉，至都知兵馬使止。仍每年依南平把截給散衣襖。'本部尋關兵部看詳：'檢准紹興二十八年九月四日樞密院劄子。'夔州路奏：'南平軍白錦知堡夷官楊選族廳佐忠，帶領夷人自南平軍白錦堡楊大由私小路入恭州江津縣清流寨雁門，殺虜人口。合添屯防拓。'其雁門，正係夷人出没隘口，舊有把截將佐〈仕〉招安等同土丁把拓，自仕招安死，無人守把。今自江津縣説諭，自邊界至清溪寨，主户茍炳自出户下土丁一百。"

——《宋會要輯稿》之《方域十八之二十三、二十四·諸寨》，第 16 册，第 9642 頁

移寨堤備

嘉定六年十一月二十一日，潼川府路安撫司言："照對前政安撫李寅仲奏：'瀘州合江縣與南平軍白錦堡楊光榮族連接，舊有大、小兩溪，皆在蕃界遠來。大溪兩傍有九支、遥壩、青山、安溪、綏遠、仁懷等寨，足以堤備；惟小溪至重慶府，平易空曠，絶無一戍以爲防閑。竊謂仁懷堡、遥壩寨可省其一，移置於小溪之隘口。安溪所管知寨、都監二員，亦可省其一，移駐於小溪，俾之彈壓防控。'自後逐司委官相度到，遥壩寨、仁懷堡向來建築，各是控制夷蠻，難以移置外，相視得小溪地名大魚灣一處，照見隘口，黄、趙二村夷人出没要衝之地。又照得附近安溪一寨，管知寨、知押二員，合移監押一員，就所置小溪新寨駐扎，抽本縣所管戍兵五十名，

移駐小溪新寨防戍。所有官兵請受，并從舊處支給，委是經久可行。已得指揮，依相度到事理，下瀘州措置建築合江縣小溪新寨，量移軍兵五十人於新寨屯駐防拓。遂委官相視，據申，遥壩其地皆平，無可守之險，殊失建築本意。又去隘口十里，太爲迫近。惟地名張平泉者，高廣十餘里，前有對溪之險，而兩山相束，下瞰溪流，不啻千仞。上有數小溪，水泉清冽，可供食用。土壤甚沃，亦有稻田，可爲永遠之計。又差官前往地頭建築了畢，寨廨、舍敖、甲庫一一差備。已差安溪寨監押前去新寨駐劄守把，并下瀘州差兵員一百名防戍。所有安溪寨監押員闕，乞行住罷，别立新寨員闕，并乞頒降寨名。”

——《宋會要輯稿》之《方域十九之三十七·諸寨雜録》，第 16 册，第 9670 頁

西南蕃，漢牂牱郡地也。唐置費、珍、莊、琰、播、郎、牂、夷等州。王建據西川，由是不通中國。

——《宋會要輯稿》之《蕃夷五之十·西南蕃》，第 16 册，第 9843 頁

（元豐四年）三月二十一日，夔州路走馬承受王正臣言：“南平軍管下播州夷界巡檢奉職楊光震於遮勒各小茅田路口遇乞弟酋領宋阿訛，鬥敵，斬獲阿訛等三人首級，本軍已送瀘州經制蠻事司。”上批：“宜專遣使厚賜金帛、爵命。”其後南平軍言：“光震斬獲阿訛等首級非僞。”乃命賞之。

——《宋會要輯稿》之《蕃夷五之二十八·西南蕃》，第 16 册，第 9856 頁

（元豐五年七月）二十四日，詔：“乞弟逃竄，其地已賜羅氏鬼主鋪永，令知歸、徠州。及令楊光震兄弟并沙取、落婆遠等生夷會合掩襲，所獲夷户，令自爲主；如獲乞弟，即依朝旨推賞。令瀘南安撫司常舉行。

——《宋會要輯稿》之《蕃夷五之三十·西南蕃》，第 16 册，第 9857 頁

紹聖四年五月二十八日，瀘南沿邊安撫司言：“蕃官播夷界都巡檢楊光榮與弟〈侄〉文瀚不和，光榮勢弱，欲倚漢界爲重。乞以播州東南北分作兩面，并權充都巡檢，楊光榮、楊文瀚仍望以檢校祭酒名目降告施行。”從之，仍各與帶銀青光禄大夫、檢校國子祭酒兼監察御史、武騎尉。先是南平軍言：“管下蕃官左班殿直、權管勾播州夷界都巡檢楊光榮乞獻納播州疆土。”遂招〈詔〉：“瀘南沿邊安撫司指揮、南平軍不得擅誘楊光榮叔侄等獻納地土，若逐人因事同出官，即與和解，務要安静。既而再乞作兩面分官。”故有是命。

——《宋會要輯稿》之《蕃夷五之三十三·西南蕃》，第 16 册，第 9859 頁

（大觀二年）九月一日，荆湖北路提點刑獄張爲言：……又言："據南平軍有播州夷人楊光榮同孫楊光璉狀：'所管係唐朝所遺地唐州平，生户一萬餘家，乞獻納朝廷。'"又夔州狀："據州蕃首部指揮使楊文貴等狀：'近年以來，聞今上皇帝聖德聖慈，百姓貧窮者官破衣糧養活，病患之人官破粥藥療疾。文貴等久限外界，無路得達。今涪州乞依例獻納田土。'"

——《宋會要輯稿》之《蕃夷五之三十五·西南蕃》，第 16 册，第 9860 頁

光堯皇帝建炎二年三月十六日，瀘南安撫使黎揆言："武功郎紀總自知播川城之後，把拓邊界。又説諭知白錦堡楊維聰改過，親身赴播川城公參。今播州城一帶并皆寧肅，本官已移知威州，伏望優加旌賞。"詔紀總特與兼閤門宣贊舍人。

——《宋會要輯稿》之《蕃夷五之三十八·西南蕃》，第 16 册，第 9862 頁

（乾道八年）十一月二十一日，修武郎、播川城白錦知堡楊選進獻戰馬五十匹，并綱帖馬十匹，差寔信人管押赴四川宣撫司交納。詔楊選特轉一官。

——《宋會要輯稿》之《蕃夷五之四十·西南蕃》，第 16 册，第 9863 頁

大觀二年九月一日，……又播州夷人楊光榮所管係唐朝所建地唐州平，生户一萬餘家，乞獻納朝廷。……上表稱賀。

——《宋會要輯稿》之《蕃夷五之九十三·西南溪峒諸蠻》，第 16 册，第 9895 頁

（紹興）三十一年五月九日，夔州路兵馬鈐轄司奏："故楊銓妻任氏乞將故翁楊文錫納土初補官資，依楊選例與楊震承襲，於見今進武校尉上改轉承節郎。"從之。

——《宋會要輯稿》之《蕃夷五之九十六·西南溪峒諸蠻》，第 16 册，第 9897 頁

（淳熙十年）五月十六日，夔路安撫司言："楊炳乞承襲祖父楊文錫納土初官修武郎，勿差充珍州遵義寨沿邊管界都巡檢職事。"從之。十二月二十一日，夔路安撫司言："據珍州故秉義郎楊文奉男誠妻任氏稱：文奉於大觀中，以所管播州五縣

田土進納。文奉身亡故，夫誠於淳熙七年十二月内帶領家丁義軍巡邏，被主夷暗箭射死，止有男霖，見年三十歲，所管蕃蘸守把九溪十洞五蕃夷僚，實是勤勞，乞照淳熙九年明堂赦承襲，衣奉納土初官秉義郎。”從之。

——《宋會要輯稿》之《蕃夷五之一零一·西南溪峒諸蠻》，第16册，第9900頁

（紹熙三年）五月一日，詔楊轍承襲，與補承信郎、南平軍播川城同巡檢。以夔州路安撫司奏：“轍係楊逡嫡親侄，可以承襲。”故有是命。

——《宋會要輯稿》之《蕃夷五之一零二·西南溪峒諸蠻》，第16册，第9900頁

續文獻通考*

沿邊溪洞宣慰使司。元時以播州楊賽因不花爲使。

播州宣慰使司，古梁州之境。秦夜郎、且蘭二縣地。漢屬牂牁郡，晉、隋因之。唐分牂牁郡，置播州，後没於夷。宋改置播州安撫司。元改爲播州沿邊安撫司。本朝洪武初，改爲宣慰使司。萬曆中，播酋楊應龍叛，討平之，改置郡縣，曰平越府，領湄潭、龍泉、餘慶三縣，黄平一州，領縣一，曰甕安，隸貴州布政司；曰遵義府，領遵義、桐梓二縣，真安一州，州領縣二，曰綏陽、仁懷，隸四川布政司。

黄平府。本朝改安撫司，萬曆十八年改黄平州。平溪、上塘、羅駱等處，水車等處，石粉、羅家、永升等處，六洞、柔遠等處，錫樂平等處。

白泥等處長官司。元至正末改爲白泥州。本朝洪武十七年，復改爲長官司，屬播州宣慰司。

珍州、思、寧等處長官司。元至正末改珍州曰真州。本朝洪武十七年，改爲真州長官司。萬曆年，改爲真安州，屬遵義府。

南平、綦江等處長官司。本朝改置綦江縣，屬重慶府。水烟等處；溱洞、涪洞等處；洞天觀等處；葛浪洞等處，寨壩、埡黎、焦溪等處；小姑單張、倒祚等處；烏江等處。

舊州、草塘等處長官司。本朝洪武十七年，改爲草塘安撫司，屬播州宣慰司。恭溪、杳洞、水囤等處；平代、月石等處。下垻、寨章、横坡、平地寨、寨勞、寨

---

* （明）王圻：《續文獻通考》，載李勇先主編：《中國歷史地理文獻輯刊·政書類地理文獻集成》（一），上海交通大學出版社，2009年。

勇、上塘、寨坦、咾奔、平莫，林鐘密秀。

餘慶州。本朝洪武十七年，改爲長官司，屬播州宣慰司。萬曆二十八年，改爲餘慶縣，屬平越府。

容山長官司。本朝仍舊，屬播州宣慰司。

重安長官司。宋爲黄平府地，元因之。本朝洪武八年，於此置長官司，屬播州宣慰司。萬曆二十八年，改置黄平州，屬平越府。

播州長官司。元爲播州軍民都鎮撫司。本朝洪武九年，改爲長官司，屬播州宣慰司。

按：播州宣慰使楊輝始祖鏗，元時爲安撫使，入本朝洪武初，納款，授宣慰使。三傳而輝襲之。怙富負險，代恣豪舉。輝二子，長友，次愛，友庶而長，輝以妾故，特嬖之，屢欲奪嫡。而安撫宋韜、長官毛釗等不從，曰："楊氏家法，立嗣以嫡不以長。主公奈何紊之，以啓亂階？"輝不得已，乃嗣愛，而嬖友之心終不解。倖客張淵日慫恿之，因説輝曰："主公欲貴孟主，而戚戚與仲主爲仇，即使奪彼以與此，不過轉移故物耳，且貽口實於後人。何不别爲孟主地，雙貴而朋立，是使孟主創立而仲傳世也。"輝曰："爲之奈何？"淵曰："夭霸諸苗，主公部境也。山箐險遠，憨而易凌。誣之曰賊而請兵討之，歸功孟主，因請立官分治，則事爲有名矣！"輝大喜，乃召容山長官韓宣、重安長官張通計之，將以疏請。宣曰：夭霸諸苗力耕服役，皆順民也，奈何以賊誣之？"輝大怒，立杖殺宣。通皇恐股栗，叩頭曰："諸苗誠賊也。"乃從輝署名疏言苗亂，請兵討之。部議報可，乃命都御史張瓚將兵討之，諸苗被戮者千餘人。輝通賂於瓚，瓚乃盛陳友功，且曰："友謀勇冠軍，手刃七馘，誠設安撫司於安寧，以友爲安撫使，則諸苗不復反矣！"時友年纔十三耳。部議信之，乃立司授官，一如所請。既而爛土諸苗齋果等，忿夭壩以無辜受戮也，時時攻安寧。瓚又疏請築城衛之，費粮數十萬。十九年，輝死。愛修怨於淵，淵屢謀殺愛不克。二十一年，丹章諸苗寇安寧。四川右參政謝士元、副使翟廷蕙、都指揮楊綱以兵往，過播州，詣愛家，置酒高會。翌日視學，適州民賽社，士元等因坐學宫游觀之，愛復携酒以往。訓導楊禮者，介士也，艴然陳曰："視學而觀社，提兵而樂酒，略等威而款不屬，竊爲明公耻之。"士元等大慚而起。淵自知不容於愛，乃嗾友誣愛通苗，越境爲亂，報之貴州守臣，而致書舉人路義，令通賂上下。安撫宋韜獲之，以報愛，愛乃易書於義，僞以人往。義信之，詣貴州守臣，陳愛、友狀。守臣不聽，曰："播州，非我轄也。"義復書於友，言非奏聞不可。愛得書以報四川守臣，友、淵大懼，乃誣疏：愛嘗言'夢騎龍登天，上帝謂我曰南方帝子也'，又嘗立嵩呼門、金水橋以擬宫禁。廷議大駭，乃命刑部侍郎何喬新、錦衣指揮劉綱會四川都御史、御史等官鞫之。淵以妖言坐死，士元等落職，義削籍，友、愛皆論死，贖免之。友削官竄保寧，無何友黨篡友以歸，與愛仇殺不已，而友子張、愛孫相尤酷毒。嘉靖七年，兵部尚書胡世寧議謂："張黨與已成，若不因而撫之，恐遂流禍，請立安撫司于凱里，屬治貴州，以張爲安撫使；而相宣慰，屬治四川如故。"然其仇固自若也。諺云："骨肉釁配醢，參商播凱。"

按：播凱之亂，其初不過楊輝奪嫡之私耳！偶一夷酋上書誣人以逞，兵部不覆實而遽許興師，非徇情何以有此？張瓚欺君曲法，造禍百年，蔓延邊徼，其後展轉調停，不過分疆别省耳！貸禍首而不究，何以服諸夷哉？

楊應龍始末

楊應龍，原籍山西人。始祖楊端，在唐平南詔，授武略將軍，世處播地。元時爲安撫使。

洪武初，高祖楊鏗歸降，授播州宣慰。三傳而輝襲，二子友、愛仇殺。

嘉靖七年，立安撫司于凱里，以友子張爲使，屬貴州；以愛孫相爲宣慰，屬四川，宣慰統草塘、餘慶、黄平、白泥、重安五司七大姓頭目，如漢法里甲，領生、熟苗二十餘萬。嘉靖二十七年，父烈故。

隆慶六年，應龍襲職。其地多江西賈人，因妻張真人族張世爵妹，而世爵又其妹夫也。應龍倚險恃富，窮奢極欲，又取田一鵬妹田氏爲二室，生子七、女三。田素妒張，遂與應龍謀殺之。驕横日甚，肆行屠戮，部夷怨者合張氏叔張時照揭奏，行勘。

萬曆二十年，巡撫李尚智、巡按李化龍行提擬斬，罰銀二萬兩贖罪，收繫重慶獄。時倭寇犯朝鮮，應龍詭言願東征贖罪，當事者信而出之，回至松坎，殺害押回官兵，遁還巢穴。二十一年，王巡撫復提勘結，拒不出。朝議遣川、貴撫按擒治，又將統兵都司王之翰等全軍陷没，承勘者苟且完結，奏將應龍革職，令男朝棟應襲土舍管事，次男可棟爲質。已蒙天恩寬宥，應龍怙終不悛，思洩前忿，聽部下黄七、孫時泰及田氏子朝棟、可棟等言，增修各囤險隘，又於海龍囤築堅城以爲巢穴。遂拜黄七、孫時泰爲軍師；何漢良、李旭、戴貴、張玉、彭道、張漢清、何廷瑞、陳太等爲謀士；楊兆麟、郭通緒、楊珠、楊明爲督軍總管；何邦寧、田一鵬、田良玉爲内司總管；尚守忠、謝朝俸、張漢武、羅綱、朱敬、袁守剛、陳大恩、石勝俸爲提調巡警；吴金錢、吴金富、石朝貴、曹萬、曹嚴爲苗頭總管；婁國、張讓、穆炤、袁年、袁鍪、王繼先爲各里頭目，統率部下苗兵于二十四年將五司七姓屠戮殆盡，間有逃脱者奔往川、貴訴。撫按奏聞于朝，議者持剿、撫兩端，不决，兵部尚書田樂力主征剿，遂以李化龍提督、貴州巡撫郭子章相機協剿，復調東征總兵劉綎、陳璘、吴廣，北邊驍將馬孔英、貴州總兵童元鎮、南京坐營總兵李應祥等數十員分哨共討。

應龍聞之，遣人潜結水西宣慰安疆臣爲應援，自領苗兵于二十七年攻破綦江縣。馬知縣被執，參將、游擊俱戰死。南川、江津、重慶諸州縣望風竄匿。應龍又謀攻貴州邊界，飛練被圍，守臣潘經歷汝資、楊都司國柱等俱被殺。復攻東坡，殺守堡百户劉金仁。湖貴要路聲息不通者數月。李總督嚴促各路將領刻期進剿，蓋萬曆二十八年二月十二日也。時四川劉總兵綎進綦江；吴總兵廣進合江；馬總兵孔英進南川；貴州童總兵元鎮進烏江；原任副總兵曹希彬進永寧；李總兵應祥進平越；湖廣陳總兵璘進湄潭；參將朱鶴齡進沙溪。八路并進，軍容頗盛。應龍分兵把守各關，復遣人賫禮物送安疆臣。時李總兵遣牌諭應龍以禍福，不從。應龍偵知童總兵自烏江率水西兵攻破老君關，必當深入，因自領部下兵詭服水西衣甲，混入水西營中爲内應。賊兵大至永順，官兵被殺僅存十分之一二，參將楊顯長子楊應芝、楊續芝，守備陳應龍、白明達、阮士奇，土官安民，千户訾嘉猷俱死于陣。追至烏江，斷浮橋，官兵溺死無算，水爲不流。應龍旋兵趨河渡，時游擊謝宗爵、雲南沐公子守備泗城，土知州岑紹勛不意猝遇賊兵，復大敗，戰象俱殲，沐公子僅以身免，貴州幾摇動。平越哨李總兵同標下參將蔡兆吉、守備汪如淵、伍萬鐘、指揮李師沆、提調吴文秀等進攻四牌、乾溪、旋水、天邦、三百落等，奮勇截門，生擒萬數，斬首稱是，長驅直抵疆界河屯袁家渡；又得播酋石勝俸、王志甫等降夷爲嚮導，潛出小徑，直抵黄灘關，乘勝追至西平張王壩。自此上渡、中渡、下渡三關係楚兵出入咽喉，俱被黔兵攻破，陳總兵由此得入綦南。劉總兵進至白石口、松啞地方，下營未定，應龍自河渡突至，劉兵大挫，守備王芬、陳大經死之。次日，劉總兵整兵復戰，賊兵乃敗，追至冠子山。時水西安疆臣聞人以河渡之敗，疑有二心，遂合隴澄兵由西路沙溪、馬站、石壁花、毛田進至大水田，逼近播州，應龍父子不敢與戰而歸播。四月十二日，率領苗兵數萬及播州男婦俱上海龍囤，止留目把提兵防守巢穴。由是劉總兵自白石口入，李總兵自張王壩入，吴總兵自紅水石入，陳總兵自上渡關入，安疆臣、隴澄兵自大水田入，各鎮漢土兵共七十餘萬，攻破播州，一城爲墟。至十五日，密圍海龍囤，四面攻擊，各路監軍四川張參議悌、張參政棟、謝副使詔，貴州楊廉使寅秋、張參議存意、尤副使錫類、洪副使澄源，湖廣胡廉使桂芳、魏參政養蒙俱隨營住扎。陳、吴二總兵以囤前九關難克，復與水西兵移營囤後，偵知水西兵與應龍交通伏，遂撤去水西兵，與諸軍各分信地，簡精鋭。於六月初五黎明奮勇衝敵，都司徐成、張秉忠、戴守禮奪據鳳凰嘴，賊兵奔入土城，官兵隨拆土城而入；賊進據月城，因縱火燒其土城、月城二樓；賊奔入大城，官兵復四面攻之，賊既飢疲，又聞水西兵移營别去，無可恃援，相向慟哭。至初六日，應龍與愛妾俱縊死，舉火自焚。黎明，其妻田氏同男以棟等及子女弟婿、賊首把目、僞内官等持宣慰司印信開門降，悉械送軍門，解京處分。即其地爲郡縣，在四川者爲遵義府，領真安州一，遵義、桐梓、綏德、懷仁四縣；在貴州爲平越府，領黄平州一，湄潭、應安、餘慶、龍泉四縣，而播地始定。蓋自壬寅二月誓師，六月而妖酋授首，一夫作難，費至百萬，輕舉招釁之禍，不在始事者哉！

陸從平云：“蜀中之有楊酋，如黔中之有安酋，二酋皆梟獍。而安尤强，可以制楊之死命者惟安，楊亦獨忌安，無敢逞。乃安能守高皇帝令，通九驛，往來滇、黔者悉賴以給，惟是驕伉，不習漢法，所部有犯，不即奉行，黔軍門而下微微裁抑之。獨播州惟蜀地，而黔軍門有兼制川東之敕，故亦屬黔，且去蜀遠而去黔近。彼見黔中事體，多裁抑安氏，因專事蜀，且其人黠甚，善交結，重慶士大夫多爲左右於上官之側者，而蜀之上官亦多受其饋遺，待以優禮。以故淫凶殘暴，生殺予奪，惟其欲爲，無所禁忌，所由來久矣！萬歷十四、十五、十六年，有五司土官與其妻張氏奏應龍不法事十一紙，皆奉旨，貴州巡撫會同四川巡撫勘問，亦不過欲弛讀書之禁、設彈壓之官五六事，而本酋遣盜十途，先後殺死奏民共十八人，所在地方如湖廣之沅州、四川之納溪皆有卷。至十七年，貴州軍門葉龍潭必欲勘問明白，以正朝廷之法，且陰爲以夷攻夷之謀。假令蜀兩臺以下能與葉同心，楊亦如孤豚俯首受要束，豈敢有二志？奈之何川東憲副朱運昌與川中巡撫李尚司、巡按山西辛立之、李化龍竟庇酋而與葉异，甚而相仇。如李巡撫移咨葉公有云：‘必如貴院之不容楊應龍，將盡割川東之地以與貴州而後可乎？’葉面咨亦云：‘必如貴院之曲護楊應龍，將使本院徼兼制之敕而後可乎？’至李巡按則直疏論劾葉公爲狡猾小人，好名起釁，而盛稱楊應龍爲赤心報國，即宋之張韓、劉岳不是過。遂使楊酋憑其城社，肆其豺狼，將葉公所委坐鎮播州任參將者綁縛馬前，毁其廨宇，辱其妻孥，砍斷軍門所與令字旗面，此尚知有朝廷哉？逮葉公疏奏謂其必反，必當聲罪致討，而黔中按臺陳岷麓亦且疏數其必不可赦者十罪以上，諸疏且在部科，而無奈此酋之術能使衆錢，可通神，奉旨不過會勘，隨又移葉改鎮甘肅，而以蜀方伯彭富代之，所爲楊酋計便利甚備而釀成今日之禍者，誰爲厲階也？爲今之計，當追論昔年薦楊應龍之人，追録昔年疏論楊應龍之人，而後密聞之黔、蜀新在位者，修葉公之故事，啗安民以重賞，會以輕兵從貴之烏江一路直搗本酋之巢，又前此見邸報有應龍妻子苦諫之説，或就彼中募有能行反間者入而圖之或一策。此酋性殘好殺，人固不附，今之所以能横行無忌者，惟是生苗好利、好殺、好淫，而本酋縱其殺掠，縱其奸淫，正如火之始然，不可向爾。然而下有離心，人無固志，可以計而擒也。”

按：陸公此議，切中肯窾。使當事者能從其言，稍見施行，則數伯〈佰〉萬之生靈不至肝腦塗地，而中外軍需大費，或不至東支西吾，疲累三省至此極也。余嘗熟闞應龍成敗始末，不過内恃海龍囤之險固，外恃水西兵之救援，其局量不過如此。而當事諸臣始而狎，繼而玩，又繼而縱之，養成滔天之禍，與先朝張瓚處楊友、楊愛事如出一轍。余故并存陸公之議，以爲邊防一公案云。

萬曆二十九年五月初三日，吏部奏：播地蕩平，經制宜定，敬陳善後事宜。一復郡縣。臣等看得播地延袤千里，唐宋以來又爲楊酋所據，今既入我版圖，即應改土爲流，以昭混一之規。合無於白田壩地方立一府，仍設附郭一縣，其桐梓、望巢、懷仁三處地方各該〈設〉一縣；真州地方設立一州，以上俱隸川省統轄。其廣平地方據貴州撫臣所稱，土地偏隘，各建一州；平越設立一府，即屬新鎮道專轄，湄潭、龍泉，一處各該一縣，甕水、重安地方共設一縣；余慶、白泥地方共該一縣，其單塘、容山二司應割隸於縣，以上俱改爲貴州統轄。以上二府二州及附郭縣分正、佐首領，俱各全設；外州縣正、佐首領，俱應量減。其府州縣并司獄、倉庫等衙門印記，相應移咨禮部，照例覆請鑄給合用。僧綱道紀、陰陽醫學及各官庫廩糧等項，悉如督撫所議。其住扎黄平撫酋帶銜通判應否裁革，至于府州縣各等項，伏乞欽定，以便銓補官員赴任。其平越、白田二府與貴州貴陽府仍乞加軍民二字，以便兼攝。

一設兵備。臣等看得，播地新立郡守，既分隸川、貴二司，其統轄監司委不可缺。合無以四川添設僉事一員，分巡兼兵備，住扎白田壩府城，專一整飭新設郡縣并重慶忠黔衛所，永寧、酉陽、石柱、平邑等土司兵務，其重慶府巴縣、綦江、南川、涪州、武隆、彭水、切鄰地方并平越新設一府一州四縣，與貴州水西宣慰司悉聽節制，該道俸支等項聽督撫設處，庶幾彈壓得人而安攘有裨，本部咨札禮兵二部給與敕書關防。

一急選調。臣等看得，播州甫今開創，料理最難，新設郡縣正、佐官一，不得人误事，非細查得督。臣原擬孫鶴年、楊體完、吴從周俱已升任訖，合將劉安仁升播州新府知府，鄧弘烈加同知銜管新府通判事，郭惟屏加同知銜管真州知州事，寇克順改附郭，何珩改桐梓，詹淑改望巢，曹一科升懷仁各知縣，何逞升附郭縣縣丞，劉學可改桐梓縣丞，李愛改懷仁縣丞，蕭時寬升望巢縣主簿，徐里改附郭縣典史，張二南升桐梓縣典史，朱化龍升望巢縣典史，徐茂功升仁懷縣典史。一切修築、丈量、府安、禁戢事宜，悉以經理，三年政成，破格超升，以酬其勞。播州新府同知、推官、經歷，新所經歷、知事，新升吏目，附郭新縣主簿等官，應于急選銓補。其兵巡下川東道徐仲佳拮据播事，茂著勞績，宜升四川参政官，分巡及整飭播州等處兵備。其平越新府并屬縣正佐各從督撫按臣之請，除陳與相、李玨已經考察不開外，合將副使尤錫類加升貴州參政職銜，調新鎮道，參議張文奇調補貴寧道。知府劉官南加貴州副使職銜，管平越新知府事。知縣袁尚紀加永寧知州職銜，管餘慶、白泥新縣事。陳廷範加鎮寧知州職銜，管甕安、重安新縣事。二年之後，考其政績，分別議處，一如按臣之議。其安民志之子升爲龍泉縣土縣丞，所有土職長官世爲該縣土主簿，以酬其忠。其貴州驛傳道副使一員，合無即以湖廣參議韓光曙就近補。應請敕者照例移咨該部請給，應給憑者照例給憑，各管事遺下，湖廣參議與各府縣員缺及推補未完，仍行推補。

一順夷情。臣等看得播州諸司均奉我正朔者，乃敢叛華附播，罪在不宥。但渠魁就誅，脅從宜原，中有一二，曾在軍前率先歸附者，即宜照依賞格分，别釋放。合將真州正長官改爲該州土同知，副長官改爲該州土判官以外，各司安撫與正長官即爲該州土縣丞，副長官即爲土主簿。同知羅氏即爲新府土知府，其上赤水頭目袁名授以所鎮撫，其下赤水頭目袁厘、仁懷里頭目王繼先、安羅二村頭目羅用明、安寨各授冠帶總旗，田産、税粮悉如所議。

一議更易轄屬。臣等看得，軍衛有司之設，所以備其不虞，爲至要。乃今黎平軍民府永從縣去黔遠而反屬於黔，鎮遠、偏橋、平溪、清浪四衛去楚甚遠而反隸於楚，揆之事勢，委爲未便。合無請將貴州黎平軍民府永從縣改屬湖廣，鎮遠、偏橋、平溪、清浪四衛改屬貴州都司。

一議增設駐鎮。臣等看得，黔民强悍難馭，從來已久。緣各衛武弁化誨無術，以致風俗日偷。合無於貴州鎮遠府增設推官一員，駐鎮偏橋，令其收支屯粮、站銀，問理詞訟，填報賢否，勸誨苗夷，一切公署俸薪悉聽督撫衙門經理。恭候命下，本部照例銓選一員前去任事。奉旨："俱依擬。府名與做遵義、平越，州名與做真安、黄平，縣名與做遵義、桐梓、綏陽、懷仁、湄潭、龍泉、甕安、餘慶。"

——《續文獻通考》卷二百二十八，載《中國歷史地理文獻輯刊·政書類地理文獻集成》（一），第 22 册，545~551 頁

自楊酋首歕法以來，八年之内，上費朝廷金錢數百萬，下損三省將士幾數十萬，中疲三省運夫幾數千人。甫定之後，一意安養休息，惟恐鴻雁不歸，犬羊復肆，而奈何又欲以尺寸之地爲兵端釁乎？

——《續文獻通考》卷二百三十，載《中國歷史地理文獻輯刊·政書類地理文獻集成》（一），第 22 册，第 584 頁

欽定續文獻通考*

遵義軍民府。元播州安撫司，屬湖廣行省。萬曆中改置，領縣二、州一，州領二縣：遵義，唐舊縣，宋省入播州，元因之，萬曆中復置。桐梓，唐夜郎縣，屬珍州，後廢。元爲珍州地，萬曆中改置。

真安州。元珍州思寧長官司。萬曆中改置。領縣二：綏陽、宋舊縣，元廢，入珍州，萬曆中復置。仁懷，宋舊縣，後廢爲播州地。萬曆中復置。

臣等謹按：元播州安撫司所屬諸地，明萬曆中播酋楊應隆〈龍〉叛，討平之，以其地隸遵義、平越二府，凡沿革可考者，各注本府縣長官下，餘俱省廢不詳。

——《欽定續文獻通考》卷二百三十三《輿地考五》，載《中國歷史地理文獻輯刊·政書類地理文獻集成》（一），第22册，第668頁

* （清）張廷玉：《欽定續文獻通考》，載李勇先主編：《中國歷史地理文獻輯刊·政書類地理文獻集成》（一），上海交通大學出版社，2009年。

明會要*

（萬曆）二十八年十二月乙未，御午門，受播州俘。《本紀》。

——《明會要》卷十六《禮十一》，上册，第 263 頁

土司入監。洪武二十一年，播州宣慰使楊鏗并所屬宣撫司官，各遣其子來朝，請入太學。帝敕國子監官，善訓導之。

——《明會要》卷二十五《學校上》，上册，第 408 頁

（成化）二十二年九月，遣刑部侍郎何喬新勘播州土司訟。《三編》。

——《明會要》卷四十四《職官十六》，下册，第 804 頁

（萬曆）二十九年正月壬子，以播州平，蠲四川、貴州、湖廣、雲南加派田租逋賦。

——《明會要》卷五十四《食貨二》，下册，第 1020 頁

萬曆四十六年九月，户部以遼餉缺乏，援征倭、征播例，請加派直省正賦。惟貴州地磽，有苗變，不派。其浙江十二省，南、北直隸，照會計録所定田畝七百餘萬頃，每畝加三釐五毫，共派額銀二百萬三十一兩有奇。

——《明會要》卷五十四《食貨二》，下册，第 1033 頁

* （清）龍文彬：《明會要》，中華書局，1956 年。

茶法

先是，洪武末，置成都、重慶、保寧、播州茶倉四所，令商人納米中茶。

——《明會要》卷五十五《食貨三》，下册，第 1060 頁

播州之亂，工部侍郎趙可懷請練土著。兵部因言："各省官軍、民壯皆宜罷老稺，易以健卒。軍操屬印官、操官，民操屬正官、捕官，郡守監司不得牽制。立營分伍，以憑調發。"先後議行。《兵志》。

——《明會要》卷五十九《兵二》，下册，第 1140 頁

四川石砫土兵，萬曆時，從征播州，援遼東。

——《明會要》卷五十九《兵二》，下册，第 1143 頁

綦江縣，元綦江長官司，屬播州安撫司。洪武初，置綦江縣，來屬。

——《明會要》卷七十三《方域三》，下册，第 1424 頁

平越衛

凱里長官司，正統中分播州宣慰司地，置凱里安撫司，萬曆三十五年改長官司。

——《明會要》卷七十四《方域四》，下册，第 1452 頁